PRÉSENTATION

LE BOMBARDEMENT de 6 semaines et l'invasion de 100 heures auxquels Washington et ses alliés se sont livrés contre l'Irak au cours des mois de janvier et février 1991 ont dévasté ce pays et laissé son peuple dans un état de désolation totale. Dans un pays qui était semi-industrialisé, l'attaque a laissé des millions de personnes sans abri, affamées et à la merci des maladies. Cet assaut a été l'un des massacres commis de sang froid les plus grands de l'histoire moderne. Aujourd'hui, la désorganisation de l'économie s'étend à la Turquie, au Koweït et à la Jordanie et ce sont les travailleurs et les paysans qui en souffrent le plus. La région continue d'être ravagée par une énorme catastrophe environnementale. Depuis plus d'un an, un blocus économique sans précédent étrangle l'Irak, qui ne peut même pas importer de médicaments, de denrées alimentaires et de matériel agricole. La malnutrition est rampante. Et des maladies épidémiques comme le choléra ont fait leur apparition dans la région.

Washington a initié ses préparatifs de guerre au mois d'août 1990 en imposant à l'Irak un blocus aérien, naval et terrestre total. Il a commencé à dépêcher vers la péninsule Arabique et les mers avoisinantes des avions, des bateaux, des troupes et de l'équipement militaire. En un peu plus de six mois, ce contingent est devenu une force d'invasion motorisée et blindée d'un demi-million de soldats. En agissant ainsi, la classe dominante U.S. a cherché à imposer à Bagdad l'équivalent d'un protectorat, c'est-à-dire un régime fiable et subordonné à l'impérialisme U.S. ; à s'assurer un plus grand contrôle des réserves de pétrole de la région ; à renverser le rapport de force au détriment du peuple travailleur de la région, en particulier du peuple palestinien dont l'intifada et la dignité internationaliste continuent d'être une plaie au flanc de Washington ; et à stabiliser et renforcer les régimes favorables aux États-Unis dans la région. En poursuivant ces objectifs, la classe des capitalistes U.S. a cherché à utiliser sa puissance militaire pour porter des coups économiques et politiques à ses rivaux impérialistes d'Europe et du Japon.

Mais loin d'obtenir la victoire stupéfiante clamée par le président U.S. George Bush le 27 février, l'énorme force d'invasion blindée des États-Unis n'a même pas livré de guerre. Tout ce que les forces alliées impérialistes ont fait, c'est de massacrer par voies aérienne, terrestre et navale des dizaines de milliers d'individus — des travailleurs et des paysans vêtus d'uniformes en lambeaux — qui essayaient de fuir le Koweït et de retourner en Irak. Le régime de Saddam Hussein avait abandonné ces travailleurs et paysans dans leurs tranchées, sans protection aérienne, sans réelle structure de commandement et pratiquement sans communication ni provision. Malgré son désir avide de s'emparer du pétrole, du territoire et des ports de mer

Nouvelle Internationale

UNE REVUE DE POLITIQUE ET DE THÉORIE MARXISTES

NUMÉRO 4 1991

Nouvelle Internationale est publiée en collaboration avec *New International,* dont la directrice est Mary-Alice Waters et le directeur adjoint, Steve Clark, et *Nueva Internacional,* dont le directeur est Luis Madrid et la directrice adjointe, Selva Nebbia.

Plusieurs des articles publiés en français sont aussi disponibles en anglais et en espagnol. *Photo de la première de couverture* : David Giles/Press Association

Conception graphique de la couverture : Eric Simpson

Sixième tirage : 2025

ISSN 0827-0929
ISBN 978-0-87348-647-7
Imprimé aux États-Unis / Printed in the United States of America.

du Koweït, Bagdad n'a jamais eu l'intention de faire la guerre à l'impérialisme U.S.

Washington n'a pas non plus atteint ses objectifs politiques dans la région. Les régimes capitalistes et l'ordre impérialiste sont plus instables aujourd'hui dans la région du Golfe et du Moyen-Orient qu'avant août 1990. Les impérialistes continuent d'être incapables d'imposer une « solution » à la « question » palestinienne qui ne fasse pas justice aux Palestiniens. Les relations entre les dirigeants U.S. et israéliens sont loin de devenir plus cordiales et chaleureuses, en même temps que leurs intérêts politiques respectifs continuent de diverger. Neuf mois après sa « victoire » militaire, Washington n'a pas encore réussi à renverser Saddam Hussein et à imposer à l'Irak un régime qui lui serait plus convenable.

Aux États-Unis, de plus en plus de travailleurs, de petits agriculteurs et de jeunes remettent en question le bien-fondé de la guerre. Une guerre qui, comme ils l'apprennent maintenant, a détruit les moyens de vie modernes du peuple irakien et a culminé en deux massacres : le premier à la fin de février, effectué par Washington et ses alliés avec la complicité de Bagdad contre les soldats irakiens sans défense qui fuyaient le Koweït ; et le deuxième au mois de mars, effectué par Bagdad avec la complicité de Washington contre les Kurdes et les shiites dans le nord et le sud de l'Irak. Et les nouvelles révélations sur les atrocités commises par Washington pendant l'invasion de février, comme sa décision délibérée d'enterrer vivants dans leurs tranchées des milliers de soldats irakiens incapables de se défendre contre les chars U.S., n'aident pas à dissiper le doute qui se répand parmi le peuple travailleur des États-Unis.

Le gouvernement U.S. est coupable devant le monde entier d'avoir transformé en réfugiés quelque deux millions de Kurdes et de shiites fuyant les attaques meurtrières de Bagdad. Pourtant, Washington et ses alliés ont refusé d'ouvrir leurs frontières aux Kurdes et aux autres réfugiés en quête d'asile.

L'impérialisme U.S. a remporté une « victoire » militaire, mais il se casse aujourd'hui les dents en tentant d'atteindre ses objectifs politiques. Ce développement a créé de profondes divisions tactiques au sein de la classe dirigeante autour des décisions politiques de l'administration Bush dans le Golfe. George Bush s'est vanté à la fin de février d'avoir renversé le « syndrome du Viêtnam ». Mais c'est le contraire qui est vrai. Les dirigeants U.S. vont avoir un peu plus de difficulté, pas moins, à mobiliser l'appui du public derrière leur prochaine aventure militaire. Les bureaucrates syndicaux et autres dirigeants corrompus vont avoir un peu plus de difficulté à se faire l'écho du gouvernement et des corporations. Ils vont avoir un peu plus de difficulté à convaincre le peuple travailleur et les opprimés de faire des sacrifices et de remettre à plus tard leurs grèves et leurs actions de protestation « afin de ne pas nuire à la nation ». Les adversaires de l'impérialisme et de la guerre au sein de la classe ouvrière peuvent arracher encore plus d'espace politique et le faire dès maintenant.

La guerre et ses conséquences immédiates n'ont pas résolu les contradictions économiques et politiques qui ont poussé Washington à utiliser sa puissance militaire. Elles les ont au contraire exacerbées, aussi bien aux États-Unis que dans le reste du monde. La guerre a approfondi la rivalité qui oppose Washington aux autres puissances impérialistes et a augmenté les possibilités de conflits encore plus aigus entre eux. Les classes dirigeantes impérialistes de l'Allemagne et du Japon ont été politiquement incapables de participer militairement à l'agression alliée. Mais pour la première fois depuis l'escalade qui a mené à la deuxième guerre mondiale, la guerre du Golfe a poussé Bonn et Tokyo à se lancer dans une course accélérée visant à leur permettre d'utiliser leurs forces armées à l'extérieur de leurs frontières pour défendre leurs intérêts d'État respectifs.

AUJOURD'HUI, le peuple travailleur fait face à travers le monde à une situation instable d'avant-guerre, non pas à une période stable d'après-guerre. L'assaut de Washington contre l'Irak est la première des guerres qui marqueront le segment de la courbe historique du développement capitaliste annoncé par le krach qui a frappé les bourses de New York, de Tokyo, de Bonn, de Hong Kong et du reste du monde capitaliste en octobre 1987. Aujourd'hui, le capitalisme ne marche pas seulement vers de nouvelles guerres. Il avance aussi en chancelant vers une dépression et une crise sociale d'ampleur internationale. Nous allons assister à la désorganisation croissante de l'économie capitaliste. Un effondrement du système bancaire, une récession abrupte dans un pays industriel important, une poussée inflationniste, une perte massive de récoltes : voilà le genre de chocs partiels qui pourraient déclencher l'effondrement de la production industrielle mondiale.

L'économie capitaliste demeure instable. La reprise extrêmement faible et hésitante au printemps et à l'été de 1991 ne garantit pas que soit terminée la récession de 1990-1991 en Amérique du Nord, en Grande-Bretagne, en France, en Nouvelle-Zélande et en Australie. Tout cela est loin d'atténuer les appréhensions croissantes des travailleurs et des petits agriculteurs face à l'avenir que leur réserve l'économie capitaliste. Les pressions à la baisse sur les profits capitalistes stimulent la concurrence inter-impérialiste. Pour toutes ces raisons, les capitalistes vont continuer d'essayer d'arracher encore plus de richesses de la sueur de centaines de millions d'esclaves de la dette dans le monde semi-colonial. Dans les pays impérialistes, ils vont s'efforcer encore plus durement d'abaisser notre niveau de vie et d'augmenter le rythme et l'intensité de la production dans les mines, les usines et les manufactures. Ils vont amplifier leurs efforts pour réduire les droits et les libertés démocratiques et restreindre l'espace ouvert à la classe ouvrière et à ses organisations pour agir comme une force politique indépendante.

La guerre de Washington contre l'Irak a donc été le signal, fort et clair, des conflits qui se préparent dans un monde où les impérialistes au pouvoir sont en train de suivre jusqu'au bout la logique historique de leur système mondial d'exploitation et d'oppression en déclin. C'est une logique qui mène, bon gré mal gré, à la troisième guerre mondiale.

Pour le peuple travailleur à travers le monde, pour les combattants d'avant-garde de la classe ouvrière et pour cette section de l'avant-garde ouvrière qui est communiste, cette évaluation politique est décisive pour tracer le cours politique qui permettra de faire progresser la marche historique de *notre* classe. Le futur de l'humanité dépend de la capacité du peuple travailleur du monde entier de s'organiser de manière indépendante au niveau politique afin de surmonter la dévastation que sèment les classes dominantes. L'avenir dépend de notre capacité de lutter, de gagner des batailles révolutionnaires et d'arracher des mains des exploiteurs et oppresseurs leur capacité de faire la guerre en établissant des gouvernements des travailleurs et des agriculteurs. L'humanité aura-t-elle à subir les horreurs inimaginables d'une troisième boucherie impérialiste mondiale ? La question sera tranchée au cours des prochaines années dans les gigantesques batailles de classe qui viennent. C'est à nous, les travailleurs du monde, d'empêcher que ne se produise le désastre vers lequel l'impérialisme s'avance en trébuchant. Nous aurons notre chance.

Voici, en résumé, les principaux éléments politiques présentés dans les deux premiers articles de ce numéro de *Nouvelle Internationale*.

❖

La guerre de Washington au Moyen-Orient a mis à l'épreuve tous ceux qui se considèrent socialistes et qui prétendent défendre les intérêts de la classe ouvrière et de ses alliés. Elle a mis à l'épreuve tous ceux qui prétendent lutter de façon inconditionnelle et déterminée contre les horreurs de la guerre impérialiste.

En 1990, quand la conclusion de la logique guerrière de Washington est devenue inévitable, le Parti socialiste des travailleurs (SWP), ses instances de direction, ses branches, ses fractions syndicales (qui regroupent ses membres dans les syndicats industriels) et ses partisans ont commencé à *faire campagne* aux États-Unis contre l'impérialisme et la guerre. Les membres et les partisans du SWP et de ses organisations soeurs — les Ligues communistes en Australie, en Grande-Bretagne, au Canada, en France, en Islande, en Nouvelle-Zélande et en Suède — ont fait campagne pour faire connaître la vérité. Ils ont expliqué à leurs camarades de travail, aux grévistes et aux autres syndiqués, aux étudiants, aux soldats et aux réservistes, aux agriculteurs et à d'autres encore pourquoi nous devons nous opposer à l'attaque de Washington et de ses alliés contre l'Irak. Ils ont collaboré avec les membres de l'Alliance des jeunes socialistes aux États-Unis et des Jeunes socialistes au Canada et en Nouvelle-Zélande pour réfuter les mensonges et les prétextes de la coalition impérialiste et pour expliquer les racines et les buts impérialistes de la course à la guerre. Ils ont collaboré avec d'autres opposants à la guerre pour organiser des manifestations ainsi que des assemblées et des forums pour discuter de la guerre et de ses enjeux pour le peuple travailleur. Ils ont vendu des milliers d'exemplaires du livre *U.S. Hands Off the Mideast! Cuba Speaks Out at the United Nations* [États-Unis, ne touchez pas au Moyen-Orient ! Cuba fait campagne aux Nations unies]. Publié en anglais et en espagnol par les éditions Pathfinder (New York, 1990), ce livre décrit chacune des étapes de l'escalade militaire délibérée de Washington et réfute les mensonges de l'impérialisme.

LES DEUX PREMIERS ARTICLES de ce numéro — « Les premières salves de la troisième guerre mondiale » et « Une campagne ouvrière contre l'impérialisme et la guerre » — ont été écrits à partir de trois discours prononcés par le secrétaire national du SWP, Jack Barnes, au cours de cette campagne contre l'impérialisme et la guerre. Jack Barnes a fait ces présentations lors de forums publics qui ont eu lieu dans le cadre de réunions nationales des membres et partisans du SWP actifs dans l'un des dix syndicats industriels suivants : l'Association internationale des machinistes, les Métallurgistes unis d'Amérique, les Mineurs unis d'Amérique, le Syndicat international des travailleurs de l'électricité, de la radio et de la machinerie, le Syndicat international des travailleurs des industries pétrolière, chimique et atomique, le Syndicat international des travailleurs unis de l'alimentation et du commerce, les Travailleurs amalgamés du vêtement et du textile, les Travailleurs unis de l'automobile, les Travailleurs unis des transports et l'Union internationale des ouvrières et ouvriers du vêtement pour dames.

« Les premières salves de la troisième guerre mondiale » est la version rédigée d'un discours prononcé lors d'une réunion visant à lever des fonds pour les revues *New International, Nueva Internacional* et *Nouvelle Internationale,* tenue en mars 1991 sous les auspices du Forum ouvrier du Militant à Cleveland en Ohio. C'était peu après l'arrêt de l'offensive militaire de l'administration Bush. L'article tient compte des développements politiques survenus au cours du mois suivant.

« Une campagne ouvrière contre l'impérialisme et la guerre » a été écrit à partir de deux discours donnés à la fin novembre et au début décembre 1990, lors de réunions organisées à Washington et à New York par le Forum ouvrier du Militant. Cet article a été initialement publié en anglais en décembre 1990 par l'hebdomadaire *The Militant* dans son supplément *International Socialist Review* [Revue socialiste internationale]. Il est paru en français dans le numéro spécial de janvier-mars 1991 de la revue trimestrielle *L'internationaliste* et en espagnol dans le numéro de janvier 1991 de la revue mensuelle *Perspectiva Mundial.* Des milliers d'exemplaires de cet article ont été vendus depuis sous une forme ou une autre. L'article de Jack Barnes est publié ici sans effort de révision ou de mise à jour politiques. *Nouvelle Internationale* a revu la traduction de *L'internationaliste* et lui a ajouté des notes.

En écrivant ces deux articles, Jack Barnes a tenu compte des discussions et des échanges d'opinion qui ont eu lieu lors de chacun des forums. Des travailleurs, étudiants, candidats socialistes dans les élections en cours et autres participants y ont en effet librement exprimé leur point de vue et posé leurs questions sur les raisons mises de l'avant par l'administration U.S. pour justifier sa course à la guerre et sur la conjoncture politique internationale plus générale. Ces articles ont également été discutés et adoptés au cours de réunions du Comité national et de la direction du travail syndical du SWP, ainsi que de leurs collaborateurs internationaux.

❖

La première section de ce numéro se termine par un article de Mary-Alice Waters intitulé « La troisième poussée militariste de Washington ». Il s'agit de la traduction de la première moitié d'un article du même nom (« Washington's Third Militarization Drive ») publié dans le septième numéro de la revue *New International,* dont Mary-Alice Waters est la directrice. Cet article décrit les trois poussées militaristes menées par les impérialistes U.S. au cours des 50 dernières années, de 1937 jusqu'à la fin de la deuxième guerre mondiale, quand les soldats U.S. à l'étranger ont forcé Washington à démobiliser son armée en exigeant d'être massivement rapatriés ; de 1947 à la défaite U.S. au Viêt-nam en 1973 ; et du début des années 80 jusqu'à aujourd'hui, qui est le contexte dans lequel Washington a lancé son assaut meurtrier contre l'Irak.

La deuxième section est intitulée « Le communisme, la classe ouvrière et la lutte anti-impérialiste : les leçons de la guerre Iran-Irak ». En envahissant le Koweït le 2 août 1990, le régime de Saddam Hussein à Bagdad n'a fait que poursuivre la trajectoire réactionnaire qui l'avait déjà poussé à déclencher une guerre sanglante de huit ans contre l'Iran. Les travailleurs et les paysans ne disposaient pas à ce moment en Irak d'une avant-garde communiste qui puisse se faire le porte-parole de leurs intérêts de classe et montrer la voie à suivre pour construire la solidarité avec leurs frères et soeurs de classe en Iran. Mais quand Bagdad a entrepris la guerre au début des années 80, le noyau d'une direction communiste existait en Iran.

En 1980 et 1982, cette organisation communiste a adopté deux résolutions que nous publions ici pour la première fois en français. Elles analysent le caractère contre-révolutionnaire de la guerre lancée par le régime irakien contre l'Iran. Elles décrivent la réponse du peuple travailleur en Iran, qui s'est mobilisé en masse pour défendre les gains réalisés au cours de la révolution victorieuse de 1979 contre la monarchie du shah, un des bastions de l'impérialisme U.S. dans la région. Et elles présentent les perspectives mises de l'avant par les communistes en Iran pour renforcer l'unité, la mobilisation et l'internationalisme des travailleurs et des paysans des deux pays en guerre. Ces deux résolutions sont présentées par Samad Sharif, qui a aidé à diriger ce travail en Iran. Elles présentent un intérêt politique réel et durable pour les révolutionnaires, les combattants anti-impérialistes et les communistes du monde entier.

Du blocus meurtrier de l'Irak au maintien des sanctions après la fin des combats, en passant par le bombardement et l'invasion barbares du pays, le gouvernement des États-Unis a réussi à faire endosser chacune de ses initiatives de guerre par le Conseil de sécurité de l'Organisation des nations unies. Membre provisoire du Conseil de sécurité, le gouvernement révolutionnaire de Cuba y a mené une lutte politique exemplaire pour dénoncer aux yeux du monde les prétextes et les rationalisations utilisées par Washington pour justifier sa course à la guerre.

Cuba a dénoncé l'invasion du Koweït par l'Irak et exige que les citoyens étrangers retenus au Koweït et en Irak par le régime de Saddam Hussein puissent librement quitter ces pays. En même temps, il a dénoncé à l'ONU la course à la guerre et la guerre de Washington, ainsi que l'hypocrisie des membres du Conseil de sécurité qui les ont appuyées après avoir refusé d'agir contre l'invasion du Panama par les États-Unis en 1989. Il a refusé d'appuyer l'embargo, les réparations de guerre exorbitantes exigées de l'Irak et le maintien des sanctions imposées à ce pays par les États-Unis.

Dans la troisième et dernière section de ce numéro de *Nouvelle Internationale,* nous reproduisons deux discours illustrant la lutte menée par le gouvernement cubain devant le Conseil de sécurité. Le discours de Ricardo Alarcón, ambassadeur de Cuba à l'ONU, a été prononcé dans les jours qui ont suivi l'invasion du Koweït, lors de l'adoption par le Conseil de sécurité d'une résolution entérinant le blocus déjà imposé par Washington contre l'Irak. Quant à celui d'Isidoro Malmierca, ministre des Affaires étrangères de Cuba, il l'a été à la fin du mois de novembre 1990, lors de l'adoption par le Conseil de sécurité de la résolution qui a donné à Washington le feu vert pour lancer son assaut militaire contre l'Irak en janvier 1991.

❖

La publication de ce quatrième numéro de *Nouvelle Internationale* à l'automne 1991 s'inscrit dans un ambitieux programme de publication communiste visant à répondre à la guerre impérialiste dans le Golfe, à l'approfondissement de la crise internationale du système capitaliste et à la désintégration des régimes staliniens en Union soviétique et en Europe de l'Est.

Au cours des derniers six mois en effet, la revue de langue anglaise *New International* a aussi publié ses septième et huitième numéros et la revue de langue espagnole *Nueva Internacional* a lancé ses deux premiers numéros.

Le septième numéro de *New International* et le premier de *Nueva Internacional* ont largement le même contenu que ce quatrième numéro de *Nouvelle Internationale.* Quant au huitième numéro de *New International* et au deuxième numéro de *Nueva Internacional,* ils portent tous les deux sur « Che Guevara, Cuba et la voie vers le socialisme ». La publication de ce numéro de *Nouvelle Internationale* suit aussi de quelques mois la réimpression des deux premiers numéros de la revue, initialement parus en 1985 et en 1986.

À l'heure actuelle, les trois revues de politique et de théorie marxistes préparent conjointement pour 1992 la publication de numéros portant sur la situation politique et économique mondiale et les tâches qui en découlent pour la construction de partis prolétariens. Ces numéros vont contenir les documents fondamentaux sur la politique et l'économie mondiales qui ont été discutés et adoptés depuis 1988 par les instances de direction et les congrès du Parti socialiste des travailleurs aux États-Unis et d'autres organisations communistes à travers le monde [1].

Les trois premiers numéros de *Nouvelle Internationale* ont été publiés sous la direction éditoriale de dirigeants du Parti socialiste des travailleurs aux États-Unis et de la Ligue communiste (autrefois la Ligue ouvrière révolutionnaire) au Canada, les deux organisations communistes qui existent aujourd'hui en Amérique du Nord. Des dirigeants des deux organisations ont aussi assumé depuis son lancement en 1983 la responsabilité éditoriale de *New International,* la publication soeur de *Nouvelle Internationale.*

Le rôle que jouent les collaborateurs à la rédaction de *Nouvelle Internationale* reflète les progrès qui ont été accomplis au cours des dernières années au niveau de la participation éditoriale et de l'appui à la revue. Depuis 1987,

LES NOTES DE CET ARTICLE COMMENCENT À LA PAGE 21

les organisations ouvrières révolutionnaires de plusieurs pays ont approfondi leur collaboration politique autour de projets communs pour préparer l'avènement d'un mouvement communiste international. Ces organisations comprennent les Ligues communistes en Australie, au Canada, en Grande-Bretagne, en Nouvelle-Zélande et en Suède, le Comité d'organisation communiste en France et le Parti socialiste des travailleurs aux États-Unis.

À partir de ce numéro, les dirigeants centraux de ces organisations agiront comme collaborateurs à la rédaction de *Nouvelle Internationale.* Il s'agit de Jack Barnes, Sigurlaug Gunnlaugsdóttir, Carl-Erik Isacsson, Russell Johnson, Nat London, Steve Penner, Ron Poulsen, Samad Sharif, Jonathan Silberman et James Mac Warren. Ces dirigeants communistes sont aussi collaborateurs à la rédaction de *New International* et de *Nueva Internacional.*

À l'époque où a été lancée *New International* en 1983 et *Nouvelle Internationale* en 1985, leurs directeurs et les membres de leurs comités de rédaction appartenaient à des partis communistes affiliés à la Quatrième Internationale et qui se considéraient comme trotskystes. Le SWP avait des liens fraternels avec la Quatrième Internationale et la Ligue communiste en était la section officielle au Canada. Ces deux partis ont été associés à la Quatrième Internationale depuis sa fondation en 1938 sous la direction de Léon Trotsky. Au moment de sa création, la Quatrième Internationale visait à regrouper les révolutionnaires qui continuaient à défendre les politiques communistes du Parti bolchevique et de l'Internationale communiste à l'époque où ces deux organisations étaient dirigées par Vladimir Lénine. Les forces communistes qui ont formé la Quatrième Internationale avaient refusé de capituler devant les politiques contre-révolutionnaires et le terrorisme d'État-policier qui, au début des années 30, s'étaient consolidés au sein du gouvernement et du parti stalinisés en Union soviétique et au sein de l'Internationale communiste. Léon Trotsky a été assassiné en 1940 par un agent de la machine meurtrière de Joseph Staline, au début de la seconde boucherie impérialiste mondiale.

APRÈS LA DEUXIÈME GUERRE mondiale, le SWP et ses traditions prolétariennes sont rapidement devenus un courant minoritaire au sein de la Quatrième Internationale. Pendant plus de 30 ans, les divergences publiques ont été nombreuses et profondes. Elles ont été rapportées dans les pages du *Militant,* de la revue *International Socialist Review* et dans l'hebdomadaire international *Intercontinental Press,* qui a cessé de paraître en 1986. À partir de 1979 cependant, des divergences de plus en plus nombreuses se sont développées entre le cours et le caractère du SWP et de la Ligue communiste au Canada d'un côté et ceux des instances de direction de la Quatrième Internationale de l'autre. Ces divergences ont principalement porté sur trois questions : l'évaluation politique des victoires révolutionnaires remportées à Grenade et au Nicaragua, ainsi que la nature des gouvernements ouvriers et paysans portés au pouvoir dans le cadre de ces révolutions ; l'évaluation de l'importance, du poids et de la trajectoire politique de la direction communiste qui existe à Cuba ; et enfin la nécessité pour les forces communistes à travers le monde de se tourner décisivement vers la construction de partis prolétariens au niveau de leur composition, de leur direction, de leur programme et de leurs perspectives.

À la fin des années 80, le SWP et les Ligues communistes en Australie, au Canada, en Grande-Bretagne, en

Islande, en Nouvelle-Zélande et en Suède ont décidé de mettre un terme à leur affiliation, soit fraternelle, soit statutaire, à la Quatrième Internationale. Leur travail politique, leur collaboration internationaliste et leur place dans la continuité et la tradition communistes avaient amené depuis un certain temps déjà ces organisations communistes à cesser de se considérer comme trotskystes et de fonctionner dans le cadre du mouvement trotskyste international et de ses multiples partis et regroupements mondiaux concurrents. Les dirigeants de ces organisations ont reconnu que toute orientation qui refuserait de codifier cette réalité serait nécessairement et faussement interprétée comme une manoeuvre organisationnelle étroite et deviendrait un obstacle à l'établissement de relations normales de solidarité et de collaboration entre partis du mouvement ouvrier.

En commençant par l'article de Jack Barnes intitulé « Leur Trotsky et le nôtre » paru en 1983, les articles et documents publiés dans les huit numéros de *New International,* les quatre numéros de *Nouvelle Internationale* et les deux numéros de *Nueva Internacional* parus jusqu'à maintenant constituent la meilleure présentation des fondements programmatiques et de la trajectoire politique des organisations communistes dont les dirigeants assument la responsabilité éditoriale des trois revues[2].

Ces trois revues soeurs n'ont pas seulement en commun leurs collaborateurs à la rédaction. Les directions qui assument la responsabilité directe des revues dans chacune des trois langues collaborent aussi étroitement à leur élaboration. Michel Prairie est le directeur et Michel Dugré le directeur adjoint de *Nouvelle Internationale.* Mary-Alice Waters est la directrice et Steve Clark le directeur adjoint de *New International.* Et Luis Madrid est le directeur et Selva Nebbia la directrice adjointe de *Nueva Internacional.*

L'énorme travail de traduction impliqué dans ce projet de publication trilingue est accompli par une équipe internationale de volontaires. La rédaction de ce numéro de *Nouvelle Internationale* en particulier a été rendue possible grâce au travail organisé à partir de Montréal de 24 volontaires, qui en ont traduit, écrit, révisé et corrigé les textes et les épreuves à partir de Paris en France, Sheffield en Grande-Bretagne, New York et Chicago aux États-Unis, et Montréal, Québec, Toronto et Vancouver au Canada. La majorité travaillent à temps plein en industrie, comme opératrices de machines à coudre, machinistes, cheminots, travailleurs d'abattoirs, mineurs, etc.

Ce projet de publication a aussi été rendu possible grâce au succès d'une levée de fonds internationale de 85 481 $ US effectuée au cours du printemps dernier par les membres et partisans des organisations communistes à travers le monde, et coordonnée par Cindy Jaquith, directrice commerciale des trois revues. Nous invitons nos lectrices et lecteurs à contribuer eux aussi à ce projet collectif. Vous pouvez vous joindre à l'équipe de traduction internationale et donner un appui financier à la publication des revues. Nous vous invitons aussi à nous faire parvenir vos commentaires politiques sur les questions abordées dans la revue.

Les membres et les partisans des organisations communistes qui appuient ces trois revues organisent deux fois par année de grandes campagnes internationales de diffusion. Plus de 4 000 exemplaires de ces revues et plus de 7 000 abonnements à l'hebdomadaire *The Militant* et aux revues *Perspectiva Mundial* et *L'internationaliste* ont ainsi été vendus en 1991 dans les usines, les réunions syndicales, les quartiers, les mobilisations des petits agriculteurs, les collèges et universités. Ces publications servent ainsi à approfondir la formation politique de travailleurs, de fermiers, de jeunes, de militants anti-impérialistes qui luttent contre l'injustice et l'oppression à travers le monde.

❖

Ce numéro de *Nouvelle Internationale* est dédié aux femmes et aux hommes qui se sont opposés de façon déterminée à la course à la guerre de Washington et de ses alliés et ont produit un vaste arsenal d'armes politiques : des publications qui disent la vérité sur l'impérialisme et la guerre et qui expliquent pourquoi les intérêts du peuple travailleur dans le monde sont irréconciliables avec ceux des classes exploiteuses. Des travailleurs d'une douzaine de pays ont traduit, édité, conçu, composé, indexé, corrigé, décortiqué, coupé, assemblé, relié, expédié, promu et distribué ces armes politiques absolument essentielles aux combattants de la classe ouvrière. Ils ont aussi contribué à recueillir les fonds nécessaires pour acheter les machines, entretenu les ordinateurs et les autres appareils et entrepris de reconstruire l'école, les bureaux, les locaux, les librairies et l'imprimerie sans lesquels une campagne ouvrière contre l'impérialisme et la guerre n'aurait pas été possible.

Ce numéro est aussi dédié aux travailleurs et travailleuses bolcheviques actifs dans les syndicats industriels en Amérique du Nord (dix aux États-Unis, quatre au Canada) et à celles et ceux qui travaillent dans des usines et des syndicats semblables à Stockholm, Paris, Christchurch, Reykjavik, Manchester ou Sydney. Ils se sont appropriés cet arsenal et ont amélioré en tant que travailleurs conscients leur capacité de s'opposer à la guerre impérialiste et de participer, au travail et ailleurs, à la lutte contre l'exploitation et l'oppression qui se mène dans leur pays et à travers le monde. Ils sont devenus de meilleurs correspondants ouvriers des publications socialistes. Ils ont financé leurs propres réunions et ont commencé à transformer l'assise financière du travail quotidien de leurs partis. Au cours de ce processus, ces travailleuses et travailleurs communistes se sont transformés et ont transformé leurs fractions syndicales et leurs partis en des composantes plus politiques, plus expérimentées, mieux préparées au combat, plus confiantes et plus disciplinées. En deux mots, ils les ont transformés en des composantes plus dignes de confiance du mouvement révolutionnaire mondial.

Novembre 1991

NOTES

1. Le cinquième numéro de *Nouvelle Internationale* va comprendre des documents adoptés par le Parti socialiste des travailleurs lors de ses congrès de 1988 et de 1990. La résolution de 1988 porte sur la crise économique mondiale. Celle de 1990, sur la dynamique de la politique mondiale à la fin des années 80. Elle accorde une attention particulière à la désintégration des partis et régimes staliniens en Europe de l'Est et à la crise croissante de la caste privilégiée en Union soviétique.

2. La plupart des articles parus dans les trois premiers numéros de *Nouvelle Internationale* ont aussi été publiés en anglais dans les six premiers numéros de *New International.* Pour commander ces numéros de *New International,* voir l'annonce publiée ailleurs dans le présent numéro. Plusieurs des mêmes articles ont aussi été publiés en espagnol dans la revue mensuelle *Perspectiva Mundial.*

Moyen-Orient

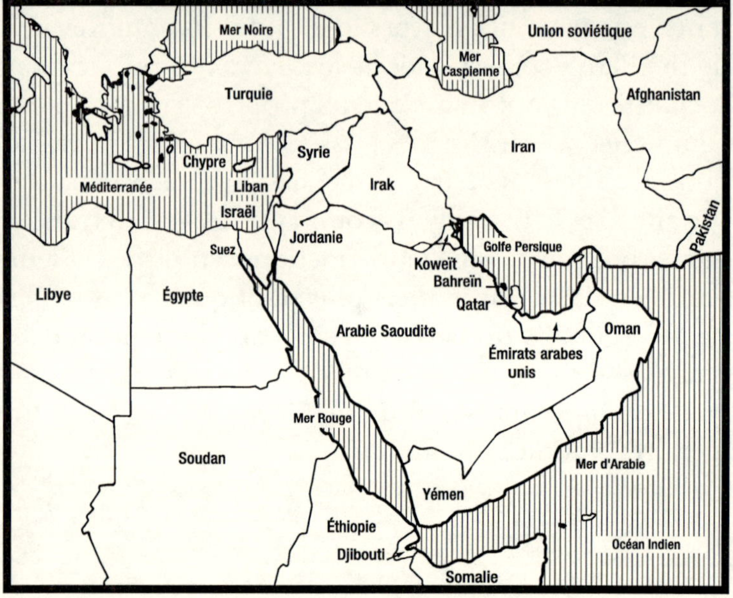

Pays	Population (en millions d'habitants)	Composition nationale	PNB* par habitant (en $ US)
Arabie Saoudite	de 10 à 17, dont 4 millions de travailleurs immigrants	presque entièrement arabe	de 4 700 à 6 300
Barheïn	0,5	73 % arabe, dont 10 % immigrante ; 13 % asiatique ; 8 % iranienne ; 6 % autres	7550
Égypte	54,7	presque entièrement arabe	700
Émirats arabes unis	2,3	42 % arabe, dont plus de la moitié immigrante ; 50 % sud-asiatique ; 8 % autres	11 680
Iran	55,6	51 % persane ; 25 % azérie ; 9 % kurde ; 1 % arabe ; 14 % autres	1 800
Irak	18,8	75-80 % arabe ; 15-20 % kurde ; 5 % autres	1 940
Israël	4,6 (6,3 avec les territ. occ.)	82 % juive ; 17 % arabe (60 % juive ; 40 % arabe avec les territoires occupés)	8 700 (sans les terr. occ.)
Jordanie	3,1	presque entièrement arabe, dont plus de la moitié palestinienne	1 760
Koweït	2,1	75 % arabe, dont 35 % palestinienne ; 20 % iranienne ou indienne ; les deux tiers de la population n'ont pas la citoyenneté koweïtienne	10 500
Liban	3,3	93 % arabe ; 7 % arménienne et autres	700
Oman	1,5	presque entièrement arabe	6 000
Qatar	1,5	40 % arabe ; 36 % sud-asiatique ; 10 % iranienne ; 14 % autres	17 070
Syrie	12,5	90 % arabe ; 10 % kurde et autres	1 540
Turquie	56,7	85 % turque ; 12 % kurde ; 3 % autres	1 350
Yémen	9,7	presque entièrement arabe	690

* Produit national brut

Source : 1990 World Fact Book, New York Times.

LIVRES QUI COMPLÉMENTENT CELUI-CI

La politique étrangère internationaliste de Cuba

FIDEL CASTRO

Fidel Castro discute de la première année de la mission internationaliste de Cuba en Angola en 1975-1976. Il explique aussi l'importance historique des victoires révolutionnaires remportées par les travailleurs et les agriculteurs de la Grenade et du Nicaragua en 1979 ; les relations avec les Cubains vivant aux États-Unis ; et l'internationalisme prolétarien qui guide la politique étrangère du gouvernement cubain. 23 $ US. En anglais.

Dehors, maintenant !

Le compte-rendu d'un participant dans le mouvement aux États-Unis contre la guerre du Vietnam

FRED HALSTEAD

Un compte-rendu de première main de la lutte pour organiser les travailleurs, les soldats et les jeunes et aider à diriger l'opposition mondiale croissante à la guerre du Vietnam. Renforcé par la lutte de masse pour les droits des Noirs et combiné à la résistance révolutionnaire intransigeante des combattants vietnamiens pour la libération nationale, le mouvement contre la guerre a aidé à forcer Washington de retirer ses troupes, changeant ainsi la dynamique de la lutte de classe aux États-Unis. 30 $ US. En anglais.

L'impérialisme, stade suprême du capitalisme

V. I. LÉNINE

5 $ US. En anglais, espagnol, farsi, grec.

LES PREMIÈRES SALVES DE LA TROISIÈME GUERRE MONDIALE

L'ATTAQUE DE WASHINGTON CONTRE L'IRAQ

MARGARET MANWARING / L'INTERNATIONALISTE

Automne 1990. Manifestation à Toronto contre les préparatifs de guerre de Washington et la complicité du gouvernement canadien.

LES PREMIÈRES SALVES DE LA TROISIÈME GUERRE MONDIALE

Jack Barnes

I. LA DÉVASTATION DE L'IRAK

Le carnage organisé par les États-Unis contre le peuple irakien est l'un des plus monstrueux de toute l'histoire de la guerre moderne. « Est », et non pas « était ». Le nombre de morts et de réfugiés continue d'augmenter et les impérialistes en portent la responsabilité.

On ne connaîtra peut-être jamais le nombre réel de travailleurs et de paysans tués en Irak et au Koweït au cours des six semaines de bombardements aériens et navals incessants et de l'invasion meurtrière de 100 heures lancée par Washington le 24 février 1991. Les médias estiment en général que 150 000 êtres humains ont été massacrés. C'est une estimation pour le moins conservatrice. Ajoutez les autres blessés et mutilés et pensez à l'impact qu'un

---

Cet article a été écrit à partir d'une présentation faite le 30 mars 1991 à Cleveland, en Ohio, et intègre les développements politiques qui se sont produits au cours des cinq semaines suivantes. Jack Barnes est le secrétaire national du Parti socialiste des travailleurs aux États-Unis.

massacre de cette ampleur et de cette rapidité peut avoir sur la population irakienne, qui compte moins de 19 millions d'habitants. Plusieurs d'entre vous se souviennent encore aujourd'hui de l'impact qu'ont eu aux États-Unis, un pays de 250 millions d'habitants, les 47 000 soldats U.S. morts au combat pendant la guerre menée par Washington pour empêcher la réunification du Viêt-nam. Cette guerre a duré près de dix ans, pas dix semaines.

LE PLUS GRAND BAIN DE SANG a été organisé par le commandement U.S. dans les dernières 48 heures de l'invasion, alors que les soldats irakiens fuyaient le Koweït par les routes qui mènent à Bassora. Tout en niant publiquement que les forces irakiennes étaient en train de se retirer du Koweït, Washington a ordonné à l'armée et à l'aviation de bombarder et de mitrailler sans merci des dizaines de milliers de soldats irakiens en fuite. C'étaient des gens qui n'offraient aucune résistance. Beaucoup n'avaient aucune arme, d'autres avaient des fusils emballés dans des sacs de couchage. Ils fuyaient en voiture, en camion, en charrette ou à pied. De nombreux civils irakiens et koweïtiens et des travailleurs immigrés d'autres pays ont été tués en même temps, alors qu'ils tentaient eux aussi de s'enfuir.

Les forces armées U.S. ont bombardé une extrémité de la principale route qui mène de la ville de Koweït à Bassora, la bloquant complètement. Ils ont bombardé l'autre extrémité de la route et l'ont coupée. Ils ont posté des unités d'artillerie mobiles sur la colline qui surplombe la route. Et des airs et du sol, ils ont simplement massacré tout ce qui était vivant sur la route. Les chasseurs bombardiers, les hélicoptères de combat et les bataillons blindés ont ouvert un feu sans merci sur des embouteillages qui pouvaient avoir dans certains cas jusqu'à 35 kilomètres de long. Lorsque la circulation s'est totalement enchevêtrée, ils ont envoyé les B-52 raser la route.

C'était la zone de la mise à mort. Vous ne pouviez pas avancer, vous ne pouviez pas reculer. Vous ne pouviez pas quitter la route. Vous ne pouviez pas agiter un drapeau blanc ou vous rendre. Les forces alliées ont tout simplement continué de bombarder et de tirer sur tout : personnes, jeeps, camions, voitures et bicyclettes. Un officier des forces alliées a appelé cela « chasser dans un poulailler » ; d'autres, la plus grande « chasse aux cafards ». C'est la méthode américaine : les B-52 vous réduisent en charpie et on vous tire dans le dos.

Combiné aux autres opérations du même genre qui n'ont pas été rapportées et qui ont été effectuées pendant les 100 heures héroïques de George Bush, ce massacre est une des plus grandes atrocités de l'histoire des guerres modernes. C'était le Guernica, le Hiroshima, le Dresde, le My Lai de la guerre U.S. contre l'Irak [1].

La coalition impérialiste et le régime de Bagdad ont tous les deux leurs propres raisons de cacher la vérité sur ce bain de sang. Nous ne saurons jamais combien de personnes sont mortes dans ce massacre. À la fin mars, un journaliste a demandé au général Colin Powell, le chef de l'état-major conjoint des forces armées U.S., combien d'Irakiens ont été tués au cours des bombardements et des opérations terrestres des alliés. Dévoilant un petit coin du véritable visage de l'arrogance et du racisme impériaux, Powell a répliqué : « Ce chiffre ne m'intéresse vraiment pas beaucoup. »

Bagdad n'a pas fait plus d'efforts pour expliquer à leurs familles ce qu'il est advenu des travailleurs et des

LES NOTES DE CET ARTICLE COMMENCENT À LA PAGE 184

paysans en uniforme qui ont été massacrés au Koweït et dans le sud de l'Irak, dans les tranchées, dans le désert et sur les routes. Comme pendant la guerre menée par le régime de Saddam Hussein contre l'Iran de 1980 à 1988, des dizaines de milliers de familles en Irak ont vu leurs fils, leurs frères, leurs neveux et leurs maris être envoyés à la guerre et ne plus jamais les revoir ou même savoir ce qui leur est arrivé.

LE MASSACRE EFFECTUÉ par le gouvernement des États-Unis n'avait aucun but militaire en soi. Les victimes ne faisaient pas partie d'unités militaires et ne participaient pas à une retraite organisée. C'étaient des êtres humains qui essayaient simplement de fuir la guerre. C'était une énorme déroute. D'après toutes les règles établies de la guerre moderne, ce n'étaient pas des soldats au combat. C'étaient des réfugiés en fuite. Même pendant la deuxième guerre mondiale, cette gigantesque boucherie, les officiers alliés et allemands ont parfois laissé des soldats fuir le combat sans les bombarder de façon aussi meurtrière. Mais la machine de mort bipartite organisée par le secrétaire à la Défense des États-Unis Richard Cheney (républicain), le général Colin Powell (indépendant) et le général Norman Schwarzkopf (démocrate), commandant des forces U.S. dans le Golfe, ne l'a pas fait.

On peut être certain que ce massacre a eu un impact dévastateur sur plusieurs soldats U.S. qui se trouvaient sur place au cours de ces journées ou qui en ont vu par la suite les horribles résultats. Certains soldats ont déjà commencé à parler publiquement des horreurs dont ils ont été témoins et à poser des questions sur le caractère apparemment inhumain et injustifié de ce qui a été fait. Ils vont jouer un rôle important au cours des prochains mois en faisant connaître les crimes de guerre de Washington et en amenant cette question sur la scène politique aux États-Unis.

Les morts et la destruction qui ont eu lieu pendant l'invasion U.S. ne constituent qu'une portion des morts causées par le blocus militaire de l'Irak mis en place au début du mois d'août 1990 et par les six semaines de guerre aérienne commencée le 16 janvier 1991. Le 20 mars, à la suite d'un voyage en Irak effectué par une commission d'enquête de l'ONU, le sous-secrétaire général des Nations unies Martti Ahtisaari, de Finlande, a déposé un rapport qui documente certains aspects de l'horrible dévastation. L'hebdomadaire *The Militant* a montré ce que veut dire publier un journal dans l'intérêt du peuple travailleur à travers le monde. Il a le mérite d'avoir reproduit immédiatement le rapport de l'ONU et de l'avoir largement diffusé. Je ne connais aucun autre journal qui ait fait cela.

« Je tiens toutefois à souligner dès le départ, a écrit Martti Ahtisaari, que rien de ce que nous avions pu voir ou lire ne nous avait préparés à la forme de dévastation particulière qu'a subie le pays. Le conflit a eu des effets quasi apocalyptiques sur l'infrastructure économique de ce qui était jusqu'en janvier 1991 une société assez hautement urbanisée et mécanisée. La plupart des moyens de soutien de la vie moderne ont été détruits ou rendus précaires. » Sans une aide internationale massive, a conclu le diplomate, « il ne fait aucun doute que le peuple irakien pourrait très prochainement être exposé à une nouvelle catastrophe. »

À cause de l'embargo qui se poursuit toujours en Irak, des millions de travailleurs et de paysans sont privés de nourriture, d'eau potable, de médicaments, de semences, de matériel agricole ainsi que d'autres produits de première nécessité. Washington et ses alliés prétendent avoir bombardé Bagdad « avec précaution ». Ailleurs dans le pays, ils ont par contre bombardé 24 heures sur 24 les villes, les villages, les autoroutes, les « structures renforcées » et les concentrations de troupes. Les bombardiers alliés ont détruit les usines, les ponts, les centrales électriques, les ouvrages hydrauliques, les centres d'épuration des eaux et tout ce qu'il y avait autour. Les avions U.S., britanniques, français, canadiens, saoudiens et autres ont effectué 109 876 sorties et largué 88 500 tonnes de bombes.

Le 28 avril, le *New York Times* a publié un article intitulé « Les États-Unis veulent chasser Saddam Hussein. Mais combien les Irakiens devront-ils payer pour cela ? » Cet article a résumé ce qu'il a appelé « le premier bilan complet des dommages de guerre en Irak » effectué par « la communauté du renseignement U.S. », c'est-à-dire la CIA, les équipes de renseignement des forces armées et d'autres organismes du même genre. À cause du manque d'eau potable, souligne l'article, le choléra est réapparu en Irak et les fonctionnaires des Nations unies et d'autres agences de secours craignent sa propagation. Mais les usines d'épuration d'eau qui ont été endommagées par les bombardements U.S. ne seront pas réparées avant plusieurs mois. D'autres maladies associées à la consommation d'eau contaminée et à la malnutrition sont réapparues en Irak pour la première fois depuis plus de dix ans. Elles ont fait de nombreuses victimes, surtout parmi les enfants. Par exemple, les cas de kwashiorkor (la maladie des « ventres gonflés ») augmentent rapidement. L'article rapporte qu'il existe d'énormes pénuries de médicaments, de chlore et de graines ; que les troupeaux ont été décimés et qu'il faudrait cinq ans dans les meilleures conditions pour restaurer le seul réseau électrique du pays. Le journaliste du *Times* qualifie la politique du gouvernement U.S. « d'étranglement de l'économie irakienne ». C'est ce qu'elle fait. Plus que tout autre chose, elle étrangle des dizaines de milliers d'autres travailleurs et paysans qui vivent en Irak.

Cette agression contre l'Irak était « une guerre totale » moderne, dans le vrai et terrible sens que ce mot a pris depuis la dernière année de la guerre civile aux États-Unis, lorsque le général de l'Union William Sherman a traversé la Georgie avec ses troupes dans sa « marche vers la mer[2]. » Les troupes de Sherman ont détruit les entrepôts, les magasins, les récoltes, les trains, le bétail, les chevaux, les silos, les fermes… et quiconque tentait de s'interposer. Elles ont cherché à détruire tout ce qui pouvait être utile à l'armée de la Confédération et à ainsi faire savoir au régime sécessionniste que l'ensemble de la population allait en subir les conséquences si les États confédérés d'Amérique refusaient de se rendre.

Les bombardements alliés contre l'Irak ont visé le même objectif. Mais avec la technologie de guerre moderne et l'énorme puissance de feu déclenchée contre l'Irak sous le drapeau de la mission morale de Washington, les forces aériennes ont eu des résultats bien plus dévastateurs que Sherman n'aurait pu l'imaginer en 1864. Les alliés ont visé tout le réseau industriel, agricole, de transport et de communications du pays — ce que le rapport Ahtisaari de l'ONU appelle les « moyens de soutien de la vie moderne », c'est-à-dire tout ce qui aurait pu permettre à l'Irak de continuer d'avoir un fonctionnement social quasi normal. Certaines villes ont été bombardées avec une férocité particulière. C'est le cas de Bassora dans le sud de l'Irak.

Les rédacteurs du *Wall Street Journal* ont décrit la « doctrine militaire » de Washington de la façon suivante : « Quand il faut utiliser la force, il faut l'utiliser massivement. » En appliquant cette « doctrine », les forces alliées ont inévitablement tué et mutilé des dizaines de milliers de civils irakiens. La haute direction de l'armée U.S. était totalement consciente de ce fait. Elle a essayé de cacher le nombre des victimes et l'ampleur de la dévastation. Elle a utilisé l'euphémisme « dommages collatéraux » pour en parler, dans l'espoir de transformer ainsi le peuple irakien en non-humains sans visage. Et dans leurs efforts pour dissimuler la vérité, les généraux ont profité de la complicité poltronne des propriétaires des médias bourgeois.

La Maison-Blanche et le Pentagone ont froidement décidé avant le début de l'assaut d'ignorer le nombre des victimes irakiennes. Pour limiter l'impact du massacre sur l'opinion publique, ils ont dès le premier jour insisté sur la « précision » des bombardements et « l'intelligence » des bombes. C'était un travail de relations publiques pur et cynique. Les médias ont révélé par la suite que seulement 7 pour cent des bombes larguées étaient des bombes « intelligentes » et qu'environ 70 pour cent de toutes les bombes lancées contre l'Irak ont raté leurs cibles « militaires ». De plus, Washington avait prévu que les « dommages collatéraux » provoqués par les bombardements effectués à l'extérieur de Bagdad seraient beaucoup plus importants que dans la capitale même, dans l'espoir que la télévision et les témoins oculaires n'y auraient pas accès.

Le général Schwarzkopf a exprimé ce dédain impérial pour la mutilation et le meurtre massif des Irakiens dans une entrevue qu'il a accordée au journaliste David Frost à la fin mars. Il était interrogé sur le premier rapport qu'il a reçu des divisions U.S. qui se rapprochaient de la vallée de l'Euphrate, loin à l'intérieur de l'Irak, le deuxième jour de l'invasion alliée. À ce moment, les rapports ne faisaient état que d'un seul soldat U.S. blessé au combat. « Vous pouvez vous imaginer comment je me suis senti, » a dit Schwarzkopf avec son habituel trémolo dans la gorge. « Nous étions non seulement en train de gagner la guerre, mais nous avions mis l'ennemi en totale déroute. De plus, nos pertes étaient pratiquement [...] inexistantes. Vous savez, cela vous donne le sentiment d'avoir Dieu à vos côtés. » Dieu en tant qu'ange de la mort de l'impérialisme contre les peuples coloniaux.

LE MAGAZINE *Harper's* a récemment publié des chiffres faisant ressortir la grande disparité qui existe entre le nombre des Vietnamiens tués au cours de la guerre livrée par les États-Unis contre la population de ce pays et les quelque 58 000 soldats U.S. qui sont morts là-bas (dont 47 000 au combat). *Harper's* pose la question suivante : combien faudrait-il de murs de la grandeur du monument aux morts du Viêt-nam, avec des lettres de la même grosseur, pour porter le nom de tous les Vietnamiens qui ont été tués pendant la guerre ? Le monument aux morts du Viêt-nam à Washington est un grand bloc de granit noir sur lequel sont gravés les noms des soldats U.S. qui y sont morts. La réponse à la question, c'est qu'il en faudrait environ 70 comme celui-là, 70 murs. Certains d'entre nous se rappelleront l'énorme impact politique qu'a eu aux États-Unis le nombre élevé de soldats U.S. morts au Viêt-nam. Un sentiment de détresse s'est répandu dans la population, ce qui a contribué au développement d'une opposition organisée contre la guerre. Pensez maintenant à ce que peut représenter 70 fois ce nombre de morts, dans un pays qui a seulement le quart de la population des États-Unis !

Je me suis posé une question. Supposons qu'on inscrive sur un mur de la même grandeur que le monument aux morts du Viêt-nam le nom de tous les soldats U.S. morts au combat pendant la guerre dans le golfe Arabo-persique. Il y en a eu 140 durant la guerre aérienne et l'invasion. Ce chiffre comprend les victimes des soi-disant « tirs amicaux », dont nous ne saurons jamais le pourcentage exact par rapport au total des pertes. Supposons qu'on fasse la même chose avec le nom des Irakiens qui ont été tués, ici aussi avec des lettres de la même grosseur. Combien de murs faudrait-il ? Même en utilisant le chiffre conservateur de 100 000 morts parmi les Irakiens, une estimation non officielle effectuée par des officiers militaires U.S. à l'époque, la réponse serait : 714 murs.

Imaginez si vous le pouvez cet unique mur « américain » et 70 autres murs de la grandeur du monument aux morts du Viêt-nam s'étendant dans une même direction et portant la liste des victimes de la guerre menée par l'impérialisme U.S. contre le peuple vietnamien. Imaginez ensuite un second mur « américain » et 714 murs qui partent en angle, avec cette fois-ci le nom des victimes de la guerre menée par Washington contre le peuple irakien. Cela vous donne une petite image du prix payé par l'humanité travailleuse sous le système impérialiste.

Depuis le début du siècle, quelque 100 millions de personnes ont été tuées au cours des guerres impérialistes. Proportionnellement au nombre des victimes U.S. de la guerre au cours de ces mêmes 90 ans, les murs portant le nom de ces victimes iraient s'enfoncer dans l'océan Atlantique. Et ce calcul ne tient pas compte des millions de personnes qui ont été tuées par d'autres formes de violence politique, par la famine, par les maladies qu'on peut prévenir et par les autres fléaux de l'impérialisme. C'est presque inimaginable.

Après avoir fui les champs de mort du Koweït, quelques unités de l'armée défaite de Bagdad se sont ouvertement soulevées contre le régime irakien. Elles en avaient assez du prix désastreux payé par les soldats et les civils irakiens à cause de l'aventure expansionniste de Saddam Hussein au Koweït et de son refus perfide de préparer les troupes au combat. Ces unités ont rallié des révoltes qui ont éclaté dans les villes et les villages du sud et du nord de l'Irak, où les travailleurs et les paysans ont pris les armes contre le régime. La majorité de la population dans le sud appartient à la majorité islamique chiite et est loin d'en constituer la totalité. Elle est victime de la discrimination pratiquée à son endroit par la clique au pouvoir en Irak qui est, elle, en majorité islamique sunnite. Dans le nord, la majorité de la population fait partie de la nationalité opprimée kurde. Elle s'est soulevée pour exiger son autonomie et son auto-détermination nationale, ce qu'elle avait déjà fait à plusieurs reprises depuis le début du siècle.

Au cours du mois de mars 1991, Saddam Hussein a utilisé les troupes d'élite de la Garde républicaine, les hélicoptères d'attaque et les armes lourdes qu'il avait gardés en réserve et refusé d'utiliser pendant l'invasion alliée pour écraser ces rébellions dans le sang. Il a fait bombarder et pilonner sauvagement les villes du sud de l'Irak telles que Bassora, Najaf et Karbala. Dans le sud de l'Irak, cette répression brutale a déraciné et transformé en réfugiés désespérés des dizaines de milliers d'Irakiens, en majorité chiites. Et dans le nord, elle a déplacé plus de deux millions d'habitants, la plupart kurdes.

Des centaines de milliers de Kurdes se sont enfuis en Iran et en Turquie. Des centaines de milliers d'autres sont massés le long des frontières de ces deux pays voisins, où ils vivent dans des conditions misérables avec peu de nourriture, d'abri et de soins médicaux. Selon un rapport des Nations unies paru à la fin avril, quelque 2 000 personnes meurent quotidiennement de froid, de maladie ou de malnutrition. Des rapports publiés au début mai indiquent qu'il y a peut-être déjà entre 20 000 et 30 000 morts. La propagation de maladies contagieuses risque de faire encore augmenter le nombre des victimes.

DEPUIS LE DÉBUT DU SIÈCLE, les dirigeants impérialistes des États-Unis et de l'Europe de l'Ouest ont saboté à plusieurs reprises les efforts déployés pour établir un Kurdistan souverain. Aujourd'hui, ils exploitent cyniquement la répression du peuple kurde par le régime de Bagdad pour promouvoir leurs intérêts économiques, politiques et militaires rivaux dans la région du Golfe. Ils sont en train de s'organiser pour ramener les Kurdes en Irak et pour remettre aux Nations unies la responsabilité de distribuer avec un budget insuffisant les secours d'urgence qui leur sont adressés. Les gouvernements impérialistes d'Amérique du Nord, d'Europe, du Japon, de Nouvelle-Zélande et d'Australie ont tous soutenu le massacre impérialiste. Pas un seul n'a offert d'ouvrir ses frontières à ces réfugiés et aux autres victimes des attaques de Bagdad et de leur fournir du travail et un logement. Le régime de Mikhaïl Gorbatchev et les autres « alliés » des États-Unis dans la guerre ont agi de la même façon. Ils méritent tous une variante quelconque du titre qu'ils ont si librement donné à Saddam Hussein : celui de « boucher de Bagdad ».

Avec la fin de l'occupation irakienne du Koweït et la restauration des « droits légitimes » de la monarchie al-Sabah par le Pentagone, les soldats et les groupes paramilitaires de droite qui soutiennent le régime ont arrêté, battu, torturé et fréquemment tué les Palestiniens demeurés au Koweït ou ceux qui y sont retournés à la fin des combats. Après la restauration de la dynastie, des travailleurs immigrants ont essayé de retourner au Koweït. Originaires de plusieurs régions du monde, ces travailleurs avaient vécu et travaillé au Koweït, dans certains cas pendant plusieurs générations. Plusieurs d'entre eux avaient désespérément besoin de nourriture, de vêtements et de soins médicaux. Ils ont été refoulés à la frontière.

La dévastation de l'Irak par Washington a ainsi eu pour effet de reproduire, de façon encore plus criminelle, le même déplacement massif de population provoqué par l'occupation du Koweït par Bagdad le 2 août 1990 et par la course à la guerre des États-Unis dans le Golfe. Vous vous rappellerez qu'à ce moment-là, le régime de Saddam Hussein avait expulsé des dizaines de milliers de travailleurs immigrants de l'Irak et du Koweït : des Palestiniens, des Égyptiens et autres Nord-africains, des Philippins et des Pakistanais. Le régime saoudien a lui aussi expulsé quelque 900 000 travailleurs yéménites et de nombreux Palestiniens et Jordaniens parce que les gouvernements du Yémen et de la Jordanie ainsi que l'Organisation de libération de la Palestine avaient refusé de se joindre à l'alliance de guerre organisée par les États-Unis contre l'Irak.

Le travail de ces immigrants créait toute la richesse de ces pays. Les immigrants offraient les services, occupaient les différentes professions, raffinaient et transportaient le pétrole et ils prenaient soin des enfants des riches et de ceux de la classe moyenne. En 1989, les domestiques constituaient 25 pour cent de la population du Koweït ! La vie et les moyens d'existence des travailleurs et de leurs familles ont été détruits. Ils se sont retrouvés sans revenu et sans biens personnels. Les puissances impérialistes ont consacré des milliards de dollars à préparer leur guerre. Mais ils ont alloué des fonds insignifiants pour nourrir et pour abriter — « parquer » est un mot plus précis — ces réfugiés ou encore leur permettre de partir et de s'installer dans le pays de leur choix.

Des centaines de milliers de morts et de mutilés. Des millions d'autres sans abri, affamés, malades ou déplacés dans toute la région. Voilà le fruit de la course à la guerre et de la « victoire » militaire de Washington dans la guerre du Golfe. Inscrivez le nom de toutes ces victimes sur des blocs de granit et les monuments aux morts s'étendront à perte de vue. Voilà le véritable monument aux morts des États-Unis.

II. LA GUERRE DE WASHINGTON A RENFORCÉ LE SYNDROME DU VIÊT-NAM

La course à la guerre et l'offensive bipartite des républicains et des démocrates contre l'Irak avaient pour objectif immédiat d'utiliser la force militaire de Washington afin de renforcer la domination des États-Unis dans le golfe Arabo-persique. Là se trouvent 65 pour cent des réserves de pétrole connues dans le monde. Pour atteindre cet objectif, les dirigeants U.S. ont préparé la guerre de façon à garantir l'établissement en Irak d'un régime qui serait en fait un protectorat impérialiste, soumis politiquement au gouvernement des États-Unis. Ils espéraient que la dynamique politique de ce coup de force leur permettrait de changer en leur faveur les rapports de force entre les classes sociales et les États dans le Golfe, et en même temps de marquer des points face à leurs rivaux impérialistes. C'était là le but de la guerre du gouvernement des États-Unis contre l'Irak. Pas de libérer le Koweït ou de restaurer sa souveraineté nationale, encore moins d'instaurer la démocratie dans la péninsule arabe.

En poursuivant ces objectifs, les dirigeants U.S. ont cherché à remporter une victoire qui affaiblirait de façon substantielle « le syndrome du Viêt-nam » ou même l'éliminerait complètement. George Bush et ses partisans des deux partis ont ouvertement déclaré que c'était là un de leurs buts pendant la course à la guerre. Les enjeux étaient très grands et ils le sont toujours. Si elle réussit à atteindre cet objectif, la classe dominante des États-Unis aurait la possibilité de repousser les gains durables que la lutte pour les droits des Noirs de la fin des années 50 et des années 60 et que le mouvement contre la guerre du Viêt-nam et les luttes pour les droits des femmes des années subséquentes ont permis à la classe ouvrière de remporter dans ce pays. Il lui serait plus facile de pousser le mouvement ouvrier vers la marge de la scène politique et de modifier le rapport de forces en faveur du patronat aux États-Unis. Ceci lui donnerait en retour de nouvelles possibilités d'utiliser sa puissance militaire stratégique pour défendre ses intérêts dans le monde.

L'administration Bush a cessé les opérations offensives dans le sud de l'Irak à minuit le 27 février. Elle estimait à ce moment que la victoire militaire décisive des alliés, *remportée avec aussi peu de victimes du côté des États-Unis,* avait créé les conditions permettant à l'impérialisme U.S. d'atteindre ses objectifs dans la région du Golfe et aux États-Unis mêmes. Les résultats de l'embargo, des bombardements et de l'invasion lui permettraient, pensait-elle, d'établir un protectorat en l'espace de quelques semaines, si ce n'était de quelques jours. Quelques officiers irakiens allaient bientôt se débarrasser de Saddam Hussein. Comme Hussein, ce seraient eux-mêmes des gangsters du parti Baath, prêts à organiser le genre de régime que Washington avait en tête. La puissance de l'impérialisme U.S. atteindrait un nouvel apogée dans le monde. Et le parti de la guerre, c'est-à-dire la clique patriotique bipartite que dirige l'administration Bush et qui soutient son effort de guerre, serait dans une nouvelle position de force aux États-Unis.

Quand Washington a proclamé sa « victoire » militaire sur les forces armées irakiennes à la fin de février, les dirigeants U.S. ont initialement agi comme s'ils avaient franchi un pas de géant vers la réalisation de leurs objectifs. Le 1er mars, le président Bush jubilait : « Grâce à Dieu — il voulait dire : à force de coups et de mensonges — nous avons une fois pour toutes tué le syndrome du Viêt-nam ! »

Il est important de se rappeler que pour les familles capitalistes qui dirigent les États-Unis, se débarrasser du soi-disant syndrome du Viêt-nam comporte plusieurs éléments.

Depuis 15 ans, la classe dirigeante accorde une grande importance à reconstruire la confiance de la caste des officiers U.S. et à rétablir l'estime de l'opinion publique bourgeoise envers les officiers, y compris parmi les membres des forces armées. Elle cherche à rétablir l'image d'une structure de commandement dont les membres sont « des militaires professionnels » qui mènent à bien la politique formulée par le gouvernement, sans se livrer à la défense ou à la critique politique de l'administration ; qui ne sacrifient pas inutilement leurs soldats sur le champ de bataille ou les civils et les villages « ennemis » ; qui ne mentent pas aux soldats et au public sur « le nombre de morts » des deux côtés des combats ; et qui vont au combat pour des buts établis et énoncés clairement par la Maison-Blanche et le Congrès, des buts qui sont dans l'intérêt de « tous les Américains », dans « notre » intérêt et dans l'intérêt de « nos » besoins et de « nos » valeurs. C'est pourquoi quand « nous » devons combattre, nous le faisons sans enthousiasme mais de façon décisive, afin d'augmenter au maximum la rapidité de la victoire et de réduire les pertes parmi « nos gars ».

AU COURS D'UNE ENTREVUE télévisée complaisante et servile accordée à Barbara Walters à la mi-mars, le général Schwarzkopf a souligné le problème auquel la classe dirigeante est confrontée depuis la guerre du Viêt-nam. Il a reconnu que les officiers U.S. avaient l'habitude de mentir au public pendant la guerre du Viêt-nam sur le nombre des victimes et sur les ravages infligés à la population vietnamienne. Il a dit : « Il y avait une terrible érosion de l'intégrité des forces armées pendant la guerre du Viêt-nam. Je ne pense pas qu'il y en a beaucoup parmi nous qui sont sortis du Viêt-nam la tête haute et en disant : « Mon sens de l'intégrité est toujours blanc et pur comme neige », parce que nous savions tous que nous avions menti sur le nombre des morts. Nous savions tous qu'il y avaient eu beaucoup d'autres mensonges. Et cela a fait du tort au corps des officiers. » Les choses avaient tourné si mal, a ajouté Schwarzkopf dans son style mélodramatique habituel, qu'il a lui-même songé à quitter l'armée après le Viêt-nam. Mais il a décidé de rester parce qu'« il y avait beaucoup de choses à changer. »

Bien sûr, en jouant le jeu de la « franchise émouvante », Schwarzkopf cherchait à convaincre le public que tout avait changé et que le commandement U.S. dans le Golfe avait dit la vérité, toute la vérité et rien que la vérité. « C'est un corps d'officiers différent aujourd'hui, » a-t-il dit à Barbara Walters. « C'est un corps d'officiers qui a appris de cette expérience. Quand nous nous sommes engagés dans cette affaire, j'étais tenu d'expliquer les choses telles qu'elles étaient, absolument comme elles étaient, et j'étais décidé à le faire. »

Le 23 janvier, en plein milieu de la guerre, le chef de l'état-major Colin Powell avait le même but et la même fausse humilité quand, debout devant des cartes et des photos, il a réclamé au cours d'une conférence de presse télévisée : « Faites-moi confiance, faites-moi confiance. »

Mais pour donner l'apparence de « dire les choses telles qu'elles sont », le Pentagone a jugé nécessaire d'imposer les restrictions et la censure les plus sévères depuis le début du siècle sur la presse et les nouvelles de guerre. Sous le prétexte de protéger « nos gars » par nécessité militaire, il a réduit les reportages à des équipes de presse soigneusement triées, organisées et chaperonnées par l'armée et à des communiqués de presse stériles qu'il a lui-même émis. Il a soumis à la censure militaire tous les reportages en provenance de la zone de guerre. Quatre-vingt-dix-neuf pour cent des actions *n'ont pas été couvertes.* Les médias bourgeois ont accepté ces restrictions antidémocratiques. Ils ont eux-mêmes massivement censuré leurs reportages sur la guerre et sur les actions de protestation qui avaient lieu aux États-Unis. C'est ainsi que pendant toute la durée de la guerre, ils ont transformé en « faits » les déclarations des généraux sur l'extraordinaire précision des bombardements, le caractère insignifiant des « dommages collatéraux » et la quasi-perfection des interceptions effectuées par les missiles Patriotes.

La classe dirigeante a visé un deuxième but en cherchant à repousser le « syndrome du Viêt-nam » : celui de restaurer la confiance du public dans la politique étrangère et militaire du gouvernement. Les dirigeants capitalistes souffrent toujours des coups subis pendant la guerre du Viêt-nam et la période qui a suivi, avec les papiers du Pentagone et les révélations qui ont suivi le scandale du Watergate sur les projets d'assassinat fomentés par la CIA à l'étranger et — ce qui a fait encore plus de dommages — sur les « sales coups » du FBI à l'intérieur même du pays. Les actions du gouvernement ont été mises à nu, ce qui a provoqué des contre-coups.

La classe dirigeante cherche à convaincre des couches importantes de la population aux États-Unis que les *buts déclarés* du gouvernement sont ses *buts réels.* Et ce qui est encore plus important pour elle, à convaincre le peuple travailleur que ces buts ne sont pas simplement ceux d'une classe ou d'une couche sociale particulière, mais que ce sont « nos buts », les buts de la « nation », des buts qui reflètent « nos intérêts » à tous : patrons et travailleurs, riches et pauvres, exploités et exploiteurs. Les politiciens capitalistes des deux partis doivent renforcer le mythe patriotique que « nous » sommes « tous des Américains » et que nous avons tous des intérêts en commun. Que ce sont notre pétrole, nos émirs, nos emplois.

La classe dirigeante doit essayer de nous empêcher d'associer nos intérêts à ceux des autres travailleurs et agriculteurs du reste du monde. Les capitalistes cherchent à sauvegarder leur système social en déclin. Au cours des années qui viennent, Washington devra de plus en plus souvent déployer ses forces militaires impérialistes dans le monde. Pour obtenir le soutien de la population, la classe dirigeante U.S. doit construire un consensus patriotique. Elle doit institutionnaliser la collaboration de classe derrière le drapeau national et les rubans jaunes.

Troisièmement, la classe des patrons est déterminée à renverser en temps de guerre ou « d'urgence nationale » toute discussion publique de fond et tout débat sur ses politiques, ce que beaucoup considèrent aujourd'hui comme normal. Quand ce genre de discussions se développent, la classe dominante cherche à les canaliser dans des activités de pressions sur les parlementaires et d'observation passive des débats au Congrès ; à limiter tout débat à des divergences tactiques ; et à exclure des réunions syndicales et des écrans de télévision toute discussion pouvant mener à des manifestations de rue. Il existe un potentiel réel de voir se développer des manifestations de plus en plus grandes contre la guerre, un facteur qui limite la capacité des capitalistes U.S. d'utiliser leur force militaire dans le monde. C'est ce qu'ils visent à empêcher.

Washington se brise les dents contre la guerre

Voilà ce que la classe des employeurs U.S. croyait avoir accompli au cours de ce qu'elle avait initialement décrit comme une des victoires militaires les plus complètes et les plus totales de l'histoire des États-Unis. Mais il n'a suffit que de quelques jours après la suspension des opérations offensives dans le sud de l'Irak, à la fin de février, pour que l'euphorie patriotique commence à tourner au vinaigre et se transforme rapidement en fiasco politique.

Dans les semaines qui ont suivi, la vérité a commencé à sortir sur la « chasse dans le poulailler » et la « chasse aux cafards », sur l'ampleur du massacre et de la dévastation auxquels les États-Unis s'étaient livrés et sur les conséquences de la guerre pour celles et ceux qui se sont soulevés en Irak. Le doute et le dégoût ont commencé à se répandre parmi le peuple travailleur des États-Unis, y compris parmi les soldats revenant au pays.

Selon toute apparence, les officiers et les politiciens *ont* encore menti sur le « nombre des morts », c'est-à-dire sur toutes les formes de « dommage collatéral ». Il s'est avéré que l'infâme Peter Arnett de la chaîne CNN disait bien plus la vérité dans ses reportages télévisés à partir de Bagdad que le « tempétueux Norman », ainsi que Schwarzkopf a été surnommé. Ou que « l'Eisenhower noir de l'Amérique », ainsi que le général Colin Powell a été baptisé de façon enthousiaste par le magazine de droite *National Review* dans un article de première page qui le présentait carrément comme un futur candidat présidentiel du Parti républicain au cours des années 90. « Faites-moi confiance ? » Oui, pour obéir aux ordres en essayant d'« isoler et de tuer » toutes les victimes de l'impérialisme qui se rebellent ici ou à l'étranger.

Les massacres perpétrés par Bagdad contre les rebelles chiites et kurdes et le déplacement massif de nouveaux réfugiés sont en train de dissiper l'illusion que la guerre menée par Washington a contribué d'une quelconque façon au bien-être des peuples opprimés de toute la région. Les rapports en provenance du Koweït sur le rétablissement de la tyrannie de la monarchie al-Sabah, sur son opulente corruption et sur sa brutalité gratuite — elle qui a fait preuve d'une telle lâcheté physique pendant la guerre — provoquent le dégoût.

Le porte-parole de la Maison-Blanche Marlin Fitzwater a répondu à l'impact politique qu'a eu le rapport des Nations unies sur la destruction des « moyens de soutien de la vie moderne » en Irak. Il a essayé de défendre la guerre U.S. et de rejeter « l'argument voulant qu'on associe une quelconque culpabilité à la destruction causée par une guerre provoquée par Saddam Hussein. » Avec des désaveux gouvernementaux aussi piteux, de moins en moins de gens aux États-Unis sont aussi prêts aujourd'hui qu'en janvier et février derniers à parler de « nos objectifs » dans la guerre et de « notre responsabilité » pour ses conséquences en Irak et dans toute la région.

Pour couronner le tout, Saddam Hussein n'a pas encore été assassiné, renversé ou déposé. Il n'a pas été remplacé par un nouveau gangster du parti Baath avec qui Washington et Riyad seraient plus que ravis de faire affaire. Les dirigeants U.S. croyaient que l'affaire était « dans le sac ». Mais avec chaque jour qui passe, les espoirs de Washington ont de moins en moins de chance de se réaliser. Le plus longtemps Saddam Hussein continue de diriger Bagdad, le plus les dirigeants U.S. vont devoir objectivement travailler *avec* le « nouvel Hitler » de Bush *contre* le peuple irakien. Si c'est le cas, comment qualifier Bush ?

Pour la classe dominante des États-Unis, les résultats de la guerre du Golfe contrastent donc de façon étonnante avec ceux obtenus lors de l'invasion de Grenade par Washington en octobre 1983 et de l'invasion du Panama en décembre 1989. Dans ces deux cas, Washington a réussi par le biais d'opérations militaires limitées à mettre en place pratiquement du jour au lendemain des régimes capitalistes soumis et relativement stables. La victoire *politique* des dirigeants U.S. a pratiquement coïncidé avec leur victoire *militaire* et il y a eu très peu de pertes du côté des États-Unis. Bien entendu, Grenade et le Panama ne vont pas demeurer éternellement stables. Mais dans les deux cas, Washington a atteint ses objectifs politiques.

Dès le départ cependant, une victoire militaire de Washington contre l'Irak avait des implications différentes : elle ne pouvait pas consolider en même temps les buts politiques visés par la guerre. Les changements recherchés par l'impérialisme U.S. étaient trop considérables. Pourtant, *celui-ci en a besoin.* En fait, loin d'atteindre les objectifs politiques visés, la guerre a eu des résultats opposés : elle a exacerbé les tensions politiques, l'instabilité et les conflits nationaux, de classe et d'États dans la région. Comme nous l'avons dit au début de la course à la guerre que les deux partis au pouvoir à Washington appuyaient : peu importe le résultat militaire, les dirigeants U.S. vont se casser les dents en essayant d'imposer l'ordre et la stabilité impérialistes dans le Golfe par le biais d'une guerre massive contre l'Irak.

La guerre de Washington a en fait créé de nouveaux problèmes pour l'impérialisme américain dans la région du Golfe. Elle a mis en mouvement des forces sociales imprévues et incontrôlables. Elle a engendré de nouveaux conflits et de nouvelles luttes. Elle a provoqué de nouveaux mouvements de réfugiés. Tout cela était pratiquement inévitable. Dans la période actuelle de crise et de déclin du capitalisme mondial, celui-ci est incapable d'assurer le développement économique et de ce fait la véritable indépendance nationale, la souveraineté ou la stabilité sociale de ces pays et des autres peuples ou pays du monde semi-colonial.

LA RÉALITÉ de l'après-cessez-le-feu a provoqué des divisions tactiques aiguës dans la classe capitaliste U.S. Il serait en fait plus exact de parler de *récriminations.* Ses porte-parole questionnent les décisions politiques récentes de l'administration Bush dans le Golfe. Les critiques de l'administration au sein de la classe dominante lui reprochent d'avoir arrêté les opérations offensives à la fin de février, d'avoir levé quelques sanctions, d'avoir accepté un cessez-le-feu et d'avoir permis à Bagdad d'écraser les soulèvements internes. Ils l'accusent d'avoir échappé le ballon en courant vers les buts, alors que l'impérialisme U.S. cherchait à atteindre un nombre encore plus élevé de ses objectifs politiques dans la région. Les enjeux étaient considérables. Mais il n'y a pas beaucoup de ces critiques qui proposent une politique alternative à celle que l'administration a suivie.

AU COURS DES PREMIERS MOIS de la course à la guerre initiée par Washington, les principales « préoccupations » tactiques concernant la politique de l'administration Bush ont été exprimées par les politiciens et les porte-parole bourgeois (principalement du Parti démocrate) qui essayaient de trouver une façon d'atteindre les objectifs de l'impérialisme U.S. dans le Golfe sans prendre le risque politique dans la région ou aux États-Unis de lancer une guerre terrestre contre l'Irak. Le discours publié en décembre dernier dans la revue *International Socialist Review* et traduit dans le numéro de janvier-mars 1991 de la revue *L'internationaliste* décrit le caractère et les limites étroites des divergences exprimées par ce « parti bourgeois de la paix [3]. » Les communistes qui ont fait campagne contre l'impérialisme et sa guerre ont diffusé des milliers d'exemplaires de ce discours aux travailleurs et aux étudiants des États-Unis et des autres pays. Quand l'attaque militaire a commencé avec le bombardement de l'Irak par les États-Unis à la mi-janvier, les politiciens des partis démocrate et républicain ont serré les rangs derrière le drapeau et le « commandant en chef », tout comme ils l'ont fait au début de chacune des guerres menées par les États-Unis depuis le début du siècle, qu'elles aient reçu ou pas la sanction de l'ONU.

Mais depuis que George Bush a déclaré une « pause » unilatérale des hostilités le 27 février, le débat a changé : cette décision et le cours subséquent des forces militaires U.S. dans la région n'ont-ils pas d'une certaine façon transformé en défaite la victoire qui était à portée de la main ? Au début, c'est l'aile droite du Parti républicain qui a lancé cette nouvelle ronde de critiques contre l'administration Bush. Mais les libéraux des partis républicain et démocrate se sont vite joints à elle. Et la nervosité augmente parmi les politiciens bourgeois qui continuent de défendre les décisions politiques de Bush dans le Golfe tout en trouvant prudent aujourd'hui de décliner toute responsabilité dans la dévastation de l'Irak, la « chasse dans le poulailler », les risques croissants d'épidémie et les horreurs du nouvel exode massif de réfugiés.

Quelques semaines après l'arrêt des combats, le *Wall Street Journal* a publié un éditorial affirmant que « l'Euphrate pourrait devenir l'Elbe de George Bush. » Cet article fait référence à la rivière Euphrate, le point le plus avancé atteint par les forces alliées en Irak. Il fait écho aux accusations lancées par la droite U.S. après la deuxième guerre mondiale, qui prétendait que l'administration démocrate avait « livré l'Europe de l'Est aux communistes » en stoppant la progression des troupes U.S. à la rivière Elbe en Allemagne centrale.

Le chroniqueur du *New York Times* A. M. Rosenthal a exigé bruyamment que la Maison-Blanche utilise le massacre des Kurdes par Bagdad pour reprendre les actions militaires et renverser directement Saddam Hussein — peu importe le coût de l'opération. « L'Amérique à la Vistule » a titré l'un de ses articles, en faisant référence au soulèvement de la population de Varsovie en août 1944 contre le régime imposé à la Pologne par les nazis. L'armée soviétique était alors présente dans la ville, de l'autre côté de la Vistule. Mais le gouvernement soviétique de Joseph Staline a refusé de venir en aide aux rebelles, les condamnant à une défaite sanglante.

Le chroniqueur libéral Anthony Lewis a maintenu dans le *New York Times* que la guerre elle-même était « pire qu'insensée. » Ça ne l'a pas empêché de condamner la décision de l'administration Bush « de regarder passivement les hélicoptères d'attaque et les avions de combat irakiens déverser du napalm et de l'acide sur les rebelles » kurdes. Quelques jours plus tard, l'article principal de la section « La semaine en revue » de l'édition du dimanche du *New York Times* titrait : « L'Irak est laissé à la merci de Saddam Hussein ». Le *New Republic* a suivi en écrivant en toutes lettres en première page : « LE MEURTRE DES KURDES — Pourquoi George Bush l'a laissé faire et comment il pourrait l'arrêter ».

Le rédacteur William Buckley a écrit le 10 avril dans *National Review* : « Les événements des deux dernières semaines ont fait autant pour détruire le moral de l'Occident que si un raid nocturne de la Garde républicaine irakienne avait tué le général Schwarzkopf et ses principaux collaborateurs — ce qui était le pire scénario auquel on aurait pu penser pendant les journées d'extase du début de mars. »

La discussion qui a reçu le plus d'attention est celle qui s'est déroulée entre Bush et Schwarzkopf à la fin mars. À peine quelques semaines auparavant, les médias avaient claironné à quel point « le commandant en chef » et son « général victorieux quasi cinq étoiles » s'entendaient comme larrons en foire. Contrairement au Viêt-nam, ont-ils dit, Bush a établi des objectifs clairs et transparents et Schwarzkopf a conçu les plans militaires permettant de les atteindre. Mais à la fin mars, Schwarzkopf avait changé de ton sur les ondes des grands réseaux de télévision à travers le pays. « En toute franchise, j'ai recommandé à [George] Bush [...] de continuer à avancer. On les avaient mis en déroute et on aurait pu continuer de [...] leur infliger la plus grande destruction. Nous aurions pu fermer la porte complètement et les anéantir. »

(Pensez simplement à la langue utilisée. Schwarzkopf savait parfaitement que des dizaines de milliers de soldats irakiens en fuite avaient été massacrés pendant les 100 heures de l'invasion. Et il se plaint que la boucherie ne se soit pas terminée en « anéantissement ». Il répète l'expression ailleurs dans l'entrevue.)

Les éditorialistes du *New York Times* continuent de défendre la guerre. Mais ils utilisent maintenant le mot « massacre » pour parler de ce qui s'est passé pendant les 100 heures de l'invasion de l'Irak et du Koweït par les États-Unis. Partisans les plus fervents de la guerre, les rédacteurs du *Wall Street Journal* voulaient que l'offensive alliée se poursuive jusqu'à Bagdad. Ils ont essayé de répondre au dégoût croissant provoqué par les révélations sur la dévastation causée par la guerre en suggérant que le Pentagone fasse une étude pour déterminer « si la destruction de l'infrastructure de l'Irak a servi les objectifs militaires visés, étant donné ses conséquences pour la population civile — conséquences qu'une équipe de l'ONU a décrites comme « quasi apocalyptiques. »

Je n'essaie pas de dire qu'une section de la classe dirigeante ou qu'un courant de l'opinion publique bourgeoise avait une alternative plus « efficace » que celle de Bush pour promouvoir les intérêts de l'impérialisme U.S. dans le Golfe. Personne n'en avait. Du mois de septembre 1990 jusqu'à la fin de février, l'administration Bush, qui représentait l'aile dominante de la classe dirigeante, a suivi un cours cohérent et conséquent.

C'était un cours *militaire* qui visait à lancer une attaque totale contre l'Irak. Et Washington a suivi la logique de la marche à la guerre jusqu'à sa conclusion meurtrière. Ce cours militaire avait deux objectifs : établir un protectorat après avoir renversé Saddam Hussein ; et le faire avec le moins possible de victimes U.S., peu importe le coût total de l'opération en termes de morts et de blessés. Le 27 février, les hauts fonctionnaires de l'administration Bush étaient convaincus non seulement d'avoir atteint le premier objectif, mais aussi de pouvoir atteindre le deuxième — à la condition que les forces U.S. évitent de confronter les meilleures unités d'élite irakiennes. Ils prenaient pour acquis qu'ils allaient ainsi récolter d'énormes avantages politiques aux États-Unis, dont un plus grand appui à la prochaine utilisation massive de la force.

Mais ce n'est pas ce qui est en train d'arriver.

En lançant sa course à la guerre, Washington avait aussi pour objectif secondaire de se mettre en meilleure position d'imposer une « solution » à la question nationale palestinienne — en trouvant une façon d'éliminer les racines de l'intifada sans provoquer un plus grand soulèvement révolutionnaire [4]. Pour les dirigeants U.S., la réalisation de ce but est liée aux progrès qu'ils pourront accomplir vers l'établissement de relations stables et profitables avec les plus importants régimes capitalistes de la région, dont la population est en majorité arabe. Il s'agit là d'un objectif de longue date pour eux. Ces régimes s'étendent de la côte Atlantique de l'Afrique du Nord au golfe Arabo-persique. Ils gouvernent des pays dont les populations sont beaucoup plus considérables que celle d'Israël et dont les territoires contiennent des réserves stratégiques de pétrole et des sources importantes de richesses naturelles. Washington veut établir plus fermement que jamais sa position de puissance impérialiste dominante dans ses relations avec ces régimes.

Depuis le début des années 60, le gouvernement des États-Unis a fourni une quantité croissante de matériel militaire moderne à Israël et s'en est servi comme un bastion pour défendre les intérêts impérialistes au Moyen-Orient. Dans la deuxième moitié des années 50, on a assisté dans toute la région à une montée des luttes ouvrières et paysannes pour la terre et la souveraineté nationale. Ces luttes ont porté au pouvoir dans plusieurs pays des régimes bourgeois trop faibles et trop peu fiables pour jouer ce rôle du point de vue de l'impérialisme. Mais au cours des 25 dernières années, des classes capitalistes plus grandes et plus fortes ainsi qu'une classe moyenne de plus en plus importante se sont consolidées dans ces pays, ce qui a permis à Washington d'utiliser ces gouvernements bourgeois de façon plus efficace pour promouvoir ses propres intérêts. Les défaites militaires infligées par Israël à ces régimes au cours des guerres de 1967 et 1973 ont poussé des sections de ces classes dirigeantes à se tourner vers l'impérialisme. Les dirigeants égyptiens ont donné l'exemple à cet égard en reconnaissant l'État d'Israël à la suite des accords de Camp David de 1978, élaborés sous l'administration de James Carter[5].

La guerre organisée par les États-Unis dans le Golfe a accru les divergences entre les intérêts de la politique extérieure des États-Unis et ceux de la classe dirigeante israélienne. Cette dernière est sortie perdante du rapprochement qui s'est effectué entre l'impérialisme U.S. et les régimes égyptien, saoudien et syrien à la faveur de leur participation à l'alliance militaire contre Bagdad.

Ce rapprochement a affaibli l'influence d'Israël sur Washington, son rôle particulier dans le système impérialiste mondial, sa capacité d'obtenir des États-Unis une assistance militaire et économique toujours plus grande et sa capacité d'empêcher que le même genre d'aide U.S. aille aux régimes des pays arabes.

Cette divergence entre Washington et Tel Aviv contredit ce que la plupart des médias ont présenté pendant la guerre comme un nouveau point culminant de la coopération entre les deux pays. Les médias ont en particulier monté en épingle l'« accord » donné par le gouvernement israélien de ne pas lancer ses avions de guerre contre l'Irak en riposte aux missiles Scud lancés par Bagdad et le déploiement subséquent par Washington de batteries antimissiles Patriotes en Israël. La vérité cependant, c'est que Tel Aviv n'a jamais eu de choix à cet égard. Le commandement militaire des États-Unis a simplement refusé de fournir aux forces de l'air israéliennes les codes « ami ou ennemi » qui auraient permis aux bombardiers et aux avions de combat de Tel Aviv de pénétrer dans l'espace aérien irakien sans être abattus par ou sans abattre les avions militaires U.S. qui le contrôlaient.

En fait, Washington a humilié Tel Aviv pendant la guerre du Golfe en l'empêchant de perturber la politique étrangère et les objectifs militaires des dirigeants U.S. Israël s'appuie sur sa réputation historique d'État forteresse : il va répondre militairement à tout signe de danger et répondre dix fois plus fort à toute attaque menée sur son territoire. Ici, le gouvernement U.S. a forcé le régime israélien à subir sans répondre les attaques des missiles Scud lancés par Bagdad. Les Scud sont insignifiants sur le plan militaire. Mais l'incapacité de riposter de Tel Aviv a été une autre humiliation politique pour le régime. L'amertume et la frustration des cercles dirigeants israéliens se sont encore accrues lorsqu'il est devenu évident que les missiles Patriotes tant acclamés de Washington sont un échec. Les Patriotes n'ont pas détruit la plupart des têtes porteuses ni empêché les Scud de causer des dommages. Ils ont fait éclater les Scud, des missiles qui manquent totalement de précision, et dispersé les ogives et les autres débris au hasard. C'est tout. Les ogives des Scud se sont quand même écrasés sur le territoire israélien où ils ont explosé. Et les fragments des Scud et des Patriotes ont causé des dégâts. (En fait, les évaluations militaires israéliennes insistent pour dire que les missiles Scud lancés par Bagdad *après* le déploiement des Patriotes ont fait plus de dégâts que ceux qui ont été lancés avant).

MAIS AU MOMENT où les intérêts de Washington divergent encore plus de ceux de Tel Aviv, les dirigeants U.S. n'ont fait aucun progrès pour « résoudre » la question palestinienne, qui perturbe continuellement les efforts qu'ils déploient pour établir des relations stables avec les régimes bourgeois du Moyen-Orient. De ce point de vue, la lutte acharnée du peuple palestinien pour le droit à l'autodétermination nationale — et avant tout la lutte menée par les Palestiniens qui vivent à l'intérieur des frontières du « grand Israël » établies après 1967 — constitue le plus grand obstacle politique auquel est confronté Washington. Ceci reste un énorme problème pour l'impérialisme. L'ampleur de la coopération obtenue de Moscou par Washington n'y change rien, pas plus que le nombre de voyages effectués par le secrétaire d'État James Baker dans la région, où il fait la navette entre Tel Aviv et les capitales des régimes alliés de Washington dans les divers pays arabes.

Tel Aviv a profité de la course à la guerre de Washington pour accroître sa brutalité d'État-forteresse contre la population palestinienne vivant en Cisjordanie, dans la bande de Gaza, dans le sud du Liban et à l'intérieur même d'Israël. Il a imposé un couvre-feu total — dans les faits, une véritable assignation à domicile — à la population palestinienne et ainsi privé des centaines de milliers de familles de leurs moyens d'existence. Des milliers de Palestiniens ont été arrêtés, battus et emprisonnés. Les flics, les soldats et les groupes paramilitaires de droite en Israël ont assassiné des combattants palestiniens avec encore plus d'impunité. Tel Aviv a multiplié les raids aériens contre les camps de réfugiés palestiniens au Liban. Malgré les promesses faites à Washington, le régime israélien a ouvertement organisé la saisie de nouvelles terres en Cisjordanie et dans la bande de Gaza par des immigrants soviétiques et d'autres colons juifs. Si les Israéliens ne peuvent rien pour défier dans le ciel la force aérienne des États-Unis, ils peuvent toujours continuer pour un certain temps de construire des colonies de peuplement sur les terres arabes volées.

Il n'existe aucune solution à la question palestinienne dans un cadre impérialiste. La lutte pour les droits nationaux du peuple palestinien est l'axe de la lutte de classes en Israël et dans les régions qui constituaient historiquement la Palestine. Le peuple palestinien continue de lutter contre son expropriation. Il s'est gagné la solidarité des populations arabes et des combattants conscients parmi les opprimés et les exploités du monde entier. Les Palestiniens n'ont pas été dispersés dans le monde au point de perdre leur identité et leur cohésion nationales.

Il y a plus. Tant que les Palestiniens ne sont pas expulsés massivement d'Israël et des territoires occupés, chacun des progrès qu'ils font en luttant pour leur libération nationale représente en même temps une crise politique et sociale *intérieure* pour Tel Aviv. Et chaque fois que Tel Aviv prend une initiative pour incorporer de façon permanente les territoires occupés dans un « grand Israël », il accroît la résistance des Palestiniens, y compris parmi ceux qui vivent à l'intérieur d'Israël, ce qui approfondit sa crise interne. En plus de quelque 3,5 millions de Juifs, il y a 2,5 millions de Palestiniens qui vivent aujourd'hui sous l'autorité d'Israël : 800 000 à l'intérieur des frontières de 1967 et 1,7 million en Cisjordanie et dans la bande de Gaza.

L'AUTODÉTERMINATION nationale des Palestiniens est irréconciliable avec les intérêts de classe de la classe dominante israélienne. Tout en prétendant parler au nom de leurs « frères » palestiniens, les régimes bourgeois des pays arabes avoisinants ont de façon répétée fait couler le sang palestinien pour maintenir leur pouvoir de classe et leurs privilèges d'État. Washington continue d'exercer des pressions sur ces gouvernements pour qu'ils suivent l'exemple du Caire et établissent des relations diplomatiques avec Israël. Il se peut que certains d'entre eux le fassent. Mais ces régimes capitalistes doivent tenir compte des conséquences politiques déstabilisatrices qu'un tel geste pourrait avoir chez eux parmi les Arabes et les autres peuples opprimés. Ces derniers s'identifient fortement avec la lutte palestinienne et sont, avec le peuple travailleur du reste du monde, les seuls alliés sur lesquels peuvent compter les Palestiniens.

L'*intifada,* qui dure depuis presque quatre ans en Cisjordanie et dans la bande de Gaza, a confirmé que les Palestiniennes et les Palestiniens ne s'arrêteront pas de se battre tant qu'ils n'auront pas remporté leur lutte pour la terre et l'autodétermination nationale. C'est ce qui explique pourquoi la guerre du Golfe n'a pas permis à Washington de trouver une façon de contourner ce dilemme. Les dirigeants U.S. conseillent à Tel Aviv de « céder la terre en échange de la paix. » Mais la réponse donnée en pratique par les dirigeants israéliens est plus éloquente que n'importe quel langage diplomatique. Tel Aviv est convaincu que seule la paix des cimetières peut réduire au silence la lutte des Palestiniens pour la terre — et il agit en conséquence.

L'autodétermination du peuple kurde

La « victoire » militaire des dirigeants U.S. a attiré l'attention du monde sur une autre lutte pour l'autodétermination nationale restée non résolue dans la région : celle du peuple kurde. Avant la guerre du Golfe, la lutte du peuple kurde avait été dans une large mesure en recul. Au cours des 50 dernières années, les classes dirigeantes irakienne, turque, iranienne et syrienne lui ont infligé une série de défaites avec la complicité de Washington, Londres, Paris et Moscou. La guerre du Golfe a posé l'autodétermination nationale du peuple kurde de la manière la plus aiguë depuis la fin de la deuxième guerre mondiale et les années qui ont suivi la révolution victorieuse de 1958 contre la monarchie en Irak.

Entre 20 et 30 millions de Kurdes vivent séparés les uns des autres dans le sud-est de la Turquie, le nord-est de la Syrie, le nord de l'Irak, le nord-ouest de l'Iran et dans une petite région au sud de l'Union soviétique. Une république kurde indépendante a été créée dans le nord de l'Iran après l'établissement dans l'Azerbaïdjan voisin d'un gouvernement des travailleurs et des paysans en décembre 1945[6].

La république kurde a été écrasée par la monarchie iranienne un an plus tard. Mais les Kurdes ont continué de lutter au cours des décennies qui ont suivi. Les dirigeants U.S. ont à certains moments fourni une aide très limitée aux groupes nationalistes kurdes pour ensuite la couper de façon abrupte, selon l'humeur des relations de Washington avec les régimes de la région, en particulier Bagdad et Téhéran.

Le peuple kurde a profité de l'affaiblissement du régime de Saddam Hussein dans la guerre pour reprendre encore une fois la lutte. Pendant au moins une semaine en mars, il a pris le contrôle de plusieurs villages et villes, dont l'importante ville de Kirkuk. Bagdad a utilisé des hélicoptères d'attaque et des blindés pour écraser brutalement la rébellion kurde, poussant plus de deux millions de réfugiés kurdes à essayer de franchir les frontières de l'Iran et de la Turquie.

Au moment où nous nous parlons, les puissances impérialistes U.S. et européennes ont annoncé l'établissement d'une « enclave » temporaire pour les réfugiés kurdes au nord du trente-sixième parallèle, dans la région nord de l'Irak près de la frontière turque. Washington envoie présentement des troupes et des unités des Forces spéciales au nord de l'Irak. Celles-ci vont agir comme la police de Saddam Hussein, rien de plus. Avec l'aide de l'armée turque, les soldats U.S. refoulent les réfugiés hors de la Turquie et des montagnes adjacentes vers des camps de transit dénudés et mal approvisionnés. Washington vise à ramener les Kurdes dans les villes et les villages qu'ils ont fuis.

Au mieux, cette enclave sera l'équivalent temporaire d'une réserve indienne aux États-Unis ou d'une des nombreuses régions interdites près des frontières d'Israël où se trouvent les camps de réfugiés palestiniens. Tout comme les régimes capitalistes de Bagdad, d'Ankara, de Damas et de Téhéran, les impérialistes veulent être certains que ces « refuges » pour les Kurdes auront la vie courte. Ils savent tous que l'existence d'une région kurde plus ou moins permanente ne peut qu'attiser l'aspiration des Kurdes pour la terre qui leur appartient à juste titre et créer des « intifadas » parmi les nouvelles générations de combattants kurdes. George Bush va faire des cauchemars à l'idée d'établir une grande réserve où un Géronimo moderne dirigerait un nouveau soulèvement[7].

Voilà un autre exemple des forces sociales incontrôlables et sans solution qui ont été mises en mouvement et non pas contenues par la guerre de Washington contre l'Irak.

En continuant de faire campagne contre l'impérialisme et la guerre, nous devons non seulement exiger le retrait des troupes étrangères de l'Irak, mais aussi l'ouverture des portes des États-Unis au peuple kurde et à tous les réfugiés irakiens et koweïtiens qui fuient le régime de Bagdad et la monarchie al-Sabah.

La classe dirigeante en Turquie s'est alliée à Washington dans la guerre contre l'Irak dans l'espoir d'obtenir des avantages commerciaux, ainsi que de l'aide et du matériel militaires. Avec presque un million de réfugiés à ses portes, les résultats pour elle jusqu'à maintenant frôlent la catastrophe. Le régime turc souffre également de problèmes économiques majeurs. L'embargo que la Turquie continue de respecter a fermé les pipelines de pétrole entre la Turquie et l'Irak et tari de ce fait une importante arrivée de revenus dans les caisses de l'État. Tous ces événements ont une fois de plus attiré l'attention du monde sur la répression exercée par les dirigeants turcs contre le peuple kurde. Jusqu'à récemment, le peuple kurde n'avait même pas le droit de parler sa propre langue en Turquie. Et il n'a toujours pas le droit de lire, d'écrire ou d'être scolarisé en kurde.

La chose la plus importante, c'est que les kurdes sont revenus au centre de la politique mondiale comme jamais auparavant. Et ils ne l'ont pas fait en tant que victimes, mais à titre de combattants courageux et déterminés à défendre leurs droits nationaux.

Les régimes brutaux des familles royales de l'Arabie saoudite et du Koweït sont également sortis affaiblis de la guerre. En vivant pendant des années à même d'énormes rentes pétrolières, les dirigeants saoudiens en particulier ont longtemps fonctionné avec l'illusion que l'utilisation massive de pétrodollars pouvait remplacer la force militaire dans la politique régionale et mondiale. L'annexion rapide du Koweït par Bagdad et la menace évidente que ce dernier représentait pour les frontières saoudiennes ont définitivement mis fin à ces illusions.

L'Arabie saoudite, le Koweït et les autres royaumes de la péninsule arabe (les Émirats arabes unis, l'Oman, le Qatar et Bahreïn) reposent tous sur la même base sociale étroite : des classes dirigeantes parasitaires de marchands, de banquiers et de rentiers du pétrole. Il existe peu de capital industriel dans ces pays. Tous ces régimes dépendent à un degré ou à un autre de l'importation de travailleurs salariés à qui ils imposent des conditions de travail à contrat et à qui ils refusent les droits civils les plus élémentaires — peu importe le nombre d'années que ces travailleurs ont vécu et travaillé là. La majorité des membres de la classe moyenne salariée et des professions libérales sont également des immigrants.

La guerre dans le golfe a mis en lumière les structures sociales réactionnaires et les assises semi-féodales sur lesquelles reposent les royaumes pétroliers arabes. Elle a aussi mis en évidence la faiblesse politique et militaire des familles rentières superriches et oppressives qui dominent ces pays. On va voir se multiplier les conflits entre la petite poignée d'exploiteurs parasitaires et les travailleurs de la région qui produisent la richesse et assurent le maintien de ces monarchies. Les soulèvements qui ont eu lieu dans la région depuis le mois d'août ont renforcé la détermination des jeunes qui veulent obtenir les libertés et l'espace politique et intellectuel qu'ils savent exister ailleurs dans le monde et celle des femmes qui veulent éliminer les restrictions humiliantes, si ce n'est le semi-esclavage, dont elles sont victimes.

Ces royaumes sont loin d'être en meilleure position pour tenir les puissances impérialistes en otage de leur pétrole. Au contraire, on a vu que leur survie même dépend ouvertement du soutien de Washington et, dans une moindre mesure, de celui des régimes semi-industrialisés qui leur font concurrence, comme l'Égypte et la Syrie. Ces royaumes ressentent aussi les pressions qui découlent de la puissance relative croissante de Téhéran dans le Golfe. Washington va utiliser son influence pour imposer un plus grand contrôle sur l'organisation du marché mondial du pétrole, consolider ses positions face à l'Arabie saoudite, au Koweït et aux autres États du Golfe affaiblis par la guerre et renforcer sa capacité concurrentielle vis-à-vis des autres puissances impérialistes.

La guerre du golfe a également accentué sur les régimes capitalistes de Syrie et d'Iran les pressions pour trouver des façons de collaborer avec Washington. Ces gouvernements suivent le chemin tracé par Le Caire il y a plus de dix ans. Aujourd'hui, les dirigeants capitalistes égyptiens agissent de plus en plus comme les agents de Washington en lançant des ballons d'essai qui rendent plus facile aux autres régimes de la région de s'engager dans la même voie. La guerre du Golfe est venue s'ajouter à la profonde crise économique et sociale de la bureaucratie soviétique en rendant très clair que l'URSS ne peut pas armer et organiser de régimes « amis » qui veulent devenir autre chose que des puissances militaires de deuxième classe. Moscou a démontré que ses « amis » dans le monde peuvent de moins en moins compter sur une assistance militaire efficace ou sur une aide économique substantielle de sa part. La guerre n'a pas non plus renforcé la position relative de Paris, Bonn, Tokyo ou même Londres vis-à-vis de Washington. Il est encore moins probable que les régimes bourgeois de la région du Golfe reconnaissent l'un de ces pays comme la puissance impérialiste dominante. Au contraire.

Finalement, la guerre du Golfe a été une douche froide pour les régimes capitalistes de l'Afrique du Nord dont la population est en majorité arabe, en particulier pour le Maroc et l'Algérie. Elle leur a fait voir à quel point ils n'avaient pas encore réduit l'espace où le peuple travailleur peut agir politiquement. Le contraste est notable avec ce que Le Caire a réussi à faire à ce niveau, sans parler de Damas ou de Bagdad. En dehors de la Jordanie, c'est dans ces deux pays que se sont déroulées pendant la guerre les mobilisations populaires les plus grandes et potentiellement les plus déstabilisatrices en solidarité avec l'Irak et contre le massacre organisé par les impérialistes. On devrait être attentifs aux répercussions que ces événements vont continuer d'avoir dans la lutte des classes en Afrique du Nord.

Du Maroc à l'Iran, c'est la menace que constituent les travailleurs et les paysans de leur propres pays qu'anime les calculs politiques des classes dominantes du Moyen-Orient aujourd'hui, pas les pressions extérieures de l'impérialisme. Contrairement aux visées de la classe dirigeante U.S., la « victoire » de Washington en Irak a dans une plus ou moins grande mesure augmenté l'instabilité de cette partie du monde — des monarchies du Golfe aux régimes du Maghreb en Afrique du Nord.

Pas une défaite comme au Nicaragua

Washington n'a pas pu changer le rapport de forces en sa faveur dans la région du Golfe malgré l'utilisation de sa puissance militaire dévastatrice. Mais ceci ne veut pas dire que les dirigeants U.S. n'ont pas marqué quelques points à la sortie de la guerre. Ils ont fait des gains. Ils ont renforcé leur position vis-à-vis de leurs principaux concurrents impérialistes à Bonn, Tokyo et Paris. Ils ont démontré de façon décisive leur suprématie stratégique sur Moscou. Ils ont renforcé leur position de puissance impérialiste dominante face à un nouvel alignement des régimes bourgeois semi-coloniaux du Caire, de Damas et de Riyad. Ils ont ouvert la porte au rétablissement de quelques rapports politiques initiaux avec Téhéran.

Mais la guerre du Golfe n'a pas réussi à donner une impulsion nouvelle à l'offensive que les capitalistes U.S. mènent depuis plus de dix ans contre la classe ouvrière et le mouvement ouvrier aux États-Unis. La dévastation de l'Irak et le massacre de 100 heures commis par Washington vont avoir des conséquences totalement différentes pour le peuple travailleur des États-Unis que la défaite de la révolution nicaraguayenne dans la deuxième moitié des années 80. C'est une défaite qui nous a portés un coup réel et de longue durée.

La mobilisation populaire massive des travailleurs et des paysans nicaraguayens a culminé en 1979 dans l'écrasement de la dictature d'Anastasio Somoza et de son appareil d'État, soutenus par les États-Unis, et dans l'établissement d'un gouvernement des travailleurs et des paysans. La direction de ce mouvement était révolutionnaire et, malgré ses faiblesses et ses incohérences, elle a pendant les premières années de la révolution organisé les travailleurs et les paysans pour qu'ils défendent leurs intérêts contre l'impérialisme et contre les propriétaires fonciers et les capitalistes nicaraguayens. Elle s'est tournée vers la révolution cubaine et la révolution grenadienne. Elle a apporté une aide directe et donné son soutien politique aux rebelles du Salvador et du Guatemala. Elle a démontré sa capacité de corriger ses erreurs initiales et d'en tirer les leçons en se faisant le champion de la lutte des peuples indigènes et de l'unité afro-latine dans les Amériques et les Caraïbes. Pour les ouvriers communistes des États-Unis et des autres pays, c'était un exemple que nous pouvions donner aux travailleurs, aux fermiers et aux jeunes au cours des discussions et des luttes que nous menions en commun.

La classe dirigeante U.S. n'a pas eu à utiliser ses troupes pour essayer d'écraser la révolution nicaraguayenne, dans ce qui serait devenue une guerre centro-américaine sanglante. Ce n'est pas ce qui a renversé le gouvernement ouvrier et paysan du Nicaragua. En fait, à la fin de 1987, les travailleurs et les paysans nicaraguayens avaient battu les contras au cours d'une guerre pénible, organisée et financée par les États-Unis, qui a fait presque 60 000 morts et infligé des milliards de dollars de dommages à l'économie nicaraguayenne. Mais malgré la victoire remportée contre les contras, les assises du gouvernement révolutionnaire se sont érodées sous l'impact du recul et de la dégénérescence politiques de sa direction, qui a cédé aux pressions économiques et aux opérations déstabilisatrices auxquelles elle était confrontée jour après jour. Ce processus a culminé dans la victoire électorale remportée en 1990 par la coalition pro-Washington regroupée autour de la candidate présidentielle Violeta Chamorro [8].

Ce revers démoralisant a frappé durement non seulement les travailleurs et les paysans en Amérique centrale et dans les Caraïbes, mais aussi ici en Amérique du Nord et dans le reste du monde. C'était moins de cinq ans après le renversement du gouvernement des travailleurs et des paysans à Grenade et l'assassinat du dirigeant central de la révolution, Maurice Bishop, par la faction stalinienne de Bernard Coard au sein du New Jewel Movement [9]. La défaite au Nicaragua a accéléré le recul des forces révolutionnaires en Amérique centrale et dans les Caraïbes (dont le Salvador et le Guatemala), qui avaient servi de modèle et de référence à plusieurs des individus radicalisés par les révolutions grenadienne et nicaraguayenne.

LE REFUS DU RÉGIME DE BAGDAD de se battre, et l'invasion et l'occupation sanglantes d'un cinquième de l'Irak par les forces U.S. ont eu un effet différent sur les travailleurs et les agriculteurs des États-Unis et du reste du monde. Il n'y avait pas de gouvernement des travailleurs et des paysans en Irak. Et le régime baathiste n'était pas et n'a jamais été le moindrement révolutionnaire. Il a pris le pouvoir en Irak à la faveur d'un coup d'État contre-révolutionnaire en 1963 et fini de décimer l'avant-garde de la révolution de 1958, qui avait renversé la monarchie, effectué une réforme agraire et mis en oeuvre d'autres réformes démocratiques et anti-impérialistes. Le parti Baath de Saddam Hussein n'est pas un mouvement nationaliste révolutionnaire dégénéré. C'est un parti bourgeois qui, opportunisme oblige, recourt à la démagogie nationaliste et anti-impérialiste pour rationaliser son cours répressif et expansionniste.

La consolidation du régime baathiste a mis fin aux mobilisations révolutionnaires de la classe ouvrière, des paysans et de secteurs de la classe moyenne en Irak. Depuis près de trois décennies, le régime irakien n'a pas mobilisé les travailleurs et les paysans de ce pays dans des luttes de masse qui auraient pu inspirer les autres travailleurs et paysans en lutte de la région, tisser des liens de solidarité avec les travailleurs et les jeunes des pays impérialistes et confronter l'impérialisme et les droits et prérogatives du capital. En fait, le cours de Bagdad a été l'exact opposé. Il a agi comme une petite brute dans la région, mené une guerre de huit ans contre la révolution iranienne, réprimé le peuple kurde et refusé d'utiliser le patrimoine naturel irakien pour aider les pays semi-coloniaux sans pétrole, particulièrement ceux qui étaient en conflit avec l'impérialisme.

Bagdad n'a même jamais eu de confrontation importante avec l'impérialisme et n'a jamais cherché à en avoir. C'est l'annexion du Koweït par Bagdad qui a convaincu Washington que le régime de Saddam Hussein était devenu un allié déstabilisateur, imprévisible et peu fiable dans la région du Golfe riche en pétrole. Il faisait également obstacle aux intérêts des dirigeants U.S. dans la région vis-à-vis de leurs rivaux français. Jusqu'au mois d'août 1990 et pendant plus d'une décennie, Washington, Paris et les autres régimes impérialistes ont cultivé leurs rapports avec Bagdad, en particulier pendant la guerre sanglante de Saddam Hussein contre l'Iran. Au cours de la première moitié de 1990, Washington a poursuivi ses relations commerciales avec l'Irak et a dépêché à Bagdad des délégations de hauts fonctionnaires et de congressistes.

Washington a infligé des coups meurtriers aux masses opprimées de l'Irak et aux autres peuples de la région. Mais cela n'a pas eu les mêmes conséquences négatives sur le rapport de force entre les classes dans la région du Golfe ou dans le reste du monde que ne l'aurait fait le renversement d'un gouvernement révolutionnaire ou l'écrasement d'une lutte populaire en ascension. Les millions de travailleurs et de paysans irakiens, dont le million qui portait l'uniforme militaire, n'ont jamais été organisés pour lutter. Cette lutte reste à venir. Elle n'a pas encore eu lieu.

Plus tôt au cours de sa carrière d'« exterminateur » à la solde du capital U.S., Norman Schwarzkopf a pu voir de près comment un peuple qui a eu l'avantage d'une direction révolutionnaire et celui d'avoir été préparé au combat peut résister à la puissance militaire de l'impérialisme. Il était le commandant adjoint des troupes qui ont envahi Grenade en octobre 1983 — une opportunité en or que la faction stalinienne de Bernard Coard a présentée à Washington lorsqu'elle a renversé le gouvernement des travailleurs et des paysans. Dans une entrevue publiée le 11 mars 1991 dans *New Republic,* Schwarzkopf a rappelé la résistance à laquelle les forces d'invasion se sont heurtées.

Ce qui « avait commencé comme une opération conventionnelle à caractère chirurgical, a-t-il expliqué, a tout de suite mal tourné. Et cela a mal tourné parce que nous avions pris pour acquis que les Cubains n'allaient pas se battre. Il y avait 800 Cubains dans l'île, bien armés et prêts à combattre. » En fait, la vérité est encore plus impressionnante. Les 800 Cubains qui se trouvaient dans l'île n'ont pas tous participé au combat. Seuls les travailleurs de la construction qui se trouvaient sur le chantier de l'aéroport international de Grenade où ils travaillaient comme volontaires avaient reçu l'ordre de se défendre contre l'attaque U.S. Plusieurs des Cubaines et Cubains qui se trouvaient à Grenade étaient des diplomates, du personnel médical et d'autres volontaires stationnés ailleurs dans l'île.

Norman Schwarzkopf a ajouté que les forces d'invasion U.S. s'attendaient aussi à ce que les soldats grenadiens soient mal entraînés et que la défense anti-aérienne ne puisse pas résister aux hélicoptères d'attaque U.S. Au moment de l'invasion, la plupart des travailleurs et des paysans de Grenade, civils et militaires, avaient été politiquement démobilisés et démoralisés par le coup d'État sanglant qui s'était déroulé plus tôt en octobre. Mais, a dit Schwarzkopf, il s'agissait là aussi d'un mauvais jugement. Le journaliste qui a mené l'entrevue a ainsi paraphrasé le général : « Les forces d'invasion américaines, dont les forces d'intervention spéciales, ont vite découvert que plusieurs des artilleurs avaient été entraînés à Cuba, qu'ils étaient courageux et très disciplinés, qu'ils ne sont pas seulement restés à leur poste sous le feu des hélicoptères d'attaque U.S., mais qu'ils leur ont répondu. »

L'Irak n'était pas Cuba ou la Corée du nord

La guerre du Golfe a affaibli, pas renforcé, la capacité des dirigeants U.S. de lancer une attaque militaire contre un peuple organisé et prêt à se battre. Par exemple, la propagande des experts et des porte-parole de la bourgeoisie qui tâtent le terrain au nom de l'administration U.S. dépense beaucoup d'énergie à attaquer Cuba et la Corée du nord. Mais Washington est en moins bonne position aujourd'hui qu'avant le 2 août pour attaquer l'un ou l'autre de ces deux pays. Dans leurs calculs militaires, les dirigeants U.S. ont tenu compte du caractère du régime de Saddam Hussein. Ils savaient que le peuple travailleur irakien, aussi bien dans la vie civile que militaire, n'avait délibérément pas été préparé à la guerre. Mais Washington est aussi conscient que les choses seraient différentes s'il décidait de lancer une agression contre le gouvernement et la population de Cuba ou de la Corée du nord.

Les travailleurs et les agriculteurs de Cuba ont été armés et entraînés par la direction communiste de ce pays pour défendre la révolution en menant une « guerre de tout le peuple ». S'il a suffi de quelques centaines de travailleurs de la construction cubains et d'une poignée d'artilleurs anti-aériens pour dégriser Norman Schwarzkopf à Grenade, on peut imaginer ce qu'affronter des millions de Cubaines et Cubains pourrait impliquer. Le gouvernement cubain n'enverrait pas ses avions en Iran. Il ne protégerait pas ses hélicoptères d'attaque afin de s'en servir par la suite contre le peuple cubain. Et il ne garderait pas ses bombardiers au sol.

Comme le président Fidel Castro l'a dit le 13 mars à un auditoire d'étudiants et de jeunes Cubains, l'Irak avait « une armée conventionnelle importante, plusieurs chars d'assaut, plusieurs choses, mais pas un peuple préparé pour la guerre, pas une doctrine de la guerre de tout le peuple. » Il a ajouté : « Si on nous impose la guerre, nous saurons comment la mener à bien. Nous nous sommes préparés pendant de nombreuses années pour une guerre de ce genre. […] La population n'observera pas le déroulement des événements comme si elle était dans un stade. […] La population va y participer activement[10]. »

De plus, Cuba ne serait pas isolé devant une attaque yankee. Washington devrait tenir compte des conséquences politiques qu'un tel geste aurait dans toute l'Amérique, où l'internationalisme de principe et la défense de la souveraineté nationale pratiqués par Cuba contre l'impérialisme se sont gagnés le respect de millions de travailleurs, de paysans et de jeunes. Contrairement au régime de Bagdad, le gouvernement cubain lancerait un appel international à la solidarité immédiate et active et il saluerait le soutien de ceux qui se porteraient volontaires à l'étranger pour lutter contre l'agression aux côtés du peuple cubain. Washington aurait à payer un prix politique considérablement plus grand pour une telle aventure.

Les dirigeants U.S. savent aussi qu'une guerre contre la Corée du nord n'aurait rien en commun avec l'opération qu'ils ont menée dans le golfe Arabo-persique. Une telle offensive se heurterait à la résistance énorme et organisée de l'armée et de la population civile nord-coréennes, qui sont prêtes et déterminées à défendre leur souveraineté et leur indépendance. C'est certain. Et les efforts déployés par les États-Unis pour rassembler une force d'invasion massive en Corée du sud ébranleraient les fondements mêmes du régime capitaliste de Séoul. On ne parle même pas ici des difficultés logistiques bien plus importantes que dans le Golfe auxquelles se heurterait Washington pour rassembler une telle force dans cette partie de l'Asie.

De la même façon, toute tentative d'utiliser les forces sud-coréennes pour envahir le nord déclencherait une explosion sociale dans les rues, les usines et les universités de toute la péninsule au sud du trente-huitième parallèle. Le régime subalterne de Washington à Séoul ne pourrait survivre sans un effort militaire U.S. d'une telle ampleur que le prix politique que les dirigeants U.S. auraient à payer est pratiquement inconcevable aujourd'hui. Même un raid aérien conjoint des États-Unis et de la Corée du sud contre le réacteur nucléaire Yongbyon ou d'autres cibles en Corée du nord comporterait d'énormes risques politiques pour Washington et Séoul — des risques qui sont encore plus grands aujourd'hui, après le fiasco des dirigeants U.S. dans le Golfe.

La vérité, c'est que Washington paye *déjà* un grand prix politique pour ne pas avoir atteint ses objectifs dans la région du Golfe. Il paye un prix politique pour ne pas avoir renversé le « syndrome du Viêt-nam » aux États-Unis.

Et les travailleurs en lutte, les syndiqués qui sont communistes et les jeunes qui font campagne contre l'impérialisme et la guerre aux États-Unis font monter ce prix encore un peu plus en occupant et en utilisant l'espace politique légèrement plus grand qui nous est ouvert par le fiasco politique croissant de Washington. Nous faisons monter encore un peu plus ce prix en faisant connaître les faits et en participant aux discussions qui s'élargissent parmi les travailleurs sur le massacre organisé par les États-Unis ; sur les mensonges du gouvernement et des officiers de l'armée ; sur la dévastation sociale et économique de l'Irak ; sur le déplacement forcé des réfugiés kurdes et autres ; et sur le bain de sang perpétré contre les chiites dans le sud du pays. Ce sont tous des résultats de la guerre sanglante de Washington.

III. PAS UN « NOUVEL ORDRE MONDIAL », MAIS UNE INSTABILITÉ CROISSANTE DU VIEIL ORDRE IMPÉRIALISTE EN DÉCLIN

L'ADMINISTRATION BUSH présente la guerre contre l'Irak comme le premier triomphe du « nouvel ordre mondial ». Elle souligne le fait que Moscou a non seulement appuyé publiquement les préparatifs militaires

U.S., mais a aussi voté pour toutes les résolutions initiées par les États-Unis au Conseil de sécurité de l'Organisation des nations unies, dont la résolution du 2 avril entérinant sans discussion les conditions imposées par Washington pour un cessez-le-feu. Ces conditions sont si contraignantes qu'elles violent dans les faits la souveraineté nationale de l'Irak. Cela a permis à la classe dirigeante U.S. d'utiliser l'ONU à ses propres fins, de manière plus impudente qu'à aucun autre moment depuis la guerre de Corée au début des années 50 [11].

Grâce à l'appui des quatre autres membres permanents du Conseil de sécurité, Washington a réussi à se donner une couverture politique et diplomatique à chaque nouvelle étape de son agression dans le Golfe. Ces autres membres permanents qui ont aussi le droit de veto sont : la Chine, la France, la Grande-Bretagne et l'Union soviétique. L'appui des régimes staliniens d'URSS et de Chine a été crucial. Sans lui, Washington n'aurait pas pu mener son attaque dévastatrice contre les masses en Irak en se disant mandaté par la « communauté internationale ».

Le gouvernement cubain est le seul qui utilise sa présence à l'ONU pour dénoncer systématiquement le droit de Washington d'intervenir dans le golfe Persique sous quelque prétexte ou justification que ce soit. Cuba est l'un des dix pays qui siègent en ce moment au Conseil pour une durée de deux ans. Cuba a dénoncé la capacité de Washington et ses alliés d'utiliser le Conseil comme couverture pour justifier leur cours meurtrier. La plupart des textes et discours des représentants du gouvernement cubain sont regroupés dans le livre des éditions Pathfinder publié en octobre 1990 sous le titre : *U.S. Hands Off the Mideast! Cuba Speaks Out at the United Nations* [États-Unis, ne touchez pas au Moyen-Orient ! Cuba fait campagne aux Nations unies]. Ce livre est aussi disponible en espagnol sous le titre *¡EE.UU. Fuera del oriente medio!*. On y trouve des textes et des lettres du vice-ministre des Affaires étrangères et chef de la délégation cubaine à l'ONU, Ricardo Alarcón, et du président de Cuba, Fidel Castro. D'autres discours de Ricardo Alarcón et de représentants du gouvernement cubain ont depuis lors été publiés dans l'hebdomadaire *The Militant*.

La vérité, c'est que la guerre de Washington dans le Golfe et son résultat n'ont pas inauguré un nouvel ordre mondial de stabilité et d'harmonie sous l'égide de l'ONU. Cette guerre est au contraire la première depuis la fin de la deuxième guerre mondiale issue en grande partie de la concurrence accrue et de l'instabilité croissante du vieil ordre impérialiste frappé de crise. Ce sont les tensions internes mêmes de cet ordre en déclin qui ont poussé Washington à s'engager dans cette aventure militaire meurtrière. Les conflits sociaux et politiques irrémédiables qui prévalaient avant le conflit et qui l'ont précipité, ainsi que l'instabilité qui en découle, ont tous été exacerbés :

- entre l'impérialisme et le peuple travailleur du Moyen-Orient et des pays semi-coloniaux ;
- entre les puissances impérialistes rivales ;
- entre les pays impérialistes et les nations opprimées ;
- entre les exploiteurs et les exploités dans ces pays opprimées ;
- entre le peuple travailleur et les directions embourgeoisées qui parlent au nom des masses et prétendent défendre leurs intérêts ;
- entre les États bourgeois du Moyen-Orient et d'autres nations opprimées ;
- entre Washington et les gouvernements des États ouvriers déformés et dégénérés, d'abord et avant tout celui de l'Union soviétique ;

• entre les impérialistes U.S. et les deux États ouvriers qui leur causent les plus grands problèmes : Cuba et la Corée du nord ;

• et entre Washington et le gouvernement révolutionnaire qui se trouve juste à ses frontières : le gouvernement cubain et sa direction communiste.

La guerre a montré encore une fois qu'il n'existe pas de « communauté internationale » dominée par le capitalisme mondial. Mais ce qu'elle a révélé de plus important, c'est qu'*il pourrait y avoir* une telle communauté mondiale si les opprimés et les exploités du monde entier arrachaient le pouvoir aux exploiteurs et aux oppresseurs, les véritables fauteurs de guerre.

La crise des régimes staliniens dans les États ouvriers

L'offensive militaire impérialiste dans le Golfe a ouvert un nouveau chapitre dans les efforts désespérés de la caste bureaucratique en Union soviétique pour s'intégrer au système capitaliste mondial en déclin. (C'est aussi l'objectif des régimes qui dominent les États ouvriers monstrueusement déformés d'Europe de l'Est et, dans une moindre mesure, l'objectif du gouvernement chinois.) Pour atténuer sa profonde crise économique et sociale, Moscou a mis tous ses espoirs dans l'obtention d'une aide financière des impérialistes. Par le biais de concessions politiques aux maîtres du capital financier international, il cherche à obtenir des prêts importants et de plus grands investissements, des privilèges commerciaux et l'accès à des institutions financières impérialistes comme le Fonds monétaire international.

Par delà les conflits et rivalités qui les déchirent, les secteurs dominants de la bureaucratie privilégiée en Union soviétique s'accrochent à cet objectif, qu'ils voient comme leur planche de salut. Chacune de leurs décisions face aux nouveaux développements dans la lutte des classes internationale n'est qu'une manoeuvre tactique subordonnée à la poursuite de cet objectif. Ils s'entendent tous là-dessus : non seulement ceux qui sont dans l'entourage immédiat du président Mikhaïl Gorbatchev, mais aussi ceux qui appuient Boris Eltsine dans la République russe et ailleurs. La plus grande partie des secteurs dominants du corps des officiers de l'armée et de la « sûreté » intérieure (le KGB) sont aussi d'accord avec cette orientation.

Poursuivant lâchement cet objectif, le gouvernement soviétique a appuyé l'attaque de Washington contre l'Irak. Ses relations diplomatiques chaleureuses avec Bagdad se sont refroidies. Le Kremlin a renié ses importants accords militaires avec le régime irakien. Moscou a appuyé servilement chacune des initiatives de Washington au Conseil de sécurité. En mars, la délégation soviétique est allée jusqu'à rejeter chacun des 18 amendements proposés par la délégation cubaine à une résolution initiée par les États-Unis. Ces amendements visaient à retirer la nourriture, les médicaments et d'autres produits de première nécessité de la liste des produits soumis à l'embargo contre l'Irak approuvés par les Nations unies [12]. Dans les faits, le gouvernement soviétique a vendu ses votes au Conseil de sécurité de l'ONU dans l'espoir vain d'accroître les investissements, les prêts, les échanges commerciaux et l'aide des gouvernements impérialistes et de leurs institutions internationales. (En réalité, Moscou est encore moins en mesure maintenant que le 2 août dernier d'entrer dans les bonnes grâces du FMI et d'atteindre ses autres objectifs économiques. Voilà ce que valent les courbettes faites à l'impérialisme, le coeur de la « nouvelle pensée » de Gorbatchev, comme la voie royale conduisant au progrès financier.)

Ces considérations politiques et économiques sont à l'origine d'autres décisions récentes de Moscou en politique étrangère. Lors du voyage de Mikhaïl Gorbatchev à Tokyo en avril 1991, le gouvernement soviétique a offert de commencer à négocier le retour des îles Kouriles au Japon. Moscou s'oriente vers un appui ouvert à la politique des « deux Corées », proposée depuis longtemps par le régime capitaliste à Séoul et par ses maîtres à Washington dans le but d'étouffer l'aspiration des masses coréennes à la réunification de leur pays. Le Kremlin approfondit ses relations diplomatiques avec Israël et ses liens commerciaux avec le régime d'apartheid en Afrique du Sud. Il a aussi pris des mesures pour établir rapidement ses relations commerciales avec Cuba sur la base des prix du marché mondial, qu'il exige d'être payés en devises fortes, si rares dans ce pays [13].

AUSSI MEMBRE PERMANENT du Conseil de sécurité, Beijing a suivi essentiellement la même orientation que Moscou. La crise économique et sociale de la caste en Chine n'est pas aussi aiguë que celle en Union soviétique. Le régime chinois a ainsi pu manoeuvrer suffisamment pour rester dans les bonnes grâces de Washington tout en maintenant ses positions diplomatiques avec les régimes bourgeois du Moyen-Orient, que ceux-ci soient membres ou non de la coalition organisée par les États-Unis. La délégation chinoise a voté pour la plupart des résolutions initiées par les États-Unis au Conseil de sécurité. Elle s'est abstenue juste assez souvent pour sauver les apparences. Mais elle n'a jamais utilisé son veto pour empêcher une résolution de passer.

Les régimes en crise d'Europe de l'Est ont tous emboîté le pas à la course à la guerre de Washington. C'est dans ces pays que la désintégration des régimes et des appareils d'État staliniens est la plus avancée. De puissantes révoltes populaires ou les concessions faites par les couches privilégiées pour mettre fin à ces révoltes ont fait tomber les tyrannies de plusieurs de ces pays. En l'absence d'une direction révolutionnaire du mouvement ouvrier, les nouveaux gouvernements dans ces États ouvriers demeurent tout aussi petits-bourgeois que les régimes qu'ils ont supplantés et ils ont une politique toute aussi profondément anti-ouvrière.

Le régime de l'ancienne République démocratique allemande a été démantelé. Un gouvernement unifié dominé par le capital financier allemand a été mis sur pied. Plusieurs autres États ouvriers déformés (en particulier en Pologne, en Tchécoslovaquie et en Hongrie) sont dirigés par des figures ouvertement pro-capitalistes et pro-impérialistes, issues des couches professionnelles et de la classe moyenne ou encore des vestiges des anciens régimes staliniens. Durant la guerre du Golfe, les régimes tchèque, polonais, hongrois et roumain sont allés jusqu'à envoyer des équipes médicales dans le cadre de l'alliance organisée par les États-Unis contre l'Irak. Ce sont les travailleurs et les paysans de ces pays et du reste du monde qui ont le plus souffert des politiques étrangère et militaire de ces régimes et de leurs tentatives hésitantes de « privatiser » l'économie.

Avec l'offensive guerrière U.S. à la fin de 1990 et au début de 1991, le capitalisme mondial a démontré qu'il n'était ni capable ni désireux d'accorder l'importante aide financière que les régimes en Union soviétique, en Chine et en Europe de l'Est ont l'illusion de pouvoir utiliser pour sortir l'économie de la stagnation et mettre fin à la crise sociale à laquelle ils sont confrontés. Les octrois et les prêts des gouvernements et des banques impérialistes ont été beaucoup moins considérables que prévus. Les projets d'investissement sont présentement réduits : le taux de profits qu'on peut escompter dans ces pays est moins élevé que celui provenant d'investissements ailleurs dans le monde capitaliste, y compris dans un certain nombre de pays semi-coloniaux.

SALUÉE AU DÉPART comme une énorme bénédiction pour le capitalisme allemand, la tentative d'intégrer l'État ouvrier situé à l'est du pays dans une Allemagne unifiée est devenue un énorme fardeau financier. On parle de l'ordre de 100 milliards de dollars cette année et de 1 000 milliards pour les années 90. Combinées aux sommes que Bonn doit payer à Washington pour la guerre du Golfe, les dépenses du gouvernement allemand pour maintenir à flot l'économie de l'est du pays ont exercé une pression croissante sur le mark, fait grimper les taux d'intérêt et menacé de transformer le ralentissement économique en une récession. L'influx de capitaux allemands en Europe de l'Est a été beaucoup plus limité que ce qu'on avait prévu.

La classe ouvrière dans les deux parties de l'Allemagne croit de moins en moins à un miracle économique. Ces travailleurs sont aujourd'hui beaucoup plus disposés à faire la grève pour défendre leurs conditions de travail et leur niveau de vie. Bonn craint qu'un plus grand nombre de travailleurs ne soient poussés vers l'action politique indépendante. Ce qui caractérise l'Allemagne, c'est une plus grande instabilité et non une plus grande stabilité.

L'imposante offensive guerrière de Washington dans le Golfe confirme à quel point la puissance militaire de l'Union soviétique s'est effritée comparativement à celle de l'impérialisme U.S. Elle souligne aussi à quel point l'équipement militaire et les armes dont dispose Moscou sont inférieurs à ceux de Washington, malgré le fait que les dépenses militaires effectuées par la caste bureaucratique pèsent beaucoup plus lourdement sur l'économie soviétique en pleine stagnation.

Ce déclin découle de la profonde crise économique et sociale dans laquelle les régimes staliniens successifs ont entraîné l'Union soviétique. Le niveau de vie et les conditions de travail des travailleurs et des agriculteurs continuent de se détériorer. Les services sociaux de première nécessité comme la santé, l'éducation et le logement se dégradent, dans certains cas de manière drastique. L'environnement est ravagé pendant que survit l'héritage empoisonné de contaminations antérieures, ce qui comprend les résidus « actifs » du désastre nucléaire de Tchernobyl. Les travailleuses sont parmi les principales victimes de cette situation en raison de leur statut de citoyennes de deuxième classe et de l'absence de ressources adéquates pour contrôler les naissances et élever les enfants. Les nationalités opprimées font face à une oppression croissante, à une discrimination systématique et à la répression.

La tyrannie politique dont le peuple travailleur a été victime pendant des dizaines d'années et les méthodes staliniennes de planification et d'administration économiques ont eu des conséquences désastreuses sur tous les aspects de la vie sociale en Union soviétique. On ne devrait donc pas s'attendre à ce que ces méthodes produisent des miracles au niveau de l'organisation, du moral, de l'approvisionnement ou de l'image internationale des forces armées soviétiques. À moins d'y être obligé, aucun travailleur ici n'achètera une automobile, un téléviseur ou un ouvre-boîte fabriqué en Union soviétique. Comment pouvons-nous penser dans ces conditions que la production militaire soviétique puisse être de qualité comparable à celle des pays impérialistes ? Surtout depuis la guerre du Golfe, on peut être certain que plusieurs des régimes bourgeois du Moyen-Orient et d'Afrique qui entretenaient depuis longtemps de bonnes relations avec Moscou songent aujourd'hui à faire quelques nouvelles concessions à Washington pour obtenir qu'il leur serve d'intendant militaire.

Sur le plan stratégique, Moscou est très peu en mesure d'utiliser efficacement ses forces armées dans une guerre au-delà des pays qui sont à ses frontières. (Et même dans ce cas, comme l'a montré la guerre en Afghanistan, ses limites sont plus étroites que ce qu'avaient imaginé beaucoup de ceux qui appuient la bureaucratie soviétique.)

De plus, les régions du monde protégées contre des attaques impérialistes par le parapluie nucléaire soviétique se rétrécissent considérablement. Ces régions regroupent les pays que le régime soviétique considère essentiels à sa propre sécurité et qu'il serait même prêt à défendre en exerçant des représailles nucléaires. Elles ne couvrent peut-être aujourd'hui que l'espace compris dans les frontières de l'URSS. Et le rétrécissement se poursuit. Des années 60 aux années 80, Washington a pris pour acquis que ce parapluie couvrait l'Europe de l'Est. Cela est peu probable aujourd'hui. Et l'histoire des dernières décennies nous a clairement montré que cette protection ne s'étend pas aux États ouvriers de Chine, de Corée du nord, du Viêt-nam ou de Cuba. Ces derniers ont survécu aux pressions et aux attaques de l'impérialisme avant tout grâce aux efforts des populations et des gouvernements de ces pays. Ils ont aussi tiré profit de l'aide de l'Union soviétique et des obstacles politiques auxquels Washington s'est heurté à l'intérieur comme à l'extérieur de ses frontières.

Le gouvernement soviétique maintient bien sûr une puissance nucléaire stratégique. Il peut compter sur une importante armée moderne pour défendre le territoire soviétique contre toute attaque impérialiste. Washington ne pourrait changer cette situation qu'en réussissant à développer un système antimissile stratégique du type « guerre des étoiles », capable d'intercepter les engins balistiques intercontinentaux soviétiques au début de leur course. Un tel système donnerait à la bourgeoisie U.S. une capacité de « première frappe » sans risque de riposte désastreuse — un vrai système de chantage. C'est l'une des raisons qui poussent la bourgeoisie U.S. à poursuivre le développement d'un système d'interception des missiles par satellite. Mais pour toute la prochaine période, la politique mondiale va continuer à être marquée par l'existence d'un statu quo entre Washington et Moscou sur le plan stratégique nucléaire.

Le gouvernement soviétique a perdu un levier diplomatique avec son déclin relatif en tant que puissance mondiale. C'est ce qui explique pourquoi il est porté à faire de grands discours sur la nécessité d'un « retour » des Nations unies à leur « rôle de force de paix d'origine ». Il cite en exemple les mesures prises par le Conseil de sécurité en réponse à l'annexion du Koweït par Bagdad. Mais les membres permanents du Conseil de sécurité, particulièrement Moscou et Beijing, n'ont servi que de paravents aux préparatifs de guerre de l'impérialisme contre l'Irak. Les actions du Conseil n'avaient rien à voir avec le maintien de la paix ou la défense de la souveraineté nationale. Les soi-disant « forces de paix » déployées par l'ONU aux frontières de l'Irak et du Koweït pour appliquer le cessez-le-feu ou « protéger » les Kurdes dans le nord ne feront qu'agir à la place des forces armées de Washington.

De fait, les Nations unies fonctionnent *déjà* comme elles avaient été conçues de le faire au moment de leur fondation, vers la fin de la deuxième guerre mondiale. Le Conseil de sécurité a été structuré par Washington, Londres et Paris pour assurer qu'il ne puisse jamais nuire aux intérêts des puissances impérialistes. C'est l'origine du droit de veto attribué au gouvernement U.S. et aux quatre autres membres permanents du Conseil. C'est un droit de veto réservé aux cinq plus grands vainqueurs alliés de la deuxième guerre mondiale. Qui plus est, quand Washington réussit à obtenir l'appui de Moscou et de Beijing, comme lors de la guerre contre l'Irak, les impérialistes peuvent utiliser le Conseil de sécurité comme un camouflage politique direct, même si secondaire, pour défendre militairement et de manière meurtrière leur domination et leurs intérêts de classe.

Contrairement aux illusions entretenues aussi bien par Washington que Moscou, il n'existe rien de tel que des « Nations unies ». Ce qui existe, ce sont une série d'édifices, une énorme bureaucratie et une Assemblée générale où environ 150 gouvernements lisent à l'occasion une déclaration formelle sur des événements internationaux et adoptent des résolutions qui n'ont qu'une valeur symbolique. Rien de plus. En dernière analyse, seuls les 5 membres permanents du Conseil de sécurité ont un mot à dire sur toute action menée au nom des Nations unies. C'est ce qui explique que l'« histoire » des « forces de paix » de l'ONU ne soit rien de plus que l'histoire de l'évolution des relations entre ces 5 puissances, dont chacune peut exercer son droit de veto.

L'approfondissement des conflits interimpérialistes

La guerre contre l'Irak est la première depuis la deuxième guerre mondiale au cours de laquelle Washington a fait appel à sa puissance militaire pour porter des coups, indirects mais significatifs, à ses rivaux impérialistes — en particulier Bonn, Tokyo et Paris. La guerre du Golfe a exacerbé les conflits et les divisions entre Washington et ses rivaux impérialistes. Elle a aussi accru les tensions entre ces différentes puissances rivales. Nous savons bien que ces conflits existaient déjà et qu'ils allaient en s'approfondissant. Chaque travailleur a été inondé de propagande protectionniste de la part du gouvernement des États-Unis, des politiciens bourgeois, des bureaucrates syndicaux et de leurs parasites radicaux. Mais la guerre a fait surgir ces conflits avec une plus grande force et les a aiguisés à un degré qu'on n'avait pas vu depuis longtemps au niveau de la politique mondiale.

L'impérialisme U.S. a émergé de la deuxième guerre mondiale comme la puissance dominante au sein du système impérialiste mondial, aussi bien sur le plan économique que militaire. Pendant une longue période de temps après cette guerre, le taux de profits a augmenté dans tous les pays impérialistes. Le rythme d'accroissement de la masse des profits a augmenté pendant une période encore plus longue. Ces deux phénomènes ont eu pour effet d'atténuer la concurrence entre les puissances impérialistes pour l'accès aux matières premières et pour les marchés où écouler marchandises et capitaux.

Mais depuis le milieu des années 70, le déclin du taux de profits a mis fin à la croissance de la masse des profits. Combiné à un ralentissement relatif de l'expansion économique, ce phénomène a approfondi la compétition — parfois féroce — entre les impérialistes. La récession de 1974-1975 a été la première depuis 1937 à avoir un caractère véritablement *mondial*. Cela s'explique par l'interdépendance économique croissante des plus grandes puissances capitalistes et par l'intensification de la concurrence et des conflits entre elles. Du point de vue de son ampleur et de sa capacité de production, l'économie capitaliste U.S. demeure gigantesque et le marché U.S., le plus grand du monde. Mais les avantages que les capitalistes U.S. tirent de cette puissance industrielle et commerciale se sont amoindris de façon notable au cours des dernières décennies. Leurs rivaux japonais, allemands et autres les menacent de plus en plus. Les États-Unis demeurent cependant la plus grande puissance militaire. Cette puissance constitue le principal levier de la classe dirigeante U.S. pour compenser son déclin relatif.

Washington est la seule puissance qui était en mesure de mobiliser et de mettre en place l'énorme force militaire nécessaire pour faire la guerre contre l'Irak. Menée au nom d'une large « coalition internationale », la guerre a été en fait une opération du gouvernement U.S. Londres l'a appuyée avec enthousiasme. Paris a dû s'y joindre en raison de sa faiblesse. Avec la défaite qu'elles ont subie dans la deuxième guerre mondiale, Bonn et Tokyo sont toujours limitées dans leur capacité d'utiliser leur arsenal militaire stratégique à l'extérieur de leurs frontières. Elles n'ont pris aucune part aux combats.

Entreprendre, organiser, dominer et exécuter cet effort de guerre a permis à l'impérialisme U.S. de resserrer son emprise sur les réserves pétrolières du Golfe. Il est ainsi en meilleure position pour faire concurrence à ses rivaux de Bonn, Paris et Tokyo sur le marché mondial avec ses marchandises et ses capitaux. Nulle autre puissance impérialiste n'a contribué autant à l'effort de guerre de Washington que les capitalistes de Londres. Ils se sont ainsi assurés une place de choix dans la région comme partenaires secondaires privilégiés du capital financier U.S. Cette région, qui a déjà été un protectorat britannique, a été pénétrée de plus en plus au cours des dernières années par les prêts, l'aide et le commerce français. La décision du gouvernement canadien d'engager des forces de combat à l'étranger pour la première fois depuis la guerre de Corée et sa décision d'appuyer de plus en plus ouvertement la politique extérieure de Washington, illustrent les pressions qui s'exercent sur l'impérialisme canadien de s'accrocher de plus en plus aux jupes de l'impérialisme U.S. Le gouvernement de la Nouvelle-Zélande a fait de même, aplanissant ses désaccords des dernières années avec Washington sur l'entrée dans les ports du pays de navires de guerre U.S. dotés d'armes nucléaires. Selon son habitude, la classe dominante en Australie s'est assurée une présence dans l'entourage militaire de Washington.

Le rapport de force entre les puissances capitalistes d'Europe ne s'est pas altéré avec la guerre du Golfe. Mais les conflits entre les nations et les États se sont accrus. La guerre a révélé à quel point la Communauté européenne a fait peu de progrès vers une plus grande « intégration économique », avec moins d'obstacles au commerce, aux investissements et aux déplacements. L'offensive militaire orchestrée par Washington a prouvé hors de tout doute que ces mesures ne se sont pas traduites par une politique extérieure propre à la « communauté européenne », dans une politique militaire propre à la « communauté européenne » et encore moins dans le développement de forces armées propres à la

« communauté européenne ». Ces mesures ne se sont pas traduites non plus dans une politique économique propre à la « communauté européenne » et encore moins dans l'établissement d'une monnaie commune. Dans la mesure où des pas avaient été faits dans cette direction, ils ont été repoussés.

Les classes capitalistes rivales au sein de la Communauté européenne ont été amenées au contraire à défendre plus durement leurs intérêts respectifs, indépendamment de l'intérêt qu'elles peuvent avoir en commun de constituer un bloc commercial face à la concurrence des États-Unis et du Japon.

La guerre a repoussé l'objectif qu'avait l'impérialisme allemand d'établir une Communauté européenne intégrée sous la domination de Bonn. Elle a battu en brèche l'alliance contrôlée par Bonn qui existait entre les impérialismes français et allemand au sein de la Communauté européenne. Les impérialistes français ont eux aussi essuyé un humiliant revers aux mains de Washington. L'établissement de relations spéciales avec Bagdad constituait une pierre angulaire de leur politique extérieure au Moyen-Orient. Ils avaient espéré utiliser cette carte pour rétablir une meilleure emprise économique sur le Golfe.

En collaborant totalement à l'offensive militaire U.S., Londres s'est acquis certains avantages qu'elle cherche à utiliser contre ses principaux rivaux européens. Ceux-ci ont tous amélioré leur position relative face à l'impérialisme britannique au cours des dernières décennies. Mais ce qui va continuer à caractériser le développement du capital britannique, ce sont sa subordination croissante au mark allemand et son implication dans l'Europe.

De toutes les puissances impérialistes, le Japon est celle qui a le plus perdu dans la guerre du Golfe. C'est le pays qui dépend le plus de l'importation de pétrole. Environ 70 pour cent du pétrole utilisé au Japon provient du Moyen-Orient, contre 15 pour les États-Unis et 35 pour l'Allemagne. Dans les conflits interimpérialistes, le Japon est ainsi plus vulnérable à l'« arme du pétrole » que Washington.

Les conséquences de la guerre fournissent plusieurs exemples de ce que Washington a pu accomplir grâce à sa domination militaire.

En premier lieu, les compagnies U.S. ont déjà obtenu environ 70 pour cent des contrats de reconstruction octroyés par les magnats du pétrole royaux au Koweït. Ces contrats sont évalués à des milliards de dollars. Les firmes britanniques viennent au second rang (Londres trouve pour le moins colonial la gourmandise des capitalistes U.S.). L'Allemagne et le Japon sont pratiquement tenus à l'écart du butin. General Motors reçoit une part considérable du gâteau. Elle est en train de remplacer le Japon comme fournisseur de milliers d'automobiles au Koweït d'ici la fin de 1991. Beaucoup de ces véhicules serviront à regarnir le stock d'autos de police endommagées durant la guerre.

Deuxièmement, les dirigeants U.S. ont tellement fait pression sur leurs rivaux pour qu'ils paient leur « juste part » des opérations dans le Golfe que Washington va faire un « profit » avec la guerre si chacun s'acquitte de sa dette. Environ 54 milliards de dollars ont ainsi été promis au gouvernement des États-Unis pour une guerre qui a coûté entre 40 et 45 milliards, selon des évaluations du Congrès. (Il y a par contre de plus en plus d'indices que les dépenses de Washington sont loin d'être terminées.) Les deux plus importants de ces donateurs impérialistes sont le Japon (plus de 10 milliards de dollars) et l'Allemagne (près de sept milliards de dollars). Les monarchies capitalistes saoudienne et koweïtienne ont aussi promis aux capitalistes U.S. de payer plus de 30 milliards de dollars. Londres pourrait aussi faire un profit avec les contributions de l'Allemagne et des monarchies du Golfe s'élevant déjà à 2,7 milliards.

Les initiatives unilatérales que vient de prendre le Trésor U.S. pour annuler une part importante de la dette extérieure de la Pologne et de l'Égypte sont un autre exemple de ce que Washington a réussi à faire avec la guerre. Ces initiatives ont été publiquement critiquées par les banquiers de Tokyo et leur gouvernement. (Bien sûr, pour que Washington réduise ces dettes, il a fallu que les régimes polonais et égyptien s'engagent à tirer encore plus de richesse de la sueur des masses travailleuses de ces pays. Les prêts qui seront accordés à ces pays dans le futur le seront aussi à des conditions plus contraignantes.) Le Japon est le plus grand prêteur au monde, ce qui le rend aussi plus vulnérable. Les hauts fonctionnaires à Tokyo insistent pour dire que l'initiative de Washington mine directement leur capacité de percevoir ces énormes dettes. Par ce seul geste, les capitalistes U.S. ont détruit d'énormes quantités de valeur-papier et ont exercé une pression à long terme sur les revenus que les capitalistes japonais peuvent anticiper. Jusqu'à maintenant, Tokyo a principalement tiré avantage dans le monde des énormes prêts qu'il a consentis à des pays semi-coloniaux. Grâce à sa puissance militaire, Washington dispose d'un plus large éventail d'options.

La guerre U.S. contre l'Irak a confirmé une fois de plus qu'une classe dirigeante qui aspire à la domination mondiale ne peut pas laisser se développer pendant longtemps d'écart entre sa puissance économique et sa capacité d'utiliser son appareil militaire à l'extérieur de ses frontières. Vient toujours un moment où une classe dirigeante doit reconnaître qu'il lui faut mettre son carnet de chèques de côté, mettre son or de côté et faire appel à son armée. Si elle ne le fait pas, elle ne pourra maintenir son statut de force mondiale capable de défendre ses intérêts de classe contre les travailleurs en révolte ou contre ses concurrents en pleine attaque.

CE QUI EST CERTAIN après la guerre du Golfe, c'est que les capitalistes allemands et japonais vont tout faire pour améliorer leurs forces armées et leur capacité d'utiliser leur puissance militaire au-delà de leurs frontières, et repousser les obstacles politiques qui les empêchent de le faire, aussi bien chez eux qu'à l'étranger. Ils sont bien déterminés à ne plus jamais avoir à payer des milliards de dollars à leur plus grand rival pour l'aider à améliorer sa puissance stratégique et sa capacité concurrentielle. Et ces mêmes capitalistes sont d'autant plus déterminés à y arriver que la guerre a permis à Washington d'accroître son contrôle sur une marchandise essentielle que le Japon et l'Allemagne doivent tous deux importer. Bonn et Tokyo viennent de vider leurs poches pour rendre leur accès au pétrole plus vulnérable aux manipulations de Washington et de Wall Street.

Contrairement à une opinion répandue aux États-Unis, le Japon et l'Allemagne possèdent déjà de grandes armées modernes. L'Allemagne a la plus grande armée en Europe de l'Ouest. Avec 480 000 soldats, cette armée a un budget annuel de 30 milliards de dollars. Le Japon quant à lui a une armée de 247 000 soldats et un budget militaire comparable à celui de Bonn. Tokyo et Bonn vont maintenant essayer d'en faire des armées capables d'agir de manière décisive dans le monde.

La presse bourgeoise a insisté sur le fait que les constitutions allemande et japonaise restreignent l'utilisation de la force militaire à l'étranger. Mais l'histoire récente du capitalisme mondial montre que les constitutions n'empêchent jamais les classes dominantes de faire ce qu'elles doivent faire pour défendre leurs intérêts d'État. Il suffit d'un large accord au sein de la classe dirigeante, d'une opinion publique bien préparée, d'un changement dans le rapport de force entre les classes et voilà !, vous vous retrouvez avec une nouvelle « interprétation » ou encore un amendement à la constitution.

Les capitalistes allemands et japonais *vont* commencer à agir comme des puissances militaires dans leur région et dans le monde semi-colonial. Ce seul fait prouve que le monde est devenu beaucoup plus volatile et instable. Les conflits politiques vont s'approfondir entre ces deux puissances impérialistes et Washington, Paris et leurs autres rivaux. Ils vont aussi s'approfondir entre ces deux puissances elles-mêmes. Les conflits entre le Japon, la Corée et les États-Unis vont s'exacerber, de même qu'entre le nord et le sud de la Corée. Ces conflits peuvent déclencher de vraies batailles politiques dans chacun de ces pays, où l'avant-garde de la classe ouvrière peut mettre de l'avant une perspective politique qui défend le peuple travailleur indépendamment de tout secteur de la classe des capitalistes.

Bonn et Tokyo peuvent avancer assez rapidement dans cette direction avant d'avoir à introduire des armes nucléaires dans leurs arsenaux. Il s'agit là d'une autre question. Il leur serait très difficile de le faire aujourd'hui sans déclencher une grande bataille politique dans leur propre pays, bataille qui pourrait menacer la stabilité politique non seulement du Japon, mais aussi de l'Allemagne. Nous ne voyons aucune raison de changer notre évaluation sur cette question.

Mais les forces politiques bourgeoises à Bonn et à Tokyo ont déjà entrepris la lutte politique pour convaincre l'opinion publique bourgeoise d'appuyer l'utilisation d'armes conventionnelles à l'extérieur de leurs frontières. Et elles font du progrès dans cette direction. Tokyo, qui n'est membre d'aucune alliance militaire multilatérale, devra payer un prix plus élevé à l'intérieur de ses propres frontières. Mais les capitalistes japonais sont prêts à absorber ce coût (tout en tentant de le minimiser) pour renforcer leur position comme puissance militaire mondiale. Au Japon et en Allemagne, une bonne partie de la direction des partis sociaux-démocrates et des directions syndicales qui leur sont associées vont appuyer cet effort « patriotique » pour le maintien de la « paix mondiale ».

Les dirigeants de ces deux pays ont commencé à sonder le terrain à ce niveau dès le lendemain de la guerre du Golfe. En Allemagne, le gouvernement du chancelier Helmut Kohl cherche à obtenir un amendement à la constitution pour permettre aux troupes allemandes de participer à des coalitions « de paix » internationales à l'extérieur du cadre de l'OTAN. Le représentant de Bonn à l'OTAN et l'actuel secrétaire-général de l'organisation, Manfred Wörner, appuie cette orientation : « Il y a des cas où, sans épée, la diplomatie est impuissante. » L'« opposition » sociale-démocrate veut s'assurer qu'un tel déploiement de forces allemandes à l'étranger ne se fera que dans le cadre des efforts du Conseil de sécurité de l'ONU !

Pour son premier déploiement militaire à l'extérieur du pays depuis la deuxième guerre mondiale, le gouvernement japonais a envoyé des dragueurs de mines dans le Golfe dans le cadre des forces alliées.

En dernière instance, ce n'est pas simplement une question politique ou militaire. C'est une question économique. Les capitalistes à Tokyo se rappellent comment l'administration Roosevelt a imposé en 1940 un embargo sur la vente de pétrole au Japon. Et l'armée U.S. se souvient de la réponse du Japon : le bombardement de Pearl Harbor le 7 décembre 1941. Il y a une bonne raison pour laquelle la région du Golfe a été l'une des plus convoitées durant les deux premières guerres mondiales. Le pétrole est une marchandise cruciale dans le monde moderne et le Golfe fournit aujourd'hui plus de 20 pour cent du pétrole vendu sur le marché mondial. Aucune classe dirigeante capitaliste ne peut se permettre de prêter flanc au chantage pétrolier de ses rivaux.

Les premières salves de la troisième guerre mondiale

La guerre du Golfe a montré l'ampleur des changements qui ont affecté ce qui s'était développé comme un schéma apparemment constant de la politique internationale depuis le lendemain de la deuxième guerre mondiale.

Washington est sorti le principal vainqueur de cette guerre. Il en a émergé comme la puissance économique et militaire stratégique dominante de l'impérialisme et surtout, comme la seule équipée jusqu'aux dents d'armes nucléaires. Au prix de dizaines de millions de morts, les travailleurs et les agriculteurs soviétiques avaient repoussé l'attaque de l'impérialisme allemand. Au début des années 50, les relations de propriété capitalistes ont été renversées dans une grande partie de l'est et du centre de l'Europe, même si cela s'est fait sous des régimes staliniens. Dans la deuxième moitié des années 50, l'URSS avait déjà acquis son propre arsenal nucléaire.

Ce n'est cependant qu'à la fin des années 60 qu'elle a atteint la parité avec Washington au niveau de la puissance de feu nucléaire et de la qualité des systèmes de propulsion.

Les luttes pour l'indépendance nationale et le droit à l'autodétermination ont connu un grand essor à travers le monde colonial et semi-colonial pendant et après la deuxième guerre mondiale. Au cours des 15 années qui ont suivi la fin de la guerre en 1945, des luttes de libération nationale victorieuses ont évolué vers des révolutions anticapitalistes profondes en Azerbaïdjan, en Yougoslavie, en Albanie, en Chine, en Corée du nord, au Viêt-nam et à Cuba. Elles ont porté au pouvoir des gouvernements des travailleurs et des agriculteurs. Et sauf dans le cas de l'Azerbaïdjan, elles ont toutes abouti à l'expropriation des propriétaires fonciers et des capitalistes et à l'établissement d'États ouvriers.

WASHINGTON A MENÉ SES GUERRES contre la Corée et le Viêt-nam pendant une période d'expansion de l'économie capitaliste mondiale. Les capitalistes U.S. étaient encore les seigneurs incontestés du système impérialiste mondial, aussi bien sur le plan économique que sur le plan militaire. Le dollar régnait en maître sur les marchés financiers internationaux. Les pressions de la concurrence économique n'avaient pas atteint un niveau suffisant pour convaincre ses rivaux allemands et japonais de s'impliquer directement dans les conflits en Corée et au Viêt-nam. De fait, Tokyo a profité d'énormes contrats de construction durant la guerre de Corée pour commencer à reconstruire son économie dévastée, sans avoir à porter le fardeau des opérations militaires orchestrées par Washington.

Voilà la situation d'ensemble qui prévalait au début de la deuxième moitié du vingtième siècle. Dans ce contexte, on pouvait s'attendre à ce que les guerres impérialistes se limitent à l'emploi de la force armée contre la révolution coloniale et pour menacer les États ouvriers. C'est dans les pays coloniaux que les masses ont continué d'offrir la résistance la plus forte et la mieux organisée à l'impérialisme — de l'Asie à l'Afrique, du Moyen-Orient à l'Amérique. Ce sont souvent des organisations nationalistes bourgeoises et des directions staliniennes qui ont dominé ces luttes. Mais elles n'ont pas constitué un obstacle suffisant pour empêcher le peuple travailleur de remporter des victoires importantes dans sa lutte pour l'indépendance coloniale.

Des directions petites-bourgeoises radicales ont parfois évolué vers des positions anticapitalistes en réponse aux coups que leur assenait un impérialisme arrogant et sous l'impact des luttes des travailleurs et des paysans contre les exploiteurs capitalistes de la ville et de la campagne. C'est le cas du Mouvement du 26 juillet à Cuba, d'une aile importante du mouvement de la résistance en Algérie et de quelques organisations influencées par la révolution cubaine comme le Front sandiniste de libération nationale au Nicaragua et le New Jewel Movement à Grenade. La plupart des directions nationalistes petites-bourgeoises n'ont cependant pas évolué dans cette direction. Elles ont fini à la remorque ou par s'intégrer à des formations nationalistes bourgeoises ou même, dans quelques cas, à des partis staliniens.

C'était la période de la soi-disant guerre froide. À un certain point au cours des années 60, surtout à partir du moment où l'Union soviétique a été capable d'atteindre des cibles U.S. avec ses missiles nucléaires, les capitalistes U.S. ont agi en partant du principe qu'ils se trouvaient dans une impasse face à Moscou sur le plan nucléaire. En même temps, les castes privilégiées au pouvoir dans les États ouvriers d'Union soviétique, d'Europe de l'Est et de Chine ont continué d'agir comme des courroies de transmission pour les impérialistes. Elles ont recouru à la répression d'État et à la désorientation politique du stalinisme pour chasser le peuple travailleur de la scène politique et l'isoler de la lutte des classes internationale. Ce qui servait bien les intérêts des impérialistes.

Cette dynamique établie après la deuxième guerre mondiale a amené la plupart des révolutionnaires à conclure à juste titre pour l'avenir immédiat que la lutte des classes internationale n'évoluait pas vers des conflits militaires interimpérialistes, mais plutôt vers un équilibre entre les deux grandes puissances nucléaires stratégiques (l'impérialisme U.S. et l'Union soviétique) et leurs alliés. Tous pensaient qu'une troisième guerre mondiale verrait l'ensemble des puissances impérialistes appuyer Washington contre l'URSS. Les différentes bourgeoisies éviteraient les conflits militaires entre elles par crainte de s'affaiblir face à l'Union soviétique et de céder encore plus de terrain à la révolution anticapitaliste.

Je présente une version simplifiée de cette vision du monde, mais ce n'est pas une caricature. Cette analyse avait peut-être un caractère unilatéral. Mais elle s'appuyait sur le fait objectif qu'en raison des facteurs que j'ai mentionnés, cette période initiale de l'expansion capitaliste d'après-guerre ne comportait pas de tendance à des conflits militaires interimpérialistes.

Ce modèle a bien décrit ce qui s'est passé dans la politique mondiale durant les premières décennies qui ont suivi la deuxième guerre mondiale, y compris la faible intensité de la lutte des classes aux États-Unis et dans les autres pays impérialistes. Nous n'allions pas vers une intensification des combats de classes sur les lignes de piquetage et dans les rues. Il n'y avait pas de progrès vers le développement d'un mouvement ouvrier brisant le cadre politique bourgeois imposé par les officiers syndicaux petits-bourgeois. Nous n'allions pas vers des affrontements dans les rues avec des mouvements d'extrême-droite et fascistes en pleine croissance, organisés par des ailes de la bourgeoisie dans le but d'écraser l'avant-garde consciente de notre classe.

CHACUN PENSAIT qu'après un certain temps, d'une durée impossible à prévoir, la lutte des classes aux États-Unis et dans les autres pays impérialistes finirait par changer de direction, s'engagerait sur cette voie et commencerait à réduire l'écart qui la séparait du niveau de lutte dans les pays semi-coloniaux. Cela mènerait à des situations pré-révolutionnaires qui pourraient se traduire par de nouveaux progrès importants dans la lutte internationale pour la libération nationale et le socialisme.

La politique et la lutte des classes en Union soviétique, en Europe de l'Est, en Chine et dans les autres États ouvriers dominés par des staliniens n'étaient pas vraiment des facteurs dans cette équation politique. On reconnaissait que l'abolition des relations de propriété capitalistes dans une grande partie du monde était une conquête du peuple travailleur qu'il fallait défendre contre toute attaque impérialiste. Mais il semblait de plus en plus que les travailleurs et les agriculteurs de ces pays avaient été exclus pour une période de temps indéfini de la lutte des classes internationale par la domination politique abrutissante des castes et de leurs régimes d'États policiers, en particulier après la défaite sanglante de la révolution hongroise de 1956[14]. Entre-temps, pour se garder un levier dans leurs négociations avec Washington, les régimes staliniens ont fourni des armes et une aide financière aux différents mouvements de libération nationale et aux gouvernements des pays du tiers monde qui entraient en conflit avec l'impérialisme.

Mais aucune de ces hypothèses politiques ne correspond plus à la situation politique actuelle, dont l'avènement a été marqué de manière explosive par le krach boursier de 1987. Le krach a confirmé le fait que la récession mondiale de 1974-1975 et le ralentissement profond et soudain de 1981-1982 ont été plus que des creux cycliques de l'économie capitaliste. Ces développements ont signalé la fin d'un segment ascendant de la courbe du développement capitaliste et le début d'un segment descendant marqué par une intensification de la lutte de classes aux niveaux national et international, y compris parmi les puissances impérialistes [15].

LE MONDE ACTUEL est caractérisé par la tendance du capitalisme à la stagnation économique et à l'instabilité et par la menace qu'un effondrement de l'économie n'entraîne une dépression globale et une crise sociale. C'est un monde marqué par une intensification de la concurrence et des conflits interimpérialistes. C'est un monde où la résistance et les combats de classes vont se développer en réponse aux attaques répétées des capitalistes contre les droits et les conditions de vie et de travail des travailleurs et des agriculteurs exploités. C'est un monde où la désintégration des partis et des régimes staliniens va se poursuivre en Europe de l'Est et où la crise de la caste privilégiée va s'approfondir en Union soviétique — permettant pour la première fois depuis des dizaines d'années à des centaines de millions de travailleurs et d'agriculteurs dans cette partie du monde de s'engager dans la vie politique, de reconnaître leurs alliés à l'étranger et de se lier à leurs luttes.

Le capitalisme ne pourra ouvrir une nouvelle période de développement économique accéléré. Il ne sera pas capable d'améliorer la condition des masses qui vivent sous des régimes bourgeois dans le tiers monde, y compris dans la région du Golfe et ailleurs au Moyen-Orient. Le système d'esclavage imposé par la dette internationale va peser encore plus lourdement sur tous ces peuples. Les luttes de libération nationale vont de plus en plus se combiner à des luttes pour la terre, pour les droits démocratiques et pour la justice sociale contre les exploiteurs locaux. Pour être victorieuses, ces luttes nationales démocratiques et anti-impérialistes auront besoin encore plus qu'avant d'une direction et d'une perspective politique ouvrières. Les conflits entre les gouvernements capitalistes du tiers monde vont aussi s'intensifier. Dans ces conditions instables, les impérialistes vont devoir faire de plus en plus appel à leur force militaire pour défendre leur pouvoir et leurs profits.

L'attaque de Washington contre l'Irak est la première d'une série de guerres que l'impérialisme va continuer de mener contre les peuples et les gouvernements des pays du tiers monde. Ces guerres vont elles-mêmes de plus en plus être liées à des conflits interimpérialistes. L'écart entre la puissance militaire de Washington et son déclin économique relatif va s'approfondir pendant que ses rivaux impérialistes vont essayer de fermer celui qui oppose leur propre force économique à leur infériorité militaire relative.

Les tentatives réactionnaires, nationales-socialistes d'obtenir des concessions économiques de l'impérialisme en échange de concessions en matière de politique extérieure ne vont pas freiner la déstabilisation de l'Europe de l'Est, de l'Union soviétique et de la Chine. Les dirigeants petits-bourgeois de ces régimes ne peuvent qu'imiter la bourgeoisie. Ils ne peuvent devenir eux-mêmes des bourgeois, même s'ils partagent leurs valeurs et leurs convictions. Les travailleurs et les agriculteurs de ces pays vont continuer d'entrer sur la scène politique tant nationale qu'internationale. Aussi longtemps que les principaux moyens de production, les banques et le commerce demeureront expropriés, ces États vont continuer d'entrer en conflit avec les impérialistes. Dans leur quête de profits, ces derniers vont chercher à reprendre des régions entières du monde pour y soumettre les travailleurs directement à l'exploitation capitaliste. La menace de guerres impérialistes contre les républiques d'Union soviétique et les autres États ouvriers va s'accroître et non diminuer.

Malgré la résistance des masses qui refusent de céder aux impérialistes, les menaces et le harcèlement contre les États ouvriers cubain et nord-coréen vont se poursuivre. Les relations entre ces gouvernements et les capitalistes U.S. vont continuer de se détériorer.

Dans une rubrique publiée dans le *New York Times* au début d'avril 1991, Leslie Gelb a qualifié la Corée du nord de « prochain État renégat ». Malgré les initiatives entreprises depuis longtemps par le gouvernement de la Corée du nord pour débarrasser la péninsule de toute arme nucléaire (Washington y a stationné dans le sud un millier de missiles nucléaires), Gelb soutient que les dirigeants nord-coréens « auront probablement des armes nucléaires d'ici quelques années. » Il a pressé le gouvernement japonais de suspendre tout commerce avec la Corée du nord comme façon de forcer les Nord-Coréens à se soumettre à une inspection de leurs centrales nucléaires.

Dans un article paru le 1er avril dans le *Washington Post,* l'ancienne ambassadrice de Washington à l'ONU Jeanne Kirkpatrick a souligné que selon des représentants du gouvernement U.S. la centrale nucléaire en construction à Cienfuegos, à Cuba, « pourrait servir à produire du plutonium utilisé dans la fabrication d'armes. »

Quoi qu'en disent les capitalistes U.S., la guerre de Washington dans le Golfe n'est pas le signe avant-coureur d'un nouvel ordre mondial basé sur une solution pacifique aux conflits entre les États. Bien au contraire, dans un monde de crises et d'effondrements économiques croissants, d'instabilité sociale, de conflits politiques et de revendications pour la libération nationale non satisfaites, la guerre du Golfe pourrait beaucoup plus précisément être décrite comme les premières salves de la troisième guerre mondiale.

TELLE EST LA LOGIQUE HISTORIQUE inexorable de l'impérialisme en déclin : la logique de classe qui va aboutir à une guerre mondiale si les capitalistes l'emportent dans les conflits décisifs qui viennent.

Liée à la marche historique des impérialistes vers la guerre, il y a aussi la dynamique de classe et la marche historique de la classe ouvrière : celle de résister et d'agir, de lutter et de devenir révolutionnaire, celle de s'organiser indépendamment des exploiteurs, celle de se reconnaître comme une classe internationale et celle d'arracher le pouvoir des mains des exploiteurs et des oppresseurs. L'éclatement d'une troisième guerre mondiale va être déterminé dans la lutte historique entre ces deux classes et leurs alliés. La survie même de l'humanité en dépend.

Les premières salves de la deuxième guerre mondiale ont résonné au début des années 20, au lendemain du premier massacre interimpérialiste et après que la classe ouvrière ait échoué dans sa tentative d'étendre à l'Europe la révolution victorieuse des travailleurs et des agriculteurs en Union soviétique. Au cours des 15 années suivantes, la classe ouvrière internationale a mené des luttes héroïques et a eu plusieurs occasions révolutionnaires d'arracher le pouvoir des mains des fauteurs de guerre capitalistes en Europe. La montée des syndicats industriels regroupés dans le Congrès des organisations industrielles (CIO) a été au coeur d'un mouvement de radicalisation de la classe ouvrière et des agriculteurs en Amérique du Nord. Les travailleurs ont alors eu l'occasion aux États-Unis de mettre en branle un cours qui les conduisent vers l'action politique ouvrière indépendante des partis et des gouvernements impérialistes. Mais la politique de collaboration de classe des staliniens et des sociaux-démocrates a conduit à une série de défaites importantes de la classe ouvrière en Europe. C'est seulement alors que la deuxième guerre mondiale est devenue inévitable vers la fin des années 30.

Aujourd'hui, alors que la « victoire » militaire de Washington dans le Golfe continue de faire sentir ses conséquences politiques, nous devons reconnaître que nous vivons non pas dans une période *d'après-guerre,* mais bel et bien dans une période *d'avant-guerre.* C'est dans ce cadre que nous disons que le massacre perpétré dans le Golfe est le premier d'une série de conflits et de guerres que les capitalistes U.S. vont initier dans les années 90 ; et qu'il marque l'ouverture d'une nouvelle étape où les impérialistes vont accélérer chez eux et à l'étranger leurs préparatifs en vue de ces guerres.

Mais le recours de Washington à la puissance militaire va aussi mettre en branle des forces insoupçonnées, qui vont faire de ces « victoires » des victoires à la Pyrrhus, déstabilisatrices et sans effets durables. Le gouvernement U.S. est devenu et va continuer de devenir plus vulnérable, non pas plus invincible. Chacune des interventions de l'impérialisme U.S. dans le monde va prendre de plus en plus le caractère d'une aventure militaire.

L'avant-garde des travailleurs et des agriculteurs aux États-Unis et ailleurs dans le monde se doit de conquérir l'espace nécessaire pour organiser notre classe et nos alliés opprimés et exploités, de manière à remporter de nouvelles victoires, prendre le pouvoir et arracher ainsi la capacité de faire la guerre aux impérialistes et à leurs alliés parmi les exploiteurs et les oppresseurs du monde capitaliste.

IV. L'INVASION A ÉTÉ UN CARNAGE, PAS UNE GUERRE

Le 16 janvier 1991, Washington a commencé son bombardement systématique de l'Irak. Quelques jours plus tard, la direction du Parti socialiste des travailleurs a émis une déclaration reproduite en première page du *Militant* et traduite dans les numéros de janvier-mars de *L'Internationaliste* et de janvier de *Perspectiva Mundial.* La déclaration a dit dès le début : « Washington a entrepris depuis maintenant plusieurs jours le bombardement aérien le plus intensif de l'histoire. Et l'horrible réalité que des centaines de millions de personnes ont refusé de reconnaître pendant des mois apparaît de plus en plus dans toute sa brutalité.

« La guerre qu'a entreprise le gouvernement U.S., avec l'appui des deux partis au Congrès, ne sera pas courte. Elle sera longue.

« Ce ne sera pas une guerre aérienne, mais une guerre terrestre sanglante.

« Ce ne sera pas une guerre limitée, mais une guerre totale, semblable aux autres carnages massifs de l'époque moderne, de la guerre civile des États-Unis jusqu'aux première et deuxième guerres mondiales.

« Ce ne sera pas une guerre restreinte dans ses objectifs à la prétendue « libération du Koweït ».

« Le but visé par la classe dirigeante capitaliste des États-Unis demeure ce qu'il a été tout au long de son escalade militaire depuis le début de l'automne : infliger une défaite militaire dévastatrice à l'Irak et imposer un protectorat U.S. de fait à Bagdad. »

L'administration Bush et les membres des deux partis qui l'appuient à Washington prétendent que la guerre n'a duré que 100 heures ou tout au plus six semaines, du 16 janvier au 27 février. Mais la vérité, c'est que Washington a mené *une guerre de sept mois* contre le peuple irakien. Le blocus imposé par Washington contre l'Irak immédiatement après l'invasion du Koweït le 2 août a été dans tous les sens du mot un véritable acte de guerre. Il s'agit du blocus militaire le plus massif de l'histoire de la guerre.

Pendant les quatre jours qui ont suivi le début de l'invasion de l'Irak par Washington le 24 février, on n'a pas assisté à une guerre mais à un massacre motorisé, à une émeute policière organisée par les forces armées terrestres, aériennes et navales. Le régime de Saddam Hussein avait conçu, organisé et appliqué un cours politique visant à éviter toute guerre au sol. Les seuls combats ont été des combats d'arrière-garde, livrés par la Garde républicaine de Bagdad alors qu'elle battait en retraite en emportant le maximum de véhicules blindés, d'armes et d'équipement. Celle-ci cherchait à se regrouper pour servir de police contre la dissension interne. Bagdad a essentiellement abandonné les membres de son armée régulière qui se trouvaient au Koweït et dans le sud de l'Irak. Ces travailleurs et paysans en uniforme, des uniformes en lambeaux dans bien des cas, n'étaient plus des soldats organisés dans une véritable armée. Le régime les a réduits au statut d'individus inorganisés, au mieux légèrement armés, avec peu ou pas de provisions, sans structure de commandement fonctionnel et sous la direction des rares officiers qui ne s'étaient pas enfuis. Bagdad a laissé ces travailleurs et paysans seuls face au carnage.

Quant aux forces d'invasion U.S., elles sont sorties de ces 100 heures pratiquement sans avoir perdu de blindés ou d'équipement lourd et avec seulement quelques morts et blessés. En fait, les morts et blessés U.S. pendant les sept mois d'opérations militaires ont été dans une grande mesure le produit d'accidents, de tirs « amis » des forces alliés et de la destruction fortuite d'un baraquement par un missile Scud irakien en Arabie saoudite. Très peu de militaires U.S. sont morts au combat, tant parmi les pilotes que parmi les soldats qui ont participé à l'invasion.

De l'invasion du Koweït le 2 août 1990 jusqu'à l'arrêt de l'offensive U.S. à la fin de février 1991, tout le plan de Bagdad reposait sur l'idée que ce dernier n'aurait pas à faire la guerre contre Washington. Saddam Hussein était persuadé qu'il pourrait manoeuvrer, bluffer, envoyer ses diplomates aux quatre coins du monde, gagner du temps et finalement consolider son annexion du Koweït. Au pire, il pourrait s'abriter derrière un écran de discours éloquents et négocier son emprise sur quelques champs pétrolifères et quelques installations portuaires situées sur des îles avoisinantes. Sans le moindre remords, Hussein a sacrifié des dizaines de milliers de soldats de son armée régulière en les livrant aux chefs de guerre des deux partis à Washington. Mais il n'a jamais mené de guerre.

L'invasion du Koweït n'a été qu'une extension de la politique expansionniste qui a poussé le régime irakien à déclencher la guerre contre l'Iran en 1980, une agression qui a duré huit longues et sanglantes années. En effectuant sa nouvelle conquête expansionniste du Koweït, Bagdad a cherché à accroître l'emprise des capitalistes irakiens sur les réserves pétrolifères de la région. Il a cherché à accroître ses pressions sur l'Arabie saoudite, un pays militairement faible, dans les négociations qui se déroulent entre les membres de l'Organisation des pays exportateurs de pétrole (l'OPEP) sur le prix du pétrole et sur les quotas de production. Il a aussi voulu se mettre en meilleure position de conquérir un jour certains des champs pétrolifères saoudiens. En agissant ainsi, le gouvernement irakien a voulu arracher aux États du Golfe une plus grande part des profits provenant du pétrole, afin de contenir les masses irakiennes de plus en plus mécontentées par les conséquences économiques et les pertes de vies causées par la guerre contre l'Iran.

LE COURS POLITIQUE ET MILITAIRE de Bagdad découle des limites de ses perspectives bourgeoises et de son recours pendant des décennies à la fanfaronnade, à la tromperie et aux coups bas. Bagdad a bien compris l'absence de base sociale des royaumes pétroliers koweïtien et saoudien, leur faible capacité de défense ainsi que le mépris et la haine qu'éprouve à leur égard la vaste majorité des habitants de la région du Golfe et de tout le Moyen-Orient.

Saddam Hussein a aussi agi à partir de l'hypothèse que Washington n'exposerait pas les États-Unis aux conséquences politiques d'une intervention militaire entraînant des pertes U.S. importantes. Bagdad a correctement évalué que le déploiement initial des forces U.S., composées d'unités légères en général aéroportées, ne permettrait pas à Washington de contre-attaquer. Le régime irakien a donc continué à masser des troupes et des chars au Koweït et dans le sud de l'Irak, où ils se sont retranchés dans des positions défensives. Le régime de Saddam Hussein a pensé qu'il pourrait gagner du temps et arracher un règlement à l'administration U.S. Celle-ci, pensait-il, n'oserait pas déclencher le combat par crainte des conséquences internes d'une intervention militaire qui se traduirait par des pertes comparables à celles que Bagdad a acceptées de faire si facilement pendant sa guerre contre l'Iran.

Dans ses calculs, Bagdad a aussi compté pouvoir profiter des divisions entre l'impérialisme U.S. et les puissances impérialistes de l'Europe et du Japon. Saddam Hussein a en particulier misé sur sa capacité d'utiliser Paris pour exercer des pressions diplomatiques. Les capitalistes français avaient en effet des intérêts commerciaux et des investissements importants en Irak. Depuis plus de dix ans, ils avaient cherché à utiliser leurs liens avec Bagdad pour reconstruire leur influence au Moyen-Orient. Le régime irakien a aussi pris pour acquis que Moscou tiendrait suffisamment à maintenir ses liens avec lui pour créer des obstacles aux tentatives de Washington de draper ses initiatives militaires d'une couverture diplomatique internationale.

Bagdad n'a pas levé le petit doigt pour mobiliser et préparer politiquement le peuple irakien à résister à l'assaut impérialiste. Le régime baathiste a au contraire promis à la population sur les ondes de la radio et de la télévision qu'il n'y aurait pas d'attaque contre l'Irak. Bagdad n'a jamais non plus sérieusement fait appel à la solidarité régionale et internationale pour stopper l'agression impérialiste imminente. Il n'a jamais cherché à mettre sur pied des brigades internationales pour aider à résister à une telle agression si jamais elle se produisait. Les capitalistes irakiens se sont plutôt lancés dans des fanfaronnades creuses, menaçant de lancer des attaques terroristes contre des cibles impérialistes à travers le monde. Ces menaces ne se sont jamais réalisées. Bagdad a aussi menacé de façon démagogique de lancer ses missiles contre Israël si la guerre éclatait. Il a ainsi cherché à déconcerter Washington en brandissant le spectre de la rupture de son alliance avec les régimes égyptien, syrien, saoudien et des autres pays de la région. Mais ces menaces n'ont fait qu'apporter de l'eau au moulin de la propagande des impérialistes, les aidant à masquer leurs véritables mobiles de guerre.

HUSSEIN A AUSSI PENSÉ qu'il pourrait isoler Washington au sein du monde arabe et islamique. Il a tenté de justifier son invasion du Koweït en rappelant que c'est l'impérialisme qui a dessiné la carte de la région, en utilisant la rhétorique du panarabisme et en manipulant de manière cynique la grande solidarité qui existe avec la lutte des Palestiniens.

Mais ces calculs de Bagdad, qui visaient tous à ne pas avoir à mener la guerre, n'auront été que des mauvais jugements politiques.

Les régimes égyptien et syrien ont dépêché de fortes divisions blindées aux côtés de Washington. Les capitalistes turcs ont appliqué le blocus anti-irakien, ouvert les aéroports turcs aux bombardiers U.S. et massé 100 000 soldats sur leur frontière avec l'Irak. Quant au régime iranien, il est officiellement resté neutre pendant le conflit.

Au plus tard au début septembre, l'administration Bush a adopté un cours politique la conduisant à une guerre ouverte contre l'Irak. Les capitalistes U.S. ont mis de côté les objectifs officiels de la première phase de leur offensive militaire, qui était de fournir à la monarchie saoudienne l'aide qu'elle avait réclamée pour se défendre contre l'agression irakienne. Washington a entrepris de se doter d'une capacité militaire offensive dans le Golfe.

Ce qui a suivi a dépassé de loin ce que Bagdad avait envisagé. Washington a retiré la moitié des troupes et des chars d'assaut qu'il avait en Europe. Il a mobilisé massivement les unités régulières et de réserve U.S. Vers le début de 1991, Washington avait transporté dans la région du Golfe plus d'un demi-million de soldats. Ils n'étaient que 200 000 au début de novembre. Il a doté cette puissante force militaire des meilleures armes du Pentagone : artillerie motorisée, véhicules blindés, armes les plus sophistiquées, bombardiers, avions de combat, navires et porte-avions.

Pour donner une certaine couverture diplomatique à sa marche inexorable vers la guerre, Washington a accompagné ses préparatifs militaires de quelques initiatives de « paix ». C'est ainsi que George Bush a offert d'organiser des pourparlers entre le secrétaire d'État U.S. James Baker et le ministre irakien des Affaires extérieures Tarik Aziz. Ces pourparlers ont finalement eu lieu à Genève au début de janvier. Mais le régime baathiste a mal jugé la signification de chacune de ces initiatives diplomatiques. Il les a interprétées comme des signes d'hésitation et d'indécision, et non pas comme des écrans de fumée politiques préparant la prochaine étape de la marche vers la guerre. Le bluff et la fanfaronnade ne font pas le poids devant la dynamique d'une offensive guerrière impérialiste.

Saddam Hussein a aussi sous-estimé l'importance politique de la domination militaire de Washington au sein du système impérialiste. Vers la fin de 1990, Paris et Bonn ont bien pris quelques initiatives indépendantes en direction de Bagdad dans le but d'accroître leur propre influence diplomatique dans la région. Mais chacun des rivaux de Washington a finalement dû faire face à une alternative fondamentale : ou bien participer sans hésiter à l'offensive militaire, mettre ses forces armées sous les ordres de Washington (ou payer des montants énormes comme l'ont fait Bonn et Tokyo) et faire front commun sur le plan diplomatique ; ou bien être prêt à payer le prix que Washington va exiger de ceux qui n'auront pas collaboré avec lui.

Bagdad a aussi mal jugé l'ampleur de la crise de la bureaucratie soviétique et ses conséquences sur la politique extérieure de Moscou. Le régime stalinien accordait beaucoup plus d'importance aux promesses d'intégration accrue au système capitaliste international qu'aux quelques avantages diplomatiques secondaires qu'il avait pu tirer au fil des ans de ses liens avec Bagdad.

Finalement, contrairement à toute attente, les grands discours du régime irakien sur la possibilité d'entraîner Israël dans la guerre n'ont pas réussi à amener Washington à la table des négociations. Lorsque les capitalistes U.S. ont mis cartes sur table et entrepris leur terrible bombardement aérien à la mi-janvier, Bagdad n'a été capable que de lancer quelques missiles Scud sur Israël et l'Arabie saoudite. Saddam Hussein a évidemment souhaité que sa démagogie pourrait d'une certaine manière marcher dans la vraie vie. Mais là encore, il a sous-estimé la capacité de Washington d'empêcher Tel Aviv de faire quoi que ce soit qui puisse nuire aux plans et opérations U.S.

Ce cours politique a laissé la population irakienne sans défense à chaque étape de la course à la guerre et pendant la guerre elle-même. Les Irakiens ont été littéralement surpris, bouleversés, lorsque les bombes ont commencé à tomber sur Bagdad, Bassora et les autres villes et villages de leur pays.

Le peuple irakien voulait que cessent les bombardements et il a cherché à éviter que s'amplifie la dévastation provoquée par une guerre visant à défendre la conquête brutale du Koweït par Bagdad. C'est ce qu'ont rendu clair les célébrations populaires qui ont éclaté dans les rues de la capitale chaque fois que le régime baathiste a émis une déclaration indiquant qu'il pourrait se retirer du Koweït. Les travailleurs et les paysans ont bien compris que c'était là le seul moyen sûr d'éviter à l'Irak une répétition de l'aventure sanglante de Saddam Hussein contre l'Iran, une aventure qui a duré huit ans. Mais chaque fois, le peuple irakien a vite découvert qu'il n'était qu'un pion dans le cours cynique, cupide et démagogique poursuivi depuis le 2 août par le régime de Bagdad.

L'isolement international de Bagdad

En réponse à l'escalade impérialiste dans le Golfe, des organisations communistes comme le Parti socialiste des travailleurs, leurs membres et leur partisans ont immédiatement exprimé à travers le monde leur solidarité avec l'Irak et avec la population exploitée et opprimée qui vit et travaille dans ce pays et dans les autres pays de la région.

À Cuba, le gouvernement et la direction du Parti communiste se sont aussi élevés contre la course à la guerre de Washington. Dans un geste élémentaire de solidarité, Cuba a insisté pour que près de 200 volontaires cubains de la santé présents en Irak y demeurent jusqu'à la fin de la guerre.

Le Parti socialiste des travailleurs a donné un appui *unilatéral* à l'Irak et au peuple irakien contre l'assaut armé de Washington. Nous n'avons pas fait l'erreur d'identifier le régime capitaliste répressif de Bagdad avec l'Irak même, un pays opprimé du tiers monde, ou avec les travailleurs de l'Irak, nos frères et soeurs. Nous avons défendu l'Irak de manière intransigeante contre l'assaut impérialiste, tout en condamnant sans réserve l'invasion et l'annexion du Koweït par le régime de Saddam Hussein, de même que toute son orientation politique. Nous avons aussi condamné la répression et l'oppression monarchiques exercées par les familles rentières qui dominent le Koweït et l'Arabie saoudite.

Pourtant, malgré son importance, la solidarité avec les travailleurs qui se sont retrouvés en Irak, au Koweït et en Arabie saoudite le 2 août n'a pas eu de reflet dans la situation politique générale. Le peuple irakien a reçu moins d'appui international que tous les autres peuples qui ont dû faire face à une offensive impérialiste de cette ampleur depuis la fin de la deuxième guerre mondiale. Aucun gouvernement, aucune composante importante du mouvement ouvrier international, aucune organisation de libération nationale n'a organisé ni même lancé d'appel à des mobilisations soutenues en solidarité avec le peuple irakien. Il n'y a eu aucun effort politique organisé pour briser l'embargo et fournir au peuple irakien les produits de première nécessité dont il avait besoin. Il n'y a eu aucun appel à l'organisation de volontaires dans la région et dans le monde pour se battre aux côtés des soldats et du peuple irakiens contre l'invasion impérialiste qui se préparait.

Plusieurs manifestations et grèves d'une journée ont eu lieu en Afrique du Nord et au Moyen-Orient. Certaines ont eu l'appui de gouvernements ou de partis et organisations d'opposition. Mais c'est tout. Et même ces initiatives ont eu un caractère largement formel, malgré la sincérité de la solidarité exprimée par les travailleurs et les jeunes qui y ont participé. Aucun gouvernement ou organisation de masse nulle part dans le monde n'a clairement indiqué être prêt à se mobiliser, indépendamment de l'opinion qu'il pouvait avoir de Bagdad et de ses actions, contre les horreurs infligées quotidiennement par Washington à l'Irak et à ses habitants. Et aucun n'a indiqué être prêt à le faire jusqu'à ce que cette agression cesse.

Les choses se sont déroulées différemment pendant la guerre du Viêt-nam. Nous avons raison d'attribuer la libération du Viêt-nam aux Vietnamiens eux-mêmes. Mais nous connaissons aussi le rôle important qu'a joué le mouvement de solidarité international. Je ne me réfère pas simplement ou même principalement au mouvement de protestation qui s'est développé longtemps après le début de la guerre aux États-Unis et dans d'autres pays. Plusieurs gouvernements du tiers monde et des États ouvriers ont fourni au Viêt-nam du matériel militaire et de l'aide sous d'autres formes. Des volontaires provenant d'autres pays et de mouvements de libération nationale sont allés au Viêt-nam pour aider à la construction et à la défense.

LE PEUPLE NICARAGUAYEN a bénéficié d'un appui international semblable pendant la dernière année de sa lutte contre la dictature de Somoza et pendant les années de lutte contre la guerre des contras. Cet appui est venu non seulement d'autres mouvements de libération nationale et groupes politiques à travers l'Amérique latine, mais aussi du gouvernement du général Omar Torrijos au Panama et de Cuba [16].

On pourrait citer plusieurs autres exemples. En 1973, les gouvernements du Moyen-Orient ont reçu une aide internationale lorsqu'ils ont été attaqués militairement par Israël [17]. Les combattants pour la libération de l'Afrique du Sud, du Salvador et d'autres pays ont eux aussi bénéficié de la solidarité internationale.

Mais le peuple irakien est fondamentalement resté isolé. Au niveau des gouvernements et des organisations de masse, il est resté isolé.

Comme on l'a déjà mentionné, le régime irakien a refusé de lancer un appel sérieux à la solidarité et à l'aide régionale et internationale. Ce facteur a contribué à l'isolement du peuple irakien. Un tel appel n'a jamais fait partie des plans de Saddam Hussein. En fait, lui et ses amis y étaient opposés. D'abord parce que le régime irakien ne pensait pas qu'une guerre allait avoir lieu. Ensuite parce que l'appel à une mobilisation révolutionnaire aurait menacé de déstabiliser les autres régimes capitalistes de la région que Bagdad gardait en réserve comme véhicules possibles d'une entente diplomatique avec l'impérialisme.

Mais finalement, et c'est la principale raison, parce que tout appel à la solidarité internationale aurait touché les ouvriers et les paysans en Irak même. La clique au pouvoir à Bagdad voulait par-dessus tout éviter que le pays ne soit envahi par des travailleurs et des jeunes à l'esprit révolutionnaire venus du Moyen-Orient et d'ailleurs. Cela aurait permis au peuple irakien de commencer à organiser lui-même la résistance à l'agression alliée. La population aurait pu lutter pour approvisionner les troupes au front et secourir les régions dévastées par les bombardements et l'embargo. Des soldats auraient commencé à prendre la direction des combats. Des appels à l'armement de la population civile auraient commencé à se faire entendre. Les pressions auraient augmenté pour que Bagdad engage l'ensemble de ses meilleures armes dans la lutte contre l'attaque impérialiste. Mais Saddam Hussein ne voulait rien savoir de ça. Une telle mobilisation populaire aurait simplement mené au renversement du régime. C'est ce qu'ont montré les profondes rébellions qui ont secoué le pays dans les semaines qui ont suivi la suspension de l'offensive par Washington.

LA SOLIDARITÉ AVEC L'IRAK a aussi été minée par le fait que l'intervention irakienne au Koweït n'avait absolument rien de progressiste ou d'anti-impérialiste. L'occupation du Koweït a été le geste réactionnaire d'un régime bourgeois bonapartiste. Elle a fourni à Washington le prétexte voulu pour lancer sa campagne de guerre impérialiste dans le Golfe.

Mais l'absence de solidarité active avec l'Irak contre l'agression impérialiste découle d'un autre aspect de la politique mondiale que les révolutionnaires doivent comprendre pour projeter un cours stratégique efficace. Il existe un écart considérable entre l'aspiration des travailleurs et des paysans à la souveraineté, la démocratie et la justice sociale d'une part, et l'orientation politique de tous les dirigeants bourgeois du Moyen-Orient de l'autre. Cet écart n'a jamais été aussi grand depuis la deuxième guerre mondiale. Ce fait témoigne de l'épuisement historique des courants non prolétariens qui ont pris la tête des masses exploitées et de secteurs des classes moyennes au cours des luttes démocratiques et anti-impérialistes qui ont eu lieu du début des années 40 à la fin des années 60 en Égypte, en Irak, en

Algérie, au Yémen, en Libye et ailleurs. Il indique qu'il n'est plus possible aujourd'hui de faire progresser la lutte pour ces objectifs sous le drapeau de l'unité « panarabe » ou « panislamique ». C'est une unité que les directions bourgeoises rompent à volonté pour améliorer leur situation politique ou se gagner des privilèges nationaux.

La lutte pour la libération nationale et contre la domination impérialiste se déroule aujourd'hui dans un contexte marqué par la consolidation de plusieurs *États distincts* au Moyen-Orient. Il ne s'agit pas d'un développement nouveau. Ce n'est pas le produit de la guerre U.S. dans le Golfe. Il s'explique par le stade de développement du capitalisme dans ces pays et de leur intégration dans le système capitaliste international. Ce développement est le produit de la consolidation dans ces pays d'une bourgeoisie nationale et d'une classe moyenne importante. Il provient du développement interne de classes sociales modernes et de la polarisation sociale qui en résulte. Ces régimes bourgeois utilisent leur pouvoir d'État, la violence ouverte et l'agression pour défendre leurs intérêts de classe contre des régimes rivaux et contre les travailleurs et les paysans de leur propre pays. Et tous le font au nom de « l'unité arabe ». Qu'il s'agisse de Bagdad pour justifier son agression contre le Koweït, du Caire et de Damas pour justifier leur alliance avec Washington dans la guerre contre l'Irak, ou d'Amman pour s'esquiver, se contorsionner et survivre un jour de plus en menant une vie royale aux dépens des travailleurs et des paysans.

Les communistes n'éprouvent aucune difficulté à reconnaître la nécessité de la solidarité inconditionnelle avec une nation opprimée en butte à une attaque impérialiste, quel que soit le caractère de classe de son gouvernement. Nous l'avons prouvé une fois de plus pendant la guerre du Golfe. En même temps, les communistes et les autres combattants d'avant-garde de la lutte pour l'indépendance et la souveraineté véritables, en Irak ou ailleurs dans la région, doivent agir en partant du fait qu'il existe des classes sociales conflictuelles au sein de ces nations opprimées.

LES PALESTINIENS sont parmi les plus grandes victimes de l'imposture des gouvernements bourgeois de la région, qui affirment tous parler et agir dans leurs intérêts. Les Palestiniens ont été trahis par les régimes égyptien, syrien et saoudien. Désespéré, le roi Hussein de Jordanie n'hésiterait pas à tourner encore une fois ses fusils contre les Palestiniens s'il le jugeait nécessaire, comme il l'a fait en septembre 1970[18]. La démagogie réactionnaire de Bagdad a causé tout autant de dégâts. Ce régime s'est fait le champion des peuples palestinien, arabe et musulman, alors qu'en pratique il a miné leur capacité de se battre contre l'impérialisme. Bagdad a cherché cyniquement à établir un « lien » entre le retrait partiel de l'Irak du Koweït et la lutte des Palestiniens pour l'autodétermination nationale.

La direction de l'Organisation de libération de la Palestine (OLP) a considérablement nui à la lutte palestinienne en reprenant à son compte ce « lien » démagogique, établi après coup. Ce suivisme par rapport à Bagdad a rendu les dirigeants de l'OLP incapables d'expliquer politiquement le *lien réel* qui existe avec la lutte palestinienne, le besoin urgent *d'agir* en solidarité avec l'Irak contre l'assaut impérialiste, le caractère réactionnaire de l'invasion brutale du Koweït par l'Irak et la lutte contre l'impérialisme dans toute la région et dans le monde.

L'incapacité de l'OLP de mettre en pratique une telle orientation révolutionnaire reflète son embourgeoisement croissant. Cette évolution a été *mise à jour* plus clairement par l'agression U.S. dans le Golfe, mais elle n'a pas été *causée* par la guerre. La retraite politique de la direction centrale de l'OLP se poursuit maintenant depuis un certain temps.

La dispersion continue du peuple palestinien au cours des 10 ou 15 dernières années a eu des conséquences politiques réelles. Une couche entière de jeunes Palestiniens a grandi à l'extérieur du territoire historique de la Palestine. L'OLP s'est construit un appareil dans différents pays du Moyen-Orient et de l'Afrique du Nord, entretenu et financé par les régimes bourgeois de la région. Quelques factions de l'OLP sont devenues les instruments bienveillants de ces gouvernements. Au cours des 10 dernières années, les coups que le régime israélien, le régime syrien et les forces bourgeoises libanaises ont portés aux forces de l'OLP situées au Liban ont aussi contribué à désorienter et démoraliser certaines couches de la direction, les poussant à détourner encore plus leur attention des masses palestiniennes vivant à l'intérieur et à l'extérieur d'Israël. Le fossé a grandi entre l'appareil de l'OLP et les jeunes combattants palestiniens qui vivent à l'intérieur du « Grand Israël », où se concentre de plus en plus la lutte de libération.

Mais ce processus n'est pas achevé. L'OLP reste un mouvement nationaliste révolutionnaire dont la direction est principalement petite-bourgeoise. L'évolution politique de l'OLP demeure liée à la lutte vivante du peuple palestinien, qui n'a été ni intimidé ni vaincu. La direction du mouvement palestinien s'est quelque peu déplacée vers l'intérieur de la Cisjordanie occupée et de la bande de Gaza, à Jérusalem et à l'intérieur des frontières d'Israël d'avant 1967. Ce processus s'est accentué depuis le début de l'intifada il y a plus de trois ans. La direction passe davantage aux mains de ceux qui luttent pour la terre, pour l'égalité, pour l'autodétermination nationale, pour un État palestinien totalement souverain. En agissant ainsi, ces derniers contribuent à changer le monde.

Quelques dirigeants palestiniens tirent d'importantes leçons politiques du préjudice causé à leur lutte par la démagogie du régime de Saddam Hussein. L'entrevue de Hanan Ashrawi publiée dans le numéro du 3 mai 1991 du *Militant* en fournit un exemple. Hanan Ashrawi a fait partie d'une délégation de dirigeants palestiniens qui ont rencontré James Baker à Jérusalem-Est en mars et avril. Elle enseigne à l'université Bir-Zeit en Cisjordanie quand celle-ci n'est pas fermée par l'armée israélienne. De Ramallah en Cisjordanie, elle a accordé une entrevue téléphonique le 9 avril à deux reporters du *Militant,* Argiris Malapanis et Derek Bracey.

Hanan Ashrawi a répondu aux partisans de l'OLP qui ont dit que la confrontation entre l'Irak et les États-Unis a permis d'attirer l'attention du monde entier sur la lutte palestinienne et a permis aux Palestiniens de marquer des points dans leur combat pour la reconnaissance internationale. « Ce n'est pas une question de gains, » a-t-elle dit. La guerre du Golfe n'a entraîné « aucun gain. La question palestinienne a été projetée au premier rang de la scène mondiale grâce à l'intifada, qui est comme vous le savez la voix humaine de la résistance palestinienne, une résistance populaire. »

Hanan Ashrawi a ajouté :

> La lutte palestinienne a eu le triste sort d'être historiquement manipulée et utilisée par les dirigeants arabes pour servir leurs propres fins. Voyez-vous, c'est un test et une source de crédibilité.

> Cela fait partie des « lettres de créance » de tout dirigeant arabe. Et la plupart des dirigeants arabes ont réussi à opprimer leur propre peuple en utilisant comme prétexte une cause nationale, qui est la cause palestinienne. Ils nous ont manipulés pour leurs propres intérêts économiques, politiques, régionaux ou internationaux.

Faisant référence à la montée de l'appui populaire dont a joui Saddam Hussein parmi de nombreux Palestiniens à la fin de 1990 et au début de 1991, Hanan Ashrawi a poursuivi :

> D'une certaine manière, c'était une régression vers une approche messianique. Au lieu de mettre vos espoirs dans la force de votre peuple et dans la détermination du mouvement populaire, vous commencez à vous tourner vers un individu, ce qui est à l'opposé du génie même de l'intifada. L'intifada, les Palestiniens et l'OLP ont réussi à libérer la cause palestinienne de la manipulation et du patronage arabes et à la placer sous le contrôle palestinien et la souveraineté palestinienne. Nous parlons pour nous-mêmes.

La rhétorique et la démagogie pro-OLP, panarabes et panislamiques de Saddam Hussein ont nui aux luttes des peuples palestinien, arabe, islamique et de tous les autres peuples de la région opprimés par l'impérialisme. En liant ces combats à l'annexion expansionniste du Koweït, Saddam Hussein ne les a pas renforcés. Au contraire, ils en ont tous soufferts. L'invasion du Koweït a fourni à l'impérialisme une occasion en or d'intervenir contre les peuples de la région comme il n'avait pas pu le faire depuis des décennies. Loin de populariser ces luttes ou de construire la solidarité avec elles, les prétentions réactionnaires de Hussein ont désorienté et démobilisé les travailleurs et les paysans. Elles ont porté un coup au développement en Irak et ailleurs d'une lutte commune contre les oppresseurs et les exploiteurs.

BIEN AVANT L'« ÉCHÉANCE » du 15 janvier établi par le Conseil de sécurité pour que l'Irak se retire du Koweït, Washington savait déjà parfaitement par ses services de renseignement que Bagdad n'organisait pas la population et les forces armées de l'Irak pour se défendre contre des bombardements punitifs ou pour résister à une vaste invasion blindée appuyée par la couverture aérienne des États-Unis et de leurs alliés.

Nous n'avons pas eu droit à ces informations ni aussi rapidement que le Pentagone. Il nous a fallu un peu plus de temps pour commencer à voir ce qui se préparait. Mais après plusieurs jours de bombardements U.S., nous avons prêté attention à ce qui arrivait quand il a été connu que Bagdad envoyait plusieurs de ses meilleurs avions de combat en Iran. C'était une indication que Saddam Hussein ne prévoyait pas fournir de couverture aérienne aux soldats ou faire payer chèrement aux forces aériennes U.S. les bombardements dévastateurs qui se poursuivaient nuit et jour contre le peuple irakien. Il est aussi devenu évident que les soldats irakiens qui tenteraient de résister à une invasion alliée terrestre ne bénéficieraient pas d'une couverture aérienne sérieuse.

D'autres faits ne nous ont été révélés que lorsque des rapports ont commencé à paraître après l'occupation U.S. du sud de l'Irak. Nous savons maintenant que Bagdad a commencé avant l'invasion à retirer ses meilleurs chars et véhicules blindés du Koweït et du front sud. Il a aussi retiré ses hélicoptères, une autre preuve qu'il n'y aurait pas de contre-attaque aérienne contre les blindés alliés dans le but de permettre aux troupes irakiennes de se battre au sol. Les efforts pour approvisionner les troupes en nourriture, en vêtements et en matériel ont cessé deux semaines avant l'invasion. Les soldats ont même vu diminuer leur consommation de calories. Rien n'a été fait pour maintenir le réseau de communication dont a besoin une armée structurée dont les chefs ont décidé de mener le combat.

Finalement, Bagdad a pris des mesures pour qu'une grande partie de la caste des officiers quitte la zone des combats. Quand Washington a lancé l'invasion, le régime de Saddam Hussein avait laissé les troupes régulières irakiennes sans hélicoptère muni d'armes antichars, sans couverture aérienne, sans communication ou coordination, sans tactique de défense, sans organisation ou discipline et sans structure de commandement. *Les soldats ne constituaient plus une armée*, plus rien qui puisse fonctionner comme une force de combat. Ils étaient devenus de simples travailleurs et paysans atomisés : assis dans des bunkers, certains légèrement armés, en uniforme, face aux bombardements et aux tirs d'artillerie massifs des forces impérialistes.

Si nous, révolutionnaires et communistes, nous étions trouvés dans les tranchées avec ces travailleurs et paysans irakiens, nous aurions su ce qui était fait à la structure, à l'approvisionnement et au moral de l'armée. Nous aurions compris ce qui se préparait de manière inéluctable : non pas un affrontement, mais le massacre de pions abandonnés par une direction lâche. Dans les conditions qui prévalaient pendant l'invasion U.S., nous aurions aidé nos camarades travailleurs et paysans à s'organiser pour retourner en Irak et pour se rendre à l'ennemi si c'était la seule façon de le faire. Nous les aurions aidés à sortir des champs de mise à mort. Nous les aurions aidés à survivre pour se battre un autre jour. Nous aurions expliqué ce qui se passait et souligné en quoi tout cela montrait la nécessité de lutter pour nos propres intérêts de classe, de lutter contre tous nos ennemis de classe : aussi bien les exploiteurs et oppresseurs impérialistes à l'origine de ce carnage que les exploiteurs et oppresseurs irakiens dont l'aventure réactionnaire nous avait conduits là. Nous aurions fait un travail politique d'explication et d'organisation.

POUR NOUS COMMUNISTES, toute autre orientation tactique ou politique aurait été impensable dans cette situation. Toute autre orientation aurait nui à la lutte pour la souveraineté nationale de l'Irak, à la lutte contre l'impérialisme, à la lutte pour libérer le peuple travailleur de l'Irak de l'exploitation et de l'oppression.

Ces travailleurs et paysans ne pouvaient défendre l'Irak contre l'impérialisme en combattant. Ils ont été dépouillés de toute capacité de lutter par un régime qui n'avait jamais eu l'intention de défendre l'Irak, mais seulement sa peau à lui. Ces travailleurs et paysans irakiens n'ont pas eu l'équipement nécessaire pour défendre quoi que ce soit. Bagdad les a simplement sacrifiés à l'impérialisme. Les conséquences militaires de l'orientation politique de ce régime traître ont coûté la vie à plus de 100 000 Irakiens. Saddam Hussein et la classe qu'il représente ne s'en sont jamais préoccupés. Voici un exemple douloureux qui montre à quel point la classe ouvrière a besoin de sa propre politique militaire et de l'indépendance de classe nécessaire pour l'élaborer et la mettre en application.

Le commandement baathiste a organisé la retraite de la Garde républicaine pour qu'elle lui serve de garde prétorienne et de force de police puissante et meurtrière contre les rébellions internes. Les gardes républicains reçoivent de meilleurs salaires, une meilleure alimentation, vivent dans de meilleures conditions et disposent d'un meilleur matériel militaire. Beaucoup de leurs cadres proviennent du parti Baath au pouvoir. Ils maintiennent des liens étroits avec des unités secrètes spécialisées de la police et du ministère de l'Intérieur. De telles forces d'élite sont utilisées par les régimes bourgeois répressifs pour écraser les révoltes internes. Au lendemain de l'invasion U.S., Bagdad a lancé sa Garde républicaine contre les soldats en fuite qui ont participé aux révoltes des travailleurs et des paysans dans le sud de l'Irak. C'est aussi elle qui a noyé dans le sang la rébellion kurde et chassé de chez elles des millions, des millions !, de personnes.

Une fois de plus, il faut comprendre que toute l'orientation politique de Saddam Hussein — depuis son invasion du Koweït jusqu'à l'invasion U.S. elle-même — reposait sur la conviction qu'il n'aurait jamais à faire la guerre à l'impérialisme U.S. Nous avons compris dès le départ que son orientation était vouée au désastre et que Washington s'était engagé depuis le mois de septembre au moins sur une voie la menant tout droit à la guerre. Nous avons répété encore et encore qu'il n'y avait qu'une seule et unique façon d'arrêter la marche horrible vers la guerre impérialiste : que le régime de Saddam Hussein retire toutes ses troupes du Koweït. Il ne l'a finalement fait que pour se protéger contre le peuple irakien, non pas pour protéger ce dernier de l'orgie meurtrière qui a marqué l'intervention de Washington.

En fin de compte, après avoir mal jugé chacune des manoeuvres de Washington, Saddam Hussein a tout de même

« atteint » son objectif de ne pas aller en guerre — mais seulement après l'invasion. Bagdad n'a jamais eu l'intention de se battre et il ne l'a finalement jamais fait. De son point de vue, on peut dire dans un certain sens que Hussein a gagné. Ce dernier n'a pas réussi pour l'instant à s'emparer de nouveaux territoires avec ses méthodes de bandit. Mais l'essentiel de son régime demeure intact. Il a sauvé la plus grande partie de ses meilleures troupes, de son aviation, de son artillerie et du matériel militaire dont il a besoin pour se défendre contre le peuple irakien et pouvoir un jour intimider à nouveau les cheiks et les émirs du Golfe.

SADDAM HUSSEIN a ordonné à ses généraux de laisser le Koweït en flammes. Quelques jours avant l'invasion U.S., ces derniers ont commencé à mettre le feu aux puits de pétrole du Koweït, plus de 500 en tout. Ils ont provoqué en quelques jours l'un des pires désastres écologiques de l'histoire. D'épais nuages visqueux d'une fumée dense ont obscurci le ciel. Deux mois après l'invasion, très peu de feux ont été éteints. La fumée empêche tellement les rayons du soleil de pénétrer que la température moyenne a chuté de près de six degrés Celsius au Koweït. Les camionneurs et autres conducteurs doivent souvent allumer leurs phares pendant la journée. Ce sont les masses laborieuses de la région qui vont en subir directement les effets : de la pluie noire est tombée des nuages acides en Iran, en Turquie et le long de la côte ouest de la mer Noire.

Le 27 février, le général Norman Schwarzkopf a convoqué une conférence de presse juste après l'annonce par Washington de la cessation de son offensive. Il a déclaré à cette occasion que la « victoire » militaire U.S. était due au succès du « plan secret » adopté par le commandement allié, qu'il a appelé « le jeu du *Je vous salue Marie* ». Il faisait référence à la décision du commandement U.S. de faire avancer ses troupes en direction de la rivière Euphrate et de Bassora dans le sud de l'Irak et de « contourner » ainsi par le nord les gardes républicaines concentrées plus près de la frontière du Koweït et les unités irakiennes régulières situées au Koweït.

LA VÉRITÉ, c'est que ce plan n'avait rien de « secret ». Les journaux et la télévision l'avaient rapporté et discuté pendant des mois. Plusieurs semaines avant l'invasion, les médias avaient publié des cartes décrivant presque parfaitement les manoeuvres qu'ont effectuées les forces d'invasion U.S.

Une semaine après le début des bombardements, le général Colin Powell, chef de l'état-major conjoint des forces armées, a résumé la stratégie militaire de la classe dirigeante U.S. avec une précision laconique mais brutale. Parlant de l'armée irakienne, il a déclaré : « Premièrement, nous allons l'isoler et ensuite nous allons la tuer. » C'est exactement ce que Washington a fait. Mais sa cible n'était pas une armée ou un peuple mobilisé.

Au quatrième jour de l'invasion, Washington a commencé à agir comme s'il était sur le point d'établir un protectorat à Bagdad. George Bush est paru à la télévision, où il s'est vanté d'avoir vaincu une armée irakienne forte d'un demi-million d'hommes au prix d'une poignée de morts du côté des troupes U.S. Comme nous l'avons déjà dit, la classe dominante U.S. n'avait plus à ce point-là qu'à attendre qu'une aile du régime baathiste et du corps des officiers dépose ou assassine Saddam Hussein et forme un gouvernement plus soumis à Washington. C'était ce que tous ces gens-là croyaient.

L'administration Bush a mis fin après 100 heures au bain de sang dans le Golfe parce qu'elle était convaincue avoir atteint, autant qu'il lui était possible de le faire, les objectifs des capitalistes U.S. dans la guerre et de l'avoir fait sans remettre en question leur deuxième objectif, celui de mettre fin au « syndrome du Viêt-nam. » Washington pouvait maintenant « ramener nos jeunes à la maison. »

Dans les jours qui ont suivi, des dizaines de milliers de travailleurs et de paysans se sont mobilisés dans les villes du nord et du sud de l'Irak. Ils ont vu dans l'affaiblissement du régime la possibilité d'élargir leur espace politique et de porter des coups à l'appareil répressif du gouvernement de Saddam Hussein. Le peuple kurde a rapidement pris le contrôle d'une grande partie du nord de l'Irak en gagnant à sa cause des sections de l'armée ou en les forçant à se retirer. Sans organisation préalable, sans expérience révolutionnaire et sans beaucoup de direction, des dizaines de milliers de personnes se sont regroupées dans le sud et le nord du pays et ont résisté aux premiers assauts des gardes républicains. Sans la moindre hésitation, Saddam Hussein a ordonné à la Garde d'utiliser contre le peuple irakien les forces blindées et aériennes dont il avait refusé de se servir pour défendre l'Irak.

Washington était prêt à se contenter de n'importe quel politicien ou organisation qui se serait montré assez fort pour remplacer Hussein. Mais les intérêts fondamentaux de l'impérialisme, de ses alliés dans la région (en commençant par l'Arabie saoudite) et du régime baathiste à Bagdad ont tous coïncidé jusqu'à un certain point. Aucun ne voulait voir se poursuivre les mobilisations en Irak. Aucun ne voulait voir s'élargir la lutte des Kurdes pour leur autonomie. Aucun ne voulait voir les travailleurs et paysans irakiens gagner plus d'espace politique pour s'organiser, résister et donner l'exemple aux autres peuples exploités de la région. Aucun ne voulait voir s'instaurer une période d'instabilité prolongée en Irak.

La classe dominante U.S. n'a pas prévu l'ampleur des rébellions kurdes et des autres peuples opprimés en Irak. Elle a été surprise par la répression sanglante déclenchée par Saddam Hussein et par ses répercussions embarrassantes dans les médias aux États-Unis. Mais le point le plus important, c'est que Washington n'avait même jamais envisagé pareils développements. Les capitalistes U.S. n'ont aucun intérêt à appuyer les droits nationaux des Kurdes. Ils n'arrivent pas à comprendre l'ampleur de la fierté nationale et de la détermination du peuple kurde, des Palestiniens et des autres peuples qui luttent pour leurs droits. Ils seront toujours pris par surprise. Washington a au contraire intérêt à forger des rapports de domination impérialiste plus solides avec un gouvernement irakien soumis et avec les autres bouchers historiques du peuple kurde : le gouvernement turc, le gouvernement syrien et, dans la mesure où il le peut, le gouvernement iranien.

WASHINGTON N'A JAMAIS cherché à installer à Bagdad une force politique irakienne « démocratique ». Les capitalistes U.S. n'ont aucun souci pour la démocratie en Irak.

Au cours de sa conférence de presse du 27 février, Norman Schwarzkopf a nié que Washington ait des visées sur la souveraineté de l'Irak. Il s'est plu à dire que si le commandement U.S. avait décidé de poursuivre l'offensive, il n'y avait « personne entre nous et Bagdad » au moment où les forces armées U.S. déferlaient sur l'Irak.

Mais rien n'indique que Washington ait considéré cette option nécessaire pour atteindre ses objectifs. Et Norman Schwarzkopf a beau prétendre que les forces U.S. auraient facilement pénétré dans la capitale, cela n'a jamais été mis à l'épreuve.

Les troupes U.S. n'ont jamais marché sur Bagdad. L'invasion n'a donc jamais atteint le point où le besoin de survie du régime de Saddam Hussein aurait pu coïncider, même temporairement, avec l'intérêt des soldats et des civils irakiens de défendre l'Irak contre l'agression impérialiste. Dans de telles circonstances, le régime de Bagdad aurait pu équiper et organiser le reste de l'armée régulière et la Garde républicaine et déployer les armes nécessaires pour engager le combat avec les forces d'invasion alliées. Mais cette convergence n'a jamais eu lieu et les travailleurs et paysans irakiens n'ont jamais eu la chance de lutter. Leur capacité de résister, s'ils avaient été organisés et armés pour le faire, n'a jamais été mise à l'épreuve.

Tout cela n'était pas inévitable. Le fait d'avoir une direction politique, un gouvernement ou une structure de commandement contre-révolutionnaires ne signifie pas que les masses laborieuses n'ont aucune possibilité de lutter ou même de remporter des victoires dans certaines circonstances exceptionnelles.

Au cours des années 30 par exemple, l'État ouvrier soviétique a été gravement affaibli par la contre-révolution politique menée par la caste privilégiée dirigée par Joseph Staline. Des millions de travailleurs et de paysans, dont de nombreux révolutionnaires, ont été victimes de la terreur policière institutionnalisée. Moscou a organisé la défaite sanglante de plusieurs révolutions en Europe et en Asie. Staline s'est entendu avec l'Allemagne impérialiste d'Hitler pour se partager la Pologne, livrant ainsi des milliers de communistes, de travailleurs et de paysans révolutionnaires aux bandes meurtrières et aux camps de concentration nazis. Le haut commandement de l'armée soviétique a été exterminé lors des purges qui ont commencé en 1937 et se sont poursuivies jusqu'à la veille de l'invasion de l'Union soviétique par l'impérialisme allemand en juin 1941. Quand l'Allemagne a entrepris son invasion, Staline a d'abord refusé d'organiser la résistance : il n'arrivait pas à y croire ! L'armée allemande a occupé plus d'un million de km^2 en Union soviétique et a commencé à menacer l'existence même du régime [19].

Les travailleurs et les paysans soviétiques ont donc commencé à se battre pour défendre leur souveraineté nationale et les conquêtes économiques et sociales de l'État ouvrier avec une direction traître qui les avait déjà considérablement affaiblis. Il était évident que les armées d'Hitler n'allaient pas s'arrêter avant d'avoir tout conquis et d'avoir détruit le gouvernement soviétique. Le régime de Staline a donc mobilisé les forces armées et donné aux masses laborieuses la possibilité d'arrêter et de repousser l'invasion impérialiste. Sous la domination de Staline, le régime soviétique n'a jamais employé les méthodes révolutionnaires qui auraient permis de livrer les plus durs coups à l'ennemi de classe tout en minimisant les pertes du côté des masses laborieuses. La guerre n'a pas été menée avec les méthodes qui ont marqué la campagne révolutionnaire de 1918-1920 sous la direction de Vladimir Lénine et Léon Trotsky [20]. Mais la situation a tout de même commencé à tourner à l'avantage des travailleurs et des paysans en février 1943 avec la défaite décisive des forces armées allemandes lors de la bataille de Stalingrad.

Lors de l'invasion du Panama par les États-Unis en décembre 1989, les Bataillons de la dignité ont organisé la résistance dans les quartiers ouvriers. Les combats ont été sporadiques et assez rapidement écrasés parce que le haut commandement de la Garde nationale du général Manuel Noriega a refusé d'engager le combat. Avec Noriega à sa tête, il s'est même rendu aux forces d'occupation impérialistes. Noriega était à la tête d'un régime bourgeois corrompu et pourri. Mais les tisons des mobilisations anti-impérialistes antérieures et des soulèvements sociaux qui ont ébranlé le Panama dans les années 60 et au début des années 70 étaient encore ardents. Ces années sont associées au général Omar Torrijos. Elles ont été marquées par une lutte intense pour reprendre le canal de Panama à l'impérialisme U.S., engager plus profondément dans l'action politique les nationalités opprimées du Panama, surtout les peuples indigènes et d'origine africaine, et pour aider les Panaméens à se voir comme des Panaméens. Même après des années de dégénérescence sous le régime de Manuel Noriega, cet élan a produit les Bataillons de la dignité et a engendré parmi les masses laborieuses une certaine capacité de s'organiser pour résister à l'agression U.S. Même si cette lutte a finalement subi la défaite, de nombreux vétérans ont survécu et seront en mesure de se battre lorsqu'une autre occasion leur en sera donnée. Et cette occasion va venir. En Amérique et à travers le monde, celles et ceux qui se battent ont vu ce que les Bataillons de la dignité ont fait pendant plusieurs jours et cet exemple les a encouragés [21].

Mais rien de semblable ne s'est produit en Irak. Il n'y a pas eu de Bataillons de la dignité. Les troupes U.S. n'ont pas rencontré la résistance que leur ont opposée quelques centaines de travailleurs de la construction cubains et artilleurs antiaériens grenadiens au cours de l'invasion de Grenade, résistance dont Norman Schwarzkopf a gardé un si vif souvenir.

Les travailleurs et les paysans révolutionnaires du Moyen-Orient et du reste du monde commencent avec raison à soupçonner que le peuple irakien n'a jamais eu la chance de se battre et qu'il n'a jamais été organisé pour résister à l'assaut impérialiste. Les combattants sont révoltés par des massacres comme la « chasse dans le poulailler » organisés par Washington sur la route menant à Bassora. Ces massacres approfondissent notre haine de classe pour les exploiteurs et notre détermination à mettre fin une fois pour toutes à l'oppression et à la terreur dont ils sont responsables. Mais de tels carnages n'ont pas sur le moral des combattants à travers le monde un impact aussi important que ne l'aurait la défaite d'une révolution ou celle de travailleurs organisés et combatifs obligés de se soumettre à l'oppresseur, ou encore que ne l'aurait l'incapacité d'une armée mise sur pied par ces travailleurs de se battre correctement.

Le peuple irakien a subi des coups horribles aux mains des bouchers de Washington et du régime capitaliste corrompu de Bagdad. Mais il n'a jamais eu les moyens de résister. Les masses irakiennes ont subi l'assaut de manière atomisée. Et elles ont affronté de manière atomisée la puissance de feu impérialiste. Leur lutte n'a pas été écrasée. Elle a été remise à plus tard.

Tout comme les Palestiniens et les autres travailleurs et paysans de la région et du reste du monde, le peuple irakien va lutter. Parmi les combattants prolétariens et paysans, des révolutionnaires vont émerger. Et parmi ces révolutionnaires, des communistes. Et ils peuvent gagner.

V. LES OUVRIERS-BOLCHEVIKS FONT CAMPAGNE CONTRE L'IMPÉRIALISME ET LA GUERRE

POUR LA PLUPART DES TRAVAILLEURS aux États-Unis, la guerre dans le Golfe est la première dont ils aient fait l'expérience dans un monde de crise économique croissante et d'effondrement du système capitaliste, qui est un monde semblable à celui de la grande dépression des années 30. Les guerres U.S. en Corée et au Viêt-nam ont eu lieu durant la longue période d'expansion internationale de l'économie capitaliste qui a suivi la deuxième guerre mondiale. La guerre des États-Unis contre l'Irak s'est au contraire déroulée pendant une récession et, ce qui est plus important, dans un segment de la courbe de développement du capitalisme dont la dynamique est fondamentalement différente de celle des segments précédents.

Le segment que nous traversons aujourd'hui est marqué d'abord et avant tout par l'évolution du capitalisme mondial vers une dépression et une crise sociale. Cette évolution a été annoncée par le krach boursier de 1987 et par les pressions croissantes qui s'exercent sur le système bancaire impérialiste. Elle élimine toute possibilité d'alléger la dette structurelle qui asservit à l'impérialisme les pays semi-coloniaux qui demeurent capitalistes. Elle condamne la plus grande partie de l'Europe de l'Est et de l'Union soviétique à s'enfoncer dans un monde confus de crise permanente en même temps que les travailleurs de cette région, coupés de toute continuité communiste par des dizaines d'années de répression et de désorientation staliniennes, luttent pour élargir leur espace et le champ de leurs expériences politiques.

La pression cumulative de la récession actuelle aux États-Unis, en Grande-Bretagne, en France, en Australie, en Nouvelle-Zélande et dans les autres pays impérialistes érode davantage le niveau de vie de centaines de millions de travailleurs et de petits agriculteurs. Les travailleurs et paysans des pays semi-coloniaux font face à des conditions particulièrement difficiles. La plupart de ces pays ne sont jamais sortis des conditions de dépression provoquées par les ralentissements économiques de 1980 et de 1981-1982. Le simple remboursement de l'énorme dette extérieure des pays du tiers monde (plus de 1 300 milliards de dollars US) a des conséquences dévastatrices sur l'alimentation, la santé, le logement, l'éducation et les autres conditions économiques et sociales des travailleurs et des paysans. L'exemple le plus récent en est l'épidémie de choléra qui s'est d'abord développée au Pérou et qui s'étend maintenant à toute l'Amérique du Sud, la première du genre depuis des dizaines d'années. Le choléra est aussi réapparu en Irak à la suite de la destruction des systèmes de purification d'eau et d'épuration par les bombardements barbares des forces armées U.S.

Aux États-Unis, les salaires réels, les conditions de travail, le nombre de nouveaux emplois et les services sociaux subventionnés par l'État continuent de décliner. Ce sont les sections les plus démunies de la classe ouvrière qui en sont les principales victimes. Les gouvernements de plusieurs États et les conseils municipaux de plusieurs grandes villes sont confrontés à une « crise fiscale » qui s'amplifie et que les capitalistes utilisent encore une fois comme prétexte pour attaquer les travailleurs des services publics et couper les budgets des services sociaux. Pendant ce temps, les banquiers et les actionnaires garnissent leurs coffres à même les revenus de ces gouvernements d'État et municipaux. De grandes sections de la majorité ouvrière de la nationalité opprimée afro-américaine vivent dans des conditions qui continuent de se dégrader. Les travailleurs immigrants, dont le nombre continue de s'accroître, font face aux inégalités, à la discrimination et au harcèlement systématiques. Les tribunaux, le Congrès et les conseils législatifs d'État continuent de s'attaquer au droit et à l'accès des femmes à l'avortement. Les droits démocratiques sont érodés au moment où les employeurs et leurs gouvernements cherchent qui ici à étendre la censure, qui là à réduire les droits des prisonniers et des accusés.

Dans ces conditions, quel était l'état du mouvement ouvrier, de la politique et de la lutte des classes aux États-Unis quand Washington a entrepris son offensive militaire contre l'Irak en août 1990 ? Comment la situation a-t-elle évolué depuis ?

Comme nous l'avons déjà discuté il y a quelques mois, les employeurs n'ont pas réussi à chasser le mouvement ouvrier de la scène politique aux États-Unis en dépit de l'offensive actuelle contre les travailleurs et les autres couches opprimées[22]. Ils n'ont pas réussi à briser la résistance opposée par les travailleurs à leurs attaques contre nos conditions de travail et nos droits démocratiques. Ils n'ont pas été capables de briser la solidarité ouvrière avec tous ceux qui organisent une vraie lutte.

Les mineurs de charbon affiliés aux Mineurs unis d'Amérique (UMWA) ont remporté la victoire dans une grève qui a duré près de sept mois contre la compagnie Pittston en 1989-1990 et qui a suscité beaucoup d'appuis au sein du mouvement ouvrier. Des membres de l'Association internationale des machinistes (AIM) ont mené une grève de 22 mois entre mars 1989 et janvier 1991. Ils ont réussi à repousser les efforts de la compagnie aérienne Eastern — d'abord sous la direction de Frank Lorenzo, puis sous celle de Martin Shugrue, le syndic nommé par la Cour des faillites — pour construire une compagnie aérienne rentable et non syndiquée. À la suite du lock-out planifié par la direction à la fin de 1990, les travailleurs du *Daily News* à New York ont mené une grande lutte pour défendre leurs syndicats et pour résister aux gardes armés et aux tentatives de la compagnie de briser leur grève. Des centaines de milliers de travailleurs partout à travers la ville ont témoigné de leur solidarité avec la grève en refusant d'acheter le journal publié grâce à des briseurs de grève. Ils ont ainsi réussi à chasser le journal des kiosques à journaux de toute la région de New York.

CERTAINS ASPECTS IMPORTANTS de ces luttes fournissent des expériences et des leçons initiales qui pourront servir aux travailleurs d'avant-garde dans les luttes à venir. On peut mentionner en particulier le développement d'une couche de dirigeants issus des rangs du syndicat dans les grèves contre les compagnies Eastern et Pittston, la volonté des travailleurs de lutter en dépit des obstacles érigés par les officiers syndicaux et la solidarité manifestée par les autres travailleurs et syndiqués. Pathfinder vient de publier un livre qui permet de mieux apprécier ces grèves et de comprendre politiquement la place qu'elles occupent dans l'évolution du mouvement ouvrier U.S. au cours des dix dernières années. Il s'agit de *The Eastern Airlines Strike: Accomplishments of the Rank-and-File Machinists* [La grève contre la compagnie aérienne Eastern : ce que les membres de la base du syndicat des Machinistes ont réussi à faire], New York, Pathfinder, 1991. Journaliste au *Militant,* Judy Stranahan y résume 22 mois de reportages écrits dans le feu de la lutte. Et Ernie Mailhot, un dirigeant de la grève à l'aéroport La Guardia de New

York, y analyse ce qu'a réussi à accomplir la direction qui a émergé des rangs du syndicat pendant la grève.

Les travailleurs dans ce pays sont en quête d'une lutte à laquelle ils pourraient se joindre pour repousser l'offensive des patrons. On vient tout juste d'en avoir un autre exemple. Le 17 avril 1991 marquait la fin de la « période d'apaisement » imposée aux négociations de la convention collective de 235 000 cheminots. Ces derniers avaient déjà eu trois ans pour « s'apaiser ». Dans les semaines qui ont mené à cette échéance, les syndiqués ont organisé des discussions, des rassemblements et d'autres événements dans plusieurs endroits du pays. Avec l'aide du gouvernement, les patrons des chemins de fer ont cherché par tous les moyens au cours des années précédentes à repousser les conditions de travail et les salaires, à accélérer les cadences et à réduire le contrôle des syndicats sur la sécurité au travail. Ils sont finalement allés si loin que les plus hauts officiers syndicaux ont appelé à une grève nationale en avril, sous la pression des membres de cesser de faire des concessions au niveau des conditions de travail et des salaires. (Peu après le début du bombardement de l'Irak par Washington en janvier, Dick Kilroy, président de l'un des syndicats du rail, le Syndicat des communications et du transport, s'était ouvertement engagé à ne pas faire la grève pendant la guerre : « Dans un geste patriotique, nous n'allons pas faire la grève et nuire à l'effort de guerre. » Les autres grands bureaucrates des syndicats du rail ont aussi participé à la campagne patriotique des deux partis.)

Si les cheminots avaient réussi à organiser une lutte, ils auraient reçu de nombreux appuis parmi les syndiqués et les travailleurs en général. Ces derniers n'attendaient que cela. Mais avec l'appui des deux partis, le Congrès a adopté une loi déclarant la grève illégale quelques heures seulement après son déclenchement le 17 avril. C'est d'ailleurs ce qu'il a fait de façon répétée depuis la deuxième guerre mondiale. Les officiers des syndicats ont refusé de défier les « amis des travailleurs » au Congrès ou de prendre la responsabilité d'organiser la lutte. Ils ont rapidement ordonné aux travailleurs de retourner au travail. Une commission « neutre » mise sur pied par le Congrès a maintenant le pouvoir d'imposer d'ici 65 jours une convention collective aux cheminots si ces derniers refusent de faire sous une forme ou une autre les concessions exigées par les patrons.

Les membres des Travailleurs unis de l'automobile (TUA) discutent présentement des tentatives de General Motors et des autres grandes compagnies de l'automobile pour forcer les syndicats à rouvrir les conventions collectives signées l'an dernier et à accepter de faire de nouvelles concessions. GM a prétendu que si les travailleurs de l'automobile refusaient, elle manquerait bientôt d'argent pour verser aux syndiqués mis-à-pied les prestations de chômage prévues dans la convention collective.

LA RÉSISTANCE OPPOSÉE par la classe ouvrière à l'offensive patronale pousse des couches entières de jeunes travailleurs et étudiants à s'intéresser davantage aux idées radicales. On le voit dans les ventes accrues des livres et brochures des discours de Malcolm X et dans la plus grande participation aux réunions et conférences où sont discutés son exemple et son héritage politiques. Les jeunes femmes veulent en savoir davantage sur les racines et le caractère de l'oppression des femmes et mieux comprendre comment faire avancer la lutte pour l'égalité et la libération. Cet intérêt est aussi manifeste dans l'ampleur et le sérieux des réunions auxquelles des communistes venant de Cuba expliquent le cours de leur révolution et son importance pour celles et ceux qui sont à l'avant-garde des luttes à travers le monde. Cette ouverture aux idées radicales a poussé de nombreux étudiants de niveaux secondaire et collégial à participer aux manifestations contre la guerre en Irak. On les a aussi vus chercher activement les forums, les livres, les brochures et les journaux où ils pourraient apprendre, discuter et débattre quelle est l'origine des guerres impérialistes et pourquoi la classe ouvrière a besoin d'une perspective qui puisse la conduire à arracher le pouvoir aux fauteurs de guerre.

Pendant ce temps, le mouvement ouvrier continue de reculer sous l'impact de la politique de collaboration de classe de ses représentants actuels. Le pourcentage des travailleurs qui sont membres des syndicats continue de baisser. Le nombre de grèves l'an dernier a été le plus bas depuis que ces statistiques sont compilées. Une grève a pour but d'utiliser la force du syndicat pour arrêter la production et atteindre ainsi une série d'objectifs concrets dans les négociations avec l'employeur. Elle doit permettre au syndicat de se renforcer. Mais pour un nombre croissant de travailleurs, déclencher une grève veut dire que les patrons vont continuer à produire en embauchant des briseurs de grèves, qu'ils appellent des « remplaçants permanents ». Loin de satisfaire vos revendications, aller en grève signifie que vous et vos camarades de travail allez devoir vous battre durement juste pour regagner vos emplois. On ne parle même pas de vos autres demandes.

C'est là un des fruits de la politique de collaboration de classe des officiers syndicaux, qui pousse de plus en plus les syndicats à « coopérer avec la direction » pour accroître ses profits et affaiblir ses concurrents. Cette perspective emprisonne encore plus le mouvement ouvrier dans le cadre plus large de la politique bourgeoise et de la défense des intérêts de l'impérialisme U.S. au niveau de la politique étrangère.

Laissez-moi vous lire quelques extraits d'un article paru le 10 mars 1991 dans le *Miami Herald.* Il s'agit d'un énoncé classique de ce qu'est la collaboration de classe. L'auteur en est Charles Bryan, le président du district 100 de l'Association internationale des machinistes (AIM) auquel étaient affiliés les travailleurs en grève contre Eastern. Charles Bryan ne dit pas un mot sur les réalisations de cette dure bataille menée pendant près de deux ans par les membres des Machinistes. Pas un seul. Il décrit plutôt en long et en large comment les officiers de l'AIM ont collaboré avec la direction d'Eastern au début des années 80. Cette orientation a permis à Charles Bryan d'accéder au conseil d'administration de la compagnie. Mais elle a aussi tellement affaibli le syndicat qu'à la fin des années 80, Frank Lorenzo a estimé qu'il pouvait le briser. Charles Bryan s'apitoie sur ce qu'il appelle « la tragédie d'Eastern ». Il accuse « les derniers arrivés qui ont orchestré la chute d'Eastern, » il parle ici de Frank Lorenzo et Martin Shugrue, d'être responsables de la fermeture de la compagnie et de refuser « d'admettre que nous avions créé de 1984 à février 1986 un modèle de coopération entre travailleurs et patrons qui avait réglé les problèmes financiers d'Eastern. Pendant ce bref intervalle radieux, on a connu le paradis chez Eastern. »

Ce « paradis » résume toute la politique de collaboration de classe qui subordonne aux employeurs, à leurs partis démocrate et républicain et à leur gouvernement les besoins et les intérêts de la classe ouvrière et du mouvement ouvrier. Cette perspective fait de nous des membres de la « famille Eastern » et non pas de la classe ouvrière. Elle empêche les travailleurs d'utiliser la force de leurs syndicats pour défendre les intérêts de la classe ouvrière dans son ensemble en menant des grèves efficaces, en résistant à l'utilisation de briseurs de grève et aux tactiques antisyndicales, en organisant les non-syndiqués dont le nombre ne cesse d'augmenter, en construisant la solidarité avec les grévistes et avec les combattants des autres luttes sociales, en agissant contre les guerres de Washington, en surmontant la pression croissante de voir les travailleurs des autres pays comme « eux » et non pas « nous » et en posant des pas vers l'action politique indépendante de la classe ouvrière.

Ce « paradis » continue d'être la réalité à laquelle se heurtent les travailleurs qui veulent lutter, mobiliser les syndiqués contre les attaques des employeurs et renforcer le plus possible les syndicats. En aidant à construire la solidarité avec les grévistes de Pittston, en prenant en tant qu'élément de la direction issue des membres une responsabilité pour la conduite de la grève contre Eastern et en traversant d'autres expériences concrètes de ce genre dans le mouvement ouvrier, nous avons appris ce que sont ces obstacles aujourd'hui et comment il est possible dans certains cas de les repousser pour donner un peu plus d'espace aux travailleurs qui veulent lutter.

Avec le patronat qui continue de donner du coude et de tâter le rapport de force, d'autres luttes vont éclater. Les tensions et les pressions augmentent au sein de la classe ouvrière. Des millions de travailleurs dans ce pays sont à la recherche d'une grève qui tiendrait tête aux employeurs, arrêterait la production, donnerait une leçon aux patrons et se terminerait par le retour au travail d'un syndicat renforcé. Les travailleurs vont s'impliquer dans n'importe quelle lutte qui leur offre l'occasion de le faire. Et ici et ailleurs dans le monde, d'autres travailleurs viendront les appuyer.

La première grève qui sortira du cadre des dix dernières années pourrait bien galvaniser le mouvement ouvrier, rehausser l'esprit de lutte et la confiance de ses membres et servir d'exemple à suivre. Nous ne savons pas à quel maillon la chaîne va céder, ni quand, ni dans quelles circonstances. Mais nous savons que la fin de la récession va affaiblir la capacité des patrons de diviser les travailleurs et d'arracher des concessions à notre classe et à nos syndicats. Les conditions vont s'améliorer pour mener de telles luttes.

À CAUSE DES MESURES qu'ils ont adoptées au cours des dix dernières années pour freiner ou même arrêter la chute de leur taux de profits, de nombreux capitalistes sont en fait plus vulnérables aux grèves. Le système des inventaires « juste à temps » instauré par les patrons de l'automobile et d'autres industries les rend plus sensibles aux interruptions de production chez leurs fournisseurs et au niveau du transport par train, camion ou avion. Pour réduire leur personnel, les patrons fusionnent les emplois d'employés de bureau et de surveillants, une mesure qui limite en cas de grève leur capacité d'utiliser ces employés pour assurer la production ou le transport des marchandises.

Plusieurs luttes éclatent sur un ensemble de questions politiques et sociales immédiates qui sont dans l'intérêt des travailleurs et des opprimés. Elles aident aussi à améliorer la capacité du mouvement ouvrier de surmonter sa retraite politique. La lutte contre la brutalité policière revêt un intérêt vital pour toute organisation qui parle au nom de la classe ouvrière. Les syndicats doivent appuyer la lutte pour chasser Daryl Gates, non seulement à Los Angeles mais dans l'ensemble du pays[23]. C'est vrai de toute lutte qui éclate n'importe où aux États-Unis pour le droit des femmes à l'avortement ou tout autre aspect de la lutte pour les droits et l'égalité des femmes. C'est aussi vrai de la lutte pour défendre l'espace qui existe pour utiliser nos droits d'expression, d'association et d'organisation.

Ce sera au cours d'une remontée des luttes ouvrières et des autres luttes sociales, remontée qui va se traduire par une nouvelle expression de la solidarité ouvrière au niveau national et international, que les combattants d'avant-garde de notre classe pourront commencer à trouver plus d'espace pour agir. Ils n'auront plus à trouver de manoeuvres tactiques leur permettant de construire la solidarité *dans les limites* de la collaboration de classe imposée aux syndicats par la bureaucratie. Il leur sera alors aussi possible de trouver le moyen de développer une stratégie et une orientation de lutte de classe qui conduisent vers l'action politique ouvrière indépendante.

Ces tensions et pressions contradictoires dans la politique et dans la lutte des classes aux États-Unis ont commencé à se développer *avant* que Washington ne lance son offensive de guerre contre l'Irak en août 1990. C'est le contexte dans lequel le Parti socialiste des travailleurs a répondu à la course à la guerre en s'organisant pour faire campagne contre l'impérialisme et la marche vers la guerre au Moyen-Orient. Nous avons fait campagne à la fois en allant plus profondément dans les syndicats et en nous tournant davantage vers tous ceux qui voulaient lutter contre les préparatifs de guerre, qui voulaient rapatrier les soldats et qui voulaient que Washington cesse de menacer les peuples du Moyen-Orient.

Dès le début, nous avons expliqué clairement le caractère impérialiste de la course à la guerre et le fait qu'elle plonge ses racines dans la crise et le déclin du système capitaliste mondial. Nous avons expliqué pourquoi la lutte contre les guerres des employeurs fait partie de la résistance que les travailleurs et les agriculteurs opposent à leurs attaques ici même. Nous avons expliqué comment les méthodes qu'ils emploient là-bas font partie des mêmes brutalités qu'ils infligent à certains travailleurs aujourd'hui aux États-Unis et qu'ils vont nous infliger de plus en plus dans le futur.

Nous avons expliqué que chaque mesure prise par Washington, au moins à partir de septembre, ne pouvait mener qu'à un seul résultat : une invasion massive et brutale de l'Irak par l'aviation, la marine et l'infanterie U.S. Et nous l'avons fait non seulement à chaque nouvelle escalade de l'offensive militaire, mais aussi à chaque fausse manoeuvre de « paix » du gouvernement des États-Unis. Nous avons expliqué que l'invasion aurait des conséquences désastreuses pour tous les peuples de la région. Et nous avons dit que les capitalistes U.S. allaient se casser les dents sur les conséquences politiques de la guerre, peu importe son résultat précis sur le plan militaire. La guerre allait accroître les problèmes de Washington au Moyen-Orient. Elle allait intensifier les conflits entre les classes, entre les nations et entre les États. Et elle allait accélérer l'instabilité politique et sociale du système impérialiste.

Nous avons fait campagne autour des revendications politiques centrales suivantes : « Rapatriez les troupes maintenant ! » « Cessez le blocus criminel, y compris l'embargo alimentaire et médical contre l'Irak et le Koweït ! » et « Troupes étrangères, hors du Moyen-Orient ! » Ces revendications ont prouvé leur bien-fondé à chacune des étapes de l'offensive sanglante de Washington dans le Golfe. Nous avons repris le mot d'ordre « Pas de sang pour le pétrole ! » mis de l'avant par les jeunes qui luttaient contre la guerre parce qu'il exprimait de façon populaire un aspect concret du caractère impérialiste de la guerre. Pendant le bombardement de l'Irak par les forces alliées en janvier et février, nous avons exigé : « Arrêtez les bombardements ! »

Compte tenu des conséquences qu'ont eues le massacre perpétré par les États-Unis et les politiques brutales de Bagdad, nous revendiquons non seulement la fin du blocus de l'Irak par Washington, mais aussi maintenant l'ouverture des frontières U.S. aux Kurdes et aux réfugiés de guerre en quête d'un asile. Nous demandons au gouvernement U.S. qu'il fournisse une aide matérielle importante pour aider les peuples de l'Irak et du Koweït à reconstruire leurs maisons et leurs pays et à refaire leurs vies, tous détruits par la guerre.

NOTRE ANALYSE de l'escalade vers la guerre et l'orientation que nous avons suivie à son égard se sont révélées parfaitement justes. Mais nous avons eu de la difficulté au début à vraiment commencer à *faire campagne* contre les préparatifs de guerre de Washington. Il nous a fallu quelque temps et plus de discussions pour sortir de la routine et commencer à mener une campagne politique audacieuse contre la guerre. Il ne s'agissait pas d'être frénétique, mais d'agir comme un parti ouvrier qui mène une campagne centralisée et disciplinée. Nous avons dû réapprendre à fonctionner comme un « parti de campagne », une expression que le mouvement communiste a souvent employée [24]. Chaque membre et chaque comité du parti a dû reconquérir cette perspective pour être capable de mener la campagne avec confiance.

Au cours des dernières années, le parti a acquis une expérience importante en faisant campagne pour obtenir justice pour Mark Curtis, un syndiqué membre du SWP qui est emprisonné en Iowa sous de fausses accusations de viol à la suite d'un coup monté[25]. Le parti a fait campagne pour construire la solidarité avec la grève des mineurs de Pittston et avec celle des machinistes d'Eastern. Nous l'avons fait dans nos syndicats, sur les lignes de piquetage et dans les manifestations. Nous l'avons fait en vendant le *Militant,* en participant aux réunions publiques et en présentant des candidats du parti dans les élections. Mais malgré leur importance, ces luttes n'étaient pas au centre de la scène politique mondiale — pas suffisamment en tout cas pour qu'elles nous permettent d'organiser une campagne vers les autres luttes et les autres combattants et qu'elles nous permettent d'expliquer tous les développements dans la politique et dans la lutte des classes. La lutte contre l'impérialisme et la guerre, la question la plus importante dans la politique mondiale aujourd'hui, *exige* de mener ce genre de campagne.

NOUS AVONS MENÉ cette campagne en nous servant de la double structure du parti. Celle-ci comprend : les branches qui sont nos unités de base dans les villes où nous sommes présents à travers le pays ; et les fractions locales qui regroupent les cadres du parti membres de syndicats industriels. Nous avons incité les membres de l'Alliance des jeunes socialistes (YSA) ainsi que les partisans et amis du parti à participer activement à la campagne dans le cadre d'un mouvement communiste commun. La vigueur croissante de la campagne est avant tout venue de l'expérience des fractions syndicales, où s'est produit le développement de direction le plus rapide.

Nous nous sommes dotés de toutes les armes politiques nécessaires pour mener cette campagne : les journaux, les revues, les livres et les brochures que nous avons produits et distribués par dizaines de milliers. Nous avons cherché à accroître le nombre d'abonnés au *Militant.* Ce sont eux qui lisent notre presse chaque semaine. En décembre, nous avons produit un numéro spécial de la revue *International Socialist Review* intitulé « Une campagne ouvrière contre l'impérialisme et la guerre ». Nous l'avons ensuite distribué pendant plusieurs mois parmi nos camarades de travail et les jeunes. Nous avons vendu de nombreux exemplaires du nouveau livre de Pathfinder *U.S. Hands Off the Mideast! Cuba Speaks Out at the United Nations.* Ce livre réfute plusieurs des mensonges et des prétextes de Washington pour justifier sa guerre meurtrière contre l'Irak.

Nous avons utilisé ces outils et d'autres armes politiques pour faire connaître la vérité sur la guerre et ses effets. Nous avons initié des discussions avec d'autres travailleurs, au travail, dans les syndicats et pendant les ventes hebdomadaires de nos publications socialistes aux portes des usines ; avec des soldats et leurs familles ; et avec de jeunes travailleurs et des étudiants de niveau secondaire et collégial. Nous avons fait campagne parmi les grévistes, les travailleurs en lock-out, les travailleurs agricoles, les agriculteurs et parmi ceux et celles qui luttent contre la brutalité policière, pour les droits des Noirs et pour le droit à l'avortement. Nous avons fait campagne parmi tous ceux qui cherchent à défendre les syndicats, ainsi que les droits démocratiques et sociaux.

Au cours de cette campagne, nous avons aussi vendu la revue mensuelle *Perspectiva Mundial* et la revue trimestrielle *L'internationaliste* aux travailleurs qui lisent l'espagnol ou le français. Nous avons vendu *New International,* dont un numéro paraîtra bientôt avec une version révisée du présent discours. Nous avons vendu

Nouvelle Internationale en français et nous vendrons bientôt *Nueva Internacional* en espagnol.

Nous avons mis d'autres livres et brochures entre les mains des combattants qui ont commencé à s'opposer à la guerre. Certains s'intéressaient déjà ou se sont intéressés au cours de la guerre à un large éventail d'autres questions politiques d'importance pour les travailleurs, pour ceux qui luttent et pour le mouvement communiste. Nous avons vendu des livres comme *Malcolm X parle aux jeunes,* New York, Pathfinder, 2011. *Cosmetics, Fashions, and the Exploitation of Women* [Les cosmétiques, la mode et l'exploitation des femmes], New York, Pathfinder, 1997, et *Le visage changeant de la politique aux États-Unis : la politique ouvrière et les syndicats,* New York, Pathfinder, 2004. Nous avons vendu les ouvrages de dirigeants de longue date du mouvement ouvrier et du mouvement communiste aux États-Unis comme James P. Cannon et Farrell Dobbs. Et nous avons aussi vendu des livres et brochures de Karl Marx, Friedrich Engels, Vladimir Lénine, Léon Trotsky, Che Guevara et plusieurs autres.

Des travailleurs et des jeunes ont participé aux discussions sur la guerre au cours de réunions organisées par le Forum ouvrier du Militant. Le nombre de villes où ces forums ont lieu presque chaque semaine a augmenté.

Le parti a présenté de nombreux candidats socialistes ouvriers au niveau local et des États. Ceux-ci ont pu expliquer à des audiences plus larges comment le peuple travailleur peut s'organiser pour résister aux attaques des capitalistes contre nos droits et nos conditions de vie en combattant le système impérialiste qui est responsable de la guerre, de l'exploitation, du racisme, de l'asservissement des femmes et des autres formes d'oppression.

En menant cette campagne, nous avons consciemment évité le piège politique qui consiste à fonctionner comme des travailleurs communistes en temps de paix pour ensuite glisser vers un fonctionnement de pacifistes radicaux en temps de guerre. Nous agissons comme la composante communiste de l'avant-garde de la classe ouvrière, en tout temps et en toutes circonstances. Nous étions confiants qu'une campagne ouvrière menée de cette façon saurait attirer politiquement à elle les combattants qui s'opposent à la guerre, qui veulent en comprendre les racines et qui cherchent à *agir* sur la base de leurs convictions — indépendamment de leur origine sociale et surtout parmi les jeunes.

DANS CE CADRE, nous avons collaboré avec ceux qui voulaient construire des manifestations et des actions de protestation locales, régionales ou nationales durant les sept mois de la guerre de Washington. Nous comprenions l'importance de ces manifestations pour défendre l'espace nécessaire pour s'organiser et agir politiquement, aussi bien contre la guerre qu'autour d'autres questions syndicales et sociales. Ces événements publics fournissent aux communistes l'occasion de rencontrer de nombreux jeunes et de discuter avec eux de politique. Nous savions que ces jeunes peuvent être gagnés à une perspective politique ouvrière et aux traditions de lutte du mouvement des travailleurs communistes.

Dès le départ, comme je l'ai déjà souligné, les fractions qui regroupent les membres du parti qui sont membres de dix syndicats industriels ont injecté l'élan et l'énergie qui ont permis de mettre tout le parti sur un pied de campagne. Ces travailleurs-bolcheviks sont membres de l'Association internationale des machinistes, des Métallurgistes unis d'Amérique, des Mineurs unis d'Amérique, du Syndicat international des travailleurs de l'électricité, de la radio et de la machinerie, du Syndicat international des travailleurs des industries pétrolière, chimique et atomique, du Syndicat international des travailleurs unis de l'alimentation et du commerce, des Travailleurs amalgamés du vêtement et du textile, des Travailleurs unis de l'automobile, des Travailleurs unis des transports et de l'Union internationale des ouvrières et ouvriers du vêtement pour dames.

Ces travailleurs communistes ont visé les points chauds. Au travail et dans les syndicats, ils ont cherché toutes les occasions d'organiser l'opposition à la marche vers la guerre en expliquant et en discutant son caractère impérialiste. Nous avons participé avec des compagnons de travail et d'autres syndiqués à des manifestations contre la guerre. Nous les avons amenés à des réunions politiques pour discuter de la guerre, de ses conséquences et d'autres questions politiques.

Depuis l'avènement de l'époque impérialiste au début du siècle, la classe ouvrière n'a jamais accueilli les préparatifs de guerre avec enthousiasme. Mais ces sentiments antiguerres n'ont jamais empêché les guerres impérialistes de finalement éclater. Comme ils l'ont déjà fait à plusieurs reprises au cours du siècle, les impérialistes ont utilisé leurs préparatifs de guerre contre l'Irak et en particulier le début des bombardements en janvier pour faire reculer l'opposition et gagner l'appui de la majorité de la population à la guerre. Pendant les sept mois de l'offensive militaire, l'opinion publique bourgeoise U.S. s'est déplacée vers la droite, y compris au sein de la classe ouvrière. Cela s'est fait de façon contradictoire et différenciée, mais c'est ce qui est arrivé. L'appui à la guerre a augmenté, particulièrement quand les forces armées U.S. et alliées ont commencé leurs bombardements aériens, c'est-à-dire avec l'engagement de soldats U.S. au combat.

Ce sentiment d'appui à la guerre a cependant été superficiel. Tout au long de la guerre, les travailleurs communistes ont pu continuer à avoir des discussions polies au travail et dans les syndicats. Ils ont pu vendre un grand nombre de publications expliquant les racines de la guerre et décrivant concrètement son évolution et ses conséquences pour le peuple travailleur. Le gouvernement, les employeurs, des travailleurs et des officiers syndicaux superpatriotiques ont tenté de limiter l'espace ouvert à la dissidence. Mais plusieurs travailleurs, dont certains disaient appuyer la guerre ou certains de ses aspects, ont défendu notre droit d'exprimer notre point de vue contre la guerre, de le défendre et de faire circuler nos publications.

L'OFFENSIVE MILITAIRE a conduit à une polarisation politique parmi les travailleurs et les agriculteurs. On a assisté à une nette évolution vers la droite parmi la majorité d'entre eux. Mais plusieurs ont eu des hésitations ou des doutes face aux politiques de Washington. Des millions de travailleurs et de jeunes ont voulu dès le début discuter des enjeux de la guerre. Ils étaient prêts à prendre en considération toute explication sérieuse des origines et du caractère impérialistes de la guerre. Ils voulaient discuter de ses conséquences. Des manifestations contre la guerre ont eu lieu dès le début du conflit autour de revendications objectivement anti-impérialistes comme « Rapatriez les soldats maintenant ! » Certaines d'entre elles ont attiré des centaines de milliers de personnes.

Les capitalistes ont réussi à réduire l'espace ouvert aux discussions et manifestations « légitimes ». Les pressions patriotiques pour « appuyer nos soldats quand la guerre commence » ont gagné du terrain. Mais les capitalistes n'ont pas réussi à mobiliser un appui populaire suffisant pour serrer beaucoup plus l'étau. Dès la fin des opérations militaires U.S. dans les derniers jours de février, le mouvement vers la droite suscité par les politiciens bourgeois et les médias au cours de la guerre ne s'est pas poursuivi. Il a commencé à virer dans l'autre direction. Ceux qui n'avaient pas cessé de chercher à susciter des discussions et des débats politiques ont vu des portes s'ouvrir au travail et ailleurs, ce qui a permis des échanges de vues encore plus larges.

La « victoire » U.S. dans la guerre soulève de moins en moins d'enthousiasme au sein de la grande majorité de la population. Selon le *New York Times,* le général Schwarzkopf s'est vanté l'autre jour dans la ville de Koweït d'avoir mis en déroute 42 divisions irakiennes. « Quiconque ose même insinuer que nous n'avons pas remporté une grande victoire, a-t-il dit, ne sait manifestement pas de quoi il parle. » Ceux qui osent le dire savent très bien de quoi ils parlent. Et ils ont raison.

POUR LES CAPITALISTES U.S., la guerre du Golfe a eu plusieurs conséquences imprévues. L'une des plus importantes, c'est qu'un plus grand nombre de travailleurs et d'agriculteurs aux États-Unis voient mieux le lien qui existe entre les luttes qui ont lieu ici et les plus grands développements qui se déroulent ailleurs dans le monde. Les problèmes politiques qu'a rencontrés l'impérialisme U.S. après la guerre et les révélations qui commencent à faire la lumière sur le sort infligé par Washington aux peuples de l'Irak et de la région du Golfe fournissent à l'avant-garde de la classe ouvrière de plus grandes ouvertures pour faire de la politique au sein du mouvement ouvrier. Cette avant-garde a maintenant la possibilité de conquérir encore plus d'espace politique qu'elle n'en avait avant août 1990. Il lui suffit d'agir avec vigueur pour saisir cet espace et l'utiliser.

En profitant de ces ouvertures politiques, les travailleurs qui sont communistes aident les autres combattants de notre classe à voir et comprendre la lutte que nous menons ici contre l'offensive patronale dans le cadre de la lutte des classes internationale, et non le contraire. Nous nous tournons vers les autres combattants de ce pays pour débattre et discuter du monde avec eux et pourquoi nos propres luttes en font partie.

Cette compréhension nous permet de défendre de manière plus efficace chaque lutte qui est juste. Nous le faisons comme citoyens du monde. Nous pouvons nous placer dans la peau d'un travailleur ou d'une travailleuse d'un autre pays — que ce soit en Irak, au Koweït, en Union soviétique, en Allemagne, au Japon, en Afrique du Sud ou dans n'importe quel autre pays. Et nous essayons de voir la politique et la lutte des classes à travers ses yeux. Cela nous prépare à utiliser notre imagination internationaliste pour comprendre comment nous organiser, qui sont nos ennemis de classe, vers qui nous tourner pour construire la solidarité et comment nous servir de notre force collective.

Certains cheminots par exemple peuvent mieux comprendre aujourd'hui comment l'engagement des officiers de leurs syndicats de ne pas faire la grève durant la guerre a miné la force potentielle de leur lutte. L'ordre de retourner au travail adopté par le Congrès en avril a été l'un des fruits de la collaboration de classe et de la « patience » patriotique. L'histoire a montré que laisser les patrons et leur gouvernement tuer des travailleurs durant quelques mois ailleurs dans le monde n'a pas rendu plus généreux envers les travailleurs d'ici les « amis des syndicats » du Parti démocrate.

Si les syndicats du rail avaient eux-mêmes participé à la lutte contre la guerre, s'ils avaient construit la solidarité avec les travailleurs et les paysans de la région du Golfe, ils seraient en bien meilleure position aujourd'hui pour mener la lutte contre les patrons des chemins de fer, le gouvernement U.S. et les politiciens impérialistes des partis démocrate et républicain. Ils seraient en meilleure position pour expliquer leur lutte et se gagner la solidarité d'une grande partie du peuple travailleur, aussi bien à l'intérieur qu'à l'extérieur des frontières U.S. C'est un peu plus facile de le voir aujourd'hui qu'il y a quelques semaines à peine.

IL EST UN PEU PLUS FACILE de voir aussi pourquoi toute la politique procapitaliste et proimpérialiste des officiers syndicaux va conduire le mouvement ouvrier au désastre si elle n'est pas renversée. Pourquoi la classe ouvrière et le mouvement ouvrier ont besoin de leur propre politique extérieure et de leur propre politique militaire. Pourquoi nos syndicats s'affaiblissent quand ils se tournent vers « nos amis » dans les partis des exploiteurs plutôt que vers le peuple travailleur d'ici et d'ailleurs. Un peu plus de travailleurs commencent aussi à le comprendre, tout comme ils commencent à comprendre la nécessité de construire un parti ouvrier indépendant, basé sur les syndicats et doté d'une perspective internationaliste et d'une orientation de lutte de classe.

Prenez la lutte contre la brutalité policière si vous voulez un autre exemple. En mars dernier, les policiers de Los Angeles ont battu Rodney King. Ce n'est pas un incident isolé. Les travailleurs sont confrontés à la brutalité policière tous les soirs, tout le temps, partout à travers le pays. De nombreux travailleurs ont vu sur bande vidéo les policiers battre Rodney King. Plusieurs ont aussi vu à la télévision des scènes de la « chasse dans le poulailler » à laquelle s'est livré Washington sur la route menant de Koweït à Bassora. Plusieurs ont maintenant vu l'armée turque battre, si ce n'est abattre, les réfugiés kurdes à la frontière entre l'Irak et la Turquie.

Ces incidents sont liés. Le corps des officiers U.S. dans le Golfe a utilisé les commandants de chars d'assaut et les officiers de l'armée de l'air comme juges et bourreaux pour punir la population de l'Irak et du Koweït. C'est la même chose avec les policiers. Leur rôle n'est pas de faire enquêter et d'arrêter les gens, mais de servir la classe dominante en punissant *sur place* les travailleurs. Et ils le font jour après jour. C'est ça la « justice » bourgeoise. Les employeurs se servent des raclées administrées et des coups de feu tirés par les policiers pour discipliner les travailleurs, nous faire entrer dans le rang, nous forcer à travailler et nous faire taire. Vous n'avez pas besoin de faire quelque chose de « mal ». Il suffit d'être au mauvais endroit au mauvais moment.

Si les capitalistes U.S. sont capables de faire ce qu'ils ont fait aux peuples de l'Irak, ça veut dire qu'ils sont aussi, *maintenant,* en train d'agir de manière plus consciemment brutale et contre un plus grand nombre de travailleurs dans ce pays qu'aucun d'entre nous ne peut même le savoir. Loin de le surestimer, on sous-estime le nombre de Rodney King, de Mark Curtis et de victimes de la police et des tribunaux des capitalistes qui sont aujourd'hui en prison ou enterrés.

De ce point de vue, il n'y a aucune différence entre le général Colin « isolez-les-et-tuez-les » Powell, le général Norman Schwarzkopf et le chef de la police de Los

Angeles Daryl Gates. Tous sont au service des employeurs. Ils châtient arbitrairement et au hasard les travailleurs et les agriculteurs pour donner un exemple à tous ceux qui pourraient défier l'ordre établi. Ils méprisent tous le peuple travailleur, qu'ils considèrent comme moins qu'humain. Juste avant l'invasion U.S., Norman Schwarzkopf a dit à l'émission « Nightline » du réseau de télévision ABC que la population en Irak « ne fait pas partie de la même race humaine. » De son côté, Daryl Gates a déjà expliqué que les Noirs sont possiblement plus susceptibles au niveau biologique de mourir d'une prise de cou que les « gens normaux ».

Ceci nous aide à comprendre plus concrètement en quoi la politique extérieure des impérialistes U.S. est une extension de leur politique intérieure, pas l'inverse. La force que la classe dominante peut croire nécessaire d'employer de manière concentrée ici ou à l'étranger peut varier beaucoup selon la profondeur de la crise économique et sociale et de la résistance du peuple travailleur. Mais quand ils le jugeront opportun, les capitalistes vont utiliser contre les travailleurs et les agriculteurs d'ici toutes les méthodes qu'ils utilisent contre les travailleurs à l'étranger. Et ces méthodes s'appuieront sur des méthodes qu'ils emploient déjà ici. Les capitalistes n'ont pas un ensemble de critères pour le peuple travailleur de Bassora et un autre pour celui de Brooklyn, de Des Moines ou de Los Angeles.

Le sort réservé aux travailleurs et paysans de Bassora montre ce qui attend les seconds si les exploités n'arrachent pas le pouvoir aux exploiteurs.

« Nous » et « eux »

Les grands médias, les politiciens bourgeois et les officiers des syndicats ont consciemment cherché à confondre les travailleurs qui réfléchissent à la guerre U.S. et à ses conséquences pour la population du Golfe et du reste du monde et qui discutent ce qu'il est possible de faire à ce sujet. Ils ont consacré beaucoup d'énergie à nous tromper sur qui « nous » sommes et qui « ils » sont. Pour mener une campagne efficace contre l'impérialisme et la guerre, les travailleurs-bolcheviks ont dû constamment chercher à clarifier cette question et combattre les nouvelles formes sous lesquelles la confusion à ce sujet réapparaît sans cesse.

Par exemple, il existe une énorme disparité entre le petit nombre de soldats U.S. qui sont morts au combat dans le Golfe et les centaines de milliers d'Irakiens qui ont été massacrés et mutilés. Ce fait souligne à quel point ceux qui ont justifié leur opposition à l'escalade militaire dans les organisations et coalitions contre la guerre en s'appuyant sur le nombre de soldats U.S. qui allaient mourir au Moyen-Orient ont favorisé la désorientation politique et le chauvinisme. C'est justement ce qu'espéraient les fauteurs de guerre des deux partis à Washington ! Les adversaires inconditionnels de l'offensive de guerre U.S. devaient au contraire partir de ce que la guerre allait signifier pour *tous* les travailleurs et agriculteurs présents dans le Golfe, soldats ou civils, peu importe leur pays d'origine. Nous refusons de faire la moindre distinction entre la vie d'un soldat ou d'un civil irakien, celle d'un soldat ou d'un civil U.S. ou celle de n'importe quel travailleur yéménite, philippin, palestinien, égyptien, pakistanais ou syrien coincé à la mauvaise place au mauvais moment.

Nous faisons partie d'une classe internationale, celle des travailleurs du monde. Nos alliés sont les opprimés et les exploités de tous les pays. L'impérialisme est un système mondial. Ses victimes, *et ses fossoyeurs,* sont des travailleurs et des agriculteurs réunis dans un monde devenu unique par l'expansion du capitalisme au cours des derniers siècles. Au cours de la plus grande partie de l'histoire, celles et ceux qui produisaient ce qui était nécessaire à la survie de l'humanité ont été presque complètement isolés les uns des autres à travers le monde. Mais le système impérialiste mondial a lié nos destins.

QUAND WASHINGTON a suspendu son offensive à la fin de février, je suis certain que la plupart d'entre nous avons entendu des camarades de travail, des membres de nos familles et d'autres dire des choses comme : « Eh bien, au moins ça a été rapide. Au moins, peu de nos gars ont été tués. Ça a été horrible et je ne suis pas certain qu'on aurait dû y aller. Mais au moins, ça s'est terminé rapidement. » Le problème, c'est que cette attitude conduit à justifier les horreurs infligées par les capitalistes U.S. à des millions d'Irakiens, pour qui la guerre et ses terribles conséquences n'ont pas été « rapides » et ne sont pas finies. Elle conduit à voir le peuple irakien comme moins qu'humain.

J'ai remarqué dans plusieurs revues en avril une pleine page de publicité de la Northrop Corporation, le manufacturier des bombardiers B-2. Elle montre un avion en gros plan avec la citation suivante d'un ingénieur de la Northrop : « Nous avons consacré énormément de temps à rendre les ailes du B-2 aussi fines et ses angles aussi précis. Mais tout cela fait partie du secret du B-2. *Et le B-2 sauve des vies.* » [Souligné par nous.]

Quand j'ai lu cette publicité, ce qui m'a frappé, c'est qu'elle reprenait jusqu'à un certain point ce que disaient de nombreux libéraux et radicaux petits-bourgeois dans le mouvement contre la guerre. Quel est le message de la

Northrop ? Elle fait appel aux mêmes sentiments patriotiques dont je viens de parler. Le B-2 permet d'en finir rapidement avec la guerre. Le B-2 limite le nombre de pilotes U.S. qui se font descendre. Le B-2 permet de réduire le nombre de « nos gars » dans les combats au sol. Le B-2 lance des bombes « intelligentes » et minimise les « dommages collatéraux ».

Évidemment, tout ça c'est du mensonge. Les forces armées U.S. ont utilisé le B-2 et les autres armes modernes pour effectuer l'un des plus horribles massacres de l'histoire, pas pour sauver des vies.

Ceux qui ont cédé à l'offensive patriotique des capitalistes depuis août l'ont fait de plusieurs manières. Nous avons eu à combattre ces dernières et à en clarifier les enjeux en résistant aux efforts des libéraux bourgeois et des radicaux petits-bourgeois qui tentaient de dévoyer politiquement la lutte contre la guerre.

- Nous avons expliqué à nos camarades de travail que le gouvernement U.S. n'est pas « notre » gouvernement mais le gouvernement des employeurs, des capitalistes et des impérialistes qui exploitent et oppriment le peuple travailleur du monde entier. C'est « leur » gouvernement. Et rien de ce que font « leur » gouvernement et « leur » armée ne peut aider *nos* frères et soeurs de classe, les travailleurs et les paysans du Golfe, à renverser la tyrannie des régimes des capitalistes et des propriétaires fonciers de la région. C'est vrai du régime de Saddam Hussein en Irak, des autres régimes bonapartistes d'Égypte et de Syrie, et des diverses monarchies d'Arabie saoudite, du Koweït et de Jordanie.
- Nous nous sommes opposés à ceux qui ont prétendu que « notre gouvernement » a le droit d'imposer un blocus à l'Irak et au Koweït ou celui d'intervenir dans les affaires des autres peuples du monde. Nous avons décrit

les conséquences désastreuses de cet acte de guerre sur la vie des travailleurs et des paysans du Golfe. Nous avons expliqué que le blocus faisait partie des préparatifs de guerre de Washington qui ont mené inévitablement au bombardement et à l'invasion de l'Irak par les forces dirigées par les États-Unis. Nous avons réclamé la levée du blocus et l'exemption immédiate de la nourriture et des médicaments. Nous avons expliqué que c'est le peuple irakien qui a souffert le plus du blocus, pas les couches privilégiées ni leur gouvernement.

• Nous avons expliqué que des mots d'ordre comme : « Appuyez nos gars, rapatriez-les ! » constituent une concession trompeuse à la propagande guerrière des capitalistes. Dans leur grande majorité, les soldats proviennent de notre classe et de ses alliés. Ce sont des travailleurs et des agriculteurs en uniforme. Mais les forces armées U.S. sont « leurs troupes ». Ce sont les troupes du gouvernement impérialiste U.S. et de la poignée de riches familles capitalistes qu'il représente. Il faut aussi noter que 6 pour cent des « gars » dans le Golfe étaient des femmes. Ce pourcentage est beaucoup plus élevé que pendant la guerre du Viêt-nam, alors que les femmes représentaient 1,5 pour cent des forces armées U.S. Leur pourcentage s'élève à 11 pour cent aujourd'hui.

• Nous avons insisté sur le fait que les rubans jaunes jouent le même rôle que le drapeau des États-Unis pour stimuler les appuis patriotiques à la guerre. Peu importe qui les porte ou pour quelle raison personnelle. Ça ne fait aucune différence si la personne qui porte le ruban jaune est un travailleur, un avocat ou un capitaliste, si elle est blanche, Noire, Portoricaine ou chinoise. Ça ne fait aucune différence non plus si elle a été convaincue de le porter par un voisin ou si c'est parce qu'elle se préoccupe à juste titre de son garçon ou de sa fille dans le

Golfe. Nous nous sommes opposés aux libéraux et aux radicaux dans la bureaucratie syndicale ou dans les différentes coalitions qui ont suggéré d'attacher des rubans jaunes aux macarons antiguerre ou de porter des rubans d'une autre couleur. C'est une question politique objective. Dans la politique concrète, ces rubans ne sont rien d'autre qu'une capitulation sous des dehors sentimentaux aux pressions guerrières et patriotiques. Le travailleur ou la travailleuse peut changer d'opinion, mais le ruban ne change pas de fonction.

• Les communistes ont aussi expliqué qu'il n'existe aucun « nous » à l'échelle internationale qui puisse surmonter les divisions de classe qui opposent les exploiteurs capitalistes aux travailleurs et agriculteurs exploités ou celles qui opposent les nations dominantes aux nations opprimées. Il n'existe pas de « communauté internationale » ou d'« organisation internationale » sans classe capable de résoudre une guerre au Moyen-Orient ou ailleurs. Cela s'applique aussi bien aux Nations unies qu'à une quelconque « force de paix arabe ». La guerre U.S. dans le Golfe a rendu encore plus claire la vraie fonction de ces organismes.

Dans la période qui a précédé la guerre U.S. et au cours des bombardements et de l'invasion mêmes, ces pressions patriotiques ont pesé de plus en plus sur les courants radicaux qui dominaient politiquement les diverses coalitions antiguerre aux niveaux local et national. Après les grandes manifestations du 26 janvier à Washington et à San Francisco en particulier, ces forces ont renoncé de plus en plus à la perspective d'organiser des actions de masse contre la guerre. C'est parmi la jeunesse que l'opposition à la guerre s'est manifestée le plus fortement.

Des comités dirigés par des jeunes et des étudiants ont été au coeur des efforts pour continuer à organiser des manifestations publiques comme les réunions et les rassemblements qui ont eu lieu le 21 février sur les campus et dans plusieurs villes à travers le pays.

Ils s'effondrent tous à la fin de l'offensive U.S.

Les différentes tendances petites-bourgeoises au sein du mouvement ouvrier aux États-Unis ont été étonnées, impressionnées et effrayées par ce que l'impérialisme a fait durant la guerre contre l'Irak. Elles acceptent les arguments de George Bush, Colin Powell et Norman Schwarzkopf pour qui la guerre du Golfe a confirmé la toute-puissance de l'impérialisme U.S. Parmi tous ceux que je pourrais citer, l'exemple possiblement le plus clair est un article d'Irwin Silber paru dans le numéro d'avril 1991 de la revue *Crossroads.*

L'un des résultats de la guerre du Golfe, écrit Silber, c'est que « les USA ont clairement rétabli leur statut de superpuissance. » Le gouvernement U.S. « a fait étalage dans le Golfe d'une puissance militaire destructrice de haut niveau technologique et d'une volonté de l'utiliser sans merci. Ce précédent va constituer un énorme facteur d'intimidation la prochaine fois que le gouvernement U.S. déclare que ses « intérêts vitaux » sont en jeu.

« Le « syndrome du Viêt-nam », a poursuivi Irwin Silber, est maintenant devenu au mieux un facteur secondaire dans les calculs de Washington en politique étrangère. Les États-Unis sont plus que jamais la force dominante au Moyen-Orient. » Il se désespère de voir l'Union soviétique (il veut dire le régime stalinien de Mikhaïl Gorbatchev) être « significativement moins en mesure d'influencer le cours et le résultat des événements mondiaux. » Il qualifie de « décision non déraisonnable » l'appui méprisable donné par Moscou à la résolution du Conseil de sécurité de l'ONU entérinant le blocus économique de l'impérialisme contre le peuple irakien. Il ajoute que le gouvernement soviétique a cependant « peu profité de son appui à la guerre. […] Les États-Unis ont non seulement regagné un statut de superpuissance. Ils sont désormais la seule superpuissance. »

Irwin Silber finit par conclure : « George Bush s'est clairement établi comme la figure dominante de la politique nationale. » C'est peut-être là la perspective la plus attristante pour lui, qui pense que le « paradis » consiste en un raz-de-marée démocrate sur la Maison-Blanche et le Congrès.

Le point ici n'est pas qu'Irwin Silber a tort sur tous les fronts. Il a tort. Le plus misérable, c'est de gober complètement comme il le fait l'image que les impérialistes U.S. tentent de projeter. Il ne reconnaît pas que Bagdad n'a jamais eu l'intention d'organiser les masses pour lutter contre l'impérialisme U.S. Il en arrive ainsi à prendre la dévastation infligée à l'Irak par Washington pour une grande victoire militaire, ce qui le terrorise et le bouleverse. Irwin Silber a longtemps et servilement cherché le salut du côté du régime stalinien à Moscou. Il est donc déçu lorsque la caste privilégiée se contente tout simplement de poursuivre sa politique de collaboration de classe pour faire face à la crise profonde qui la frappe. Il n'a rien à dire sur les Kurdes et les autres peuples opprimés qui ont commencé à se révolter en Irak. Et il semble ne pas avoir eu le moindre indice du fiasco politique qui allait se développer pour Washington dans le Golfe au moment où son article irait sous presse.

Le mensuel d'un autre groupe radical U.S. a reproduit en gros l'extrait suivant de son article principal sur les conséquences politiques de la guerre : « Après avoir établi une armée d'occupation dans la région du Golfe, les forces armées U.S. sont en meilleure position que jamais pour intimider et écraser tout soulèvement révolutionnaire dans la région qui menacerait de devenir hors contrôle. »

Mais « intimider et écraser » un soulèvement *révolutionnaire* au Moyen-Orient ou ailleurs est la dernière chose que Washington est en mesure de faire. C'est exactement le contraire qui s'est produit dans le Golfe, à moins de penser qu'il y avait quelque chose de révolutionnaire ou même de progressiste dans l'annexion réactionnaire du Koweït par Bagdad et dans le cours politique du régime baathiste avant et après la guerre. Mais pensez simplement au prix politique que les capitalistes U.S. devraient accepter de payer ici et à l'étranger s'ils tentaient d'utiliser la force militaire contre l'intifada palestinien ou contre ceux qui luttent pour la liberté en Afrique du Sud. Comme nous l'avons déjà discuté, c'est ce prix qui explique pourquoi une attaque militaire de l'impérialisme contre Cuba ou contre la Corée du nord est moins probable depuis la guerre U.S. dans le Golfe, même si les tensions entre Washington et les gouvernements de ces deux États ouvriers se sont exacerbées.

D'autres courants radicaux petits-bourgeois au sein du mouvement ouvrier U.S. ont réagi à ce qu'ils perçoivent comme la quasi-omnipotence de l'impérialisme U.S. en se tournant davantage vers le régime soviétique et en y mettant tous leurs espoirs. Quelques semaines après la fin des opérations de Washington dans la région du Golfe par exemple, l'hebdomadaire *The Guardian* a titré en première page : « Les Soviétiques disent « oui » à l'union. » Cet article salue les résultats du référendum organisé par Mikhaïl Gorbatchev en mars. Le régime a cherché à utiliser ce plébiscite pour justifier le maintien par la force de « l'Union soviétique » et pour continuer à nier le droit à l'autodétermination des nations et des peuples opprimés en URSS. Le peuple irakien est peut-être mieux placé que le *Guardian* pour juger à quel point on peut faire confiance au gouvernement soviétique lorsqu'il s'agit de promouvoir la paix et la justice sociale dans l'intérêt des travailleurs et des agriculteurs à travers le monde — lui qui a souffert de l'appui accordé par Moscou à toutes les résolutions du Conseil de sécurité initiées par Washington pour couvrir son escalade militaire.

Une « diversion » ?

Les courants staliniens, sociaux-démocrates et centristes ont souvent réagi à la « victoire » de l'impérialisme dans la guerre du Golfe en tournant le dos aux millions de victimes de la guerre U.S. sous prétexte de se concentrer sur les « questions locales ». Plusieurs prétendent faussement que les dirigeants U.S. ont déclenché la guerre pour détourner l'attention des graves problèmes économiques et sociaux qui existent aux États-Unis. Ils reprennent le baratin de la bureaucratie syndicale sur « l'Amérique d'abord » et la « charité bien ordonnée [qui] commence par soi-même. »

Un peu plus d'une semaine après l'annonce par George Bush de la suspension temporaire de l'offensive par exemple, le journal du Parti communiste *People's Weekly World* a titré en première page : « Assez de la guerre. Il est temps de reconstruire l'Amérique ! » Pensons seulement à ce que le peuple travailleur aux États-Unis sait déjà de la dévastation causée en Irak et au Koweït par le gouvernement U.S. et par les politiques de Bagdad. Puis pensons à ce titre : « Assez de la guerre. Il est temps de reconstruire l'Amérique ! » Et pourquoi pas reconstruire l'Irak ? Et pourquoi pas reconstruire le Koweït ? Pourquoi ne pas aider les réfugiés de toute la région du Golfe ?

Les lecteurs du *People's Weekly World* n'ont pas eu à attendre pour avoir des réponses à ces questions. Il leur a suffi de tourner la page pour trouver un article de nouvelles coiffé du titre : « Des centaines de personnes exigent : Reconstruisez Brooklyn, pas le Koweït ! » C'est le titre d'un article dans un journal qui se dit communiste, qui se dit internationaliste ! Les communistes aux États-Unis sont-ils moins préoccupés par les conditions de vie des masses au Koweït que par celles des travailleurs de Brooklyn ? Peut-on simplement réduire le Koweït à la richissime monarchie el Sabah qui le domine ? Si c'est le cas, pourquoi ne pas réduire les habitants de Brooklyn aux riches familles de l'Amérique ? Pensez-y un peu. Pensez au caractère chauvin de ce titre.

L'article du *People's Weekly World* pousse encore plus loin le caractère réactionnaire de la ligne politique du titre. Il s'agit d'un article sur une ligne de piquetage devant les bureaux du représentant démocrate Stephen Solarz de Brooklyn. Le dernier paragraphe cite une manifestante : « Solarz représente-t-il Brooklyn ou le Koweït ? » a demandé Serafina Flores, qui réside depuis longtemps à Williamsburg et qui a dit que les résidents sont outrés par le fait que Solarz concentre toute son attention sur « des problèmes extérieurs et néglige le district. »

Du point de vue des communistes, du point de vue des internationalistes prolétariens, du point de vue de la classe ouvrière, le crime des politiciens démocrates et républicains comme Solarz n'est pas qu'ils portent trop d'attention aux « problèmes extérieurs ». Leur crime, c'est qu'ils représentent les intérêts des impérialistes à Washington et qu'il le font au prix de l'exploitation et de l'oppression brutales du peuple travailleur, que ce soit à Brooklyn, à Bagdad, dans la ville de Koweït ou n'importe où ailleurs. Les communistes reconnaissent d'autre part que la lutte contre toute forme d'oppression et d'exploitation, ici et à l'étranger, ne peut progresser que dans le cadre de la lutte internationale contre l'impérialisme et les horreurs que celui-ci inflige aux travailleurs et aux agriculteurs à travers le monde.

En regardant la première page des journaux des groupes « de gauche » au cours des dernières semaines, j'ai été très frappé de constater que pratiquement aucun ne rapporte les informations qui commencent à sortir sur la dévastation de l'Irak par les États-Unis, sur les horreurs infligées au peuple kurde et sur les autres conséquences de la guerre de Washington. Sous une forme ou une autre, la plupart d'entre eux projettent au contraire l'idée suivante : « Assez des diversions causées par la guerre. Revenons aux problèmes économiques et sociaux d'ici. »

J'AI VU DES ARTICLES et des tableaux dans la presse radicale et libérale montrant qu'avec l'argent nécessaire pour fabriquer une seule bombe « intelligente » on pourrait construire trois écoles aux États-Unis. Mais ce n'est exactement pas ça qu'il faut souligner maintenant. Non, le premier versement à payer pour une bombe « intelligente », ce sont des travailleurs et des paysans tués, mutilés et sans abri en Irak. Le prix payé pour un navire de guerre dans le Golfe n'est pas le projet de maisons à loyer modique qui aurait pu être construit à sa place. Le premier versement à payer pour ce navire, c'est le massacre de nos frères travailleurs et paysans par les bombes de ce navire.

Bien sûr, ces arguments reflètent aussi une autre erreur libérale. Les capitalistes possèdent déjà les milliards de dollars qui pourraient servir à augmenter le salaire social et les conditions de vie des travailleurs et des agriculteurs dans ce pays et à travers le monde : ce sont les profits qu'ils arrachent des fruits de notre travail. Quand les politiciens bourgeois coupent dans les dépenses militaires, ils le font pour accroître encore plus les profits des capitalistes et satisfaire les détenteurs de bons du trésor. Cet argent ne sert pas à augmenter les « dépenses intérieures ». C'est la réponse à la question que les libéraux et les radicaux ont commencé à soulever de manière plaintive récemment : « Qu'est-il arrivé aux « dividendes de la paix ? » Les services sociaux dont jouissent les travailleurs dans ce pays sont le sous-produit de grandes luttes politiques, comme celles qui ont mené à la construction des syndicats industriels à la fin des années 30 ou celles qui ont renversé le système de ségrégation raciale de Jim Crow à la fin des années 50 et au cours des années 60.

OPPOSER LES CONDITIONS, les intérêts et les luttes des travailleurs et des paysans dans le Golfe à ceux des travailleurs et des agriculteurs ici aux États-Unis est le contraire d'une approche révolutionnaire, d'une approche communiste. C'est comme utiliser des critères différents pour mesurer la valeur des êtres humains selon le coin de la planète où ils vivent et les horreurs auxquelles ils font face : un ensemble de critères pour les citoyens des États-Unis, un autre pour les Irakiens, les Kurdes, les Koweïtiens, les Sud-Africains et les autres.

Dans le prolongement de sa ligne « Reconstruisez Brooklyn, pas le Koweït », le *People's Weekly World* du Parti communiste a récemment fourni un autre exemple de cette approche politique anti-internationaliste. Dans un numéro paru à la fin d'avril, il a publié un article de fond contre les dernières mesures prises par l'administration Bush pour éliminer toute une série de barrières commerciales avec le Mexique, dans le cadre de ce qui est connu comme le « pacte de libre-échange nord-américain ». Le journal a répété les arguments chauvins des officiers de l'AFL-CIO en affirmant que l'élimination de certaines de ces mesures protectionnistes enverrait « les emplois des travailleurs américains » au Mexique. D'abord, les travailleurs mexicains ne sont-ils pas aussi « américains » ? Prétendre ensuite protéger les emplois « américains » contre « les travailleurs mexicains sous-payés » est un cul-de-sac. Avec ce point de départ, il est impossible pour les travailleurs des États-Unis, du Mexique, du Japon, d'Haïti ou d'ailleurs de se donner une perspective commune de lutte contre les oppresseurs et les exploiteurs chez eux et dans le reste du monde.

Tous ces arguments sont conçus et présentés de manière à diviser la race humaine, et les travailleurs et les agriculteurs qui en font partie, en catégories possédant une plus ou moins grande humanité. Tout cela est fait sous prétexte de tourner nos yeux vers les besoins les plus pressants au pays ou même de nous tourner vers la lutte des classes. Mais il s'agit là de la forme la plus rétrograde d'opportunisme, de collaboration de classe, d'économisme, de syndicalisme d'affaire étroit et de socialisme national. Cette politique n'a rien à voir avec le communisme ni avec les intérêts de la classe ouvrière, aux États-Unis ou ailleurs dans le monde.

Les capitalistes n'ont *pas* fait la guerre dans le Golfe pour détourner l'attention des questions sociales urgentes ici. Les guerres menées par les impérialistes U.S. n'ont jamais été une « diversion ». Elles ont toujours été une *extension* de la politique interne des capitalistes et un aperçu de ce qui nous attend ici si nous ne nous organisons pas pour les arrêter. Les efforts des capitalistes U.S. pour dominer et exploiter les travailleurs et les agriculteurs du monde entier s'inscrivent dans la même quête incessante de profits qui les pousse à attaquer notre salaire social, à utiliser des briseurs de grève, à attaquer nos syndicats et à envoyer tous les jours la police battre les travailleurs. La « diversion » vient des représentants du mouvement ouvrier et de leur politique de collaboration de classe. Elle vient aussi des libéraux, radicaux et pacifistes. Tous tentent de *détourner* les travailleurs et les jeunes de l'idée que nous faisons partie d'une lutte commune et que nous devons nous unir à nos frères travailleurs et agriculteurs, ici et dans le reste du monde, pour résister à l'impérialisme et à ses guerres.

C'est un des principes fondamentaux du communisme. Notre mouvement a dû défendre ce principe à la fin des années 20 contre les efforts des staliniens pour étouffer l'internationalisme prolétarien qui constituait le coeur du programme de l'Internationale communiste élaboré sous la direction de Lénine. En 1928, le dirigeant communiste Léon Trotsky a écrit à propos d'une nouvelle ébauche du programme de l'Internationale communiste élaborée par ceux qui rejetaient l'orientation politique de Lénine :

> Un programme communiste international n'est en aucun cas la somme de programmes nationaux ou l'amalgame de leurs caractéristiques communes. Le programme international doit procéder directement d'une analyse des conditions et des tendances de l'économie mondiale et du système politique mondial pris dans son ensemble, avec toutes ses relations et toutes ses contradictions. [...] À l'époque [impérialiste] actuelle et bien plus que par le passé, l'orientation nationale du prolétariat ne doit et ne peut découler que d'une

> orientation mondiale, pas l'inverse. C'est là que réside la différence primordiale et essentielle entre l'internationalisme communiste et toutes les variétés de socialisme national [26].

C'est la vérité. C'est ce que les travailleurs communistes aux États-Unis doivent expliquer aux autres membres de l'avant-garde de notre classe. C'est ce que nous sommes tous en train de réapprendre.

Plus profondément dans les syndicats

S'il y a un moment où nous aurions dû intensifier notre campagne, c'est bien le matin du 28 février quand George Bush a annoncé l'arrêt unilatéral de l'invasion. Pendant sept mois, nous avions été le seul courant politique dans le pays à expliquer à nos camarades de travail, aux jeunes qui militaient contre la guerre et aux autres en lutte que Washington se dirigeait inexorablement vers une guerre sanglante. À la fin de février, nous étions les seuls qui pouvions expliquer pourquoi l'impérialisme U.S. allait commencer à se casser les dents sur les résultats de sa prétendue « victoire militaire ».

Nos camarades de travail avaient besoin de savoir pourquoi tout ce qu'ils lisaient ou entendaient de la part de George Bush, Norman Schwarzkopf ou des grands médias n'était que mensonges. Ils avaient besoin de comprendre que la guerre n'avait pas duré 100 heures pour le peuple irakien, mais qu'elle avait signifié sept mois de privation, de brutalité et de mort. Ils avaient besoin de savoir que les effets de la guerre allaient continuer à se faire sentir. « Continuez de regarder ce qui arrive, avaient-ils besoin de se faire dire, et vous allez mieux voir le massacre et la destruction que les capitalistes U.S. ont causés dans le Golfe se traduire par un désastre politique pour eux. » D'autre part, la dévastation causée par Washington et la répression sauvage des Kurdes et des autres peuples amorcée quelques jours après l'annonce de Bush par le régime de Bagdad nous ont imposé, à nous et aux autres travailleurs conscients, l'urgente obligation internationale de continuer à expliquer, discuter et faire campagne.

Le *Militant* a continué à souligner l'importance de ces points politiques et à les expliquer chaque semaine. En pratique cependant, immédiatement après la fin de l'offensive U.S., les branches et les fractions syndicales ont fait une pause, hésité et ralenti leur rythme de campagne. Cette pause a accru en retour les pressions sur nous de retourner au mode de fonctionnement d'avant la campagne, de revenir à un fonctionnement routinier et de perdre les gains que nous avons faits pendant la campagne en acquérant un fonctionnement discipliné et politiquement centralisé : le fonctionnement d'un parti de campagne dont le rythme de discussions et d'activités politiques hebdomadaires est supportable pour des ouvriers révolutionnaires, ce qui augmente notre force de frappe et nous rend plus efficaces et dignes de confiance dans le mouvement ouvrier.

CETTE PAUSE INITIALE dans notre campagne a des racines politiques. Il a fallu un peu de temps pour généraliser à travers notre mouvement une compréhension concrète et exacte de la chaîne des événements qui ont permis au gouvernement U.S. d'infliger une déroute totale aux forces armées irakiennes. Comme les autres révolutionnaires opposés à l'impérialisme, les cadres de notre mouvement souhaitaient voir se développer une résistance organisée à l'agression brutale de Washington. Il nous a fallu du temps pour comprendre comment l'orientation du régime baathiste à Bagdad a privé les travailleurs irakiens de toute possibilité de résister, pour comprendre comment elle leur a enlevé tout ce qu'il leur fallait pour résister. Il nous a fallu surmonter tous les vestiges d'illusion qu'il y avait un gramme de volonté de lutte anti-impérialiste dans l'orientation expansionniste du régime de Saddam Hussein. Son utilisation démagogique des sentiments nationalistes, panarabes et panislamiques des peuples de la région n'a servi qu'à justifier après coup ses manoeuvres pragmatiques et réactionnaires.

Cette pause dans la campagne a menacé de nous faire perdre le terrain que nous avions conquis. Dans les villes où nous avons spécialement réuni les branches du parti le 28 février pour discuter ensemble de l'initiative de George Bush et nous organiser pour y répondre, ce que nous avions fait le 15 janvier à la veille des bombardements, nous avons été capables de réagir plus rapidement et avec plus de confiance. Si nous n'avions pas pris conscience de cette pause, si nous n'en avions pas discuté, si nous ne l'avions pas surmontée, nous aurions raté la chance de saisir et d'utiliser l'espace politique qui s'est ouvert aux travailleurs d'avant-garde dans le mouvement ouvrier et plus généralement sur la scène politique aux États-Unis. L'espace politique ne peut être utilisé que s'il est conquis.

De ce point de vue, l'ensemble de notre mouvement a profité des discussions politiques et des perspectives élaborées lors de la récente série de réunions nationales de nos dix fractions syndicales en avril. C'était la deuxième série de réunions nationales durant la campagne. La campagne contre l'impérialisme et sa marche vers la guerre rend les fractions syndicales de notre parti plus politiques et plus prolétariennes.

Chacune de ces dix réunions a tiré comme principale leçon politique de l'expérience des six derniers mois le besoin pour les travailleurs bolcheviques d'aller plus profondément dans les syndicats : d'aborder chaque lutte au travail, chaque discussion dans les syndicats, chaque question politique et sociale dans le cadre de cette campagne qui se poursuit. C'est ainsi que les fractions peuvent devenir de plus en plus des fractions de notre classe dans les syndicats. Alors qu'augmentent les pressions et les tensions dans la lutte des classes, c'est ainsi que nous pouvons lier ce que nous disons sur les résultats de la guerre de Washington avec les leçons des grèves contre Pittston et Eastern. Alors que les membres des syndicats continuent de résister aux demandes de concessions des patrons et à leurs tentatives de briser les syndicats, c'est ainsi que nous serons mieux à même de répondre comme un parti discipliné de travailleurs industriels aux nouvelles grèves qui émergeront à travers le pays. C'est aussi ainsi que nous serons mieux à même de répondre et de participer aux luttes contre la brutalité policière et pour les droits des femmes ; de nous joindre aux étudiants qui manifestent contre l'augmentation des frais de scolarité ou les coupures de budget dans l'éducation ; et d'appuyer les revendications des chômeurs.

Les contre-coups de la guerre de Washington au Moyen-Orient continuent à se dérouler de plus en plus vite, ainsi que nous l'avons écrit dans le *Militant* et l'*International Socialist Review* et que nous l'avons dit à nos camarades de travail, aux jeunes et à beaucoup d'autres. Cette situation crée des ouvertures pour approfondir les discussions politiques et les débats. Nous avons gagné le respect politique d'une couche importante de nos camarades de travail et de syndiqués parce que nous avons tenu bon et que nous n'avons pas hésité à expliquer notre point de vue pendant la guerre, malgré les pressions des patrons, des officiers syndicaux et de petits groupes de travailleurs droitiers. Ces camarades de travail savent que nous agissons sur la base de principes de solidarité prolétarienne que nous maintenons en dépit des pressions. Et ils savent que nous ferons la même chose au cours des prochaines luttes.

PLUSIEURS DE NOS CAMARADES de travail ont écouté ce que nous disions. Des milliers d'entre eux ont acheté et lu le *Militant,* l'*International Socialist Review,* le livre *U.S. Hands Off the Mideast!* et d'autres publications. Plusieurs ont acheté le numéro d'avril 1991 de l'*International Socialist Review* qui reproduisait le rapport détaillé d'une commission des Nations unies sur l'état de dévastation qui règne en Irak. Au moment où s'effrite la « victoire » de Washington, plusieurs de ces lecteurs sont plus ouverts à notre point de vue que n'importe quand depuis le 2 août 1990. La plupart ne sont toujours pas d'accord avec nous. Qui plus est, les questions les plus importantes que nous discutons avec eux sont exactement les questions sur lesquelles souvent il n'y aura pas d'accord immédiat. Ce n'est pas le genre de questions politiques qu'on peut « résoudre » en une seule discussion. Nous encourageons ces travailleurs et ces travailleuses à lire le *Militant,* puis nous revenons à la discussion. Nous les encourageons à lire *Nouvelle Internationale* et nous revenons à la question sous un autre angle. Nous traversons plus d'expériences et reprenons la question plus tard.

De plus en plus de travailleurs pensent que nous avons peut-être eu raison sur un ou deux aspects des objectifs de Washington dans la guerre et de leurs conséquences inévitables. Plusieurs ont moins confiance dans ce que disent le gouvernement des États-Unis, la caste des officiers de l'armée et la presse. Quelques-uns ont le sentiment qu'ils auraient pu en savoir davantage et penser un peu différemment si Washington n'avait pas limité à ce point la liberté de la presse pendant la guerre, si les médias bourgeois ne s'étaient pas soumis si servilement à cette censure et s'ils n'avaient pas promu si activement l'hystérie patriotique. Durant la prochaine guerre, que feront-ils des *autres* droits, comme le droit de grève ? Les patrons s'intéressent-ils à ces droits aussi ?

De nombreux travailleurs sont moins prêts aujourd'hui qu'il y a quelques mois à assumer la responsabilité de la « guerre de notre pays » et celle de ses horribles conséquences pour les peuples de l'Irak, du Koweït et de toute la région.

CETTE ATTENTION POLITIQUE soutenue et l'intérêt pour la guerre et ses conséquences nous fournissent l'occasion d'aider d'autres travailleurs et agriculteurs à voir les aspects de la lutte des classes qui nous affectent directement dans l'usine où nous travaillons ou dans la ville et le pays où nous vivons à travers le prisme des premières salves de la troisième guerre mondiale. Les travailleurs aux États-Unis ne peuvent se permettre de rester isolés du reste de l'humanité. Nous sommes entraînés inexorablement dans le monde par ce que les capitalistes U.S. doivent faire pour défendre leurs intérêts de classe. Nous pouvons tous comprendre plus concrètement la nécessité d'aborder la politique plus largement, d'un point de vue international et de classe, et celle de penser socialement et d'agir politiquement.

Vendre le numéro de *Nouvelle Internationale* sur « Les premières salves de la troisième guerre mondiale », un exemplaire du livre *The Eastern Airlines Strike: Accomplishments of the Rank-and-File Machinists* ou *Malcolm X Talks to Young People* : voilà un aspect de ce que les travailleurs-bolcheviks font lorsqu'ils font campagne contre l'impérialisme et la guerre. Nos camarades de travail et les autres combattants qui s'abonnent au *Militant* peuvent lire chaque semaine des informations et des analyses sur ce qui se passe dans le Golfe, sur les manifestations contre la raclée infligée par la police à Rodney King, sur l'ordre de retour au travail imposé par le Congrès aux cheminots, sur les confrontations qui se déroulent autour du droit des femmes à l'avortement, sur les manifestations étudiantes contre les hausses de frais de scolarité à New York, sur les efforts déployés par Washington pour ramener les Kurdes en Irak, sur les tentatives de Mikhaïl Gorbatchev d'écraser la résistance des travailleurs et des nationalités opprimées et sur l'importance croissante de la lutte pour la démocratie et la justice sociale menée par le Congrès national africain en Afrique du Sud.

C'est de cette manière que le mouvement communiste pourra attirer à lui les travailleurs et syndiqués militants, ceux et celles qui luttent contre le racisme et pour les droits des femmes, ainsi que les jeunes qui participent à la lutte contre les guerres et les autres horreurs du capitalisme et qui sont attirés par les idées radicales. La campagne contre l'impérialisme et la guerre a permis d'attirer de jeunes travailleurs et étudiants à notre mouvement et à l'Alliance des jeunes socialistes. Ce processus peut et va se poursuivre dans les semaines et les mois à venir.

Pour gagner ces jeunes combattants au communisme, les recruter et les intégrer dans un parti communiste prolétarien comme le SWP, il faudra les entraîner et les former systématiquement dans l'expérience politique et la continuité du mouvement ouvrier révolutionnaire. Si la YSA arrive à les attirer au parti, à son orientation prolétarienne, à son histoire et sa politique communistes, à ses traditions de combats de classe disciplinés, ils pourront alors devenir des révolutionnaires ouvriers.

Dans la mesure où elle est assez forte pour le faire, une organisation de jeunesse comme la YSA a besoin de se développer comme une organisation qui a sa propre identité organisationnelle : celle d'une organisation qui a ses propres réunions, ses propres dirigeants, jusqu'à un certain point ses propres publications, ses propres macarons et ses propres t-shirts politiques. Mais la YSA n'a *pas d'existence politique distincte* du parti communiste, le SWP. Ces jeunes ne peuvent comprendre et s'identifier aux expériences et aux leçons politiques historiques de la classe ouvrière que par le biais du parti. Les membres du parti doivent aider les membres de la YSA à se tourner vers cette continuité révolutionnaire.

Les membres de la YSA ont besoin de lire et d'étudier les livres de James P. Cannon comme *L'histoire du trotskysme américain*, New York, Pathfinder, 2002. *La lutte pour un parti prolétarien*, New York, Pathfinder, 1997, et *Socialism on Trial* [Le socialisme en procès], New York, Pathfinder, 2014. Ces livres expliquent comment une organisation communiste s'est préparée à continuer à faire avancer la lutte des classes à la veille de la deuxième guerre mondiale et comment elle a forgé un parti prolétarien plus fort en le faisant. Les membres de la YSA ont aussi besoin d'étudier *Rébellion Teamster*, New York, Pathfinder, 2011, le premier d'une série de livres où Farrell Dobbs raconte comment les communistes ont lutté dans les syndicats pendant les années 30 pour tenter de construire le noyau d'une direction de lutte de classe capable d'utiliser la force du mouvement ouvrier contre les capitalistes, leur système impérialiste et leurs guerres. Les membres de la YSA ont aussi besoin d'apprendre comment les communistes ont défendu de manière intransigeante les luttes de tous les exploités et opprimés durant les guerres impérialistes, en dépit des officiers syndicaux et des autres dirigeants corrompus qui incitaient les travailleurs à se « sacrifier », et à « reporter » nos revendications après la guerre. Ces leçons sont résumées dans des livres comme *Fighting Racism in World War II* [La lutte contre le racisme durant la deuxième guerre mondiale] New York, Pathfinder, 1980.

En travaillant consciemment avec les jeunes combattants qui ont adhéré à la YSA, en participant aux luttes avec eux, en mettant de la littérature révolutionnaire entre leurs mains et en discutant patiemment, franchement et politiquement avec eux, les révolutionnaires prolétariens peuvent gagner de nouveaux cadres à la classe ouvrière et à ses méthodes de travail et de lutte. Nous pouvons former de nouveaux cadres pour le parti communiste dans ce pays et pour le mouvement communiste à l'échelle mondiale.

❖

La guerre de Washington contre le peuple irakien a fait retentir les premières salves de conflits de classe, nationaux et interimpérialistes croissants. Ces conflits sont inévitables. Ce qui est loin de l'être cependant, c'est que ces batailles conduisent à une troisième guerre mondiale qui ferait régresser l'humanité d'une manière inconcevable. Ce sont les combats de classe qui auront lieu dans les années à venir qui vont trancher la question. Dans ces combats, les travailleurs et les agriculteurs auront leur chance, celle de remporter des victoires révolutionnaires et d'arracher aux impérialistes le pouvoir de faire la guerre.

Mais ces victoires ne seront possibles que si des partis communistes prolétariens se développent comme une composante de la direction révolutionnaire internationale du peuple travailleur. Il est possible et nécessaire de construire un tel parti ici aux États-Unis, où la classe impérialiste la plus violente de l'histoire devra être renversée et remplacée par un gouvernement révolutionnaire des travailleurs et des agriculteurs.

C'EST POURQUOI les communistes aux États-Unis vont là où luttent les travailleurs et leurs alliés. Nous sommes constamment à la recherche de combattants de notre classe ou de combattants qui peuvent être gagnés à notre classe. L'histoire nous enseigne qu'on ne construit pas de partis communistes en cherchant des communistes ou des gens qui ont de « bonnes idées ». Ces partis sont construits par des communistes qui sont des combattants et des révolutionnaires à la recherche d'autres combattants. Avec l'expérience qu'ils acquièrent dans la lutte de classe, ces combattants que nous rencontrons peuvent aussi devenir des révolutionnaires. Et de révolutionnaires en action, prêts à penser et à réfléchir aux leçons des luttes antérieures, ils peuvent aussi devenir les cadres ouvriers d'un parti communiste et d'un mouvement communiste mondial, confiant et fort de son histoire.

C'est cette voie qu'ont suivie les combattants qui ont entrepris au début des années 50 à Cuba de renverser la dictature de Fulgencio Batista qu'appuyait le gouvernement U.S. Elle les a menés en 1959 à diriger une révolution victorieuse et à construire un parti communiste avec des révolutionnaires du calibre de Fidel Castro et Ernesto Che

Guevara. C'est en menant une lutte intransigeante contre l'oppression impérialiste et l'exploitation capitaliste que Maurice Bishop de Grenade et Thomas Sankara du Burkina Faso ont été gagnés à une perspective communiste. Sa bataille intransigeante contre l'oppression des Noirs aux États-Unis et sa solidarité internationaliste avec tous ceux qui luttaient contre l'impérialisme et la domination raciste au niveau mondial ont conduit Malcolm X au cours de la dernière année de sa vie à des conclusions politiques anticapitalistes et de plus en plus prosocialistes. C'est parmi les combattants d'avant-garde du Congrès national africain et dans la lutte qu'ils mènent pour établir une république démocratique et non raciale qu'une direction communiste sera forgée en Afrique du Sud.

La forme concrète importe peu. Mais on sait que les cadres révolutionnaires du mouvement communiste se développeront ici aussi dans la lutte, parmi les travailleurs en lutte, les agriculteurs exploités et les jeunes.

En faisant campagne contre l'impérialisme et la guerre, les membres du Parti socialiste des travailleurs se sont transformés. Nous sommes des communistes qui ont répondu comme des révolutionnaires d'action à l'attaque lancée par l'impérialisme U.S. contre les travailleurs et les paysans dans le Golfe. Nous répondons comme des combattants qui sont à la recherche d'autres combattants. Nous le faisons au sein de la classe ouvrière et parmi ceux qui luttent contre les guerres de Washington et résistent à ses attaques contre les droits et les conditions de vie des travailleurs et des agriculteurs d'ici et d'ailleurs. En agissant ainsi, nous devenons de meilleurs combattants. Nous sommes plus confiants, plus disciplinés et plus politiques. Nous devenons les cadres d'un parti ouvrier plus confiant et plus fort politiquement.

Joignez-vous à nous !

NOTES

1. Lors de la guerre civile en Espagne, l'aviation allemande est venue en aide aux forces fascistes espagnoles. Elle a bombardé et mitraillé le village de pêcheurs de **Guernica** en avril 1937. Ce massacre a causé la mort de plus de 1 600 hommes, femmes et enfants, et en a blessé près de 1 000 autres. La population de la ville d'**Hiroshima** au Japon a été la cible de la première bombe atomique lancée par l'aviation U.S., le 6 août 1945. Washington s'est ainsi rendu responsable de la mort et de la mutilation de plus de 100 000 personnes et de la destruction de 90 pour cent de la ville. **Dresde**, une ville allemande sans grande importance militaire, a été victime de cinq raids aériens au printemps de 1945. Plus de 100 000 civils y ont perdu la vie et une grande partie de la ville a été incendiée, quelques semaines seulement avant la capitulation inconditionnelle du gouvernement allemand. Dans le village de **My Lai** au Viêt-nam du Sud, après avoir dynamité et brûlé leurs maisons, les forces U.S. ont aligné et abattu environ 500 hommes, femmes et enfants sans arme le 16 mars 1968. Les ordres avaient été donnés par des officiers U.S.

2. En septembre 1864, les troupes du gouvernement U.S. sous les ordres du général de l'Union William T. Sherman se sont emparées de la ville d'Atlanta, qu'ils ont brûlée en grande partie. Atlanta était un important poste de ravitaillement pour les 11 États sécessionnistes de la Confédération des États d'Amérique. Les 60 000 soldats sous les ordres de Sherman ont ensuite marché plus de 320 kilomètres vers l'océan Atlantique. Chemin faisant, ils ont coupé en deux ce qui restait de la Confédération et détruit autant de ressources économiques que possible. Ce coup a aidé à préparer le terrain pour la défaite militaire du régime esclavagiste au printemps de 1865.

3. Cet article, publié dans la revue *L'internationaliste* de janvier-mars 1991, est reproduit plus loin dans ce numéro de *Nouvelle Internationale* sous le titre : « Une campagne ouvrière contre l'impérialisme et la guerre ».

4. L'intifada est le soulèvement soutenu commencé en décembre 1987 par les Palestiniens et leurs alliés en Israël et dans d'autres territoires arabes occupés par Israël depuis la guerre de juin 1967. Il prend la forme de manifestations, de grèves, de rassemblements et de résistance aux confiscations de terres.

5. En juin 1967, le gouvernement israélien a envahi l'Égypte, la Jordanie et la Syrie. Au moment du cessez-le-feu après six jours de combat, les forces israéliennes occupaient l'est de la ville de Jérusalem, la Cisjordanie, le Golan, la bande de Gaza et la péninsule du Sinaï. Près de 1 000 soldats israéliens ont été tués et 4 500 blessés. Environ 4 000 combattants arabes ont trouvé la mort et 6 000 ont été blessés.

La guerre de 1973 a commencé le 6 octobre avec l'attaque des forces égyptiennes et syriennes contre les unités israéliennes qui occupaient le Sinaï et le Golan. Elle s'est terminée le 24 octobre avec l'adoption d'un cessez-le-feu. Des contingents de Jordanie, du Maroc, d'Arabie Saoudite et d'Irak ont aussi pris part au combat. Au cours de cette guerre, 2 800 Israéliens sont morts et 7 500 ont été blessés. Plus de 8 000 combattants arabes sont morts, 19 000 ont été blessés et 8 000 faits prisonniers.

Le 17 septembre 1978, le président égyptien Anouar al-Sadate et le premier ministre israélien Menahem Begin ont signé plusieurs accords sous les auspices du président des États-Unis James Carter, à la résidence présidentielle de Camp David, au Maryland. Dans un autre traité de paix signé à Washington le 26 mars 1979, Le Caire a formellement accordé la reconnaissance diplomatique à l'État d'Israël. Tel-Aviv a mis fin à son occupation de la péninsule du Sinaï en 1982.

6. Le régime kurde a conservé le pouvoir près d'un an. Lorsque la monarchie iranienne a pris des mesures pour écraser les deux gouvernements et occuper à nouveau ces territoires, le gouvernement soviétique s'est opposé à la résistance des peuples azéri et kurde. Cela a provoqué une scission au sein de la direction azérie où la majorité a suivi les ordres de Staline

et abandonné la résistance armée. La direction stalinienne en Azerbaïdjan a capitulé sans mener le moindre combat. Le renversement du gouvernement azéri a rapidement conduit à la chute de la République kurde. Mais les forces kurdes sont restées regroupées.

Le commandant militaire de la république kurde de Mahabad, Mustafa al-Barzani, a dirigé la retraite des forces kurdes. Il avait déjà mené des Kurdes d'Irak vers la république dirigée par Ghazi Muhammad dans le nord de l'Iran. En guerre contre l'armée du shah d'Iran, ses troupes ont traversé la frontière avec l'Irak où elles ont été attaquées par les forces armées de la monarchie irakienne appuyées par l'impérialisme britannique.

Barzani a ensuite dirigé une retraite de ses troupes à travers la Turquie et l'Iran jusqu'en Union soviétique. Elles y sont restées jusqu'au renversement de la monarchie irakienne pendant la révolution de juillet 1958. Elles sont alors rentrées au Kurdistan irakien et ont continué la lutte pour l'autodétermination.

7. Géronimo, un guerrier apache, a été un dirigeant remarquable de la lutte des peuples autochtones d'Amérique pour leurs droits et leurs terres contre la politique de génocide du gouvernement U.S. En mai 1885, lui et ses partisans se sont échappés de la réserve de San Carlos, en Arizona, où ils avaient été confinés par les forces gouvernementales. Ils se sont dirigés vers le Mexique où ils ont été poursuivis par plus de 5 000 soldats U.S., soit l'équivalent de près du tiers de la force de combat de l'armée U.S. à l'époque. Ils ont aussi été attaqués par des milliers de soldats mexicains. Finalement, en septembre 1886, Géronimo et quelques douzaines de ses partisans se sont rendus et tout le groupe a été déporté à Fort Marion, en Floride.

8. Pour plus d'information sur la montée et la chute du gouvernement ouvrier et paysan au Nicaragua, on peut consulter *Defend Revolutionary Nicaragua: The Eroding Foundations of the Workers and Farmers Government* [Défendons la révolution

nicaraguayenne. L'érosion de la base du gouvernement ouvrier et paysan]. C'est une résolution adoptée par le congrès d'août 1990 du Parti socialiste des travailleurs (SWP). Elle a été publiée dans New International no 9, *The Rise and Fall of the Nicaraguan Revolution* [L'ascension et la chute de la révolution nicaraguayenne], New York, Pathfinder, 1994. Elle est parue en espagnol dans le numéro d'octobre 1990 de la revue mensuelle *Perspectiva Mundial.* On peut lire aussi « Derrière la défaite du pouvoir ouvrier et paysan au Nicaragua », par Roni McCann, qui est paru dans le numéro d'avril-juin 1990 de la revue *Lutte ouvrière,* aujourd'hui *L'internationaliste.* Des discours et écrits de dirigeants sandinistes ont aussi été publiés dans *Sandinistas Speak* [Les Sandinistes prennent la parole], New York, Pathfinder, 1982. Ce livre comprend le Programme historique de 1969 du Front sandiniste de libération nationale ; et finalement, *Nicaragua: The Sandinista People's Revolution* [Nicaragua : la révolution populaire sandiniste], New York, Pathfinder, 1985.

9. Pour un récit de la révolution à Grenade par son dirigeant central, voir *Maurice Bishop Speaks: The Grenada Revolution and Its Overthrow, 1979-83* [Maurice Bishop prend la parole, la révolution grenadienne et son renversement, 1979-1983], New York, Pathfinder, 1983. En plus des discours de Maurice Bishop, ce livre comprend aussi deux textes qui fournissent une évaluation détaillée de l'héritage politique de la révolution et des leçons à tirer de son renversement. Il s'agit de l'introduction au livre, écrite par Steve Clark, et d'un discours prononcé en novembre 1983 par Fidel Castro, qui est reproduit en annexe. On peut aussi lire le texte de Steve Clark, « Le deuxième assassinat de Maurice Bishop » dans *Nouvelle Internationale* no 3, 1988, 1994, p. 13 à 176 [tirage 2012].

10. *Granma International,* 24 mars 1991.

11. Au début de la guerre de Corée, qui a duré de 1950 à 1953, le Conseil de sécurité de l'Organisation des nations unies (ONU) a adopté une série de résolutions fournissant une couverture diplomatique à l'intervention militaire de l'impérialisme U.S. Washington appuyait le régime des capitalistes et

des grands propriétaires fonciers du Sud. En tant que membre permanent du Conseil de sécurité, l'Union soviétique aurait pu opposer son veto à ces mesures. Mais elle boycottait alors les réunions du Conseil pour protester contre le refus de l'ONU de donner un siège à la République populaire de Chine.

12. Cuba a proposé 18 amendements à la résolution 686 du Conseil de sécurité, adoptée le 2 mars 1991. La résolution énonçait les conditions de Washington pour la reddition de Bagdad. Les amendements de Cuba ont tous été rejetés. L'un des amendements demandait « à tous les États membres, à l'ONU, aux agences spécialisées et à d'autres organisations internationales de faire parvenir rapidement à l'Irak et au Koweït une assistance humanitaire, y compris des aliments et du matériel médical. » Cet amendement a été rejeté par un vote de 5 pour (Cuba, l'Équateur, l'Inde, le Yémen et le Zimbabwe), 0 contre et 10 abstentions. La charte de l'ONU stipule qu'une proposition doit recueillir 9 votes positifs pour être adoptée par le Conseil de sécurité. Un autre amendement exigeant la libération immédiate de tous les prisonniers de guerre a été rejeté par 2 voix pour (Cuba et le Yémen), 0 contre et 13 abstentions. Un troisième appelant à un retrait rapide des forces militaires étrangères de l'Irak a été rejeté par un vote identique. Le gouvernement soviétique a suivi la direction des États-Unis en s'abstenant sur chaque amendement. La Chine a fait de même, sauf dans un cas. Cuba a été le seul pays à s'opposer à la résolution 686 lorsqu'elle a été soumise au vote. La Chine, l'Inde et le Yémen se sont abstenus.

13. Les **îles Kouriles**, un archipel situé au nord du Japon, ont été colonisées par Tokyo à la fin du dix-neuvième et au début du vingtième siècle, puis annexées par l'Union soviétique au lendemain de la deuxième guerre mondiale. Lors de son voyage au Japon en avril 1991, Mikhaïl Gorbatchev a déclaré que leur souveraineté pourrait faire l'objet de négociations entre les deux pays.

En septembre 1990, l'Union soviétique a complètement rétabli ses relations diplomatiques avec le gouvernement de la **Corée du sud** où s'est rendu le président Gorbatchev en avril 1991. Il a salué les « nouvelles relations » entre les deux gouvernements, qui comprennent un engagement économique de trois milliards de dollars de la Corée du sud envers Moscou. Pendant leur visite, les représentants soviétiques ont affirmé que si le gouvernement nord-coréen refusait d'accepter l'inspection internationale de son réacteur nucléaire de Yongbyon, Moscou allait cesser de lui fournir la technologie et le combustible nucléaires. Gorbatchev a aussi laissé entendre que si Pyongyang continuait de s'opposer à l'entrée séparée des deux Corées à l'ONU, Moscou allait appuyer l'entrée de la Corée du sud.

Toujours en septembre 1990, le gouvernement soviétique et **Israël** se sont entendus pour ouvrir des consulats sur leur territoire réciproque. Ils avaient rompu leurs relations diplomatiques après la guerre de 1967. En février 1991, l'Union soviétique et l'**Afrique du Sud** ont annoncé une entente dans le but d'établir des sections d'intérêts.

En janvier 1991, pour la première fois depuis le début des années 60, l'Union soviétique a commencé à exiger que **Cuba** fasse la plupart de ses échanges commerciaux avec l'URSS en monnaies fortes et aux prix du marché mondial. Des arrangements ont été négociés pour amortir les effets de ces changements pour 1991. Mais ils sont aujourd'hui graduellement supprimés. Cette détérioration subite de l'ampleur et des termes des échanges avec le principal partenaire commercial de Cuba a causé des pénuries importantes et un bouleversement de l'économie cubaine.

14. La révolution hongroise de 1956 a commencé à la fin du mois d'octobre à la suite d'attaques par la police secrète hongroise et les troupes soviétiques contre des manifestations pour les droits démocratiques. Les travailleurs ont formé des conseils révolutionnaires, pris le contrôle d'une grande partie du pays et affronté plusieurs divisions de soldats soviétiques. Moscou a écrasé le soulèvement après plusieurs semaines. Mais des grèves se sont poursuivies jusqu'à la mi-décembre.

Toujours en 1956, une rébellion ouvrière en Pologne a été neutralisée à la fois par la répression armée et l'établissement d'un régime de « réformes » sous Wladyslaw Gomulka. Trois ans plus tôt, en juin 1953, les troupes soviétiques et les véhicules blindés avaient écrasé un soulèvement en Allemagne de l'Est, dont une grève générale de plus de 200 000 travailleurs.

Lorsque ces rébellions ont eu lieu dans les années 50, les régimes et partis staliniens avaient décimé tout vestige de direction communiste de la classe ouvrière dans ces pays. Ils y étaient arrivés par la répression meurtrière et la désorientation politique. Ces révoltes ont cependant été les dernières en Europe de l'Est à impliquer des couches de travailleurs ouverts au socialisme et qui avaient été gagnés aux perspectives communistes quand ils étaient jeunes, avant la consolidation de la contre-révolution stalinienne en Union soviétique et dans l'Internationale communiste au début des années 30.

Le printemps de Prague en Tchécoslovaquie a été une période de radicalisation de masse au début de 1968 qui a réussi à arracher au régime stalinien quelques concessions démocratiques et un certain espace politique. En août 1968, il a été écrasé par l'intervention de plus de 650 000 soldats de l'Union soviétique et de l'Europe de l'Est. Il n'existait alors aucune direction communiste capable d'organiser la résistance des travailleurs et des étudiants ou de forger le noyau d'une avant-garde internationaliste révolutionnaire de la classe ouvrière au lendemain de la défaite.

15. Pour de plus amples lectures sur la signification du krach boursier de 1987, de la récession mondiale de 1974-1975 et celle de 1981-1982, on peut lire les résolutions du SWP mentionnées dans la note 1 de la « Présentation » au début de ce numéro de *Nouvelle Internationale.* On peut lire aussi « Un programme d'action face à la crise économique qui vient » publié dans le numéro de novembre 1988 de la revue *Lutte ouvrière,* aujourd'hui *L'internationaliste,* et le livre de Jack Barnes, *Le visage changeant de la politique aux États-Unis : la politique ouvrière et les syndicats,* New York, Pathfinder, 2004.

16. Le gouvernement du Panama a été le premier à reconnaître le gouvernement provisoire du Front sandiniste de libération nationale, établi le 16 juin 1979 dans une zone libérée du régime pro-impérialiste de Somoza. La brigade panaméenne Victoriano Lorenzo a fait partie des brigades internationalistes qui ont combattu aux côtés des sandinistes. Elle était dirigée par Hugo Spadafora, qui était alors sous-ministre panaméen de la santé. Cuba a fourni au nouveau gouvernement révolutionnaire des milliers d'enseignants, de médecins, de techniciens et de conseillers militaires. Il a aussi fourni une aide importante au niveau de l'agriculture, de la nourriture, du matériel médical et des matériaux de construction.

17. Cuba a posé l'un des actes de solidarité les plus remarquables envers les peuples arabes en envoyant un contingent de volontaires pour aider à défendre la Syrie contre l'attaque israélienne.

18. Avec l'appui de Tel-Aviv et de Washington, l'armée du roi Hussein a lancé une opération de grande envergure contre les camps de réfugiés et les communautés palestiniennes en Jordanie en septembre 1970. Cette attaque visait à briser le militantisme des combattants palestiniens et à maintenir des relations stables avec Israël. Plus de 8 000 Palestiniens ont été tués dans cette opération. Ce massacre est maintenant connu sous le nom de « Septembre noir ».

19. Pour un compte-rendu et une analyse politique de l'affaiblissement de l'État ouvrier soviétique sous Staline dans les années 30, on peut lire Léon Trotsky *La révolution trahie,* Paris, Minuit, 1963 ; et *In Defense of Marxism,* New York, Pathfinder, 1995. (La version française *En défense du marxisme* est maintenant épuisée).

20. Quelques mois après la révolution d'octobre, une guerre civile a éclaté quand les capitalistes et les propriétaires fonciers russes ont tenté de reprendre le pouvoir. Les forces contre-révolutionnaires ont reçu l'appui de soldats envoyés par les gouvernements d'une douzaine de pays, dont les gouvernements

impérialistes des États-Unis, de la Grande-Bretagne, de la France et du Canada. Les forces contre-révolutionnaires ont lancé une offensive sur plusieurs fronts. La jeune république soviétique a répondu en mobilisant les ouvriers et les paysans au sein de l'Armée rouge récemment créée. Ils ont défendu avec succès le gouvernement révolutionnaire. Vladimir Lénine était alors le dirigeant central du gouvernement soviétique et du Parti communiste (PC). Le commandant en chef de l'Armée rouge était un autre dirigeant du PC, Léon Trotsky.

21. Voir Cindy Jaquith et autres, *Panama: The Truth about the U.S. Invasion* [Panama, la vérité sur l'invasion U.S.], New York, Pathfinder, 1990.

22. Voir la section intitulée « La marche vers la guerre et la dépression » de l'article « La campagne ouvrière contre l'impérialisme et la guerre » reproduit plus loin dans ce numéro de *Nouvelle Internationale.*

23. Le 3 mars 1991, plus d'une vingtaine de policiers de Los Angeles ont violemment battu Rodney King, un travailleur de la construction sans emploi, qui est Noir. Cette attaque brutale, enregistrée sur vidéo par un résident du quartier, a été diffusée partout à travers les États-Unis et le monde. Cette attaque a provoqué des manifestations exigeant la démission du chef de la police de Los Angeles, Daryl Gates.

24. La perspective de construire un parti ouvrier « de campagne » sur le modèle du parti bolchevique de Vladimir Lénine a été codifiée dans une série de résolutions adoptées par le SWP entre 1938 et 1940. Elle est toujours au centre de ses principes politiques et organisationnels. La résolution politique adoptée par le congrès du SWP de juillet 1939 stipule que « pour faire des progrès importants dans le mouvement de masse, le parti devra organiser son activité autour du principe de la campagne. Une campagne politique, tout comme une campagne militaire, vise à concentrer et coordonner toutes les forces disponibles pour atteindre un objectif ou un ensemble d'objectifs concrets et précis. Cela exige que le parti concentre toute son organisation nationale et tous les

aspects de son activité […] en une unité organisée autour de l'axe spécifique de la campagne. » (James P. Cannon et autres, *The Founding of the Socialist Workers Party* [La fondation du Parti socialiste des travailleurs], New York, Pathfinder, 1982, p. 566 [tirage 2022].)

D'autres textes de dirigeants communistes et d'organisations révolutionnaires expliquent aussi comment un tel parti de combat de la classe ouvrière peut être construit. Parmi ceux-ci, il y a *La lutte pour un parti prolétarien,* New York, Pathfinder, 1997. On peut aussi lire *Letters from Prison: The Communist Campaign against Wartime Repression* [Lettres de prison, la campagne communiste contre la répression pendant la guerre], New York, Pathfinder, 1973 ; Farrell Dobbs, *The Structure and Organizational Principles of the Party* [La structure et les principes organisationnels du parti], New York, Pathfinder, 1971 ; la résolution du SWP de 1965 : *The Organizational Character of the Socialist Workers Party* [Le caractère organisationnel du Parti socialiste des travailleurs], New York, Pathfinder, 1970 ; et Jack Barnes, *The Changing Face of U.S. Politics: The Proletarian Party and the Trade Unions,* déjà mentionné à la note 15.

25. Mark Curtis, ouvrier des salaisons, combattant antiguerre et membre du SWP, purge en ce moment une peine de 25 ans de prison en Iowa. Son combat pour la justice s'est gagné un appui très large à travers le monde. Les faits et les enjeux de la lutte de Mark Curtis sont expliqués dans l'article « Mark Curtis, la lutte contre un coup monté politique » par John Gaige, paru dans le numéro de juin-juillet 1989 de la revue *Lutte ouvrière,* aujourd'hui *L'internationaliste.*

26. Léon Trotsky, *The Third International after Lenin* [La Troisième Internationale après Lénine], New York, Pathfinder, 1996, p. 26 [tirage 2013].

ÉLARGISSEZ VOTRE ARSENAL RÉVOLUTIONNAIRE

Sont-ils riches parce qu'ils sont intelligents ?

Classe, privilège et apprentissage sous le capitalisme

JACK BARNES

Dans les luttes que nous, les travailleurs, mènerons contre les capitalistes, nous changerons peu à peu d'attitude envers la vie, le travail et chacun de nous. Nous découvrirons notre valeur, que nient les dirigeants et les classes moyennes supérieures, qui prétendent qu'ils sont riches parce qu'ils sont intelligents. Nous saisirons dans la lutte ce que nous pouvons devenir. 10 $ US. Aussi en anglais, espagnol, farsi, arabe, grec.

Le bilan anti-ouvrier des Clinton

Pourquoi Washington craint les travailleurs

JACK BARNES

Ce que les travailleurs doivent savoir sur le cours, axé sur le profit, des démocrates et des républicains au cours des 30 dernières années. L'éveil politique des travailleurs qui cherchent à comprendre et à résister aux attaques des dirigeants capitalistes. 10 $ US. Aussi en anglais, espagnol, farsi, grec.

Le socialisme et l'homme à Cuba

ERNESTO CHE GUEVARA, FIDEL CASTRO

« L'homme atteint réellement sa pleine condition humaine lorsqu'il produit sans être contraint par la nécessité physique de se vendre comme marchandise », a écrit Che Guevara en 1965. 5 $ US. Aussi en anglais, espagnol, farsi, grec.

Le programme de transition pour la révolution socialiste

LÉON TROTSKY

Le programme du Parti socialiste des travailleurs, élaboré par Léon Trotsky en 1938, guide toujours le SWP et les communistes partout dans le monde. Le parti « combat sans compromis tous les groupements politiques accrochés aux basques de la bourgeoisie. Sa tâche : l'abolition de la domination du capitalisme. Son objectif : le socialisme. Sa méthode : la révolution prolétarienne. » 17 $ US. En anglais et farsi.

La grève de 1985-1986 des travailleurs de l'abattoir Hormel, à Austin au Minnesota

FRED HALSTEAD

La dure grève menée contre la compagnie Hormel a initié une série de batailles des travailleurs des usines de transformation de la viande qui — de concert avec des grèves des travailleurs des pâtes et papier, de la conserverie et des mines de charbon dans l'Ouest des États-Unis — ont marqué une rupture dans la déroute des syndicats US amorcée pendant la récession de 1981-1982. 5 $ US. En anglais et espagnol.

Malcolm X parle aux jeunes

« La jeune génération de blancs, de Noirs, de bruns, de toute autre couleur, vous vivez une époque de révolution, a dit Malcolm en 1964. Quant à moi, je me joindrai à quiconque, je me fiche de votre couleur, veut changer la condition misérable qui existe sur cette terre. » Quatre discours et un entretien dans les derniers mois de la vie de Malcolm X. 12 $ US. Aussi en anglais, espagnol, farsi, grec.

PATHFINDERPRESS.COM

« L'HISTOIRE DE TOUTE SOCIÉTÉ JUSQU'À NOS JOURS EST L'HISTOIRE DES LUTTES DE CLASSES »

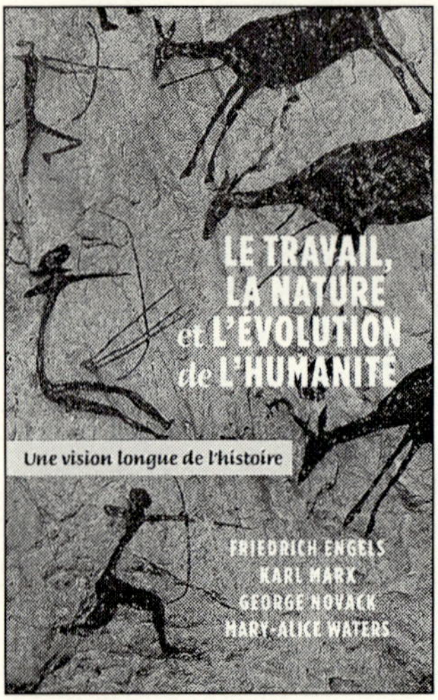

Le travail, la nature et l'évolution de l'humanité

Une vision longue de l'histoire

FRIEDRICH ENGELS, KARL MARX, GEORGE NOVACK, MARY-ALICE WATERS

Sans comprendre qu'en transformant la nature, le travail social est le moteur de l'évolution de l'humanité depuis des millions d'années, les travailleurs ne peuvent pas voir au-delà de l'époque capitaliste d'exploitation de classe qui déforme toutes les relations, idées et valeurs humaines. 12 $ US. Aussi en anglais et espagnol.

Le Manifeste communiste

KARL MARX ET FRIEDRICH ENGELS

Le communisme, disent les dirigeants qui ont fondé le mouvement ouvrier révolutionnaire, n'est pas un ensemble d'idées ou de principes préconçus. C'est plutôt la marche de la classe ouvrière vers le pouvoir, telle qu'elle surgit d'un « mouvement historique qui s'opère sous nos yeux ». 5 $ US. Aussi en anglais, espagnol, farsi, arabe.

Socialisme utopique et socialisme scientifique

FRIEDRICH ENGELS

« Rendre les hommes maîtres de leur propre forme d'organisation sociale, les rendre libres, telle est la mission du prolétariat moderne », écrit Engels. Un ouvrage classique expliquant les mécanismes du capitalisme et les luttes de la classe ouvrière. 10 $ US. En anglais et farsi.

UNE CAMPAGNE OUVRIÈRE CONTRE L'IMPÉRIALISME ET LA GUERRE

Jack Barnes

LE 1ER NOVEMBRE 1990, le comité national du Parti socialiste des travailleurs a émis une déclaration demandant au peuple travailleur du monde entier de « faire campagne contre la guerre sanglante que Washington, Londres, Paris et leurs alliés préparent au Moyen-Orient et d'en faire le coeur de leur activité politique. » Il y était souligné : « Nous ne devons pas nous faire d'illusions. Les préparatifs de guerre s'accélèrent. »

Aujourd'hui, nous pouvons confirmer l'exactitude et l'urgence de cette déclaration. Pire, les événements survenus depuis ont rapproché le déclenchement d'une guerre meurtrière au Moyen-Orient.

Le 29 novembre, le Conseil de sécurité de l'Organisation des nations unies (ONU) a adopté une résolution

---

L'article qui suit s'appuie sur deux discours prononcés à Washington et New York les 17 novembre et 1er décembre 1990. Il a paru dans la revue International Socialist Review, *inséré en supplément à l'édition du 21 décembre 1990 du* Militant, *un hebdomadaire socialiste publié à New York. Il a été traduit en français dans le numéro de janvier-mars 1991 de la revue trimestrielle* L'internationaliste, *publiée à Montréal. Jack Barnes est le secrétaire national du Parti socialiste des travailleurs (SWP) aux États-Unis.*

autorisant Washington à déchaîner son énorme arsenal militaire si le régime irakien n'avait pas retiré ses troupes du Koweït avant le 15 janvier 1991.

Dans une série de résolutions, le Conseil de sécurité avait déjà condamné l'invasion du Koweït par l'Irak le 2 août dernier et exigé le retrait immédiat des forces irakiennes ; exigé que l'Irak annule son annexion du Koweït le 8 août ; demandé au gouvernement de Bagdad de libérer immédiatement et en toute sécurité tous les citoyens étrangers ; exigé que l'Irak révoque l'ordre de fermer les ambassades et les consulats au Koweït et mette un terme à la violation de l'immunité diplomatique de leur personnel ; et condamné les mauvais traitements infligés par les forces d'occupation irakiennes aux citoyens du Koweït et d'autres pays.

La résolution parrainée par les USA et adoptée le 29 novembre a réaffirmé ces exigences, en leur ajoutant toutefois un élément. Elle autorise « les États membres [...] à user de tous les moyens nécessaires [...] pour faire respecter et appliquer [...] toutes les résolutions pertinentes précédentes », mais aussi « pour rétablir la paix et la sécurité internationales dans la région. » Le Conseil de sécurité a aussi demandé à « tous les États d'apporter l'appui voulu aux mesures » mises en branle par Washington et ses alliés.

Ce libellé a été élaboré par Washington. Il lui donne un éventail encore plus large de justifications pour déclencher la guerre contre l'Irak sous prétexte d'appliquer les décisions de l'ONU. Quand les dirigeants des États-Unis parlent de rétablir la « paix et la sécurité » au Moyen-Orient, ils ne parlent que d'une chose : de la paix et de la sécurité des intérêts impérialistes. Et il n'y a qu'une façon d'atteindre cet objectif : en imposant en Irak un régime qui sera, en terme politique, l'équivalent d'un protectorat U.S. dans la région. Ceci exige d'infliger une défaite sanglante aux forces armées irakiennes et de renverser l'actuel gouvernement. Le minimum recherché par Washington, c'est de rendre l'Irak beaucoup plus vulnérable à ses ordres et à ses menaces militaires.

Le 5 décembre, le secrétaire d'État James Baker a déclaré au Comité du Sénat sur les affaires extérieures que si l'Irak ne satisfait pas aux conditions de l'ONU et que la guerre est déclenchée contre lui, Washington va frapper de manière « subite, massive et décisive. »

Abdullah Saleh al-Ashtal, l'ambassadeur du Yémen à l'ONU, ne pouvait être plus juste quand il a déclaré aux membres du Conseil de sécurité le 29 novembre : « Dans les annales de l'ONU, on se souviendra longtemps de cette résolution comme la résolution de la guerre. » C'est exactement ce qu'elle était.

L'ADOPTION DE CETTE RÉSOLUTION était aussi prévisible. Washington a établi avec soin pratiquement chaque aspect des travaux du Conseil de sécurité au cours d'entretiens avec d'autres partisans de la guerre contre l'Irak, dont le ministre des Affaires extérieures de l'URSS, Édouard Chevardnadze. Celui-ci a feint l'indignation en lançant au gouvernement irakien. « Je ne peux prédire quelles seront les conséquences si un seul citoyen soviétique est blessé. Mais celles-ci seront très, très sérieuses. » Peu après, le régime de Bagdad a annoncé que tous les citoyens soviétiques en Irak étaient libres de quitter le pays. Quelques jours plus tard, tous les otages détenus jusqu'alors ont obtenu la permission de partir.

Le gouvernement de Cuba s'est fortement opposé à la résolution du Conseil de sécurité, qu'il a dénoncée comme une nouvelle étape dangereuse de l'escalade militaire massive et des préparatifs d'agression de Washington. Paraphrasant le titre d'un roman de Gabriel García Márquez, le ministre cubain des Affaires extérieures, Isidoro Malmierca, a qualifié la résolution de « chronique d'une guerre annoncée ».

LA MARCHE UNANIME DE WASHINGTON VERS LA GUERRE

LE 29 NOVEMBRE, le jour où le Conseil de sécurité a adopté sa résolution de guerre, les troupes U.S., britanniques et saoudiennes ont été placées en état d'alerte maximum. Tout est prêt maintenant pour que les unités britanniques et saoudiennes combattent sous le commandement des États-Unis quand la guerre va commencer.

Le lendemain du vote à l'ONU, le président des États-Unis George Bush a tenté de combler une lacune dans son raisonnement politique en faveur de la guerre en entreprenant « d'épuiser tous les canaux » disponibles avant d'en arriver aux armes. Il a invité à Washington le ministre irakien des Affaires extérieures, Tarek Aziz, et annoncé qu'il enverrait James Baker à Bagdad. James Baker a pour tâche de fixer Saddam Hussein dans les yeux et de lui dire : « Il n'y aura aucun moyen de vous en sortir en sauvant la face. Vous respectez à la lettre chacune des résolutions de l'ONU, sinon… »

Le lendemain 1er décembre, le Pentagone a annoncé l'envoi de 300 autres bombardiers, ce qui a porté à 1 900 le nombre d'avions de guerre U.S. dans la région du Golfe. Ce chiffre ne comprend pas les centaines d'autres avions dépêchés par l'Arabie saoudite, la France, la Grande-Bretagne, le Canada, la Hollande, l'Italie et d'autres pays. C'est la première fois depuis la guerre de Corée que le gouvernement canadien envoie des unités se battre dans une guerre impérialiste. Contrairement à l'Australie et à plusieurs autres gouvernements, Ottawa n'a pas envoyé de troupes se battre aux côtés de Washington pendant la guerre du Viêt-nam.

De son côté, l'Irak ne possède que 600 avions de combat moins perfectionnés.

Washington a déjà déployé dans la région du Golfe une force aérienne plus grande que celles qui ont effectué les grands bombardements U.S. pendant les guerres de Corée et du Viêt-nam. Les dirigeants du Pentagone et de l'armée de l'air qui ont comparu devant le Comité du Sénat sur les services armés ont tous affirmé que les forces dirigées par les États-Unis sont aujourd'hui capables, au cours de la seule première semaine et demie de bombardements intensifs, de lancer contre l'Irak une force destructrice plus grande que durant toute la guerre de Corée. Au cours des dernières semaines, les unités d'assaut aérien qui s'entraînent depuis leur arrivée en Arabie saoudite se sont rapprochées de la frontière de l'Irak.

Juste avant le vote du Conseil de sécurité, la Grande-Bretagne a annoncé qu'elle augmentait de 15 000 à 30 000 le nombre de ses soldats dans la région, avec le plein appui de la direction des partis conservateur et travailliste. Ce chiffre équivaut à 10 pour cent de ses forces en service. On évalue à 8 500 le nombre de soldats britanniques impliqués dans l'assaut contre les îles argentines pendant la guerre des Malouines en 1982. Ceux-ci étaient cependant appuyés par une flotte beaucoup plus imposante de 30 à 40 bateaux. Londres projette aussi d'expédier au Moyen-Orient pratiquement tous ses chars d'assaut stationnés en Europe continentale et quelques-uns de ceux qui se trouvent en Grande-Bretagne même.

Après le vote au Conseil de sécurité, le gouvernement du Parti national a annoncé que la Nouvelle-Zélande envoyait un premier contingent de 300 militaires dans le Golfe.

Le gouvernement turc a déjà mobilisé 100 000 soldats à sa frontière avec l'Irak. Le président du pays, Turgut Özal, a suggéré que le gouvernement turc pourrait bientôt envoyer un contingent qui se joindrait aux forces sous commandement U.S. en Arabie saoudite même. Il a aussi offert, si la guerre éclate, de mettre à la disposition de Washington la base aérienne d'Incirlik, au sud du pays. Le gouvernement pakistanais a annoncé qu'il enverrait 10 000 soldats de plus en Arabie saoudite, ce qui portera à 15 000 le nombre de ses forces de combat le 15 janvier.

Les grandes chaînes de télévision U.S. — ABC, NBC et CNN — ont rapporté le 1er décembre que le ministre syrien de la Défense s'est dit prêt à envoyer un demi-million de soldats au combat si la guerre éclate. La Syrie a déjà 19 000 soldats appartenant à des divisions blindées sur place ou en route vers l'Arabie saoudite.

Avant la fin de janvier, le gouvernement des États-Unis aura près de 450 000 soldats dans la région. Les forces combinées des USA et de leurs alliés s'élèveront à 650 000 militaires. Quelque 40 pour cent de l'armée U.S. et près de la moitié de ses forces de combat se trouvent dans la région ou sont en train de s'y rendre. Ceci comprend plus de la moitié des unités U.S. officiellement stationnées en Europe. Les deux tiers des unités de combat du corps des fusiliers marins U.S. seront dans le Golfe. La moitié des forces blindées U.S. stationnées en Europe a été dépêchée en Arabie saoudite, ce qui y portera à 1 200 le nombre de chars d'assaut modernes U.S. Il y aura six porte-avions et groupes de combat naval U.S. dans les mers entourant la péninsule arabe.

À mesure qu'augmente implacablement le nombre de soldats et de blindés, Washington multiplie les manoeuvres militaires à proximité des forces irakiennes, comme l'Opération tonnerre imminent qui a eu lieu à la fin de novembre 1990. Ces manoeuvres massives impliquent des centaines d'avions et d'unités de combat aérien et simulent le débarquement de forces d'invasion. Ce ne sont pas avant tout des exercices d'entraînement. Ces opérations visent à ressembler le plus possible aux premières manoeuvres de l'assaut militaire lui-même. Plus elles se poursuivent, plus elles deviennent provocantes. Jour après jour, semaine après semaine, les forces armées irakiennes doivent prendre des décisions de plus en plus difficiles face à ces provocations.

SI LES COMBATS ne commencent pas bientôt ou si Washington ne peut remporter rapidement une victoire militaire, il sera impossible de soutenir une mobilisation de cette ampleur sans réimposer la conscription. Le nombre des forces de combat U.S. qui sont déjà impliquées dans les opérations du golfe Arabo-persique est tellement grand qu'il n'y a aucun autre moyen d'assurer le remplacement et la rotation des troupes à long terme. Déjà, quelques politiciens — en particulier des démocrates libéraux — ont commencé à demander de rétablir la conscription capitaliste sous le prétexte de redresser le déséquilibre de classe et de race qui existe aujourd'hui dans les forces armées. Mais qui étaient les soldats qui ont lutté au Viêt-nam ? Il suffit d'y penser une minute pour se rendre compte qu'une armée de conscrits ne comportera pas moins de travailleurs, de Noirs et de Latino-américains que la présente armée d'engagés volontaires. Comme travailleuses et travailleurs communistes, nous maintenons notre position historique : pas un sou, pas un homme, pas une femme pour l'armée impérialiste !

Le blocus imposé par les USA

Parallèlement à cette incessante escalade militaire de l'impérialisme et aux manoeuvres diplomatiques qui visent à la justifier, le blocus économique contre l'Irak a été renforcé. Les navires de guerre des États-Unis et de leurs alliés continuent d'utiliser la force armée pour empêcher cargos et pétroliers de transporter toute marchandise d'importation ou d'exportation en direction ou en provenance des ports irakiens. C'est facile d'oublier qu'il s'agit là de l'embargo le plus efficace imposé contre un pays depuis des décennies. Dans les faits, c'est le seul véritable embargo de l'histoire moderne, un acte sans précédent par son ampleur et par le déséquilibre des forces économiques et militaires impliquées des deux côtés. Selon toutes les définitions existantes, c'est un acte de guerre.

On dit parfois que l'Irak est le troisième pays à être visé par les sanctions du Conseil de sécurité depuis la fondation de l'ONU en 1945. Les deux autres pays sont la Rhodésie du Sud durant les années de domination de la minorité blanche et l'Afrique du Sud de l'apartheid aujourd'hui[1]. Mais les actions de l'ONU contre ces deux régimes racistes se sont limitées à des sanctions. Elles ne comportaient pas d'embargo. Washington lui-même a ouvertement contourné les sanctions. Aucun mécanisme n'avait été prévu pour assurer leur application, moins encore le recours à la force navale, aérienne et terrestre de la plus grande puissance impérialiste au monde !

Nous parlons souvent de « l'embargo » contre Cuba. Les États-Unis ont imposé un blocus naval de quelques

LES NOTES DE CET ARTICLE COMMENCENT À LA PAGE 312

jours contre Cuba en octobre 1962, lorsque Washington a annoncé son intention d'intercepter et de repousser des navires soviétiques transportant des missiles nucléaires[2]. Mais il n'y a pas à proprement parler d'embargo naval ou aérien contre Cuba aujourd'hui. Washington a interdit tout commerce avec Cuba ainsi que l'envoi de toute aide à ce pays, un geste qui a eu des conséquences économiques et sociales beaucoup plus dévastatrices que les sanctions de l'ONU contre les régimes racistes de l'Afrique australe.

Même pendant la guerre du Viêt-nam, le gouvernement des États-Unis n'a jamais essayé de stopper les bateaux soviétiques, chinois ou européens qui ravitaillaient le Viêt-nam du Nord en armes et en marchandises. De fait, la force aérienne U.S. a évité de couler ou d'endommager ces navires lors de ses bombardements répétés du port de Haiphong.

Mais c'est un véritable embargo qui est aujourd'hui imposé contre l'Irak. Tout navire qui cherche à forcer le blocus court le risque de se faire couler corps et biens, avec la bénédiction de la résolution 665 du Conseil de sécurité. Celle-ci demande avec euphémisme aux gouvernements « qui déploient des forces navales dans la région de prendre des mesures qui soient en rapport avec les circonstances du moment [...] pour arrêter tous les navires marchands qui arrivent ou qui partent. » Jusqu'à maintenant, aucun pétrolier ou navire marchand de l'Irak ou d'un autre pays n'a tenté de forcer l'embargo après avoir été intercepté. Mais plusieurs ont subi des tirs d'avertissement avant d'accepter de rebrousser chemin ou de laisser les forces impérialistes monter à leur bord.

Le gouvernement des États-Unis estime que l'embargo a paralysé 90 pour cent des importations irakiennes et 97 pour cent de ses exportations et qu'il a réduit de

40 pour cent sa production civile depuis septembre. Ces chiffres sont possiblement exagérés. Mais clairement, ce blocus brutal fait déjà payer un prix désastreux aux populations de l'Irak et du Koweït. Comme l'a expliqué à l'ONU le ministre cubain des Affaires extérieures, Isidoro Malmierca, « en adoptant une résolution de blocus total qui inclut aliments et médicaments, [le Conseil de sécurité] a transformé en otages de la faim et de la mort des millions de personnes âgées, de femmes et d'enfants [...].

« Déjà des enfants et des malades au sein de la population civile irakienne, a-t-il ajouté, sont morts faute de médicaments dans les hôpitaux. La présence de plus de 200 infirmières et médecins cubains, qui apportent leur aide gratuitement dans ce pays depuis plus de 12 ans, nous permet de témoigner de cette réalité. »

Il y a déjà une pénurie de lait en Irak et son prix a augmenté de 400 pour cent. Il s'agit là d'un aliment essentiel à la santé des enfants. Le prix d'autres aliments de base augmente aussi considérablement.

Dès les premiers efforts de l'impérialisme pour imposer un embargo en août dernier, le gouvernement socialiste de Cuba a défendu une position de principe sur la question. En septembre, l'ambassadeur de Cuba aux Nations unies Ricardo Alarcón a déclaré devant le Conseil de sécurité : « Pour Cuba, l'idée même de vouloir utiliser la faim comme moyen de priver des peuples de ce qui est un droit absolument fondamental de tout être humain n'importe où dans le monde et en toute circonstance — c'est-à-dire le droit d'être nourri et de recevoir des soins médicaux appropriés — est totalement inadmissible. Nous croyons, a-t-il poursuivi, que personne n'a l'autorité politique, juridique ou morale pour recourir à une mesure inhumaine quelconque dont les seules et uniques victimes seraient des civils innocents[3]. »

Conséquent avec lui-même, le gouvernement cubain a refusé d'annuler les exportations de nourriture qu'il avait conclues avec l'Irak ou de retirer sa brigade médicale volontaire des hôpitaux irakiens.

L'invasion du Koweït par l'Irak et l'escalade militaire impérialiste qui s'en est suivie se sont aussi traduits par le déracinement et le déplacement forcés de populations entières.

Pendant la session du 29 novembre du Conseil de sécurité, l'ambassadeur du Yémen a rapporté que le gouvernement de l'Arabie saoudite au cours des deux mois précédents avait retiré le permis de travail à quelque 900 000 travailleurs yéménites et leur avait ordonné de retourner au Yémen. Plusieurs d'entre eux avaient vécu et travaillé en Arabie saoudite durant toute leur vie. Pourquoi cette mesure ? Parce que la monarchie saoudienne n'a pas apprécié les prises de position du Yémen au Conseil de sécurité.

« À titre de comparaison, a expliqué l'ambassadeur du Yémen, c'est comme si 30 millions d'Américains sans travail revenaient en deux mois au pays. Vous pouvez imaginer le fardeau économique que ce bouleversement démographique provoquerait. »

La comparaison est encore plus frappante si on tient compte du faible niveau de développement économique et du niveau de vie déjà bas qui existent au Yémen. De plus, les gouvernements de l'Arabie saoudite et des émirats du Golfe ainsi que ceux d'autres pays arabes qui appuient la coalition mise sur pied par Washington ont pratiquement coupé toute aide économique au Yémen depuis août. Pour couronner le tout, le *New York Times* a rapporté dans son édition du 2 décembre que dans les minutes qui ont suivi le vote de l'ambassadeur du Yémen contre la résolution de guerre parrainée par les États-Unis, « un haut diplomate U.S. a reçu pour instruction d'aller lui dire : « C'était le vote le plus coûteux que vous ayez jamais exprimé » — une façon de lui signifier la fin de l'aide des États-Unis au Yémen, une aide de plus de 70 millions de dollars. »

Les régimes monarchiques de l'Arabie saoudite et du Golfe ont réservé le même sort à plusieurs travailleurs immigrants jordaniens et palestiniens que celui imposé aux travailleurs yéménites. Le gouvernement de Bagdad n'a pas non plus ménagé les Palestiniens. Les forces d'occupation irakiennes ont expulsé plus de 180 000 citoyens jordaniens. Plusieurs d'entre eux étaient des Palestiniens qui travaillaient au Koweït.

Environ 2 millions de personnes originaires d'autres pays se trouvent toujours au Koweït et en Irak, la vaste majorité contre leur gré. Aucun gouvernement ou agence internationale n'est prêt à défrayer les coûts de leur rapatriement. Quatre-vingt-dix-huit pour cent d'entre elles proviennent de pays du tiers monde. Plus de 90 000 sont originaires du Pakistan, 65 000 du Sri Lanka, 55 000 du Liban, 20 000 de l'Inde, 15 000 du Bangladesh, 14 000 du Viêt-nam, près de 6 000 des Philippines et près de 5 000 de Chine.

Washington veut établir un protectorat U.S.

Lorsque les forces irakiennes se sont brutalement emparées du Koweït en août 1990, les dirigeants des États-Unis ont compris que Saddam Hussein venait de leur offrir sur un plateau d'argent la meilleure ouverture depuis plus de 10 ans pour atteindre un de leurs principaux objectifs stratégiques dans la région. Ces objectifs sont simples : protéger et faire avancer les intérêts économiques et stratégiques de Washington au Moyen-Orient, et non défendre la souveraineté nationale du Koweït ou de quelque autre pays. La classe dominante U.S. vise à renverser en sa faveur le rapport de force entre les classes au Moyen-Orient et à reprendre une partie de ce que l'impérialisme a perdu au cours des 30 dernières années. La victoire de la révolution iranienne en 1979 est le coup le plus récent et le plus gros porté à Washington dans cette région.

Avant le renversement du shah, l'Iran était un des régimes les plus fidèles à Washington. Dans la configuration des appuis impérialistes dans la région, le « trône du paon » de la monarchie iranienne constituait le troisième élément d'un trio comprenant Israël et les monarchies de l'Arabie saoudite et du Golfe. Israël en était de loin l'élément le plus solide en tant que puissance impérialiste secondaire lourdement armée. Et les monarchies de l'Arabie saoudite et du Golfe, l'élément le plus faible.

Pendant plus de dix ans, les dirigeants U.S. ont essayé de récupérer une partie de ce qu'ils ont perdu avec le renversement du shah. Pendant la majeure partie des années 80, ils l'ont fait en encourageant Saddam Hussein dans sa guerre contre l'Iran et en appuyant l'envoi d'armes à l'Irak par leurs alliés impérialistes, en particulier par le gouvernement français. La guerre Iran-Irak a commencé en 1980 quand l'Irak a massivement envahi le sud de l'Iran. Elle s'inscrit parmi les conflits les plus meurtriers du siècle, avec des centaines de milliers de morts et de blessés. Washington a donné à Bagdad un appui à peine voilé. Mais cette guerre meurtrière de huit ans ne lui a pas permis de faire de progrès vers l'établissement dans la région d'un autre régime totalement fidèle aux intérêts de l'impérialisme et dépendant de son appui militaire.

Mais la situation a changé depuis août. Avec l'appui unanime des démocrates et des républicains, les dirigeants U.S. se sont emparés de l'opportunité qui leur a été offerte. Les directions des partis républicain et démocrate appuient le recours à la force militaire pour atteindre leurs buts, y compris si nécessaire le déclenchement d'une guerre totale contre l'Irak. Tout comme l'administration Bush, ils rejettent toute négociation avec le gouvernement irakien — même si des discussions ont lieu sans aucun doute dans les coulisses depuis le début du conflit, comme c'est toujours le cas avant et durant la plupart des conflits armés.

Quand l'administration Bush a décidé en août de commencer à dépêcher des forces terrestres, aériennes et navales en Arabie saoudite et dans la région du golfe Arabo-persique, le Congrès l'a appuyée. Les deux partis ont appuyé les initiatives prises par Washington pour convaincre ses alliés impérialistes, divers régimes capitalistes de la région ainsi que d'autres gouvernements — ils sont 32 en tout maintenant — de participer à cette escalade militaire gigantesque en y expédiant du matériel de guerre et des forces aériennes, navales, terrestres et blindées.

Mais c'est avant tout la guerre brutale et unilatérale déjà menée dans le Golfe par Washington que les deux partis ont appuyée — la guerre d'usure qui vise à affamer et à briser les travailleurs et les paysans de l'Irak et du Koweït par le biais d'un blocus criminel et total des importations et des exportations, y compris des aliments et des médicaments.

Les démocrates et les républicains ont tous acclamé le succès remporté par la Maison-Blanche en amenant le Conseil de sécurité de l'ONU à donner une légitimité politique internationale à son agression unilatérale. Le

Conseil a endossé chacune de ses initiatives, avec l'appui unanime de ses quatre autres membres permanents : la Grande-Bretagne, la Chine, la France et l'Union soviétique. Les politiciens impérialistes qui siègent des deux côtés du Congrès ont salué la capacité de Washington d'impliquer les régimes bourgeois de l'Arabie saoudite, des États du Golfe, de l'Égypte, de la Syrie et de la Turquie dans son opération militaire contre l'Irak. Ils ont été ravis de voir l'impérialisme brouiller tous les anciens alignements et exacerber considérablement les conflits entre les classes dominantes bourgeoises rivales du Moyen-Orient.

Une guerre où ils vont se casser les dents

Le principal problème auquel les dirigeants U.S. font face n'est pas militaire. Il n'y a pas si longtemps, c'est vrai, Washington et les autres puissances impérialistes pouvaient s'emparer de pays de la grandeur de l'Irak avec relativement peu de marines, quelques canonnières, plusieurs avions et une poignée de traîtres bien récompensés. Quelqu'un a même inventé une expression pour décrire cette pratique : la « diplomatie de la canonnière ». Mais cette époque est révolue !

L'affaiblissement de l'impérialisme ne découle pas du déclin relatif de sa puissance militaire, ce que démontrent l'ampleur, la rapidité et le caractère moderne de son opération militaire au Moyen-Orient. Au contraire, le principal avantage qu'ont les dirigeants U.S. face à leurs alliés impérialistes et aux autres gouvernements demeure leur puissance militaire. Ils font plutôt face à deux problèmes différents.

Le premier, c'est que des sections de la classe dirigeante ne sont pas persuadées que Washington peut gagner une guerre contre l'Irak qui rapportera plus à l'impérialisme U.S. que ce qu'il va perdre en mettant en mouvement des forces sociales et politiques incontrôlables. Quel sera l'impact de cette guerre au-delà des frontières du Koweït et de l'Irak ? Est-ce qu'une victoire militaire ne va pas tout simplement exacerber les échecs déjà subis par l'impérialisme dans la région ? Or ce sont ces échecs qui ont forcé les dirigeants U.S. à déclencher la guerre. Est-ce qu'il s'agira d'une victoire à la Pyrrhus ?

En dernière instance, Washington n'est pas capable de répondre à ces questions. Ce dilemme souligne les conséquences qu'a pour l'impérialisme le changement continu du rapport de forces international à son détriment. Les dirigeants de l'empire U.S. en déclin font face à la perspective de ne jamais plus remporter de victoire décisive dans une guerre prolongée, comme c'est arrivé dans les première et deuxième guerres mondiales au cours de la première moitié du vingtième siècle.

Les dirigeants U.S. font face à un deuxième problème de taille au moment où s'accélèrent leurs préparatifs de guerre au Moyen-Orient. C'est de savoir comment — ou même s'ils le peuvent — remporter une victoire suffisamment rapide pour empêcher le développement de conséquences politiques et sociales déstabilisatrices à l'intérieur du pays. Combien de temps une telle guerre peut-elle durer ? Combien de linceuls peut-on rapatrier avant qu'une opposition organisée contre la guerre ne remplace l'appui donné à contrecoeur ou le fatalisme qui prévalent aujourd'hui au sein de la classe ouvrière ? Plusieurs politiciens aimeraient bien le savoir. Si cette opposition se développe, combien de temps se passera-t-il avant que le prix politique à payer pour poursuivre l'opération ne l'emporte sur ses avantages ? Combien de temps avant de devoir réimposer la conscription ?

Les sentiments de la population contre la guerre ne vont pas empêcher les dirigeants capitalistes d'aller en guerre. Ils ne l'ont pas fait au cours de ce siècle — ni aux États-Unis, ni ailleurs. Mais les politiciens bourgeois et le corps des officiers militaires sont unanimes à insister pour qu'une guerre contre l'Irak, si elle éclate, conduise à une victoire rapide. Aujourd'hui, la classe dirigeante impérialiste des États-Unis donne un sens différent au mot d'ordre « Jamais plus de Viêt-nam ! » mis de l'avant par celles et ceux qui s'opposent à ses guerres.

Les dirigeants U.S. affirment qu'ils ne laisseront pas la guerre contre l'Irak devenir un autre Viêt-nam. Mais ils sont incapables de savoir si la guerre va se dérouler comme ils le désirent et aussi rapidement qu'ils le veulent. C'est là leur plus gros problème et la source de leurs divisions tactiques et de leurs hésitations. C'est aussi la base de leurs disputes stridentes, qui leur offrent régulièrement l'occasion de se dandiner et de se pavaner à la télévision.

CELLES ET CEUX qui s'opposent à la course à la guerre de l'impérialisme se doivent d'examiner ces questions de plus près. Les débats constants qui se déroulent au sein de la classe dirigeante sur les tactiques et les manoeuvres diplomatiques déployées par les forces en présence au Moyen-Orient connaissent des rebondissements constants, qui peuvent nous désorienter et nous démobiliser. Et l'opinion publique bourgeoise peut nous confondre. Seule une compréhension claire des objectifs visés et des problèmes rencontrés par les dirigeants U.S. peut permettre aux communistes de mener une campagne ouvrière indépendante et soutenue contre le danger croissant d'une guerre déclenchée par Washington — une guerre qui va avoir des conséquences terribles en termes de morts et de destruction pour le peuple travailleur du Moyen-Orient, des États-Unis et du reste du monde et ce, aussi bien dans l'armée que parmi la population civile.

Le « parti de la paix » à Washington

Entre la mi-août et le début de novembre, l'« opposition loyale de sa majesté » à Washington n'a pas une fois remis en question l'envoi de 230 000 soldats U.S. dans le Golfe. Mais quelques-uns de ses membres ont commencé à exprimer des hésitations quand l'administration Bush a décidé de doubler d'ici la fin janvier le nombre et la puissance de feu des forces engagées sur le terrain.

Il n'y a rien de mystérieux dans les gestes de George Bush. La puissance militaire concentrée dans le Golfe au début de novembre n'était pas du tout suffisante pour remporter une victoire rapide dans une guerre contre l'Irak. Il n'y avait pas assez de soldats, de chars d'assaut, de chasseurs et d'avions de combat, d'hélicoptères d'attaque, de navires de guerre et d'unités logistiques. La force organisée par les États-Unis ne constituait pas encore une menace sérieuse pour le régime de Saddam Hussein.

Les divergences tactiques qui existent au sein des deux partis de la classe dirigeante, démocrate et républicain, et parmi la haute direction de l'armée ne portent pas sur la légitimité du recours à la guerre ou sur la nécessité de devoir le faire à un moment donné. Sur ces deux questions, l'unanimité est totale.

Le vrai débat tactique entre eux se résume à la question suivante : *combien de temps faudra-t-il à l'embargo pour affaiblir suffisamment le régime irakien et permettre à Washington de remporter une victoire militaire relativement plus rapide — ou peut-être même d'atteindre ses objectifs d'une autre façon ?* Ce débat reflète leurs divergences quant à l'évaluation du poids relatif des avantages et désavantages associés aux deux problèmes fondamentaux auxquels ils font face.

Washington devrait d'abord utiliser le blocus pour « mettre [Saddam Hussein] à genoux, » a déclaré le 9 décembre à la télévision le président du comité du Sénat sur les services armés, Sam Nunn. C'est un démocrate influent. « En cas d'échec, » a-t-il dit, Washington pourrait alors faire appel « à une option militaire viable ». Deux semaines plus tôt, il avait expliqué devant le comité sénatorial ce qu'il entendait par « solution militaire viable ». Il a proposé de déclencher la guerre en noyant « l'horizon sous le feu de la puissance aérienne ». En d'autres mots, en bombardant massivement les villes et les concentrations de troupes irakiennes dans le but de limiter par la suite les pertes U.S. lors de l'assaut terrestre.

Le général David Jones et l'amiral William Crowe ont participé aux travaux du comité. Les deux sont d'anciens présidents du comité conjoint des chefs d'état-major. Ils ont défendu l'idée de resserrer l'étranglement économique du peuple irakien avant de déclencher la guerre. Et le général Jones a ajouté : « Si nous recourons à la force militaire, nous n'allons pas nous arrêter au Koweït. »

Caspar Weinberger, le secrétaire à la Défense de l'ancien président Ronald Reagan, a écrit au début de décembre dans le *New York Times* : « [Le blocus] va mettre l'Irak à genoux si nous et nos alliés avons la patience de le maintenir étroitement en place et la volonté d'attendre que ses effets se fassent sentir. »

Il a ajouté : « Bien sûr, nous devons maintenir notre propre puissance militaire [...] en place et être prêts à nous en servir en cas de nécessité. Les objections qu'on a opposées au renforcement récent de nos positions par le président Bush n'ont pas de sens. Si nous sommes dans le Golfe parce que nous devons y être, toutes les considérations militaires nous obligent à y être avec une énorme puissance de feu. »

Finalement, il y a Edward Kennedy, le plus important des sénateurs qui s'opposent à la guerre. Celui-ci propose de faire un cadeau d'anniversaire au peuple irakien : de l'affamer pendant une année entière, soit jusqu'au 2 août 1991, avant de déclencher la guerre si le régime irakien ne s'est toujours pas retiré du Koweït.

Ces gens-là sont les représentants les plus influents du « parti de la paix » au Pentagone et parmi les politiciens démocrates et républicains ! Ce sont les partisans les plus bruyants de l'imposition d'un sinistre siège économique de plusieurs mois contre l'Irak par la force navale la plus imposante jamais rassemblée depuis la fin de la deuxième guerre mondiale. Et nous pouvons ajouter qu'ils sont aussi les partisans les plus acharnés d'un retour à la conscription militaire impérialiste.

George Bush l'a souligné avec mordant : ses critiques parlementaires ne vont même pas se donner la peine de convoquer une autre session du Congrès.

La chose la plus importante que les opposantes et opposants à la guerre se doivent de reconnaître, c'est qu'une fois les combats commencés, les deux partis capitalistes au Congrès vont se porter comme un seul individu à la défense du drapeau. Ils doivent l'expliquer à leurs camarades de travail pour les aider à s'y préparer.

La norme des années 90

Les problèmes auxquels les dirigeants U.S. sont aujourd'hui confrontés n'ont rien de passager et ne se limitent pas simplement à une région du monde. Ce sont des dilemmes permanents, auxquels la politique étrangère et militaire de l'impérialisme U.S. est confrontée à ce moment de son déclin. Ils seront le trait caractéristique des années 90.

En fait, il y a un élément dont ne tiennent pas compte les partisans d'un embargo prolongé contre l'Irak au sein du Congrès et du Pentagone : le monde ne va pas rester figé entre-temps, pas plus d'ailleurs que les régimes irakien et israélien. La crise croissante de l'économie capitaliste mondiale et du système impérialiste va continuer à pousser les dirigeants U.S. et leurs alliés vers la guerre. Si ce n'est pas au Moyen-Orient, ce sera en Asie. Si ce n'est pas en Asie, ce sera ailleurs. Et à Washington, il y en a qui vont continuer à se faire des ulcères d'estomac.

Le principal avantage dont dispose encore la classe dominante des États-Unis face à ses adversaires impérialistes et au peuple travailleur du monde, c'est sa puissance militaire. Le capitalisme U.S. constitue toujours une énorme puissance économique. Mais son rapport de force s'est considérablement affaibli au cours des dernières décennies devant ses rivaux allemand, japonais et autres. De plus, l'ensemble du système capitaliste mondial est plus vulnérable et sa crise est plus profonde que jamais depuis la grande dépression des années 30.

Mais Washington est loin d'avoir connu le même genre d'affaiblissement relatif au niveau de sa puissance militaire stratégique. Un seul fait suffit à le prouver : aucune autre puissance impérialiste, aucune coalition d'autres puissances impérialistes n'a la capacité militaire d'attaquer le régime irakien dans le Golfe et une chance raisonnable de l'emporter.

L'impérialisme britannique ne le pourrait certainement pas, lui qui a autrefois imposé le statut de colonies à l'Irak, au Koweït, à l'Égypte et à la Palestine (qui correspond aujourd'hui à la Jordanie et à Israël). Le gouvernement de Margaret Thatcher n'aurait pas pu remporter la victoire contre l'Argentine pendant la guerre des Malouines sans l'appui décisif que lui a apporté Washington en termes de transport, de services de renseignements et de logistique. L'impérialisme français ne le pourrait pas non plus, lui qui a dominé la Syrie et le Liban à l'époque du colonialisme.

De plus, les classes dirigeantes de l'Allemagne et du Japon ne sont pas en train d'effectuer une manoeuvre plus intelligente en n'engageant pas de forces militaires dans le Golfe. Elles n'attendent pas sur la ligne de touche dans le but de s'emparer d'une partie du butin à la fin de la guerre. Ce n'est pas parce qu'elles ne le souhaitent pas que les classes dirigeantes allemande et japonaise ne s'impliquent pas plus. Elles sont tout simplement trop faibles politiquement pour faire face aux réactions que provoquera chez elles tout effort d'impliquer pour la première fois en 50 ans des forces militaires importantes à l'étranger. Elles vont payer un prix pour cette faiblesse au niveau des relations politiques impérialistes internationales. Par contre, même s'il est loin d'être décisif, le rôle relativement important de leurs soldats, de leurs avions et de leurs navires de guerre dans l'opération militaire montée par Washington contre l'Irak va accroître l'influence relative des impérialismes britannique et français.

Le manque de confiance de Washington est sans précédent si on le compare à ses préparatifs militaires lors des autres guerres du vingtième siècle. De fait, avant le déclenchement de la première guerre mondiale, les principaux protagonistes du conflit imminent pensaient savoir ce qui allait se passer. Ils étaient persuadés de l'emporter et de tirer d'énormes avantages de la guerre.

La même chose s'est répétée avant le déclenchement de la deuxième guerre mondiale. Aux États-Unis, Wall Street et ses deux partis au Congrès avaient des objectifs précis qu'ils étaient convaincus de pouvoir réaliser en écrasant leurs rivaux impérialistes allemand et japonais.

Bien sûr, nous savons maintenant que tout ne s'est pas déroulé selon leurs désirs malgré la victoire qu'ils ont remportée contre Tokyo et Berlin. Pour ne donner qu'un exemple, ils n'avaient pas prévu être incapables d'écraser la révolution chinoise. Ils n'avaient pas non plus planifié l'élan que le conflit interimpérialiste allait donner à la lutte anticoloniale en Asie, au Moyen-Orient, en Afrique et dans les Amériques. Les dirigeants U.S. étaient pourtant entrés dans cette guerre considérablement unis et confiants.

Le même scénario s'est répété avant les guerres de Corée et du Viêt-nam. Dans les deux cas, la classe dominante des États-Unis était persuadée qu'elle allait l'emporter, faire avancer ses intérêts stratégiques et réorganiser ces pays et régions à son avantage. En Corée, elle pensait pouvoir restaurer la propriété capitaliste et impérialiste qui avait été expropriée dans le Nord et peut-être même remonter jusqu'en Chine. Au Viêt-nam, elle comptait au moins maintenir ses positions le long du dix-septième parallèle. Comme nous le savons maintenant, ces guerres ont eu des résultats bien différents des premières attentes de Washington. Mais les dirigeants du pays s'étaient lancés avec confiance dans ces deux guerres.

Ce n'est pas vrai aujourd'hui. Ils ne savent pas vraiment comment la guerre qu'ils préparent va se terminer. C'est pour ça que la classe dominante a des querelles tactiques qui la divisent.

Celle-ci a remporté une victoire facile à Grenade en octobre 1983. La faction stalinienne de Bernard Coard avait déjà effectué une contre-révolution sanglante contre le gouvernement des travailleurs et des agriculteurs dirigé par Maurice Bishop. Ce gouvernement jouissait d'un large appui dans la population. Quelques semaines plus tôt seulement, le peuple travailleur de Grenade se serait battu avec acharnement pour défendre sa révolution. Mais les actions criminelles du groupe de Coard l'ont désarmé physiquement et politiquement, elles l'ont démobilisé et démoralisé [4].

Le cours politique de la direction du Front sandiniste de libération nationale au Nicaragua a permis aux dirigeants U.S. de renverser sans utiliser leur force militaire le gouvernement des travailleurs et des agriculteurs dans ce pays. Après avoir conduit le peuple travailleur du Nicaragua à la victoire contre les contras organisés par Washington, la direction sandiniste a abandonné toute perspective révolutionnaire et cherché à s'entendre avec les capitalistes et les propriétaires fonciers [5].

Washington a eu facilement raison de la Garde nationale du Panama en décembre 1989 et au début de janvier 1990, parce que la direction corrompue et lâche rassemblée autour du général Manuel Noriega a refusé de se battre. Les travailleurs et les paysans mobilisés dans les Bataillons de la dignité sont demeurés sans direction organisée ni appui face à l'énorme force de feu déclenchée par Washington au cours des premiers jours de l'invasion dans le but d'écraser la résistance courageuse des habitants des quartiers ouvriers [6].

Dans chacun de ces cas, les dirigeants des États-Unis ont pu recourir à la force militaire pour atteindre leurs objectifs bipartites sans que l'ampleur et la durée du conflit ne menacent de manière significative leurs intérêts de classe dans la région ou la stabilité sociale et politique aux États-Unis mêmes.

Mais personne au sein de la classe dominante des États-Unis ne s'attend à voir une attaque contre l'Irak se dérouler comme à Grenade ou au Panama ou à pouvoir rassembler une armée de 500 000 contras lourdement équipés qui soit capable de faire le travail.

La situation sera-t-elle stabilisée au Moyen-Orient ?

Les actions entreprises par Bagdad et Washington ont irrémédiablement ébranlé des alignements politiques établis depuis longtemps à travers le Moyen-Orient.

Un autre coup a été porté aux aspirations historiques et souvent trahies de nombreux travailleurs et paysans et même de couches petites-bourgeoises de voir le monde arabe s'unir pour lutter contre la domination impérialiste et la dépossession des Palestiniens par Israël.

Le régime irakien s'est brutalement emparé d'un pays arabe voisin. Il fait maintenant face le long de ses frontières à une force impérialiste qui est plus grande et qui dispose d'une puissance de feu moderne considérablement plus destructrice que celle qui a été mobilisée lors du débarquement de la Normandie en 1944.

Malgré une collusion politique de longue date avec Washington, le gouvernement de l'Arabie saoudite n'avait jamais jusqu'à maintenant autorisé les États-Unis ou d'autres forces armées étrangères à poster des troupes sur son territoire. Aujourd'hui, un demi-million de soldats étrangers se trouvent dans ce pays, prêts à lancer une attaque contre l'Irak. Les dirigeants saoudiens ont même décidé de placer leurs propres soldats sous le commandement des États-Unis si la guerre éclatait. Ils se sont heurtés au premier d'une série de problèmes qu'ils ne peuvent régler à coup d'argent.

Les dirigeants U.S. ont aussi mobilisé sous un même drapeau les gouvernements égyptien et syrien qui jusqu'à récemment étaient à couteaux tirés au sein de la Ligue arabe. Ces deux pays sont à l'heure actuelle en train de mener leurs populations à la guerre en alliance avec l'impérialisme. En échange, Washington a donné son appui tacite à la division sanglante du Liban effectuée par les régimes d'Israël et de la Syrie. La Syrie a massé une force impressionnante le long de la frontière nord-ouest de l'Irak. Elle se trouve ainsi en position d'ouvrir un deuxième front et possiblement d'annexer des territoires. Le gouvernement de plus en plus divisé de la Turquie a fait la même chose le long de sa frontière avec l'Irak.

Les gouvernements du Pakistan, du Bangladesh et d'autres pays dont la population est majoritairement musulmane ont emboîté le pas à l'impérialisme U.S. Par contre, le roi Hussein de Jordanie appréhende maintenant de s'impliquer ouvertement dans l'opération organisée par les États-Unis, lui qui a été dans le passé un des collaborateurs les plus dociles de Washington. Un tel geste pourrait avoir des conséquences imprévisibles parmi la population majoritairement palestinienne du pays. Les familles dirigeantes de l'Arabie saoudite ont étranglé économiquement le Yémen et menacent sa propre souveraineté parce que son gouvernement a refusé de se joindre à la campagne de l'impérialisme. Et la liste continue.

Jusqu'à maintenant, la Ligue arabe était généralement vue comme un instrument de défense des intérêts et des aspirations communes des travailleurs et des paysans du Moyen-Orient. Peu importe ce qui va encore arriver, les changements qui se sont déjà produits dans la région vont dorénavant la faire voir comme une fraude encore plus transparente.

L'Organisation des pays exportateurs de pétrole (OPEP) ne sera plus jamais la même, non plus que les relations entre les diverses classes dirigeantes et gouvernements qui en sont membres. Washington et les familles capitalistes qui possèdent les monopoles pétroliers U.S. ont renforcé leur position face aux classes dominantes de tous les pays exportateurs de pétrole — sans parler de leurs rivaux allemand et japonais, qui dépendent lourdement du pétrole du Moyen-Orient.

LES ENTENTES CONCLUES par les dirigeants U.S. avec les divers régimes arabes impliquent aussi Israël. Bien sûr, aucun de ces régimes n'ose l'avouer par crainte des conséquences que cela entraînerait chez lui. Mais plusieurs de ces gouvernements sont prêts à reconnaître l'État d'Israël. Ils espèrent qu'une entente modifiant certaines des frontières des soi-disant territoires occupés pourra être conclue. Ils veulent pouvoir enfin se débarrasser de la question palestinienne. Après tout, peu importe de quel côté ils se trouvent dans la guerre imminente, tous ces régimes bourgeois ont du sang palestinien sur les mains : syrien, jordanien, égyptien, irakien et saoudien — tous, sans exception.

Mais l'impérialisme U.S. a un problème pour conclure ce genre d'entente : les Israéliens ne l'accepteront peut-être pas. Il ne s'agit donc pas d'un chemin menant directement à une plus grande stabilité dans la région.

Le gouvernement des États-Unis appréhende aussi ce que les dirigeants israéliens pourraient faire s'il déclenche la guerre contre l'Irak. Il veut en exclure Israël. L'implication de ce dernier dans la guerre menacerait la stabilité interne des régimes arabes alliés à Washington. Les dirigeants israéliens sont eux-mêmes partagés sur cette question. Eux aussi sont conscients des forces incontrôlées qui peuvent être mises en mouvement, au désavantage de la classe capitaliste au pouvoir en Israël.

En même temps, ils ont un enjeu militaire stratégique immédiat à empêcher le régime de Saddam Hussein d'attaquer Israël. Et sur ce point-là, ils ne recevront d'ordres de personne. Ils vont utiliser toute la force militaire qu'ils pourront rassembler, à l'exception de leur arsenal stratégique nucléaire, pour empêcher une telle attaque. S'ils sont convaincus que les attaques aériennes préventives des États-Unis n'ont pas réussi à détruire tous les missiles capables d'atteindre Israël, ils vont s'en charger eux-mêmes, peu importent les conséquences.

Les dirigeants U.S. sont très satisfaits d'eux-mêmes et de ce qu'ils ont réussi à faire en si peu de temps. Qui aurait pu imaginer il y a à peine quelques mois que tout ceci pourrait arriver sans provoquer de soulèvement social au Moyen-Orient ? Sans entraîner la chute d'un ou de plusieurs gouvernements ?

Mais tout n'est pas encore réglé. Les dirigeants U.S. se demandent : comment peut-on stabiliser la situation en Syrie et les relations entre les États-Unis et le régime syrien ? comment le faire avec le gouvernement turc ? et avec le régime égyptien ?

Aucun des politiciens démocrates ou républicains n'a de réponses aux problèmes sociaux et économiques de fond qui produisent et reproduisent des crises comme celle qui ébranle le Moyen-Orient aujourd'hui. Aucun n'a de proposition pour faire de ces pays des sociétés stables et prospères, où la grande majorité de la population dispose d'un certain espace pour s'organiser et faire de la politique. Ces gens ne se préoccupent pas des conditions des travailleurs et des paysans. Mais il n'y en a même pas un qui prétend avoir de proposition à faire à ce sujet.

La structure de la domination et de l'exploitation impérialistes et l'approfondissement de la crise du capitalisme mondial rendent impossible toute solution de ce genre dans un cadre bourgeois. C'est pour cette raison que les politiciens du Congrès n'ont que des tactiques militaires à proposer. Les États-Unis pourraient même émerger de la guerre encore moins en mesure de stabiliser le capitalisme dans la région. Mais les porte-parole politiques d'un empire en déclin n'ont pas grande chose d'autre à offrir.

Pour les opposantes et opposants à la guerre qui vient, il est utile de reconnaître que la question « Qui veut mourir pour défendre le féodalisme et le trône d'une famille royale ? » n'est pas un argument très fort ni très convainquant — justement à cause de ce problème auquel la classe dominante des U.S. fait face.

Ceci ne veut pas dire que l'on ne doive pas rappeler au monde que l'allié le plus proche de Washington dans la région, le gouvernement de l'Arabie saoudite, n'a déclaré l'esclavage illégal qu'en 1962 et que dans ce pays c'est toujours un crime d'État pour une femme de conduire une auto. Ou encore que la famille dirigeante du Koweït n'a accordé le droit de vote qu'à 10 pour cent de la population, niant ainsi les libertés et les droits les plus fondamentaux de la vaste majorité de celles et ceux qui travaillent et produisent les richesses du pays.

La boucherie que Washington est en train de préparer ne sera pas une guerre pour défendre le pouvoir de ces familles réactionnaires et exploiteuses. Ce ne sera pas une guerre pour défendre le féodalisme. *Ce sera une guerre pour défendre le capitalisme,* une guerre visant à promouvoir les intérêts économiques, politiques et militaires de l'impérialisme U.S. au Moyen-Orient au détriment des masses travailleuses là-bas.

Le danger de nier la réalité

Aujourd'hui, à cette étape des préparatifs de guerre de la classe dirigeante, le plus grand danger qui menace l'avant-garde de la classe ouvrière et les communistes qui en font partie, c'est de nier la réalité.

Ce danger est amplifié dans le cas de celles et de ceux qui se laissent ballotter par les oscillations et les divisions tactiques reflétées jour après jour dans l'opinion publique bourgeoise. Un jour, George Bush donne une conférence de presse où il ne mâche pas ses mots : c'est la guerre ! Le lendemain, James Baker et plusieurs sénateurs s'affrontent au Congrès : la guerre est repoussée. Le Conseil de sécurité de l'ONU adopte une nouvelle résolution : c'est la guerre ! Le régime irakien libère les otages : la guerre est repoussée. Plusieurs des otages libérés demandent que Bagdad soit bombardée : c'est la guerre ! Etc., etc.

L'avant-garde politique de la classe ouvrière doit apprendre à combattre ce genre de réflexes impressionnistes. Le mouvement ouvrier a toujours fait face à un double problème avant chaque guerre impérialiste.

Premièrement, les politiciens capitalistes et bourgeois qui préparent la guerre ont toujours prétendu le faire pour défendre la paix, la liberté, la démocratie et la souveraineté nationale. Ce sont les plus *fervents* adversaires de la guerre ! Ils agonisent devant les caméras et les journalistes qui prennent des notes fébriles ! Les patrons et les politiciens agissent ainsi pour construire un appui aux actions qu'ils doivent poser pour préserver leur système social.

Mais ce n'est pas seulement la propagande bourgeoise qui désoriente. Des individus et des tendances de la petite bourgeoisie — parfois ébranlés par les horreurs de la guerre et par la crainte de ses conséquences — perdent leurs amarres et sont entraînés dans le sillage de l'une ou l'autre section des fauteurs de guerre et de leurs partis politiques. Ces courants de la classe moyenne ont un plus grand impact sur des couches de travailleurs et de fermiers en lutte que les employeurs et la plupart des politiciens bourgeois. Ils sont fréquemment actifs à l'intérieur ou en périphérie des organisations du mouvement ouvrier et dans les milieux politiques radicaux plus larges. Ils font souvent cause commune avec les bureaucrates petits-bourgeois dans les syndicats et dans les autres organisations ouvrières, que ceux-ci soient des sociaux-démocrates, des staliniens ou des syndicalistes d'affaires comme on en retrouve aux États-Unis. Bien intentionnées ou à jamais corrompues, ces couches de la classe moyenne servent de bouillon de culture à toute une variété d'idées et de pressions bourgeoises au sein de la classe ouvrière et du mouvement ouvrier.

LES COMMUNISTES partent de ces faits pour offrir une réponse ouvrière à la question : est-ce que les dirigeants capitalistes nous conduisent oui ou non vers la guerre ? La réponse est oui. Le danger d'une boucherie sanglante au Moyen-Orient est plus grand aujourd'hui. Et l'urgence d'une campagne ouvrière contre la course à la guerre de l'impérialisme, plus pressante.

La guerre est avant tout plus proche parce que Washington a rassemblé dans le Golfe pratiquement toutes les forces dont il a besoin pour déclencher la guerre et la gagner militairement.

Mais il y a aussi une deuxième raison. Les marxistes comprennent que les relations économiques — ou plus précisément, les relations sociales de production qui constituent la structure économique de la société — sont en dernière instance le facteur qui détermine le cours de l'histoire. Mais les actions concrètes qui façonnent constamment l'histoire sont le produit de décisions politiques prises par des êtres humains.

On a correctement caractérisé la politique comme un « concentré d'économie ». Mais dans le processus de maturation des contradictions sociales et économiques, il n'y a rien qui détermine exactement quand ou comment sera prise une décision politique particulière. Les facteurs économiques et sociaux plus larges qui sous-tendent les grands événements ne déterminent pas quand et comment ceux-ci éclatent. Ce qui est décisif, ce sont les décisions politiques prises par des organisations et des individus qui reflètent les intérêts conflictuels de classes variées agissant dans un cadre historique plus large. Dans ce contexte, des « accidents » se produisent.

Nous pouvons toutes et tous penser à des exemples concrets : des révolutions sociales qui éclatent alors que les classes révolutionnaires sont encore historiquement jeunes et faibles ; des grèves déclenchées prématurément ou encore beaucoup trop tard ; des travailleuses et travailleurs d'abord ahuris par les coups portés contre leurs conditions de vie et qui ne commencent à lutter que plus tard, alors que les pressions s'accentuent et que les ouvertures pour se défendre et agir se multiplient. Il existe beaucoup d'exemples de ce phénomène de développement inégal en politique et dans la lutte de classe.

DE CE POINT DE VUE, il y a une autre chose que nous devons garder en tête en suivant jour après jour l'escalade militaire de Washington au Moyen-Orient et la mise en application brutale de son blocus. Si la politique est un concentré d'économie, le recours à la force militaire équivaut tout autant à faire de la politique par le biais de moyens spéciaux : des moyens violents et explosifs qui ont à court terme leur propre dynamique. De fait, le poids, la rapidité et le caractère du déploiement militaire de Washington dans le Golfe au cours du dernier mois poussent la politique et les conflits dans la région vers une solution militaire. Jamais au cours de ce siècle n'a-t-on vu une classe dirigeante impérialiste rassembler une force militaire aussi considérable sans que ces préparatifs n'aboutissent à la guerre.

Washington a déjà mis en marche les événements qui poussent l'humanité vers le carnage et la dévastation au Moyen Orient. Ces événements ont déjà produit dans la région des changements permanents et potentiellement explosifs dans le rapport de force entre les classes. Il n'y a rien de pessimiste ou de fataliste à reconnaître cette réalité. Au contraire, c'est seulement en la regardant en face et en refusant de se fermer les yeux que les combattantes et combattants de l'avant-garde de la classe ouvrière se prépareront aux États-Unis et ailleurs à agir de façon efficace contre la course à la guerre.

L'ensemble des politiciens bourgeois et de la hiérarchie militaire à Washington mettent de l'avant des positions qui n'ont rien en commun avec les intérêts des travailleurs et des agriculteurs aux États-Unis, au Moyen-Orient ou ailleurs dans le monde. Comme l'explique Mary-Alice Waters dans l'introduction au livre des éditions Pathfinder *U.S. Hands Off the Mideast! Cuba Speaks Out at the United Nations* [États-Unis, ne touchez pas au Moyen-Orient ! Cuba dénonce la guerre aux Nations unies] :

« C'est le gouvernement bipartite des États-Unis qui a orchestré cette escalade militaire et ses résultats. Mais les gens au nom de qui ils le font, celles et ceux dont les moyens d'existence vont être ravagés et dont les enfants vont mourir au combat n'ont rien à dire. Il n'y a aucun parti politique du peuple travailleur au Congrès. Et il n'existe aucun mécanisme qui donne aux citoyens des États-Unis, dans la vie civile autant que dans l'armée, le droit de débattre des enjeux de la guerre et de se prononcer sur son déclenchement. Ce privilège est réservé aux représentants des partis impérialistes démocrate et républicain qui contrôlent le Congrès et la Maison-Blanche. Après avoir beaucoup débattu des diverses alternatives tactiques et proclamé leur désir unanime de paix, ces mêmes partis ont déjà entraîné la population des États-Unis dans quatre guerres mondiales horribles depuis le début du siècle : en 1917, en 1941, en 1950 et en 1964. Ils sont sur le point de le faire de nouveau, avec toutes les conséquences innommables que ce geste va entraîner au Moyen-Orient et aux États-Unis mêmes [7]. »

COMMENT SOUTENIR UN EMPIRE EN DÉCLIN

QUELLES SONT la configuration et la dynamique du monde où cette mobilisation militaire se déroule ? En tant que travailleuses et travailleurs de l'avant-garde, nous devons les comprendre si nous voulons nous organiser de façon efficace pour lutter contre la course à la guerre impérialiste.

Quand j'ai pris la parole à New York en novembre dernier, quelqu'un m'a posé une très bonne question — le genre de question qui donne un cadre utile pour comprendre où en sont la politique mondiale et la lutte de classes aujourd'hui. À ce moment-là, j'y ai répondu brièvement. J'aimerais en discuter de nouveau ce soir. C'était une question en trois volets, que je vais résumer en mes propres termes.

Le premier volet était le suivant : « La capacité de Washington de mettre sur pied ce genre de mobilisation militaire et de rassembler autour de lui une aussi large coalition de gouvernements, n'est-ce pas là un signe que nous sommes peut-être en train d'assister à la naissance d'un nouvel ordre mondial ? Ou à tout le moins, n'est-ce pas ce que les dirigeants U.S. et leurs alliés impérialistes tentent d'accomplir et pensent pouvoir réaliser ? » L'expression « nouvel ordre mondial » a été utilisée ces dernières années par Mikhaïl Gorbatchev, Ronald Reagan, George Bush et d'autres commentateurs associés aux partis démocrate et républicain.

Voici le deuxième volet de la question : « Si ce qui précède est vrai, il doit donc se trouver au sein de la classe dirigeante et du gouvernement des États-Unis des individus importants qui croient avoir gagné la guerre froide. N'est-ce pas ainsi qu'ils interprètent la désintégration des partis staliniens et des régimes d'Europe de l'Est ? N'est-ce pas ainsi qu'ils voient l'approfondissement de la crise sociale et l'éclatement de l'Union soviétique ? Les impérialistes n'essaient-ils pas maintenant de profiter de ce changement pour faire monter les enchères au Moyen-Orient plus qu'ils n'auraient cherché à le faire autrement ? »

Finalement, le dernier volet de la question était : « Les dirigeants U.S. et certains de leurs alliés impérialistes n'agissent-ils donc pas avec une perception « triomphaliste » de leur position dans le monde ? N'est-ce pas le point culminant des succès qu'ils proclament avoir remportés au cours des années 80 avec le capitalisme « de libre marché » à la Reagan et à la Thatcher — un capitalisme internationalement agressif ? Les impérialistes n'agissent-ils pas à partir d'un meilleur rapport de force ? Les communistes ne doivent-ils pas reconnaître cette réalité ? » (Il est probablement moins difficile aujourd'hui de reconnaître le caractère limité des « succès » remportés par le thatchérisme qu'avant la défaite personnelle et la chute de Margaret Thatcher au sein du Parti conservateur en novembre 1990.)

Répondre à ces questions va nous aider à mieux comprendre l'importance de l'offensive militaire et du blocus de l'Irak dans la lutte des classes à l'échelle mondiale, certaines des conséquences plus larges de la politique de guerre poursuivie par les deux partis de la classe dirigeante aux États-Unis et les divisions tactiques qui existent au sein de cette dernière. À quoi doivent s'attendre les travailleuses et les travailleurs qui organisent l'opposition à la guerre ? Quel impact le conflit aura-t-il sur la politique mondiale et aux États-Unis ? Comment cela peut-il nous aider à expliquer aux travailleuses et aux travailleurs avec qui nous luttons contre l'offensive des patrons ici, que nous devons aussi nous opposer de manière intransigeante à la guerre impérialiste, à l'esclavage de la dette extérieure et au système d'exploitation du salariat ?

Ils essayent de sauver le vieil ordre mondial

La première chose à comprendre, c'est que les dirigeants U.S. ne sont pas en train d'essayer d'établir un nouvel ordre mondial au Moyen-Orient. Ils font exactement le contraire. L'important, ce ne sont pas les mots qu'ils utilisent, mais la réalité économique, sociale et politique qui se cache derrière eux.

Les classes exploiteuses *ont* établi des ordres mondiaux à différents moments de l'histoire, après avoir infligé de grandes défaites à la classe ouvrière et écrasé les soulèvements révolutionnaires du peuple travailleur. Elles ont consolidé et élargi ces nouveaux ordres à la faveur de longues périodes d'expansion économique. Les groupes dirigeants ont parfois réussi dans ces conditions à se maintenir au pouvoir pendant plusieurs décennies, ce qui leur a permis d'influencer la politique mondiale et d'infliger des coups encore plus durs aux travailleurs et aux agriculteurs luttant pour les libertés démocratiques, la libération, le socialisme ou simplement pour la justice la plus élémentaire.

Mais ce que font les dirigeants U.S. en recourant à la force militaire pour imposer un véritable protectorat en Irak n'a rien à voir avec l'établissement d'un nouvel ordre mondial. Ils essaient au contraire d'empêcher le vieil ordre capitaliste international de se désintégrer encore plus.

Après la deuxième guerre mondiale, les impérialistes ont réussi au Moyen-Orient et dans plusieurs autres parties du monde à adapter leur système de domination internationale à la nouvelle situation créée par la victoire de la décolonisation et par l'extension des mouvements de libération nationale. Les anciennes colonies ont généralement été transformées en une série de pays politiquement indépendants, avec des relations sociales et des classes dirigeantes bourgeoises intégrées au système capitaliste mondial. Ces nouveaux régimes capitalistes ont souvent absorbé de nombreuses formes d'organisation sociale préexistantes, en particulier féodales et semi-féodales, qu'ils ont mises au service des exploiteurs locaux et étrangers.

Mais l'organisation et l'exploitation du travail dans ces pays demeurent subordonnées au système mondial de pillage impérialiste. Pour préserver leur pouvoir et leurs privilèges, les classes dirigeantes des capitalistes et des propriétaires fonciers imposent de manière brutale un système social néo-colonial qui oblige les travailleurs et les paysans à vivre dans des conditions économiques et sociales bien inférieures à celles qui prévalent même dans les pays impérialistes les plus faibles. Cela est vrai même dans les endroits ayant atteint un niveau d'industrialisation relativement élevé, comme l'Iran, la Corée du sud et le Brésil. La crise de la dette extérieure n'est qu'une des manifestations les plus importantes de cette réalité.

Au cours des deux dernières décennies, l'écart s'est élargi entre les niveaux de vie et de développement économique de la petite poignée de pays impérialistes et ceux de la grande majorité des pays du soi-disant tiers monde. La différenciation sociale et la polarisation entre les classes se sont également accrues dans ces derniers pays. La structure capitaliste néo-coloniale de ces pays constitue un obstacle permanent à l'établissement de toute démocratie bourgeoise stable ou au maintien à long terme de tout équilibre social et politique. Tour à tour, divers secteurs des classes dirigeantes entrent en conflit et collaborent avec les impérialistes pour endetter encore plus ces pays. Ils le font aux dépens des paysans et des travailleurs, dont le travail est brutalement surexploité pour couvrir les énormes paiements versés sur les intérêts de la dette. Les explosions inflationnistes, la montée en flèche du prix du pétrole, l'imposition croissante de mesures protectionnistes par les plus grandes puissances impérialistes et l'effondrement de l'économie capitaliste mondiale touchent ces pays et leurs habitants encore plus durement que les autres.

La vaste majorité de l'humanité fait face à cette cruelle réalité du système impérialiste mondial. Le capitalisme crée lui-même les conditions qui engendrent des crises de plus en plus fréquentes et une instabilité sociale croissante. Il empêche la grande majorité de ces pays de se développer et accentue leur désintégration sociale. Il approfondit la polarisation entre les classes et pousse les travailleurs et les paysans à se battre, même dans la poignée de pays du tiers monde qui connaissent un certain développement industriel. La politique expansionniste des classes dirigeantes néo-coloniales conduit elle-même à des conflits frontaliers, à l'expropriation de territoires et à la guerre.

Aujourd'hui, ces pays font aussi face à la menace grandissante d'une dépression mondiale. Cette dépression aura des conséquences désastreuses en Asie, en Afrique et dans les Amériques, des régions du monde déjà affectées par le déclin de l'économie au cours des années 80. Toutes ces conditions créées, reproduites et perpétuées par l'impérialisme déstabilisent d'une façon croissante les pays les plus pauvres de l'économie capitaliste et empêchent leur développement.

Combinée aujourd'hui à l'endettement croissant des grandes compagnies et aux effets dévastateurs de la spéculation foncière frénétique des dix dernières années dans les pays impérialistes, la dette extérieure sans précédent des pays du tiers monde menace de provoquer l'effondrement du système bancaire international. Les régimes néo-coloniaux tentent d'arracher à même le sang et la sueur des travailleurs et des paysans les ressources nécessaires au remboursement des intérêts de la dette. Ils imposent avec l'appui de l'impérialisme des programmes d'austérité qui mènent à des explosions imprévues. Toutes ces conditions sont engendrées par le déclin et la désintégration du vieil ordre mondial, pas par l'émergence d'un nouveau. Elles sont la cause véritable de la crise politique qui conduit inévitablement les États-Unis vers la guerre au Moyen-Orient.

Le régime capitaliste en Irak

En Irak, les impérialistes ne font pas face à un gouvernement ouvrier et paysan qu'ils cherchent à écraser pour stopper sa tendance à exproprier la propriété capitaliste. En ce sens aussi, l'Irak n'est pas une autre Corée, un autre Viêt-nam, un autre Nicaragua ou une autre Grenade. Le gouvernement de Saddam Hussein est un régime capitaliste corrompu, brutal et expansionniste — en grande partie le produit de la démocratie impérialiste elle-même.

Les capitalistes irakiens ont eu des conflits parfois aigus avec l'impérialisme sur le partage du butin arraché aux travailleurs et aux paysans irakiens. Mais comme beaucoup d'autres régimes néo-coloniaux, le régime irakien a servi à exploiter et réprimer le peuple travailleur à l'avantage de Wall Street, de Washington et des autres puissances impérialistes. Il a aussi aidé l'impérialisme à mater les travailleurs et les paysans d'autres pays de la région, non seulement en menant une guerre sanglante pour affaiblir la révolution iranienne mais aussi en réprimant de manière répétée les militants palestiniens et les dirigeants ouvriers conscients qui essayaient de s'organiser.

Mais Saddam Hussein est aussi à la tête du gouvernement de la classe capitaliste irakienne. C'est une classe qui a ses intérêts nationaux propres et qui cherche à les défendre aux dépens de ses rivaux dans la région et en arrachant, dans la mesure du possible, des concessions aux bourgeoisies impérialistes. C'est ça qui a conduit à l'invasion du Koweït. Ce n'est pas compliqué. Comme toutes les classes dirigeantes capitalistes, les capitalistes irakiens pensent et agissent de façon pragmatique. Ils ne s'appuient pas sur la science et la théorie. Ils font tout ce qu'ils estiment possible de faire pour augmenter leurs profits, étendre leur influence et défendre et promouvoir leurs intérêts de classe nationaux sans recevoir de coups sur les doigts.

EN ENVAHISSANT LE KOWEÏT, les capitalistes irakiens espéraient mettre la main sur ce que souhaite obtenir toute classe capitaliste qui va en guerre. Ils voulaient le pétrole du Koweït, son territoire et ses ports en eau profonde. Quand ils ont jugé le moment opportun, ils s'en sont emparés. L'histoire a montré qu'ils se sont trompés. Il est même possible que le Département d'État U.S. leur ait tendu un piège [8].

Ils vont s'accrocher au Koweït aussi longtemps qu'ils pensent pouvoir le faire. Ils s'y agrippent depuis le mois d'août. Maintenant, ils estiment avoir encore six autres semaines — jusqu'au 15 janvier. Ils vont marchander, voir ce qui arrive et alors tenter d'élaborer quelque chose d'autre. Ils vont chercher à conclure un marché, peut-être offrir des concessions territoriales. Ils vont agir de façon pragmatique, de la même façon que Bush et compagnie. L'histoire de l'humanité au cours des derniers siècles nous montre que les guerres, qui commencent souvent à la suite d'un mauvais calcul, résultent de cet expansionnisme capitaliste et de ces manoeuvres pragmatiques. Ce sont les travailleurs et les agriculteurs qui se trouvent de chaque côté du conflit, avec ou sans uniforme, qui payent toujours le plus cher.

C'est pour les mêmes raisons que Saddam Hussein a commencé la guerre contre l'Iran en 1980. Oui, les capitalistes irakiens se sont sentis menacés par la révolution et ont cherché à lui porter un coup. Mais ils voulaient également s'emparer des champs de pétrole, des ports et des raffineries de l'Iran. Ils espéraient profiter de la désintégration récente de l'armée du shah. Ils jouissaient d'un gros avantage. Ils avaient l'appui et jusqu'à un certain point l'aide militaire des puissances impérialistes, qui craignaient par-dessus tout le développement et l'extension de la révolution iranienne. Les dirigeants irakiens ont lancé une guerre qui a duré huit ans et dont le coût en morts, en blessés et en destruction de toutes sortes a été effarant. Et qu'ont-ils finalement obtenu ? Une bande de terre relativement étroite, qu'ils ont remise à l'Iran un mois après avoir envahi le Koweït. Ceci leur a donné quelques avantages diplomatiques et leur a permis de relâcher la pression militaire sur leur frontière orientale face aux préparatifs de guerre de l'impérialisme.

Il est important de ne pas s'imaginer que les seules guerres à avoir lieu à l'époque capitaliste sont des guerres impérialistes. Celles-ci sont généralement les plus grandes, mais elles ne constituent qu'une minorité des conflits armés. Le capitalisme lui-même est un système social expansionniste. Il y a eu des guerres capitalistes de conquête et de pillage avant la consolidation du système impérialiste moderne. Et il y en a eu bien d'autres depuis, y compris des guerres opposant les classes dirigeantes capitalistes de pays opprimés par l'impérialisme.

Malgré les services que Saddam Hussein a rendus à l'impérialisme, son régime s'est avéré trop peu fiable, trop imprévisible et un trop grand facteur de déstabilisation dans une région du monde où l'impérialisme a d'énormes enjeux économiques, *le pétrole avant tout*. C'est aussi une région où l'impérialisme fait face à toute une série de conflits politiques, sociaux et nationaux très explosifs, dont les conséquences pourraient lui coûter très cher.

Les dirigeants U.S. ont besoin en Irak d'un gouvernement qu'ils peuvent contrôler beaucoup plus directement. Cette nécessité découle de la faiblesse de l'impérialisme, pas de sa force. Même si Washington réussit à mettre en place le régime servile dont il a besoin, ce dernier ne sera pas plus capable que son prédécesseur d'assurer le développement et la stabilité de l'Irak et de la région.

Pour défendre leurs intérêts de classe, les capitalistes à Washington pourraient bien plonger le peuple irakien dans un bain de sang, ce qui les amènerait à rétablir une nouvelle version du régime capitaliste néo-colonial qui n'a pas marché dans le passé et qui les a entraînés dans la situation où ils se trouvent aujourd'hui. Ce serait un autre Syngman Rhee, proclamé président de la Corée par l'armée des États-Unis en 1948, maintenu au pouvoir par une guerre massive et renversé dix ans plus tard par un soulèvement populaire. Ou un autre Guillermo Endara, proclamé président du Panama dans une base militaire des États-Unis [9].

Voilà ce qu'une victoire sanglante de Washington mettrait en place à Bagdad : un autre régime chargé d'infliger aux travailleurs et aux paysans un traitement d'une brutalité dépassant toute imagination ; une autre série de promesses de développement économique, cyniques et jamais tenues ; et un autre échec pour le système capitaliste mondial.

L'ESCALADE MILITAIRE accélérée qui conduit Washington à une guerre contre l'Irak n'est donc pas le produit du renforcement du système impérialiste ou d'une nouvelle période d'expansion et de stabilité économiques. Bien au contraire.

Elle ne résulte pas non plus de l'écrasement de la classe ouvrière et du mouvement ouvrier. Les capitalistes de Washington, de Londres et des autres centres impérialistes n'ont pas réussi à faire ce que les capitalistes ont pu faire en Italie, en Allemagne et ailleurs en Europe et au Japon dans les années 20 et 30 [10].

Finalement, elle ne repose pas non plus sur la capacité des impérialistes d'offrir à une couche de la classe ouvrière suffisamment de concessions économiques et sociales pour pouvoir assurer une paix sociale relative pendant une dizaine d'années. C'est ce que la classe dirigeante des États-Unis a pu faire après la deuxième guerre mondiale, à la faveur d'une expansion économique prolongée au cours des années 40, 50 et 60. Cette expansion avait elle-même été rendue possible par l'écrasement du mouvement ouvrier en Europe ; la victoire de l'impérialisme U.S. dans la guerre ; et la désorientation politique, la bureaucratisation et le recul des mouvements sociaux avant tout incarnés par le mouvement pour la construction des syndicats industriels du Congrès des organisations industrielles (CIO) au cours des années 30.

Aujourd'hui, les impérialistes sont confrontés à une situation totalement différente. Durant les années 80, les employeurs aux États-Unis et dans les autres pays impérialistes ont asséné des coups importants au mouvement ouvrier et ont été capables d'abaisser les conditions de vie et de travail de la classe ouvrière. Mais l'offensive anti-ouvrière des impérialistes n'a réussi nulle part à briser la résistance de la classe ouvrière, à écraser ses organisations de défense élémentaires, les syndicats, et à ainsi créer les conditions d'une période prolongée d'expansion de l'économie capitaliste et de stabilité politique. Les impérialistes n'ont pas réussi à briser la capacité des travailleurs de trouver le moyen de répondre d'une manière ou d'une autre à leurs attaques anti-ouvrières.

Ce que les commentateurs bourgeois ont au cours des années 80 appelé la révolution « Reagan-Thatcher » a lamentablement échoué. Nous venons tout juste d'assister à un petit chapitre de cette histoire avec la chute de Margaret Thatcher en Grande-Bretagne, où le chômage monte en flèche et les taux d'inflation et d'intérêt dépassent 10 pour cent.

Les dirigeants U.S. sont entrés dans une récession. Et la dette des compagnies, le système bancaire, l'énorme marché des assurances et de l'immobilier ainsi que la bourse se trouvent dans le pire état qu'ils ont connu à la veille d'un ralentissement économique depuis la grande dépression des années 30. Ce sera sans aucun doute une récession mondiale, porteuse de grands revirements et de faillites soudaines qui pourraient bien mener à l'écroulement du système bancaire international.

En bref, Washington se précipite au Moyen-Orient vers la première grande guerre au vingtième siècle que les dirigeants U.S. ont préparée non pas à partir d'une position de force, mais de faiblesse relative sur les plans politique, social et économique.

L'impérialisme U.S. a perdu la guerre froide

Cela nous amène au deuxième volet de la question : l'impérialisme U.S. n'a-t-il pas gagné la prétendue guerre froide ?

La réponse est non. De semaine en semaine, de mois en mois, les preuves du contraire ne cessent de s'accumuler.

À la fin de novembre 1990, les chefs d'État des États-Unis, du Canada et de 32 pays européens ont participé à une conférence en France. Les pays européens présents comprenaient des puissances impérialistes, tous les gouvernements d'Europe de l'Est (sauf celui de l'Albanie, qui y sera bientôt) et l'Union soviétique. Les participants ont signé en grande pompe la « Charte de Paris pour une Europe nouvelle ». D'après les journaux, ces 34 traits de plume ont formellement mis fin à la guerre froide et, j'imagine, ouvert la voie à « un nouvel ordre mondial ». Cette dernière expression est cependant moins populaire en Europe, où elle rappelle de mauvais souvenirs datant des années 30 et du début des années 40.

En réalité, ce qui se dessine pour les classes capitalistes en Europe, c'est une débâcle — pas un nouvel ordre. Il y a quelques mois à peine, on pouvait souvent entendre à la télévision et lire dans les chroniques financières des grands quotidiens ou dans des revues comme *Business Week, The Economist* et *Newsweek* que le capitalisme ouest-allemand était en train de devenir la puissance économique dominante dans le monde grâce à la réunification des deux Allemagnes. Une Allemagne unifiée allait jouir d'avantages importants au chapitre des investissements et du commerce avec l'Europe de l'Est et l'Union soviétique. Ceci allait créer une ouverture pour le capitalisme mondial. Ce serait la locomotive puissante d'une croissance soutenue.

Aujourd'hui cependant, l'enthousiasme faiblit. Les classes dominantes d'Allemagne et des autres pays d'Europe de l'Ouest ne voient plus dans les habitants de l'Europe de l'Est qu'une grande couvée de parents pauvres qui seraient venus leur rendre visite et ne voudraient plus partir.

Ce n'est pas seulement une façon de parler, c'est littéralement vrai. Il y a un an, les capitalistes d'Europe de l'Ouest étaient censés avoir gagné la guerre froide. Aujourd'hui, ils cherchent à empêcher les travailleurs et les agriculteurs de l'Union soviétique et de l'Europe de l'Est d'immigrer massivement pour fuir des conditions économiques et sociales qui se détériorent rapidement là-bas.

Il y a un peu plus d'un an, la démolition du mur de Berlin était censée symboliser le « nouvel ordre mondial ». Les gouvernements capitalistes parlent aujourd'hui de le remplacer par un mur politique qui séparerait l'Europe de l'Ouest de tout ce qui se trouve à l'est. Il s'agit d'un mur fait de contraintes sur l'immigration — imposées au moyen de patrouilles aux frontières, d'arrestations et de déportations — qui a pour but d'interdire la liberté de se déplacer, la liberté de chercher un emploi et la liberté de vivre et de travailler dans le pays de son choix. Ce nouveau mur a pour but d'interdire les libertés mêmes qui ont été promises au peuple travailleur il y a à peine quelques mois. On a un avant-goût de ce que signifient ces futures restrictions avec l'apparition, dans ce qui était Berlin-Ouest, de tee-shirts portant le message cynique et réactionnaire « Redonnez-moi mon mur ».

Il est maintenant clair qu'aucun régime stable n'a été établi ni le sera bientôt dans aucun des pays de l'Europe de l'Est ou en Union soviétique même. C'est ce que les communistes avaient reconnu dès le départ. Ce qui reste des castes bureaucratiques au pouvoir et les couches privilégiées qui les ont remplacées (ou intégrées) à un degré ou à un autre à la tête des gouvernements de quelques pays vont chercher à préserver le niveau de pouvoir centralisé dont ils ont besoin pour rester au poste de commande. Ils vont maintenir en place des services policiers, militaires et semi-militaires puissants pour défendre leur pouvoir face à une instabilité économique, sociale et politique croissante.

CES RÉGIMES et le personnel privilégié qui les gèrent continuent de mettre tous leurs espoirs dans une plus grande intégration au système capitaliste mondial. Ils n'ont aucune autre perspective pour résoudre la crise économique et sociale qui sévit dans ces pays.

En même temps, aucun pas n'a été fait depuis un an dans un seul de ces pays vers le rétablissement de rapports de propriété capitalistes stables au niveau des principaux moyens de production industrielle et du commerce en gros. On n'a pas fait de progrès non plus pour faire accepter par la population les rapports sociaux de production qui devraient accompagner ces changements. Les couches dirigeantes de ces pays déploient des efforts considérables pour se maintenir au pouvoir et s'assurer qu'elles continueront à bénéficier du bien-être créé par le travail des ouvriers et des agriculteurs. Mais ces efforts mêmes créent constamment des obstacles qui empêchent de réaliser les conditions nécessaires pour rétablir le capitalisme.

L'élément décisif cependant, c'est qu'il est impossible de rétablir le capitalisme dans ces pays sans affronter et vaincre la classe ouvrière. Une des premières grèves ouvrières importantes vient d'avoir lieu dans ce qui était auparavant l'Allemagne de l'Est : les cheminots ont protesté contre les mises à pied massives prévues par le gouvernement et exigé la parité salariale avec les cheminots de la partie occidentale du pays. Le régime du chancelier Helmut Kohl est déterminé à faire porter sur le dos des travailleurs allemands la situation désastreuse qui règne dans ce pays. Mais ceux-ci ne vont pas l'accepter plus facilement. En Pologne, en Hongrie, en Union soviétique et ailleurs, il y a eu des grèves, des manifestations d'agriculteurs et d'autres mouvements de protestation contre l'utilisation croissante par ces régimes des méthodes de marché du capitalisme et contre les efforts des couches dirigeantes privilégiées pour faire payer au peuple travailleur le gros de la crise.

La désintégration de l'Union soviétique s'accélère

La crise continue de s'accélérer dans l'Union des républiques socialistes soviétiques, y compris la vitesse à laquelle la soi-disant Union soviétique elle-même se désintègre. L'URSS n'est plus soviétique depuis des décennies. Il y a longtemps qu'elle a cessé d'avancer vers le socialisme. Elle a cessé d'être une république ouvrière depuis la fin des années 20. Elle risque maintenant de cesser aussi d'être une union. En réalité, elle est probablement le pays le plus mal nommé au monde.

Au cours des premières années de la république soviétique, la direction bolchevique a poursuivi une politique communiste en garantissant le droit à l'autodétermination aux travailleurs et aux paysans qui avaient été opprimés dans cette prison des peuples que constituait l'empire tsariste. La contre-révolution stalinienne qui a eu lieu à la fin des années 20 et au cours des années 30 a renversé cette orientation. Les staliniens ont érigé une nouvelle prison des peuples — non seulement en Union soviétique, mais aussi à des degrés divers au sein de chacun des États ouvriers d'Europe de l'Est. Cette « union » involontaire est aujourd'hui en train d'éclater.

La crise économique et sociale s'aggrave aussi en Union soviétique. La pénurie de nourriture et d'autres biens essentiels devient plus aiguë. Des manifestations et des grèves défensives continuent d'éclater en réponse aux conséquences désastreuses de cette spirale infernale pour le peuple travailleur.

Devant cette instabilité grandissante, nous devons nous préparer à voir le régime de Mikhaïl Gorbatchev accentuer son orientation bonapartiste et opposer de plus en plus de violence et de répression à la résistance des travailleurs et des paysans [11].

Mikhaïl Gorbatchev a déjà lancé plusieurs attaques meurtrières contre les nationalités opprimées, jusqu'à maintenant presque entièrement dans des régions non européennes de l'Union soviétique comme l'Azerbaïdjan. Le gouvernement central a aussi répondu aux aspirations nationales des peuples d'Estonie, de Lettonie et de Lituanie par le sabotage économique et le chantage [12].

Mikhaïl Gorbatchev a récemment fait appel à la démagogie populiste contre les escrocs et les profiteurs dans le but de légaliser l'organisation et l'usage de fiers-à-bras paramilitaires contre les grèves, le soi-disant « sabotage économique » et les manifestations contre les pénuries alimentaires. Il a ouvert la porte à une utilisation beaucoup plus agressive des unités militarisées de la police.

Combien de temps Mikhaïl Gorbatchev lui-même va-t-il pouvoir survivre à cette crise politique et sociale ? Ça reste à voir. Il n'est pas difficile d'imaginer Saddam Hussein, le soir dans sa chambre, prenant plaisir à penser que malgré ses propres perspectives d'avenir, il pourrait survivre au perfide Gorbatchev.

Mikhaïl Gorbatchev et les staliniens ne sont pas les seuls à rejeter l'expression croissante des aspirations à l'autodétermination nationale en Union soviétique et en Europe de l'Est. Les éditorialistes du *New York Times* et plusieurs autres porte-parole de la classe dirigeante se sont aussi élevés contre les effets déstabilisateurs qu'entraînerait l'éclatement de l'Union soviétique pour le système capitaliste mondial. Ils craignent aussi de voir un tel développement stimuler d'autres forces nationalistes ailleurs dans le monde. Il y a quelques jours, Flora Lewis du *New York Times* a écrit une chronique intitulée « Le fléau des nations ». Elle y a brandi le spectre du « nouveau démembrement qui menace l'Europe » et cité favorablement (mais sans le nommer) un haut « responsable occidental » qui s'insurgeait contre le risque de voir apparaître une nouvelle « Europe fragmentée et composée d'États tribaux ».

La montée des luttes pour les droits nationaux est inévitable aujourd'hui. C'est le fruit de ce que le capitalisme et l'impérialisme ont semé depuis un siècle. C'est le résultat de ce qu'ont accompli les staliniens en écrasant dans le sang la lutte sans compromis des bolcheviks contre le chauvinisme et l'oppression nationale — la seule façon de forger une plus grande unité internationaliste parmi les masses laborieuses de toutes les nations et nationalités.

Le capitalisme et le système impérialiste reproduisent et accroissent sans cesse les inégalités sociales parmi les populations de régions, nationalités, couleurs de peau ou langues différentes. Cette tendance est encore plus marquée dans les périodes de crise et de déclin économique comme celle que nous traversons aujourd'hui. La désintégration de l'Union soviétique et des régimes d'Europe de l'Est va inévitablement pousser les peuples longtemps opprimés par des nations plus puissantes à lutter pour leurs revendications nationales.

La lutte pour les droits nationaux va s'intensifier avec l'éclatement du vieil ordre mondial. Il est important pour le mouvement communiste de s'en tenir fermement à ce que nous avons dit à plusieurs reprises par le passé. La question nationale ne va pas perdre d'importance dans le monde d'aujourd'hui. Elle va en gagner. Et il est impossible d'effectuer un progrès révolutionnaire vers le socialisme et l'internationalisme sans défendre de manière intransigeante le droit à l'autodétermination des nations et des nationalités opprimées.

Il ne suffit pas de garantir ce droit seulement à celles et à ceux qui constituent une nation au sens économique et social. Il faut le faire pour toutes celles et tous ceux qui sont opprimés par le capitalisme et l'impérialisme et qui, en luttant contre cette oppression, en viennent à se voir comme un peuple ou une nationalité. Voilà certainement une des leçons que nous avons apprises de Lénine et des bolcheviks. Et c'est une leçon qui a été confirmée par la révolution nicaraguayenne et le rôle central qu'y a joué le processus d'autonomie parmi les populations noire et indigène de la côte Atlantique.

Des régimes en crise permanente

Ce qu'on trouve en Europe de l'Est et de plus en plus en Union soviétique même, ce sont des régimes en crise permanente. Ils sont tous marqués par des éléments de désintégration. Loin d'être une bénédiction pour les économies impérialistes, cette crise menace de créer plus de pressions sur le système capitaliste international et de tensions en son sein.

La réponse est donc non. Les classes dirigeantes impérialistes des États-Unis et d'Europe ne sont pas sorties gagnantes de la guerre froide. En fait, elles ont subi une défaite historique avec la désintégration actuelle des partis staliniens et l'affaiblissement de ces régimes bureaucratiques. Cela s'explique simplement. Ces changements ne se sont pas accompagnés d'une défaite décisive des travailleuses et des travailleurs. Ils n'ont pas conduit à l'« apparition » de rapports de propriété capitalistes. Et ils n'ont pas accru le nombre de travailleuses et de travailleurs à l'esprit révolutionnaire qui prennent modèle sur le régime soviétique et qui de ce fait peuvent être trompés par lui. C'est le contraire qui s'est produit.

La guerre froide a été imposée aux impérialistes dans les années qui ont suivi la deuxième guerre mondiale. Le rapport de force international qui existait alors les a empêchés de lancer une véritable guerre, une guerre chaude, pour rétablir le capitalisme en Union soviétique et dans les autres pays où ce système avait été renversé après la guerre. Ils n'avaient pas la force nécessaire pour le faire immédiatement après la deuxième guerre mondiale, en partie à cause de la résistance organisée des soldats de l'armée des États-Unis qui ont refusé de servir de chair à canon en Chine ou en Europe de l'Est et qui ont exigé d'être démobilisés et rapatriés [13].

La classe dirigeante U.S. a été incapable d'atteindre ses objectifs dans la guerre de Corée de 1950-1953. Cet échec a été un autre des premiers signes montrant les limites de ce que Washington pouvait accomplir en utilisant directement la force militaire. Loin de freiner le renversement des rapports de propriété capitalistes, la guerre a accéléré l'approfondissement de la révolution anticapitaliste en Corée et en Chine.

Au cours de ce qu'on a fini par appeler la guerre froide, les dirigeants U.S. ont donc été forcés de suspendre les hostilités avec les castes privilégiées des États ouvriers soviétique, d'Europe de l'Est et de Chine. Ils ont laissé ces dernières briser la continuité révolutionnaire du mouvement ouvrier dans ces pays, démobiliser et démoraliser le peuple travailleur, le détourner de l'internationalisme et l'isoler des luttes menées par les travailleurs et les paysans ailleurs dans le monde. Tout cela coïncidait parfaitement avec les intérêts des impérialistes.

Les castes contre-révolutionnaires ont cherché à établir des relations stables avec l'impérialisme. Elles n'ont apporté leur aide aux luttes révolutionnaires contre l'impérialisme et la domination capitaliste que si cela pouvait contribuer à leur propre défense et leur fournir un avantage diplomatique. De fait, la corruption politique et la méséducation staliniennes sont devenues des produits d'exportation de l'Union soviétique à travers le monde. C'était les « marchandises invisibles » qui arrivaient avec l'aide. Partout, elles sont devenues le principal obstacle international au développement de directions révolutionnaires capables d'organiser les travailleurs et les paysans, de les conduire à la victoire contre leur ennemi de classe et de poursuivre jusqu'au bout la lutte contre l'oppression impérialiste et l'exploitation capitaliste.

TOUT AU LONG DE CETTE PÉRIODE, Washington et ses alliés ont continué à faire la guerre, des guerres chaudes, à lancer des attaques armées et à mettre sur pied des bandes de mercenaires à travers le tiers monde : en Corée, au Viêtnam, en Algérie, au Congo, en République dominicaine et au Nicaragua, pour ne citer que quelques-uns des exemples les mieux connus. Ils espéraient qu'entre-temps, la pression exercée sur les États ouvriers par le biais des castes bureaucratiques — la guerre froide — affaiblirait suffisamment les États ouvriers pour pouvoir à un certain point les renverser militairement et y rétablir le capitalisme par la force des armes.

Mais comme nous l'avons vu au cours de la dernière année, ce n'est pas ainsi que les choses se sont déroulées. Les régimes répressifs et brutaux qui avaient empêché les travailleurs et les agriculteurs de ces pays d'agir politiquement et de défendre leurs propres intérêts de classe sont en train de s'écrouler. Les régimes qui les ont remplacés font face à une crise insoluble. Et les impérialistes n'ont aucune perspective de pouvoir y rétablir un capitalisme stable ou même un quelconque équilibre social sans avoir à affronter les travailleurs. C'est une lutte dont ils ne peuvent prévoir les conséquences.

La crise va s'approfondir dans tous ces pays. La situation va empirer. Les attaques vont s'intensifier contre le niveau de vie des travailleurs et des agriculteurs de ces pays et contre ce qu'ils ont appris à considérer comme des droits sociaux.

Mais le peuple travailleur va résister à ces attaques. Et au cours de ces luttes défensives, les ouvriers de ces pays vont trouver le moyen d'établir des liens avec les luttes des autres travailleurs, non seulement ailleurs en Europe mais partout dans le monde. C'est là une opportunité dont ils ont été privés par ces régimes pendant plus de 50 ans.

Les mois et les années à venir en Europe de l'Est et en Union soviétique seront marqués par une crise et une instabilité permanentes, ainsi que par la multiplication des luttes menées par les travailleurs et les agriculteurs.

Comme partout ailleurs dans le monde, c'est dans la lutte elle-même que se décidera l'issue de ces confrontations.

De plus, les faux dirigeants staliniens sont moins capables aujourd'hui que jamais auparavant de désorienter et de trahir les travailleurs révolutionnaires qui ont encore l'illusion que leur politique peut mettre un terme à l'oppression et à l'exploitation et conduire au socialisme. C'est vrai non seulement dans ces pays, mais dans les pays impérialistes et à travers tout le tiers monde.

Une guerre impérialiste

Cette compréhension du monde permet de voir plus clairement pourquoi le mot *triomphalisme* n'est pas approprié pour décrire la position de l'impérialisme dans le monde.

D'une certaine façon, la guerre que Washington prépare au Moyen-Orient aujourd'hui en est une de l'« après-guerre froide ». Contrairement aux autres guerres qu'ils ont menées depuis 1945, les dirigeants U.S. ne peuvent pas la présenter comme faisant partie de la lutte contre le communisme ou la menace soviétique. Ceci va aussi devenir la norme à partir de maintenant. Les guerres que Washington va mener seront des guerres plus ouvertement impérialistes dans tous les sens du mot.

Impérialiste en premier lieu dans le sens le plus populaire, celui de la Rome impériale et de ses légions. Les légions d'une puissance dominante qui exagère sa contribution aux idées et à la culture humaines, dans le but de justifier sa conquête et sa domination des autres parties du monde. Une guerre menée par une armée impériale qui réclame des droits et des privilèges impériaux pour une race impériale. Une guerre menée contre des sauvages irrationnels, aux dieux étranges. Une guerre qui a pour but d'épuiser économiquement, d'opprimer politiquement et de subjuguer un autre peuple. Et une puissance impériale à la rhétorique souvent ampoulée, dotée d'apologistes expérimentés, qui s'arroge le droit de faire la loi dans le monde.

Il est bon d'utiliser le terme de cette façon. Il n'y a là rien d'erroné ou de « non scientifique ». *C'est* une guerre impérialiste dans le sens le plus classique et le plus populaire du mot. C'est un sens qui est connu depuis des milliers d'années et qui a une signification concrète pour les gens partout dans le monde.

Ce mot est aussi totalement juste dans un autre sens. Dernière des grandes puissances impériales à essayer de dominer le monde par la violence, la classe dominante U.S. est en train de s'embarquer dans une série de guerres dans le but de sauvegarder un ordre en train de s'écrouler, l'ordre capitaliste. Ces guerres seront les dernières qu'elle va mener. Au cours de ces conflits, peu importe le temps que cela va prendre, l'empire va sombrer dans la défaite sous les coups combinés des travailleurs et des agriculteurs des pays impérialistes et des autres pays.

Une guerre pour les compagnies pétrolières

C'est aussi une guerre impérialiste dans le sens économique populaire : une guerre pour contrôler le pétrole. Ce sera une guerre pour garantir que les profits provenant de la production du pétrole restent entre les mains des grosses compagnies pétrolières, des monopoles et des gouvernements impérialistes qui défendent leurs intérêts. C'est dans ce sens qu'on entend les gens dire : « Je ne suis pas certain que le pétrole vaille une seule vie dans le Golfe. »

Nous ne devrions pas hésiter à utiliser le mot *impérialiste* également dans ce sens. Il y a beaucoup de vérité dans l'idée qu'il s'agit d'une guerre pour le pétrole. C'est une guerre pour s'assurer le contrôle des ressources, une guerre menée par les dirigeants U.S. pour empêcher une autre classe capitaliste (ici, les capitalistes irakiens) d'élargir davantage son emprise — directe et indirecte — sur ces ressources.

Nous devons nous rappeler que les capitalistes U.S. utilisent à eux seuls 26 pour cent de la production mondiale de pétrole. Jusqu'à la pompe à essence, tous les aspects du marché mondial du pétrole sont hautement monopolisés par une poignée de richissimes familles capitalistes aux États-Unis, en Grande-Bretagne et dans les autres pays impérialistes.

Le prix du baril de pétrole est encore très au-dessus de ce qu'il était avant l'invasion du Koweït par l'Irak. Pourtant, la production de pétrole a considérablement augmenté. Il y a plus de pétrole qui coule dans les pipelines et qui est transporté par pétroliers qu'il y a quatre mois. En fait, la production mondiale de pétrole en novembre a été supérieure à celle des six mois précédents. Washington a monté en épingle le financement de son offensive militaire par le gouvernement de l'Arabie saoudite. Mais grâce à l'augmentation des prix du pétrole depuis le 2 août, les riches familles saoudiennes ont empoché des revenus cinq fois plus élevés que ce qu'elles ont dépensé pour l'Opération bouclier du désert.

Ce ne sont cependant pas le trône saoudien ou les classes dirigeantes des pays de l'OPEP qui sont les plus grands bénéficiaires de cette énorme escroquerie sur les prix, même si c'est vrai qu'ils en ont profité aux dépens des travailleurs et des agriculteurs de leurs propres pays et de ceux des pays du tiers monde qui ne produisent pas de pétrole.

Les grands gagnants, ce sont les très riches familles qui possèdent les monopoles pétroliers impérialistes. Plus que personne d'autre et plus que l'OPEP, ce sont ces gens qui influencent le prix mondial du pétrole. Le fait que la plupart des champs pétrolifères du Moyen-Orient et de beaucoup d'autres pays semi-coloniaux aient été nationalisés au cours des décennies qui ont suivi la deuxième guerre mondiale ne change rien à cette situation. Les monopoles impérialistes ne possèdent et n'exploitent pas seulement leurs propres champs pétroliers qui sont considérables. Ils contrôlent aussi les infrastructures mondiales de raffinage, de transport et de distribution du pétrole. Plus grand producteur mondial de pétrole, le gouvernement de l'Union soviétique a également profité des récentes augmentations de prix. Celles-ci lui ont permis de freiner la perte de revenus causée par la baisse de productivité de son industrie pétrolière, aujourd'hui ravagée par une crise.

Sans parler du massacre qui se prépare, les grands perdants sur le plan économique sont les travailleurs et les petits agriculteurs des États-Unis et du reste du monde. Dans les pays semi-coloniaux où ils constituent la majorité de l'humanité, ils sont les plus durement touchés par l'augmentation des prix du pétrole décrétée par les monopoles. Le tiers monde est en train d'être ravagé. Le peuple travailleur d'Europe de l'Est est aussi particulièrement touché par les augmentations de prix, qui s'ajoutent à l'arrêt des importations de pétrole irakien et à l'incapacité du gouvernement soviétique de respecter les contrats d'approvisionnement qu'il a signés. À partir du 1er janvier 1991, il sera également touché par la nécessité de payer le pétrole soviétique en devises fortes au prix du marché mondial, pour la première fois en plusieurs décennies.

La guerre qui se prépare est donc aussi une guerre impérialiste dans ce sens, c'est-à-dire une guerre qui servira les intérêts des grosses compagnies pétrolières.

C'est aussi une guerre impérialiste dans un troisième sens, le sens que les marxistes lui ont généralement donné au cours de ce siècle. C'est une guerre menée par le capital financier. C'est une guerre pour la domination économique et le contrôle — la redivision — d'une grande partie du monde semi-colonial. C'est une guerre menée contre les classes possédantes d'autres pays pour s'assurer le contrôle des matières premières et des marchés, ainsi que l'accès au travail surexploité et sous-payé.

Elle a même l'aspect d'une guerre menée entre classes impérialistes rivales pour se repartager le monde en différentes sphères d'influence et de pouvoir. En dépit des appuis considérables accordés par les grandes familles capitalistes du monde à la course à la guerre, la grande opération qui se prépare dans le Golfe n'est pas le fruit d'une « coalition ». Ce n'est pas une association entre partenaires égaux. C'est l'impérialisme U.S. qui tire les ficelles.

Mais le point le plus important, c'est que c'est une guerre d'où toutes les puissances impérialistes du monde vont sortir affaiblies, en particulier l'impérialisme U.S. Ce sera une guerre menée par une puissance impérialiste en déclin et non en plein essor.

RÉVOLUTIONNAIRES ET COMMUNISTES

MUNIS DE CETTE compréhension de la crise actuelle de l'impérialisme mondial et de la place qu'y tient la guerre que prépare Washington, nous devrions maintenant jeter un regard sur le genre de direction politique dont le peuple travailleur a besoin pour avancer vers la libération nationale et le socialisme.

Aussi profonde que soit la crise à laquelle il est confronté, le capitalisme mondial ne va pas s'écrouler de lui-même pour faire place au socialisme. Seules de grandes luttes révolutionnaires pourront remplacer les classes dirigeantes impérialistes et leurs divers instruments d'exploitation et d'oppression à l'échelle internationale.

Le président Fidel Castro a dit un jour : « Être révolutionnaire, dans le monde d'aujourd'hui et dans celui de demain, signifie de plus en plus être communiste — et être communiste dans son sens le plus révolutionnaire. » En insistant sur la justesse de cette déclaration, nous ne répétons pas seulement une phrase bien tournée. Nous ne réaffirmons pas simplement ce que les communistes ont toujours dit sur la nécessité d'une direction prolétarienne.

Aujourd'hui, pour devenir et pour rester révolutionnaire, il est de plus en plus nécessaire de devenir communiste. C'est là un jugement politique. Il découle de notre évaluation de l'évolution du système international d'exploitation capitaliste et d'oppression impérialiste, de l'impact de cette évolution sur la politique mondiale et sur la lutte des classes, de l'étape atteinte par la crise des partis staliniens et des tâches auxquelles font face les révolutionnaires à ce moment-ci du vingtième siècle.

Cette évaluation souligne la nécessité de forger une direction révolutionnaire des travailleurs et des agriculteurs dans toutes les parties du monde. Les problèmes et les défis spécifiques rencontrés dans l'accomplissement de cette tâche — le poids ou la place de telle ou telle revendication — peuvent cependant varier considérablement selon la structure de classes du pays, le degré d'épuisement des directions et soi-disant directions précédentes et l'existence dans le mouvement ouvrier d'une continuité vivante de l'expérience communiste.

En Union soviétique et en Europe de l'Est par exemple, il n'existe nulle part aujourd'hui de continuité en termes de direction révolutionnaire. On n'y retrouve aucun courant communiste ou de liens historiques continus avec l'expérience d'une direction communiste au sein de la classe ouvrière. Le matériel humain dans lequel s'incarnait cette continuité communiste a été décimé, démoralisé et brisé pendant les années 30, 40, 50 et 60. Il faudra le reconstruire. Dans les grandes batailles de classes qui sont à venir, les travailleurs et les agriculteurs de ces pays forgeront des liens avec les combattants et les révolutionnaires des autres pays du monde, ce qui contribuera au développement d'une direction communiste au niveau international.

La construction d'une direction révolutionnaire ne constitue pas un défi moins grand dans les pays semi-coloniaux. Au cours du vingtième siècle, la lutte pour la libération nationale y a connu une évolution particulière et d'importants changements. Ces développements cumulatifs ont modifié le caractère de classe et le calibre de la direction nécessaire pour passer à l'étape suivante de la lutte contre la domination impérialiste, l'oppression semi-féodale et l'exploitation capitaliste.

Il y a à peine 50 ans, un grand mouvement de décolonisation a commencé à balayer le globe avec le déclenchement de la deuxième guerre mondiale. La vaste majorité des pays qui sont aujourd'hui indépendants étaient encore des colonies au début de la guerre. Au moment de leur fondation à la fin de 1945, les Nations unies ne comptaient que 51 membres comparativement à 159 aujourd'hui.

Ce n'est pas par générosité que les colonisateurs impérialistes ont accordé l'indépendance politique à ces pays. C'est dans la lutte qu'elle a été conquise. Les peuples de l'Inde et de l'Irak l'ont arrachée à la tutelle britannique. Les peuples de l'Indochine, de l'Algérie et de la Syrie, aux autorités françaises. Le peuple des Philippines, aux autorités coloniales U.S. Le peuple de l'Indonésie, à l'impérialisme hollandais. Le peuple du Congo, au colonialisme belge. Et les peuples de l'Angola et du Mozambique, à la domination portugaise.

La plus grande colonie dans le monde aujourd'hui est Porto Rico — à moins de toujours considérer Hong-Kong comme une colonie, ce qui n'est pas mon avis : son intégration à la Chine est inévitable et devance même l'échéancier de 1997. Ce fait tendrait plutôt à accroître l'importance des luttes anticoloniales qui n'ont pas encore atteint leur objectif, en particulier dans plusieurs îles des Caraïbes, du Pacifique et de l'océan Indien. L'ampleur des gains réalisés par la décolonisation depuis la deuxième guerre mondiale est impressionnante.

Dans toutes les luttes anticoloniales, il y a des propriétaires fonciers, des capitalistes marchands et des exploiteurs locaux qui ont collaboré avec les puissances coloniales jusqu'à la toute fin. Mais les mouvements de décolonisation ont réussi à constituer de larges fronts unis derrière la lutte pour l'indépendance nationale. Des représentants de classes distinctes et aux intérêts sociaux diamétralement opposés ont joué un rôle considérable dans ces batailles.

Des luttes pour l'indépendance ont été menées jusqu'à la victoire par des directions qui étaient souvent bourgeoises ou petites-bourgeoises du point de vue de leur programme et de leur composition sociale. C'est parmi les travailleurs et les agriculteurs que se retrouvaient les combattants les plus dévoués, les bataillons les plus courageux sans qui la bataille n'aurait pu être gagnée. Mais en général, les directions politiques dominantes n'étaient ni prolétariennes ni communistes. Et la plupart des régimes qui ont été portés au pouvoir ont été des gouvernements bourgeois, non pas des gouvernements de travailleurs et d'agriculteurs.

LES VICTOIRES REMPORTÉES par le mouvement de décolonisation ont ouvert la porte à une deuxième série de conquêtes dans la lutte pour la libération nationale. Ces conquêtes ont souvent été liées à la lutte anticoloniale elle-même. Il s'agit de la lutte pour reprendre à l'impérialisme la propriété directe des ressources naturelles et de l'infrastructure qui font partie du patrimoine national des pays du tiers monde. Ces luttes ont marqué la plus grande partie de la période allant du début des années 50 jusqu'à la fin des années 60 et se sont poursuivies jusqu'à la fin des années 70 avec la révolution iranienne.

En 1956 par exemple, le gouvernement égyptien de Gamal Abdel Nasser a repris le canal de Suez au capital financier franco-britannique. Au Moyen-Orient, en Amérique latine et ailleurs, des gouvernements ont nationalisé les champs pétrolifères et repris le contrôle des ressources minières. Dans ces batailles, les lignes de classe ont été mieux définies que dans les luttes de décolonisation elles-mêmes. On y trouvait des couches d'exploiteurs locaux ayant des intérêts économiques directement liés aux grandes banques et monopoles impérialistes. Les travailleurs et les paysans ont souvent profité de ces confrontations avec l'impérialisme pour exiger des régimes néocoloniaux une réforme agraire et des droits syndicaux, ce qui leur a permis de conquérir un peu plus d'espace pour s'organiser et faire de la politique.

Mais dans la plupart des cas, les classes capitalistes locales montantes se sont directement accaparées ces ressources arrachées à la domination et à l'exploitation directe des impérialistes en les transférant à des propriétaires privés ou indirectement en les confiant aux régimes néo-coloniaux qu'elles contrôlaient. Encore une fois, ce sont des directions essentiellement bourgeoises ou petites-bourgeoises qui ont en grande partie mené à terme les luttes qui ont culminé dans la nationalisation de la propriété impérialiste, sans conduire à l'édification de gouvernements ouvriers et paysans.

MAIS POUR ACCOMPLIR les tâches les plus pressantes auxquelles font face aujourd'hui les travailleurs et les paysans dans la plupart des pays du tiers monde, il faut des directions d'une toute autre nature de classe et d'un tout autre calibre. La libération nationale, la lutte pour libérer complètement tous les travailleurs et paysans de la domination et de la surexploitation impérialistes, ne peut faire de progrès sans une lutte contre les classes locales de capitalistes et de propriétaires fonciers, dont les intérêts sont complètement liés à ceux des impérialistes. Pour accomplir cette nouvelle série de tâches historiques, les mouvements de libération nationale font face à des défis politiques qui exigent une plus grande clarté politique et une direction ouvrière.

C'est la voie vers un développement économique et social durable. C'est la seule façon de débarrasser ces pays des structures sociales et des institutions qui les assujettissent de manière permanente à l'impérialisme. C'est la seule manière d'empêcher que les gains provenant d'un développement économique et social même limité n'aboutissent entre les mains d'une mince couche de capitalistes, de la bureaucratie gouvernementale ou du corps des officiers de l'armée. C'est la seule manière d'éviter que la vaste majorité de la population ne s'enfonce davantage dans la pauvreté et ne soit brutalement réprimée chaque fois qu'elle résiste. C'est la seule façon de mener jusqu'au bout des réformes agraires radicales qui n'auront pas comme seuls résultats de priver les paysans de leurs terres et d'accroître la différenciation entre les classes à la campagne. C'est ce qui se produit inévitablement avec le système capitaliste de rentes et d'hypothèques et le contrôle des capitalistes sur le crédit agricole, les mécanismes de mise en marché et les sources d'approvisionnement en machinerie et en matières premières.

Les tâches pressantes auxquelles font face les combattants anti-impérialistes dans la plupart des pays néo-coloniaux sont le produit de la crise même du système impérialiste, le produit de l'échec du capitalisme. C'est le capitalisme qui a volé aux travailleurs et agriculteurs du monde entier les fruits de leur lutte courageuse et remplie de sacrifices pour l'indépendance nationale. Ceux-ci se retrouvent aujourd'hui enchaînés par la dette aux banques impérialistes et assujettis aux diktats des cartels du pétrole, des puissants marchands de céréales et des autres intérêts impérialistes.

Il n'est plus possible de combattre l'impérialisme avec succès en utilisant les méthodes qui ont caractérisé les dernières décennies. L'indépendance coloniale a été obtenue dans une majorité de pays. Le patrimoine national que constituent la terre et les ressources minières a été nationalisé dans bien des cas.

De façon plus immédiate et plus directe, le problème pour les opprimés n'est pas que les partis et les organisations de la bourgeoisie et de la petite bourgeoisie sont des instruments de lutte inefficaces pour atteindre le socialisme. Ils ne l'ont jamais été. Le problème principal, c'est qu'à ce point-ci de l'histoire les classes dirigeantes bourgeoises sont devenues le principal instrument de la domination impérialiste dans ces pays, même si elles ont parfois de sérieux conflits avec l'une ou l'autre puissance impérialiste. C'est cette réalité sociale qui impose maintenant la nécessité d'une direction ouvrière. Il est impossible de mener jusqu'au bout la lutte de libération nationale avec ces directions bourgeoises. Il faut les combattre et les remplacer.

Ces directions bourgeoises ont été incapables d'adopter une position unifiée contre les banques impérialistes. Elles ont refusé de leur dire : « Non ! Nous ne paierons plus un sou pour rembourser des intérêts qui ruinent nos pays. Annulez la dette ! » En 1985, le président cubain Fidel Castro a lancé un effort international pour convaincre les organisations syndicales et populaires ainsi que les chefs d'État des pays d'Amérique latine et des pays du tiers monde de faire campagne ensemble contre la dette. Il n'y avait aucun préalable, aucune pression pour mettre d'autres questions sur la table. Il ne fallait que décider collectivement de refuser de payer la dette extérieure qui étranglait ces pays.

Mais Fidel Castro n'a pas trouvé un seul preneur [14]. Comme il l'a souligné avec amertume quelques années plus tard, une opportunité historique de confronter l'impérialisme a été perdue alors que ce dernier était vulnérable. Les classes dirigeantes néo-coloniales ne peuvent ni ne vont aider à diriger la lutte pour annuler la dette. Une telle campagne menacerait les mécanismes mêmes du système bancaire et de crédit capitaliste dont ces exploiteurs locaux bénéficient et dépendent.

Le genre de lutte nécessaire pour mener à bien les prochaines tâches posées par la libération nationale requiert d'organiser les travailleurs et les paysans dans un cadre politique indépendant des capitalistes et des propriétaires fonciers qui empêchent le progrès et le développement de la nation. Cette lutte requiert une alliance forte entre les ouvriers et les paysans. Elle exige de se battre afin d'élargir l'espace politique indispensable pour s'organiser et s'impliquer dans les luttes. Elle exige d'avoir une orientation internationaliste vers les batailles menées par les autres travailleurs et agriculteurs — non seulement ailleurs dans le tiers monde, mais aussi dans les pays impérialistes, en Union soviétique et en Europe de l'Est. Tout cela exige un programme anticapitaliste, une direction prolétarienne et une lutte pour remplacer les régimes bourgeois néo-coloniaux actuels par des gouvernements des travailleurs et des paysans.

Révolutionnaires et communistes

C'est la raison pour laquelle nous sommes convaincus 1. que les luttes de libération nationale joueront un rôle plus grand, pas moindre, dans la politique mondiale au cours des années à venir ; et 2. que dans la vaste majorité de ces pays, être un révolutionnaire efficace aujourd'hui et demain veut dire être un communiste. Au cours des 30 dernières années, nous avons vu comment ce genre de direction peut et va se développer dans les luttes révolutionnaires contre l'oppression nationale.

Nous avons vu tout d'abord que le développement du capitalisme dans les pays semi-coloniaux, même dans ses formes limitées et déformées, continue de renforcer la classe ouvrière et crée de nouvelles couches laborieuses à la ville et à la campagne. C'est de là que viendront les nouvelles générations de combattantes et de combattants qui vont forger des organisations révolutionnaires.

En même temps, nous avons vu une direction communiste de calibre international émerger des dures luttes de libération nationale qui se sont menées à travers le monde. Nous avons vu la direction du Mouvement du 26 juillet rassemblée autour de Fidel Castro et d'Ernesto Che Guevara forger un parti communiste en conduisant les travailleurs et les agriculteurs cubains vers la libération complète de leur pays de l'exploitation et de l'oppression yankees.

NOUS AVONS VU ÉMERGER des dirigeants communistes remarquables comme Maurice Bishop à Grenade et Thomas Sankara au Burkina Faso. Ici même aux États-Unis, nous avons vu Malcolm X se battre de manière intransigeante contre l'oppression nationale des Noirs, s'opposer de manière révolutionnaire à l'oppression des peuples d'Afrique et du tiers monde et, en le faisant, évoluer vers une perspective politique ouvertement anticapitaliste et prosocialiste.

Ces seuls exemples, et il y en aura beaucoup d'autres, permettent de confirmer que chaque nouveau progrès dans la lutte de libération nationale va grandement contribuer à forger la direction nécessaire pour reconstruire un mouvement communiste mondial.

Tout refus de reconnaître le caractère réactionnaire de l'offensive expansionniste du régime irakien pour s'emparer du territoire et du pétrole du Koweït ne peut que nuire à la construction d'une direction révolutionnaire dans la lutte de libération nationale. Les militants anti-impérialistes, les communistes et les autres travailleurs et agriculteurs à l'esprit révolutionnaire à travers le monde exigent le retrait immédiat de toutes les forces U.S. et étrangères du Moyen-Orient. Ils prônent une victoire de l'Irak contre le blocus imposé par les forces armées, aériennes et navales organisées par l'impérialisme. Et ils vont fermement défendre cette position si la guerre éclate. Mais ils vont se battre contre les envahisseurs impérialistes *malgré* Saddam Hussein, pas avec lui. Ils savent — et s'ils ne le savent pas encore, ils vont l'apprendre rapidement — que ce régime bourgeois et son corps d'officiers vont désorganiser et affaiblir la défense de l'Irak face à l'attaque de l'impérialisme.

Cette attitude n'est pas nouvelle pour les communistes et les autres adversaires intransigeants de l'impérialisme au cours du vingtième siècle. Nous avons activement appuyé la défaite de l'impérialisme allemand quand celui-ci a envahi l'Union soviétique durant la deuxième guerre mondiale. Mais nous l'avons fait malgré Staline. Son orientation contre-révolutionnaire aurait mené le pays directement à la défaite sans le sacrifice et la détermination de millions de travailleurs et de paysans soviétiques qui se sont battus et sont morts pour défendre les acquis de la révolution russe d'octobre 1917. Nous avons lutté contre l'invasion impérialiste dans les rangs de l'armée commandée par Staline. Mais nous l'avons fait uniquement parce que l'avant-garde de la classe ouvrière était trop faible pour le remplacer par une direction prolétarienne. Nous n'avons jamais abandonné notre perspective de remplacer par une direction des travailleurs et des paysans la direction qui avait arraché le pouvoir aux travailleurs et aux paysans.

Les communistes et les autres révolutionnaires ont aussi lutté pour la défaite de l'impérialisme japonais quand celui-ci a envahi la Chine au cours des années 30, malgré le fait que l'armée chinoise était dirigée par le boucher réactionnaire Jiang Jieshi.

C'est notre position aujourd'hui face au régime de Bagdad et à la défense de l'Irak contre l'impérialisme. Nous disons : « Rapatriez les troupes impérialistes maintenant ! Cessez le blocus ! Laissez passer la nourriture et les médicaments ! » Une défaite de l'impérialisme créerait les meilleures conditions pour permettre aux travailleurs et aux paysans de se libérer des directions bourgeoises et de construire leurs propres organisations et leur propre pouvoir. Les Saddam Hussein du monde utilisent les pressions impérialistes comme prétexte pour réduire l'espace politique et attaquer brutalement les syndicats, les organisations paysannes et les partis politiques du peuple travailleur.

C'EST LA LUTTE du peuple palestinien pour l'autodétermination nationale qui a souffert le plus de l'occupation du Koweït et du traitement infligé aux travailleurs par le régime irakien. (Une très petite minorité de travailleurs sont d'origine nationale koweïtienne.) L'intifada avait réussi au cours des dernières années à ouvrir des millions de nouvelles portes pour accroître l'appui et la solidarité avec la lutte des Palestiniens. Les actions du régime irakien ont chassé le mouvement palestinien hors du centre de l'attention politique au Moyen-Orient. L'invasion du Koweït a détourné l'attention de l'escalade brutale de la répression par le régime israélien — une ouverture que les dirigeants de ce pays ont immédiatement mise à profit. Elle a affaibli la campagne menée au Moyen-Orient pour mettre les négociations avec les Palestiniens au centre de toutes les revendications dirigées contre Israël et ses partisans.

Saddam Hussein a « lié » l'invasion du Koweït par l'Irak à l'occupation des territoires palestiniens par Israël. C'est de la démagogie totalement cynique, qui nuit aux efforts du peuple palestinien pour accroître l'appui à ses revendications parmi les travailleurs, les agriculteurs et ceux qui appuient les droits démocratiques à travers le monde.

Quel « lien » peut-il y avoir entre la revendication légitime de souveraineté nationale opposée par les Palestiniennes et Palestiniens à l'asservissement de leur patrie par Israël et l'attaque réactionnaire de Bagdad contre la souveraineté nationale du Koweït ? Aucun. Les deux s'opposent.

Saddam Hussein prétend qu'il a envahi le Koweït pour favoriser un « règlement » de la question palestinienne. C'est un pur mensonge. Ce qu'il voulait, c'est du pétrole, un territoire et un butin. C'est ce qu'il a toujours recherché depuis qu'il est au pouvoir. Au Koweït, les troupes irakiennes ont infligé aux travailleurs palestiniens le même traitement brutal qu'aux dizaines de milliers d'autres travailleurs immigrants qui se trouvaient là. C'est une diversion criminelle que de lier de quelque façon que ce soit ces actions à la lutte des Palestiniens pour leur autodétermination nationale.

La direction de l'Organisation de libération de la Palestine (OLP) a amplifié l'impact de ce coup en refusant de condamner inconditionnellement l'invasion du Koweït, d'exiger le retrait immédiat des troupes irakiennes et de s'appuyer sur cette position de principe pour déclarer au monde entier l'intention de l'OLP de lutter jusqu'à la mort avec ses soeurs et frères irakiens contre toute attaque impérialiste. Yasser Arafat, le président de l'OLP, a empiré la situation en appuyant publiquement la proposition faite par Bagdad de lier les discussions sur le retrait du Koweït à « un règlement d'ensemble » des conflits au Moyen-Orient.

À cause de sa lutte courageuse au cours des dernières décennies, le peuple palestinien jouit d'une grande estime. Les déclarations de la direction de l'OLP n'ont servi qu'à enjoliver le régime bourgeois en Irak et qu'à semer la confusion parmi des couches d'autres combattantes et combattants dans le monde.

Cuba s'oppose à la course à la guerre

Le rôle joué par le gouvernement révolutionnaire et le Parti communiste de Cuba illustre l'importance du caractère et de l'orientation de classe de la direction dans la lutte pour la libération nationale, y compris dans la lutte contre la guerre impérialiste.

Voilà pourquoi le livre de Pathfinder *U.S. Hands Off the Mideast! Cuba Speaks Out at the United Nations* constitue l'un des outils politiques les plus efficaces dans une campagne ouvrière contre la course à la guerre de Washington. Comme l'explique Mary-Alice Waters dans son introduction :

« Toutes celles et tous ceux qui se préoccupent du futur de l'humanité doivent se donner pour objectif de mobiliser l'opinion publique mondiale, en particulier l'opinion publique aux États-Unis, afin de contrecarrer l'escalade militaire de Washington. C'est pour cela que le rôle joué par les représentants du gouvernement cubain au Conseil de sécurité des Nations unies est important aujourd'hui. Comme ils l'ont fait dans le passé, les dirigeants de la révolution cubaine utilisent les Nations unies comme une tribune pour dénoncer la course à la guerre et présenter une perspective d'action qui défend les intérêts du peuple travailleur à travers le monde. » (p. 23 [tirage 2020])

Le livre contient dix résolutions initiées par les États-Unis et adoptées par le Conseil de sécurité de l'ONU entre le début d'août et la fin d'octobre 1990. Elles sont accompagnées des discours alors prononcés par Ricardo Alarcón, le représentant de Cuba aux Nations unies. Celui-ci y explique pourquoi son gouvernement s'oppose à l'invasion du Koweït par l'Irak, tout en dénonçant sans compromis la course à la guerre de Washington et l'imposition d'un blocus qui nie même au peuple irakien le droit à la nourriture et aux médicaments. Le livre contient également plusieurs lettres de Fidel Castro et un extrait d'un de ses récents discours.

Le discours prononcé le 29 novembre au Conseil de sécurité par le ministre cubain des Affaires étrangères, Isidoro Malmierca, réaffirme ces positions et condamne dans les termes les plus forts la nouvelle résolution de guerre de l'ONU[15].

Avant cette session du Conseil de sécurité, Isidoro Malmierca avait rencontré à New York le secrétaire d'État des États-Unis James Baker, au cours de la plus longue réunion depuis 1960 entre hauts représentants des gouvernements des États-Unis et de la république de Cuba. Parce que le gouvernement des États-Unis occupait le siège de la présidence du Conseil de sécurité au mois de novembre, Washington était formellement obligé de rencontrer au moins une fois chaque membre du conseil pour essayer d'en arriver à un accord sur une résolution commune. C'est une convention diplomatique à laquelle la délégation des États-Unis devait se soumettre. Et Baker lui-même devait présider cette session spéciale.

C'est peut-être la seule chose entourant toute cette réunion du Conseil de sécurité que Washington n'avait pas prévue : tenir la première réunion formelle en 30 ans avec le ministre cubain des Affaires étrangères.

La plupart des autres réunions de James Baker ont été utiles au gouvernement des États-Unis. Elles lui ont permis de fignoler un accord sur l'échéance imposée à Bagdad, de revoir les formulations de façon à protéger les arrières de plusieurs délégations dans leurs propres pays, etc. C'était comme dans ces repas d'affaires où l'on établit le prix des marchandises et finalise le contrat.

Mais la réunion avec Isidoro Malmierca a été différente. Le ministre cubain des Affaires étrangères a rencontré James Baker. En sortant de la réunion, il a simplement rapporté à la presse que Cuba avait l'intention de voter contre la résolution et de continuer à faire pression pour une solution pacifique. Contrairement aux autres membres du Conseil de sécurité, le gouvernement de Cuba n'a pas été invité par James Baker à venir à Washington pour poursuivre les discussions. Cuba n'a donc pas eu à tenir de conférence de presse quelques jours plus tard pour nier tout lien entre son vote sur la résolution de l'ONU et l'obtention d'un nouveau programme d'aide ou d'un prêt du Fonds monétaire international.

À la réunion même du conseil de sécurité du 29 novembre, Isidoro Malmierca a réexpliqué l'opposition intransigeante de Cuba à l'invasion du Koweït, à son annexion par l'Irak et à la prise en otage de ressortissants étrangers par le gouvernement irakien. Ces actions, a-t-il dit, « brisent l'unité et la solidarité dont [les pays du tiers monde ont] tant besoin pour relever le défi du sous-développement. »

Il a poursuivi en condamnant les initiatives de guerre de Washington contre l'Irak, dont le blocus inhumain, et l'appui que leur a donné le Conseil de sécurité de l'ONU.

Il a fait part des inquiétudes de Cuba devant « la concentration énorme et croissante des forces militaires des États-Unis et de leurs alliés dans la zone du Golfe et devant le danger d'une guerre qui [...] provoquerait d'énormes destructions dans les pays de la région, à commencer par le Koweït, l'Irak et leurs voisins, sans compter les pertes qu'elle entraînerait pour les forces attaquantes. »

ISIDORO MALMIERCA a réaffirmé l'appui accordé depuis longtemps par Cuba à la lutte du peuple palestinien pour ses droits nationaux. Il a condamné l'hypocrisie du gouvernement des États-Unis qui a empêché le Conseil de sécurité de se pencher sur une résolution visant à mettre sur pied une commission de l'ONU qui aurait eu pour mandat de surveiller le traitement infligé aux Palestiniens par le gouvernement israélien dans les territoires qu'il occupe. Cette résolution avait été élaborée par Cuba en collaboration avec la Colombie, la Malaysia et le Yémen. En même temps, l'ambassadeur cubain a réaffirmé l'opposition de Cuba à tout « linkage » [lien] « entre le retrait irakien du Koweït et les territoires arabes occupés par Israël. »

Isidoro Malmierca a ensuite rappelé les conséquences horribles pour l'humanité de la guerre contre la Corée, qui a été la dernière guerre organisée par les États-Unis à laquelle le Conseil de sécurité a donné sa bénédiction. « L'usage de la force sous la bannière des Nations unies, a-t-il dit, a abouti après trois ans de guerre à des centaines de milliers de victimes, à des dommages matériels considérables et à une armistice qui maintient aujourd'hui encore ce pays divisé comme avant l'éclatement du conflit, avec des dizaines de milliers de soldats et des bases militaires étrangères dans la partie sud du territoire. »

Finalement, il a conclu avec la remarque que j'ai citée plus tôt, où il a qualifié la résolution de l'ONU de « chronique d'une guerre annoncée ».

DEPUIS LE DÉBUT du conflit dans le Golfe, les révolutionnaires cubains ont suivi une démarche courageuse, conséquente, de principe et internationaliste. La justesse de cette position ne vient pas du fait que c'est une position communiste qui fait avancer la lutte pour le socialisme — même si c'est certainement la seule position que des communistes puissent adopter. On n'a pas besoin d'être communiste pour défendre cette orientation aux côtés des révolutionnaires cubains.

La position de Cuba est avant tout correcte parce qu'elle aide à faire avancer la lutte contre l'impérialisme au Moyen-Orient. C'est la seule position de principe du point de vue de la lutte pour la libération nationale, la seule position juste et révolutionnaire que puissent adopter les combattants anti-impérialistes et les mouvements de libération nationale à travers le monde.

Les révolutionnaires cubains savent qu'ils vont souffrir des conséquences de leur position de principe contre la course à la guerre dirigée par l'impérialisme U.S. Ils savent que Washington va tout faire pour leur rendre la vie plus difficile et que si la guerre est lancée contre l'Irak, la situation deviendra encore plus dure. Les révolutionnaires cubains savent mieux que quiconque dans le monde ce que va signifier une guerre massive et sanglante au Moyen-Orient pour chacun des combattants qui s'opposent à l'oppression et au pillage impérialistes. Ils connaissent les pressions qui vont s'exercer sur les révolutionnaires, même aux États-Unis. Ils savent que des restrictions croissantes vont limiter les droits démocratiques et rétrécir l'espace qui existe pour nous organiser et résister. Ils comprennent que le danger d'autres interventions militaires impérialistes va augmenter ailleurs dans le monde.

Une guerre impérialiste au Moyen-Orient va permettre à la clique des deux partis à Washington d'accroître son appui au régime meurtrier qui défend les biens et les privilèges des propriétaires fonciers et des capitalistes au Salvador. Elle va lui permettre d'accroître ses pressions politiques et militaires sur le Front Farabundo Martí de libération nationale, qui continue de mener une lutte révolutionnaire contre le régime là-bas.

Une guerre au Moyen-Orient va inévitablement permettre aux gouvernements impérialistes d'abandonner encore davantage leurs supposées bonnes dispositions à l'endroit du Congrès national africain et de la lutte qu'il dirige pour détruire une fois pour toute le système d'apartheid en Afrique du Sud.

Une telle guerre va porter un coup à la lutte pour la réunification de la Corée. Avec environ 45 000 soldats, des bases militaires et des navires nucléaires, c'est en Corée que l'impérialisme U.S. maintient aujourd'hui sa deuxième plus grande concentration militaire au monde après celle du Golfe. Dans une analyse parue le 3 décembre, le quotidien nord-coréen *Rodong Sinmun* a fait référence à cette réalité en soulignant le danger de guerre posé par la récente résolution du Conseil de sécurité. « L'adoption d'une résolution approuvant l'emploi de la force armée contre l'Irak dans des conditions où sont concentrés dans la région du Golfe des moyens de guerre ultra-modernes et des armées gigantesques ne peut qu'annoncer l'éclatement possible d'une guerre dans la région.

[...] Si cette guerre éclate, elle va engendrer une situation irréversible qui va constituer une menace sérieuse à la paix et à la sécurité dans le monde. »

Un modèle exemplaire

À notre connaissance, les travailleurs et les paysans irakiens font aujourd'hui face à la perspective d'un massacre impérialiste brutal sans qu'existe aucun courant révolutionnaire organisé parmi les travailleurs, les paysans et les jeunes d'avant-garde. Les militantes et militants révolutionnaires en Irak font face à des conditions extrêmement répressives — emprisonnements, tortures et assassinats.

Il existe cependant un exemple dans l'histoire récente de la région qui montre comment les communistes se sont comportés face à une guerre appuyée par l'impérialisme.

En 1980, le gouvernement irakien a entrepris avec la bénédiction de Washington une guerre contre la révolution iranienne. Dans les premières années de la guerre, une organisation communiste a pu fonctionner au sein de la classe ouvrière en Iran. Elle s'appelait le Parti de l'unité ouvrière (en persan : Hezb-e Vahdat-e Kargaran — le HVK). Le HVK a été victime de la répression exercée par le gouvernement capitaliste iranien. Ses membres ont été harcelés par les fiers-à-bras du gouvernement et ont même été emprisonnés.

Les membres du HVK ont fait partie des conscrits et des volontaires des usines qui ont lutté et qui sont morts au front en défendant la révolution iranienne contre l'assaut réactionnaire du régime irakien. Ils étaient convaincus que les communistes devaient être les meilleurs défenseurs des gains réalisés par les travailleurs et les paysans lorsqu'ils ont fait une révolution et renversé le régime du shah appuyé par les États-Unis. Et ils ont agi en conséquence.

En même temps, les cadres du HVK ont donné leur appui et ont participé activement aux luttes qui se développaient dans les usines contre les efforts du gouvernement capitaliste d'intensifier l'exploitation des travailleurs en appelant ces derniers à faire des sacrifices pour la guerre pendant que les capitalistes eux-mêmes faisaient des profits. Le HVK a appuyé la lutte des paysans pour obtenir du gouvernement la terre et les moyens de la cultiver. Rien n'aurait pu mieux accroître la volonté des paysans de résister à l'invasion irakienne soutenue par les impérialistes. Le HVK a participé à la lutte pour défendre les droits démocratiques face à la répression de plus en plus brutale du gouvernement contre toute forme d'expression et d'organisation indépendantes et politiques des travailleurs et des paysans.

Il a aussi donné son appui inconditionnel aux droits nationaux des Kurdes et des autres peuples opprimés par le régime capitaliste iranien. Le HVK a expliqué que seule l'intensification de la lutte des travailleurs et des paysans pour leurs intérêts de classe pouvait permettre de consolider les conquêtes de la révolution iranienne et empêcher la guerre défensive contre l'Irak de devenir une boucherie sans issue qui viderait de leur sang et de leur énergie les révolutionnaires les plus courageux et les plus dévoués. Il a insisté sur la nécessité d'établir un gouvernement des travailleurs et des paysans dans le but de mener jusqu'au bout la lutte pour libérer l'Iran de toute forme d'oppression et d'exploitation de l'impérialisme et de ses agents, tant à l'intérieur qu'à l'extérieur du pays.

Cette orientation communiste a été expliquée dans une résolution adoptée par le HVK en 1981. Elle a été traduite en anglais et publiée cette année-là dans le magazine *Intercontinental Press*[16]. C'est un exemple magnifique pour les révolutionnaires, les combattants anti-impérialistes et les communistes partout dans le monde.

LA MARCHE VERS LA GUERRE ET LA DÉPRESSION

PENDANT LA SEMAINE de novembre où le Conseil de sécurité de l'ONU a adopté la résolution de guerre de Washington, de hauts représentants du gouvernement des États-Unis ont finalement été forcés de reconnaître que la récession qui frappait déjà le Canada avait aussi commencé aux États-Unis. Certains ont exprimé la crainte qu'elle pourrait être profonde, autant en Amérique du Nord qu'ailleurs.

Pendant la même semaine, le gouvernement fédéral a annoncé que l'espérance de vie de la population noire avait baissé — en termes absolus — pour la quatrième année consécutive. Cette baisse a été si forte qu'elle a entraîné une chute de l'espérance de vie moyenne pour l'ensemble de la population des États-Unis. Ce recul s'est aussi fait selon des lignes de classe très prononcées, sous l'impact d'une détérioration rapide des conditions de santé des couches les plus démunies de la classe ouvrière, détérioration qui n'est pas limitée à celles et ceux qui sont noirs.

Le simple fait que l'espérance de vie moyenne puisse baisser dans la dernière décennie du vingtième siècle au sein de la puissance impérialiste la plus riche du monde et qu'elle puisse le faire pendant quatre années consécutives chez les travailleurs et les agriculteurs d'une nationalité opprimée illustre la profondeur de la crise économique sous-jacente du capitalisme. La capacité du capitalisme de régénérer continuellement les institutions de l'oppression raciste tout en reproduisant les relations sociales de production qui sont nécessaires au maintien de sa propre existence renforce l'intensification de l'exploitation et l'approfondissement de la polarisation de classes.

On pourrait citer ici beaucoup d'autres statistiques illustrant des aspects de ce qui nous attend, jetant un peu plus de lumière sur le caractère de la crise sociale internationale vers laquelle nous avançons et permettant de mieux comprendre l'importance des batailles qui s'en viennent pour les travailleurs et les travailleuses. Nous ne pouvons prévoir avec exactitude quand et comment les événements vont se dérouler. Mais nous pouvons affirmer avec certitude que les classes dirigeantes impérialistes conduisent aujourd'hui les travailleurs et les agriculteurs vers la guerre et la dépression.

La classe ouvrière des États-Unis entre dans la récession après avoir été victime depuis plus de dix ans d'une offensive menée par le patronat contre ses conditions de vie et de travail. Le salaire réel des travailleurs a baissé de 10 pour cent au cours de la dernière décennie. Notre pouvoir d'achat a tellement baissé qu'il atteint aujourd'hui le niveau qu'il avait en 1961. Depuis 1980, nos pensions, les soins de santé que nous recevons et la protection que nous offrent les assurances que nous payons ont chuté en moyenne d'environ 15 pour cent en termes monétaires réels. Cette offensive contre le revenu des travailleuses et des travailleurs a fait grimper en flèche la dette des familles ouvrières, qui ont cherché désespérément à protéger ainsi leur niveau de vie.

Avec le chômage qui augmente déjà rapidement, seulement un tiers de celles et de ceux qui n'ont pas d'emploi dans ce pays reçoivent présentement des prestations de chômage. Les trois quarts d'entre eux en recevaient durant la récession de 1974-1975 et la moitié pendant le ralentissement marqué de l'économie capitaliste de 1981-

1982. Cette chute est en grande partie attribuable aux coupures gouvernementales imposées sous la forme de critères d'éligibilité de plus en plus restrictifs.

Les petits agriculteurs exploités entrent dans une nouvelle ronde d'endettement accéléré, de faillites et de saisies de terre. La crise agricole capitaliste qui a chassé de leurs terres des dizaines de milliers de producteurs exploités au début et au milieu des années 80, la plus grave crise depuis les années 20 et 30, est loin d'être résolue.

LES CAPITALISTES SONT écrasés par une dette qui a atteint des sommets historiques durant les années 80. Les investissements dans de nouvelles usines ou de nouvelles machines plus productives ont stagné tout au long de la dernière décennie. On a assisté pendant la même période à l'explosion de la spéculation immobilière et des fusions ou acquisitions de nouvelles entreprises sur la base d'un endettement accru ; à la prolifération des obligations de pacotille ; et à la déstabilisation croissante des marchés d'actions et d'options. La dette du tiers monde a atteint des sommets terrifiants. Elle affecte profondément les travailleurs et les agriculteurs de ces pays et crée de nouvelles pressions sur la structure bancaire impérialiste. Aux États-Unis, les banques, les institutions d'épargne et de prêt et les grandes compagnies d'assurance se trouvent aujourd'hui dans la situation la plus mauvaise depuis plusieurs décennies. C'est aussi le cas des fonds qui sont aujourd'hui mis à la disposition des agences gouvernementales qui sont censées protéger les épargnants.

Sur chacun de ces fronts, la situation est aujourd'hui plus critique en raison de la récession capitaliste. Tout effondrement soudain ou crise partielle, à un niveau ou à un autre de la chaîne, menace de transformer la récession

empêchés de se défendre. Ils l'ont fait même quand les patrons et les bureaucrates syndicaux se sont entendus pour les empêcher d'utiliser les tactiques syndicales éprouvées qui ont historiquement permis au mouvement ouvrier de remporter des victoires, comme le recours à la force et à la solidarité syndicales pour stopper la production.

Quand des travailleuses et travailleurs ont commencé à agir contre ces conditions adverses, d'autres membres de leur classe leur ont exprimé leur solidarité. Une petite avant-garde de combattants au sein du mouvement ouvrier a commencé à accumuler des expériences importantes, riches en leçons sur la voie à suivre pour forger l'unité, surmonter les divisions et mener une lutte efficace. Ces luttes défensives sont menées d'une position de faiblesse. Les membres des syndicats ne sont pas dans une position de force suffisante pour remplacer l'actuelle direction par une autre qui aurait une stratégie alternative de lutte de classe. Leurs efforts se situent largement dans le cadre limité de la stratégie imposée par cette bureaucratie ossifiée. Mais ce fait ne rend pas ces expériences moins importantes. C'est dans ces expériences que les combattants syndicaux apprennent à se connaître et à se jauger.

Les grévistes du *Daily News* sont en train de vivre tout cela dans la grande région de New York. Leur grève a commencé en octobre 1990 par un lock-out brutal, froidement calculé, mené de façon militaire — l'un des pires depuis plusieurs années. Les camionneurs, les opérateurs de presse et d'autres syndiqués ont été forcés d'entrer dans la lutte sans y avoir le moindrement été préparés par la bureaucratie syndicale, qui avait espéré l'éviter malgré toutes les preuves du contraire. Les syndiqués n'ont aucune structure syndicale démocratique pour s'organiser, prendre des décisions, discuter des tactiques, renforcer leur unité et aller chercher la solidarité du reste du mouvement ouvrier. En d'autres mots, ils n'ont aucune structure syndicale à leur disposition pour faire peser leur véritable potentiel dans la lutte.

De son côté, l'employeur était bien préparé. La production ne s'est jamais arrêtée. Le *Daily News* n'a pas raté un seul numéro.

Des briseurs de grève avaient été embauchés depuis des mois pour accomplir toutes les tâches requises pour produire un journal : de la rédaction à la composition des articles, de l'impression au transport des journaux dans toute la région métropolitaine. En quelques minutes, ils étaient au travail, accompagnés de fiers-à-bras armés chargés de harceler les syndicats. Les autres médias de New York ont soutenu la campagne du *Daily News* visant à rendre les syndicats responsables des actes de violence.

Mais un fait s'est produit que la direction n'avait pas prévu. Les patrons pouvaient bien écrire le journal, l'imprimer et le distribuer dans les kiosques en se servant de « remplaçants permanents ». Mais ce qu'ils ne pouvaient pas faire, c'était de forcer le peuple travailleur à l'acheter ! Les travailleuses et travailleurs de la région de New York se sont mobilisés pour garder le *Daily News* hors des kiosques. Ils ont fait pression sur les propriétaires de kiosques pour qu'ils refusent de vendre le journal des briseurs de grève. Ils ont discuté avec eux et essayé de les convaincre. Certains de ces petits commerçants ont accroché des affiches de solidarité disant : « Nous ne vendons pas le *Daily News.* »

D'autres ont discuté avec leurs camarades de travail, leurs amis et les membres de leurs familles pour les convaincre de ne pas acheter le journal. Acheter le *Daily News* est devenu un geste immoral, inacceptable et inconcevable pour toute travailleuse, tout travailleur ayant un gramme de décence, de sentiment humain et de solidarité. Des syndiqués se sont portés volontaires pour faire du porte-à-porte dans les banlieues et demander aux gens d'annuler leur abonnement.

Il y a des milliers de kiosques à journaux à New York. Avant la grève, le *Daily News* avait le deuxième plus grand tirage de tous les quotidiens métropolitains du pays. Il est difficile de le trouver en kiosque aujourd'hui. Ce résultat n'est pas le fruit d'un travail organisé et centralisé. Il a fallu les efforts de dizaines de milliers de travailleurs et de syndiqués. Les propriétaires de kiosque ont constaté que leurs clients réguliers considèrent comme une insulte le fait de trouver le *Daily News* sur leurs tablettes. Il s'agit de clients qu'ils ont appris à connaître au fil des années, dont ils sont devenus les amis et dont leurs affaires dépendent. Ce genre de facteurs jouent un rôle dans les luttes ouvrières et sociales et ils ont un grand impact dans la grève contre le *Daily News*.

Je n'essaie pas ici de prédire le résultat de la grève, étant donné le caractère de la bureaucratie qui domine ces syndicats et l'état général du mouvement ouvrier [17]. Pour que la lutte contre la direction du *Daily News* continue d'avancer, la bureaucratie des métiers de l'imprimerie doit continuer de créer un espace où les membres peuvent agir. Et les membres ont besoin de temps pour s'organiser et se structurer. C'est ce qu'on a vu avec la grève contre la compagnie aérienne Eastern.

La capacité de gagner la solidarité d'autres syndiqués et d'autres travailleurs est liée à la haine croissante de la classe ouvrière face aux attaques antisyndicales. Elle a permis de manière inattendue de gagner un peu d'espace, même si la grève n'est pas en mesure d'arrêter la production. D'autres formes de lutte et de solidarité ne sont pas un substitut pour la grève, elles en sont un complément. Elles deviennent une façon pour la base des syndicats de s'affirmer et de prouver que les patrons ne vont pas toujours sortir gagnants de leurs attaques antisyndicales. Tout ceci est très important maintenant. Peu importe sa durée ou son résultat, cette grève mérite l'appui actif de tous les travailleurs.

La grève du *Daily News* est l'exemple le plus récent de la nouvelle dynamique des luttes syndicales apparue dans ce pays au cours des dernières années. C'est une dynamique inégale, avec des à-coups et des ratés. Mais elle est plus claire aujourd'hui qu'elle ne l'était quand elle a commencé à prendre forme au mois d'août 1985 avec la grève des travailleurs de salaison contre la compagnie Hormel et les autres grèves qui ont frappé cette industrie au cours des 18 mois suivants [18].

Depuis lors, d'autres luttes ont impliqué des travailleurs du papier et des conserveries, des mineurs de charbon, des travailleurs du téléphone et des employés d'hôpitaux. Toutes ces batailles ont revêtu un caractère défensif et ont été menées par des travailleuses et des travailleurs qui avaient été acculés au pied du mur par les patrons. Les résultats ont varié. Il y a eu des défaites ou des reculs importants, des matchs nuls et quelques victoires. La victoire récente la plus importante a été remportée par les membres des Mineurs unis d'Amérique et leurs partisans contre la tentative de la compagnie de charbon Pittston de briser leur syndicat [19].

À travers toutes ces batailles, on peut voir l'impact cumulatif des attaques contre les syndicats. Mais on peut aussi voir l'effet cumulatif de l'expérience acquise par les travailleurs qui trouvent le moyen de résister un peu plus longtemps ou de surprendre un peu plus les employeurs avec ce qu'ils arrivent à faire. Ces travailleuses et travailleurs augmentent la confiance des autres couches de la classe ouvrière qui vont à leur tour entrer en lutte.

COMMENCÉE EN MARS 1989, la grève menée par des membres de l'Association internationale des machinistes (AIM) contre la compagnie aérienne Eastern a été un peu différente de toutes les autres. Durant les premiers mois de la grève, une direction s'est développée à la base du syndicat et a eu le temps de se structurer. Cette direction a constamment cherché à maintenir l'unité la plus large tout en cherchant des appuis ailleurs dans le mouvement ouvrier. Ces grévistes ont montré qu'ils étaient capables de recevoir des coups, de résister aux chocs et de tenir le coup plus longtemps que les employeurs. Ils ne se battaient pas contre le dernier venu des patrons. Pour le patronat, Frank Lorenzo était le meilleur briseur de syndicats de la décennie, un modèle pour lui.

Les grévistes d'Eastern ont empêché Lorenzo de leur imposer le même genre d'opération non syndiquée qu'il avait déjà infligée aux travailleurs de la compagnie aérienne Continental en 1983. Ce sont eux qui ont chassé Frank Lorenzo de l'industrie aérienne. Et leur lutte qui dure maintenant depuis près de deux ans a acculé à la faillite Eastern et Continental, les deux composantes de Texas Air, l'ancien empire de Lorenzo. Les grévistes d'Eastern ont forcé le gouvernement à s'impliquer et à prendre ouvertement la responsabilité de l'avenir de la compagnie, au grand désespoir des détenteurs d'actions et des créanciers. Ce développement a ébranlé la confiance des autres employeurs, fournisseurs et banquiers, à l'intérieur comme à l'extérieur de l'industrie aérienne. Ceux-ci sont moins confiants qu'au milieu des années 80 que les attaques ouvertes contre les syndicats, le « lorenzoïsme », constituent la voie royale vers des profits considérables [20].

Le mouvement ouvrier n'est pas à l'offensive contre les employeurs. Il n'y a aucun développement dans les syndicats qui laisse entrevoir l'émergence structurée d'une stratégie de lutte de classe alternative. L'offensive des patrons se poursuit. Et le mouvement ouvrier continue d'être affaibli par la politique de collaboration de classe pratiquée par la bureaucratie syndicale. Tout cela est vrai.

Mais ce n'est pas la fin de l'histoire. La dynamique de la résistance des travailleurs et des syndiqués au cours des cinq dernières années, leurs efforts pour faire peser davantage la solidarité de classe, leur volonté d'aller au-delà d'eux-mêmes, au-delà du mouvement syndical, au-delà de leur pays pour aller chercher et donner la solidarité — tous ces faits doivent aussi être pris en ligne de compte.

Pour les travailleuses et travailleurs communistes qui font partie de cette avant-garde ouvrière, ces faits sont *décisifs*. Nous devons en tenir compte pour élaborer notre stratégie et nos tactiques, y compris pour faire campagne contre la course à la guerre de l'impérialisme.

L'action politique ouvrière indépendante

Ces luttes enrichissent l'expérience d'une couche de travailleurs d'avant-garde. Elles les aident à mieux se voir comme faisant partie d'une classe dont les intérêts sont distincts et opposés à ceux des employeurs, de leurs partis politiques et de leurs gouvernements. Pour renforcer leurs propres luttes, ces travailleurs ont dû forger leur unité et aller chercher la solidarité des autres travailleuses et travailleurs, ce qui les a aidés à surmonter certaines divisions et certains préjugés réactionnaires entretenus par les patrons. Ils sont aujourd'hui en meilleure mesure de comprendre qu'ils ont les mêmes intérêts que les autres travailleurs et agriculteurs, ici et ailleurs dans le monde.

Ces changements sont importants pour les travailleurs communistes. Ils permettent, dans le cadre d'expériences communes avec d'autres militants syndicaux, d'acquérir une compréhension plus large de la nécessité de construire un mouvement syndical qui fonctionne sur la base de la démocratie, de la solidarité de classe et de l'action politique ouvrière indépendante. En d'autres mots, un mouvement syndical qui rejette le caractère étroit du syndicalisme tel que conçu par une bureaucratie timide et qui lutte pour un mouvement qui pense socialement et agit politiquement — dans l'intérêt de sa propre classe et non dans celui des patrons. Cette perspective devient plus nécessaire que jamais avec les préparatifs de guerre croissants de l'impérialisme.

Les divisions tactiques au sein de la classe dirigeante sont réelles et il ne nous a pas été difficile d'en expliquer les raisons. Elles nous permettent de voir le danger que représente l'imposture moussée par la presse bourgeoise que le débat qui a lieu au Congrès nous éloigne de la guerre. C'est tout le contraire. Les politiciens des partis démocrate et républicain partagent tous les mêmes hypothèses et les mêmes objectifs impérialistes. Et les politiques communes qu'ils ont déjà mises en branle sont les éléments mêmes qui augmentent la probabilité que le siège militaire actuel devienne une guerre ouverte, qui aura peut-être comme prélude une attaque aérienne dévastatrice.

Les travailleurs, les agriculteurs et tous les vrais adversaires de la course à la guerre de Washington n'ont aucune voix ni aucun représentant que ce soit au Congrès. Avant chacune des guerres impérialistes de ce siècle, des divisions tactiques et des querelles sont apparues parmi les politiciens bourgeois siégeant au Congrès et entre le Congrès et la Maison-Blanche. On a aussi assisté à une concentration du pouvoir gouvernemental entre les mains de l'exécutif. Mais chaque fois que le président a demandé au Congrès de l'appuyer lors d'une guerre, il a reçu un très large appui des deux partis. Cela s'est produit sans aucune exception, que ce soit pour déclarer la guerre en 1917 et en 1941, pour adopter la résolution du golfe du Tonkin en 1964 ou simplement pour voter les crédits de l'armée. Les choses ne seront pas différentes cette fois-ci.

Le mouvement ouvrier a besoin d'espace pour organiser une grande discussion publique sur les liens qui existent entre les politiques de guerre mises en pratique par la classe dirigeante ici et ailleurs. Il a besoin d'espace pour organiser une opposition active à ces politiques dans les usines et dans nos syndicats. Il a besoin d'espace pour permettre à toutes celles et tous ceux qui désirent discuter ces questions de participer à un débat courtois et nous permettre de manifester notre opposition dans les rues. Il a besoin d'espace pour commencer à faire de la politique dans l'intérêt de classe des travailleurs, des agriculteurs et de nos alliés ici et ailleurs dans le monde.

Cette discussion devrait d'abord et avant tout être organisée parmi les près de 500 000 citoyens-soldats envoyés dans le désert d'Arabie par les amis de Frank Lorenzo à Washington. Celles et ceux qui devront lutter et mourir dans une guerre menée par les dirigeants républicains et démocrates de ce pays devraient pouvoir décider s'il faut déclarer cette guerre ou non. Cela paraît simplement juste et décent. Mais en réalité, la question est plus compliquée, car elle va droit au coeur du principal problème auquel est confrontée la classe ouvrière : le fait de ne pas avoir d'organisation politique indépendante, ni de voix politique propre, ni de politiques qui défendent nos intérêts de classe contre les intérêts de ceux qui sont responsables de l'exploitation, de l'oppression et de la guerre.

LA CLASSE OUVRIÈRE n'a pas de politique étrangère. Le mouvement ouvrier n'a pas de politique étrangère. La *bureaucratie* syndicale défend fidèlement la politique étrangère des employeurs et fait ce que les patrons lui disent de faire. Mais le *mouvement* ouvrier — les travailleuses et travailleurs, les membres qui sont les syndicats — n'a pas de politique étrangère. Les classes qui meurent dans les guerres déclenchées par les partis et le gouvernement des patrons et qui affrontent dans ces guerres des travailleurs et des agriculteurs comme nous dans d'autres pays n'ont aucune politique étrangère.

Beaucoup de travailleuses et de travailleurs trouvent inacceptable que les patrons disposent d'un monopole lorsqu'il s'agit d'établir toute une série d'autres politiques, comme l'orientation des syndicats, les conditions de santé et de sécurité dans les mines et les usines, les règlements au travail, le droit de couper nos salaires ou de nous congédier, le droit d'attaquer nos syndicats et de maintenir la production grâce à des briseurs de grève. Mais lorsqu'il s'agit de politique étrangère, le monopole des patrons est encore largement accepté comme un fait normal. L'éventail des alternatives valables est imposé par leurs deux partis politiques. Leur politique étrangère est vue comme « la nôtre », la politique étrangère de « notre » pays. Mais les pays n'ont pas de politique. Les pays sont divisés en classes et les classes ont une politique étrangère. Comme dans tous les autres pays capitalistes du monde, la politique étrangère de la classe dirigeante de ce pays n'est pas « la nôtre », c'est « la leur ». Comme Malcolm X nous l'a enseigné, le peuple travailleur de ce pays n'est pas « américain ». Nous sommes les *victimes* de ce genre d'« américanisme ».

Les travailleuses et travailleurs n'ont pas de politique militaire non plus. Le mouvement ouvrier n'a pas de politique militaire. Seule la classe dirigeante a une politique militaire. Elle commence avec les fiers-à-bras et les policiers que les patrons utilisent pour briser nos grèves et faire rouler leurs camions en Virginie de l'Ouest ou à Bayside, dans le quartier Queens à New York. Et leur politique militaire va jusqu'à l'organisation d'énormes forces armées impérialistes.

MAIS LA CLASSE OUVRIÈRE a autant besoin de sa propre politique militaire que de sa propre politique étrangère. Il y a des couches de travailleuses et de travailleurs qui ont appris pourquoi au cours des dernières années, même si elles n'en ont pas encore tiré cette conclusion ou si elles ne l'ont pas encore vu de cette façon. Les grévistes du *Daily News* qui ont été victimes des fiers-à-bras embauchés par la direction sont en train de faire l'expérience de la politique militaire des patrons. C'est le cas aussi des mineurs de charbon et des travailleurs du papier, des salaisons et d'autres industries dont les lignes de piquetage ont été attaquées par la police, aussi bien « privée » que « publique ». Les travailleurs et les agriculteurs en uniforme sont aussi en train d'en faire l'expérience aujourd'hui — la chair à canon (une expression qui prend une signification horriblement concrète à la veille d'une confrontation dans le désert entre des armées fortement blindées) des forces

Ce sont les mêmes gens qui ont entraîné les travailleurs et les agriculteurs dans chacune des guerres sanglantes qui ont eu lieu au cours de ce siècle.

La lutte contre la guerre et la lutte pour défendre les droits démocratiques ont aussi besoin du forum le plus large pour les débats publics et les échanges de points de vue. Les politiciens bourgeois vont tenter d'empêcher ces discussions. Tout comme par le passé, les bureaucrates syndicaux, les pacifistes petits-bourgeois, les staliniens et les sociaux-démocrates vont souvent participer à cet effort réactionnaire, généralement sous le prétexte d'appuyer telle ou telle proposition ou campagne électorale mise de l'avant par un politicien bourgeois.

De son côté, la classe ouvrière a tout intérêt à promouvoir cette discussion. La clarté politique prend plus d'importance que jamais et c'est seulement par la *différenciation politique* qu'on peut l'atteindre. C'est pourquoi nous défendons le principe de la discussion courtoise et polie au sein du mouvement ouvrier — le droit de présenter votre point de vue et de le défendre sans crainte d'être injurié ou menacé physiquement. Cela exige aussi d'avoir le courage de clarifier les divergences au lieu de les éviter. Celles-ci reflètent souvent des points de vue et des intérêts de classe opposés.

Il est en même temps possible pour celles et ceux qui ont des points de vue très variés de s'unir pour agir, s'organiser et participer à des manifestations contre la guerre ou à d'autres activités publiques de protestation. Les travailleuses et travailleurs communistes sont les plus fervents partisans de ce genre d'actions unitaires autour d'objectifs communs. Et ils sont les adversaires les plus farouches de toute tentative d'en exclure des individus ou des organisations à cause de leurs points de vue politiques.

Nous cherchons à impliquer plus de travailleurs, plus de soldats et plus d'agriculteurs dans ces activités afin que celles et ceux qui se sont battus contre l'offensive des patrons dans ce pays puissent participer au débat et constituer une composante de plus en plus importante de la lutte contre la course vers la guerre.

UNE CAMPAGNE OUVRIÈRE

LE SWP FAIT CAMPAGNE en direction des syndiqués d'avant-garde et des couches plus larges de la classe ouvrière et de ses alliés aux États-Unis et dans le monde, afin de les convaincre d'agir autour des revendications suivantes : Rapatriez les troupes immédiatement ! Mettez fin au blocus criminel contre le Koweït et l'Irak, y compris au niveau de la nourriture et des médicaments ! Troupes étrangères, hors du Moyen-Orient !

Une campagne d'un parti ouvrier révolutionnaire contre les préparatifs de guerre de l'impérialisme exige de se tourner plus que jamais vers les travailleurs et les agriculteurs avec qui nous avons lutté et continuons de lutter côte à côte ici même. À mesure que la guerre approche, un nombre croissant de ces travailleurs et agriculteurs, y compris au sein du mouvement communiste, vont se retrouver dans les forces armées. Nous voulons d'abord et avant tout nous adresser aux travailleurs et aux agriculteurs, qu'ils portent ou non l'uniforme, afin de les informer sur la course à la guerre et ses objectifs réactionnaires et de les mobiliser activement contre elle.

La campagne du SWP contre la guerre est une campagne politique menée par un parti de travailleurs organisés dans une structure double : celle des branches du parti qu'on retrouve dans plusieurs villes et celle des unités regroupant les membres qui sont actifs dans plusieurs syndicats industriels. Ce n'est pas une campagne frénétique fondée sur l'illusion qu'il y a quelque chose que notre parti peut faire pour arrêter la marche des impérialistes vers la guerre. C'est plutôt une campagne pour impliquer le parti plus profondément dans la vie, les luttes, les activités et la politique de la seule classe qui — lorsque ses organisations sont mobilisées dans l'action pour défendre ses propres intérêts — peut et va affecter le cours de l'histoire, y compris les décisions sur la guerre et la paix.

En tant que parti de travailleuses et travailleurs industriels, la campagne du SWP contre la course à la guerre de l'impérialisme va nous enraciner plus profondément dans la classe ouvrière et dans le mouvement ouvrier lui-même. C'est par le biais de nos camarades de travail et de nos syndicats que nous allons finir par rejoindre les couches les plus larges de soldats. Ceux-ci seront d'autres syndiqués ou les amis et les parents de jeunes camarades de travail en service dans l'armée durant quelques années. C'est en menant une campagne comme celle-là qu'un parti de travailleuses et de travailleurs crée les liens les plus solides avec des couches d'agriculteurs et de travailleurs agricoles combatifs.

Nous allons mener cette campagne en utilisant les structures existantes du parti, les lignes établies de développement de la direction et nos institutions et instruments fondamentaux de propagande et en collaborant avec l'Alliance des jeunes socialistes. C'est pour cette raison que le livre des éditions Pathfinder le plus important à lire, relire et étudier dans le cadre de cette campagne est *The Changing Face of U.S. Politics: The Proletarian Party and the Trade Unions* [Le visage changeant de la politique aux États-Unis : le parti prolétarien et les syndicats]. Ce livre contient une série de rapports et de résolutions adoptés par les congrès et les instances de direction élues du SWP. On y retrouve les éléments fondamentaux de la stratégie du parti pour mener à bien notre travail politique communiste au sein du mouvement ouvrier et pour construire un parti et un mouvement international de travailleuses et de travailleurs révolutionnaires.

La campagne du SWP contre les préparatifs de guerre vise à augmenter le nombre de lectrices et de lecteurs de l'hebdomadaire *The Militant* et des revues *L'internationaliste, Perspectiva Mundial, Nouvelle Internationale, New International, Nueva Internacional* et des autres publications du mouvement communiste international.

Les grévistes d'Eastern, les mineurs, les autres travailleurs et agriculteurs devenus des lecteurs et des partisans du *Militant* parce que celui-ci est la meilleure source d'information sur les plus importantes luttes ouvrières de ce pays vont découvrir que le *Militant* est aussi la seule source fiable d'analyses et de renseignements sur la course à la guerre de Washington. Certains d'entre eux qui ont déjà accepté qu'on utilise leur nom et leurs commentaires pour faire la promotion du journal dans les annonces publicitaires hebdomadaires du *Militant* auront une raison de plus de le faire encore.

Les travailleuses et travailleurs socialistes et les membres de l'Alliance des jeunes socialistes diffusent le *Militant* et les publications socialistes auprès des syndiqués, des soldats, des vétérans, des réservistes, des agriculteurs et des autres membres du peuple travailleur. Ils les distribuent auprès des jeunes, des étudiants et de celles et ceux qui manifestent contre les préparatifs de guerre U.S., qui organisent la solidarité avec la lutte contre l'apartheid en Afrique du Sud et qui participent aux luttes pour les droits des Noirs et l'égalité des femmes.

Discipline, démocratie et direction

L'activité des travailleuses et des travailleurs communistes qui sont membres de dix syndicats industriels aux États-Unis sera au coeur du succès de cette campagne. Ces syndicats sont : l'Association internationale des machinistes, les Métallurgistes unis d'Amérique, les Mineurs unis d'Amérique, le Syndicat international des travailleurs unis de l'alimentation et du commerce, le Syndicat international des travailleurs de l'électricité, de la radio et de la machinerie, le Syndicat international des travailleurs des industries pétrolière, chimique et atomique, les Travailleurs amalgamés du vêtement et du textile, les Travailleurs unis de l'automobile, les Travailleurs unis des transports et l'Union internationale des ouvrières et ouvriers du vêtement pour dames. À l'exception des Travailleurs unis de l'automobile, tous ces syndicats existent aussi au Canada.

Ces travailleuses et travailleurs se réunissent pour discuter et adopter collectivement leur travail politique et leurs priorités aux niveaux local et national. Dans le cadre du lancement de la campagne du parti contre les préparatifs de guerre, des membres et des partisans actifs du SWP faisant partie de chacun de ces dix syndicats se sont réunis en novembre et décembre au niveau national. Un court article annonçant ces réunions dans le *Militant* a expliqué que les travailleuses et les travailleurs qui y participeraient allaient « discuter de l'offensive que les patrons ont menée contre le mouvement ouvrier au cours des dix dernières années, de la résistance qui lui a été opposée, de la crise économique qui s'approfondit ici et frappe le peuple travailleur et du lien qui les unissent à la lutte contre les mesures accélérées qui conduisent Washington vers une tuerie au Moyen-Orient. »

LES TRAVAILLEURS CONSCIENTS sentent bien qu'une guerre au Moyen-Orient renforcera chaque attaque réactionnaire dans ce pays contre nos droits démocratiques et nos conditions de vie et de travail. Elle exercera une pression sur la lutte pour la pleine égalité et contre les attaques racistes envers les Noirs, les autres nationalités opprimées et les travailleurs immigrants. Elle encouragera les efforts visant à restreindre les droits des femmes et rendra plus difficile la défense des gains déjà réalisés. Elle renforcera les attaques antisyndicales des patrons visant à continuer de réduire nos salaires et nos avantages sociaux, allonger la journée de travail, intensifier les cadences, miner les gains réalisés en matière de santé et de sécurité au travail et accroître la surveillance des travailleurs, au travail et ailleurs.

Le déclenchement d'une guerre impérialiste fournit toujours l'occasion à un parti ouvrier révolutionnaire de constater si ce qu'il a fait dans la période précédente l'a bien préparé à faire face aux expériences décisives et aux questions politiques les plus grandes auxquelles sont confrontés la classe ouvrière et le mouvement ouvrier. La guerre met les organisations révolutionnaires à l'épreuve. Si une organisation n'est pas fondamentalement déjà prête, il n'y a pas grand-chose qu'elle pourra faire pour renverser la situation lorsque les pressions de la guerre se feront sentir. Nous sommes convaincus que ce qu'ont accompli les cadres du SWP au cours des dix dernières années — en construisant une organisation prolétarienne comme celle que je viens de décrire — nous a bien préparés à répondre aux défis qui viennent.

Mais une campagne du parti contre une guerre impérialiste *exige* que nous revoyions toutes les institutions de base de notre parti et que nous fassions tous les ajustements nécessaires pour nous préparer aux tâches auxquelles nous serons confrontés et aux opportunités qui nous seront offertes. Et nous le faisons ouvertement devant nos camarades de travail et nos partisans, à la fois pour solliciter leurs points de vue et pour hausser leur confiance en leur permettant de mesurer jusqu'où ils peuvent compter sur nous.

Les enjeux deviennent plus grands, tout comme les possibilités de construire le mouvement communiste et le coût politique des erreurs commises. Le travail du parti doit donc devenir plus centralisé, plus organisé, plus discipliné.

Ce n'est vraiment pas le moment pour les unités du parti de mettre sur pied des comités antiguerre ou d'autres structures ad hoc. Les comités exécutifs de branche et les directions des fractions syndicales doivent plutôt prendre en main la campagne du parti contre les préparatifs de guerre et diriger tous les aspects de ce travail. Cela comprend les efforts que nous faisons avec celles et ceux qui, comme nous, pensent qu'il est essentiel d'organiser des manifestations dans les rues pour atteindre les couches les plus larges du peuple travailleur et renforcer leur capacité d'agir.

Un fonctionnement discipliné n'est réellement possible que si le parti devient plus *démocratique* dans tout son travail. Les travailleuses et travailleurs communistes qui sont actifs dans les syndicats industriels doivent se réunir plus régulièrement, aussi bien au niveau local que national. Ils doivent élire leurs instances de direction parmi les travailleuses et les travailleurs qui montrent comment diriger une résistance à l'offensive patronale et la campagne contre la guerre. Tout ceci doit venir de l'expérience même des travailleuses et des travailleurs qui font campagne au travail et dans leurs syndicats et qui se tournent vers les agriculteurs et les soldats dans le cadre de formations de lutte plus larges. En faisant cela, nous traversons des expériences communes et tirons des leçons collectives.

FACE AUX PRESSIONS CROISSANTES qu'exerce la classe dirigeante sur les droits démocratiques en période de guerre, la meilleure protection dont disposent les communistes et les autres combattantes et combattants d'avant-garde consiste à s'enraciner plus profondément dans leur classe et ses organisations et à utiliser au maximum l'espace qui existe pour s'organiser et faire de la politique — dans les usines et dans toutes les institutions de la société capitaliste. Nous devons stimuler le débat et la discussion. Nous devons encourager nos camarades de travail et les autres syndicalistes à se joindre à nous et aux autres opposants à la guerre dans les actions de protestation, les réunions publiques et les manifestations.

Quand les patrons ont organisé leur coup monté contre Mark Curtis, nous avons compris qu'ils s'étaient attaqués à lui parce qu'il représentait d'autres travailleuses et travailleurs comme lui qui résistent aux attaques croissantes des patrons dans les abattoirs ; qui luttent pour les droits des travailleurs immigrants ; et qui participent aux luttes contre le racisme, contre l'intervention U.S. en Amérique centrale et pour les droits des femmes [22]. Ils ont choisi Mark parce qu'il fait partie de ces combattants d'avant-garde de notre classe et ils ont décidé de lui faire son affaire. Avec le déclenchement d'une guerre impérialiste, les patrons, les policiers et le gouvernement seront encore plus à l'affût d'autres Mark Curtis, à l'intérieur comme à l'extérieur du SWP, qui expliquent et organisent l'opposition à cette tuerie. C'est ce qui est arrivé au début de chaque guerre impérialiste.

Dans une telle situation, il est plus important que jamais pour les travailleurs révolutionnaires de réaffirmer cette vérité, énoncée dans le programme de fondation de notre mouvement, le *Manifeste du parti communiste* : « Les communistes ne s'abaissent pas à dissimuler leurs opinions et leurs projets. » Nous expliquons et prônons les mêmes choses à nos camarades de travail et au public ouvrier plus large qu'à nos membres et sympathisants.

Les membres du parti porteront des macarons contre la guerre au travail et dans les assemblées syndicales dans le but de stimuler des discussions et d'attirer l'attention des travailleurs qui seront intéressés à se joindre à nous pour faire campagne contre la guerre. Nous allons diffuser le *Militant* et les autres publications communistes qui expriment le point de vue de la classe ouvrière sur la guerre. Nous vendrons *U.S. Hands Off The Mideast!* et les autres livres et brochures de Pathfinder. Ce sont des armes indispensables pour tous les travailleurs qui participent à cette bataille. Ces livres décrivent les expériences et les leçons de l'opposition antérieure de la classe ouvrière contre la guerre et contre les attaques des patrons et de leurs gouvernements à l'endroit des syndicats et des droits démocratiques.

C'est quand une guerre ou de grandes luttes de masse éclatent que les combattantes et combattants lisent le plus — précisément quand ils sont les plus occupés. Ils lisent plus parce qu'ils en ont besoin, parce qu'ils veulent s'armer politiquement pour faire face aux tâches et aux défis de l'heure, parce qu'ils veulent discuter avec d'autres. C'est toujours dans ces moments-là qu'il est le plus utile de lire, qu'il est le plus précieux d'étudier. C'est dans ces moments-là qu'on apprend le plus. C'est de cette manière que notre classe reconquiert sa véritable histoire, ses meilleures traditions, les leçons de ses luttes antérieures et sa continuité politique révolutionnaire.

Des institutions comme le Forum ouvrier militant hebdomadaire deviennent plus importantes. Ces forums doivent être organisés afin de promouvoir cette campagne contre la guerre selon un axe ouvrier. Nous avons par-dessus tout besoin de forums qui fournissent à des syndicalistes, des agriculteurs et des soldats l'occasion de discuter de la course à la guerre et de débattre de leurs divergences : en quoi les préparatifs de guerre sont liés aux autres luttes dans lesquelles ils sont impliqués, les défis auxquels ils font face, ce qu'il faut faire, etc.

Les campagnes électorales des socialistes et les luttes pour être inscrits sur les bulletins de vote prennent une importance particulière lorsque les capitalistes entraînent le peuple travailleur dans une guerre. Ces initiatives électorales sont d'abord un moyen d'amener la campagne contre les préparatifs de guerre devant un public ouvrier plus large en prenant avantage des tribunes additionnelles et des opportunités plus nombreuses dans les médias qui s'offrent alors aux socialistes. Ces campagnes électorales socialistes constituent aussi un aspect important de notre combat pour conquérir un plus grand espace politique, pour faire valoir la légitimité des partis politiques de la classe ouvrière et pour utiliser l'espace déjà conquis.

C'est avec cet objectif en tête que le SWP lance des campagnes électorales dans plus de 25 villes à travers les États-Unis en 1991. À Chicago, il a déjà annoncé une grande mobilisation pour faire inscrire ses candidats sur les bulletins de vote lors de l'élection à la mairie, au printemps. Les socialistes feront aussi campagne à Austin,

Minneapolis et St-Paul dans l'État du Minnesota ; à Boston et Lynn, dans le Massachusetts ; à Baltimore ; à Birmingham, en Alabama ; à Charleston, et Morgantown, en Virginie de l'Ouest ; à Cleveland ; à Des Moines, en Iowa ; à Détroit ; à Greensboro, en Caroline du Nord ; à Houston ; à Los Angeles ; à Miami, Miami Beach et Miami Shores en Floride ; à Newark ; à New York ; à Omaha, au Nebraska ; à Phoenix ; à Price et Salt Lake City en Utah ; à San Francisco ; à Seattle, dans l'État de Washington.

Les travailleuses et travailleurs socialistes amènent la lutte contre la guerre dans les réunions de leurs syndicats et les autres rassemblements syndicaux ; aux portes des usines, aux aéroports et à l'entrée des mines ; dans les conférences des agriculteurs ; aux bases militaires et aux points d'embarquement des soldats ; dans les écoles, les collèges, les universités et sur les places publiques à travers le pays. Ils collaborent avec les membres de l'Alliance des jeunes socialistes pour impliquer les jeunes travailleurs, les soldats et les étudiants dans des discussions et des débats politiques et les gagner à ce combat. Ils aident à construire des lignes de piquetage de protestation et des manifestations comme la « Marche nationale sur Washington », le 26 janvier prochain. Ils participent également aux comités et aux coalitions qui organisent ces actions [23].

Le développement de l'opposition à la guerre

L'opposition ouverte et organisée à une guerre prolongée contre l'Irak va dès le départ se développer beaucoup plus rapidement et avec une participation ouvrière et syndicale plus grande que pendant la guerre du Viêt-nam ou n'importe quelle autre guerre organisée par les États-Unis au cours de ce siècle. Cela s'explique par l'affaiblissement de l'impérialisme U.S., le souvenir qu'a la classe ouvrière de l'opposition massive et organisée à la guerre du Viêt-nam, la crise sociale croissante dans ce pays et la résistance ouvrière à l'offensive patronale.

En même temps, les communistes doivent se préparer avec lucidité à faire face aux pressions qui vont inévitablement s'exercer au début de la guerre. Nous avons déjà observé que plusieurs de nos camarades de travail (mais c'est loin d'être tous) et d'autres gens que nous connaissons bien s'opposent à la course à la guerre. Il serait facile de commettre l'erreur de penser que les préparatifs de guerre actuels sont nettement moins populaires que ceux qui ont eu lieu plus tôt au cours de ce siècle. Rien ne serait plus faux. Les préparatifs de guerre n'ont jamais été populaires parmi les travailleurs.

AVANT L'ENTRÉE des États-Unis dans la deuxième guerre mondiale, un mouvement large s'est développé contre les préparatifs de guerre. Il était centré dans la classe ouvrière et reflétait l'opposition profonde des travailleurs et des agriculteurs à la participation des États-Unis à la guerre. Il avait une forte base d'appui organisée dans le mouvement des syndicats industriels du CIO. Il était lié à des sections du mouvement montant pour les droits des Noirs. Les premiers chapitres du livre *Teamster Bureaucracy: The Trade Union Campaign against World War II* [La bureaucratie des Teamsters : la campagne syndicale contre la deuxième guerre mondiale], New York, Pathfinder, 1977, de Farrell Dobbs, décrivent bien l'ampleur de cette opposition. Elle était forte. Mais pendant les deux premières années de la guerre, on a vu très peu de signes de cette opposition antérieure.

Les luttes ouvrières contre la guerre menée par Washington ici et à l'étranger ont cependant repris en 1943 avec la grève des mineurs de charbon et avec la remontée de la lutte pour les droits des Noirs. En 1944, les travailleurs ont commencé à manifester un intérêt renouvelé et croissant pour les idées communistes. Le nombre d'abonnements au *Militant* a augmenté rapidement, de même que le recrutement à notre mouvement.

Les communistes ne devraient surtout pas avoir l'illusion que les sentiments antiguerre peuvent empêcher une guerre impérialiste. Ceux-ci ne l'ont jamais fait. La classe possédante se fiche des sentiments et des idées du peuple travailleur, tant et aussi longtemps qu'elle croit pouvoir faire ce qui est nécessaire pour défendre ses profits et ses intérêts de classe sans avoir à payer un grand prix. L'histoire moderne a enseigné à la classe dirigeante que le déclenchement même d'une guerre a toujours pour effet de refroidir pendant un certain temps les sentiments antiguerre. Mais seulement pendant un certain temps.

L'armée en Arabie saoudite va se battre. Au début, les autres travailleurs et agriculteurs vont l'appuyer, de mauvaise grâce, y compris plusieurs de celles et ceux qui sont aujourd'hui opposés à la guerre. La guerre du Viêt-nam est encore bien vivante dans la mémoire collective. Ce fatalisme va souvent prendre la forme d'une volonté d'en finir le plus tôt possible avec la guerre, dans l'espoir de limiter les pertes de vie parmi les amis ou les parents et de revenir à la normale le plus rapidement possible. Évidemment, c'est particulièrement le cas parmi les soldats, ces travailleurs et agriculteurs en uniforme. George Bush et le groupe de congressistes des deux partis qui l'a accompagné en Arabie saoudite en novembre dernier savaient ce qu'ils faisaient lorsqu'ils ont repris à leur compte le mot d'ordre : « Jamais plus de Viêt-nam ». Ils ont garanti aux soldats que si « nous » sommes obligés de faire la guerre, nous allons y consacrer tous les moyens disponibles et la finir le plus rapidement possible.

Le fatalisme parmi des couches de travailleurs, en uniforme ou non, est un sentiment normal pendant la première phase d'une guerre. Mais il n'a rien à voir avec la volonté de faire la guerre. À mesure qu'elles s'étirent, les guerres deviennent toujours de moins en moins populaires et alimentent une résistance ouvrière croissante. La première guerre mondiale a culminé avec la formation de conseils révolutionnaires de soldats, d'ouvriers et de paysans en Russie, en Allemagne et ailleurs en Europe de l'Est et en Europe centrale. En Russie, les ouvriers et les paysans ont pris le pouvoir. Des développements révolutionnaires similaires ont commencé à se produire vers la fin de la deuxième guerre mondiale. Plusieurs ont été écrasés et démobilisés par les efforts conjugués des forces staliniennes, sociales-démocrates et bourgeoises à travers toute l'Europe. Et nous avons expliqué plus tôt la montée des luttes ouvrières qui a eu lieu aux États-Unis.

Si la guerre éclate au Moyen-Orient, le même processus de polarisation et de différenciation va se répéter. Nous sommes convaincus que cela se fera plus rapidement cette fois-ci. L'opposition pendant une guerre peut se développer très rapidement. Nous nous préparons à cette éventualité. C'est avec les yeux rivés sur cette perspective que nous menons notre campagne ouvrière contre la guerre.

Pour mener cette campagne de façon sérieuse, nous devons accorder beaucoup d'attention à une place où un large secteur de notre classe est organisé. Les hommes et les femmes des forces armées U.S. deviennent un élément décisif dans une période conduisant à la guerre. Ne les appelez pas simplement des « marines » ou quelque chose d'autre du même genre. Il y a quelque chose de plus fondamental qui les définit. Ce sont des travailleurs et des travailleuses en uniforme. Ce sont des camarades de travail, une partie de notre classe.

Le mouvement ouvrier doit exprimer sa solidarité la plus totale avec la lutte de ces travailleurs pour exercer leurs droits de *citoyens-soldats* : le droit de s'exprimer librement, de lire ce qu'ils veulent et de participer à la vie politique organisée.

Ces droits sont déjà attaqués. L'armée des États-Unis a déjà imposé des restrictions sur le genre de littérature que les soldats peuvent recevoir par courrier. Même les coupures de journaux sont examinées et parfois retournées à l'expéditeur. Washington a dans les faits mis les troupes en quarantaine au milieu du désert. Les journalistes ne peuvent même pas dire d'où ils envoient leurs reportages lorsqu'ils visitent les bases en Arabie saoudite.

Cette forme de censure n'a même pas été imposée pendant la guerre du Viêt-nam ou la deuxième guerre mondiale. Les médias capitalistes n'ont pas soufflé un mot de protestation : ni les agences de presse UPI et AP, ni le *New York Times,* ni les réseaux de télévision ABC, CBS, NBC et CNN ; aucun.

C'est une des raisons pour lesquelles le Pentagone a décidé d'annuler toute rotation des troupes. Les dirigeants veulent réduire au minimum l'accès des soldats à l'information, à la discussion ou aux débats sur la guerre. Ils veulent empêcher les travailleurs et les agriculteurs de faire la navette entre les États-Unis et l'Arabie saoudite et de revenir discuter et débattre avec leurs amis, leurs compagnons de travail et les membres de leurs familles.

Les travailleurs et les jeunes qui s'opposent à cette course à la guerre peuvent toujours rejoindre des dizaines de milliers de soldats ici même aux États-Unis. Certains d'entre eux seront bientôt en route vers le Golfe. Je suis certain que des militants contre la guerre établiront des tables de littérature près des bases militaires, des centres de transport et aux autres endroits auxquels ils pourront penser. Ils vont défendre leurs idées et on écoutera ce qu'ils auront à dire.

Les communistes s'opposent au refus individuel de servir dans les forces armées. Nous nous opposons à ce qu'un travailleur conscient, dans l'armée ou la réserve, n'accompagne pas les autres travailleurs et agriculteurs de son unité là où on les envoie.

LES TRAVAILLEURS CONSCIENTS vont avec le reste de leur classe et se comportent comme de « bons soldats », dans le sens où nous l'ont enseigné Farrell Dobbs, Fred Halstead et d'autres dirigeants du mouvement communiste. Les bons soldats sont ceux qui empêchent leurs compagnons de se faire tuer et qui les protègent du danger. Mais ceci exige de défendre tous vos droits démocratiques et politiques de lire, de parler et de vous organiser. Comme l'ont appris les soldats tout au long de ce siècle, le corps des officiers ne se préoccupe pas plus des droits — ou de la vie — des citoyens-soldats qu'un contremaître ou qu'un patron dans une salaison se préoccupe des droits, de la santé et de la sécurité au travail des travailleurs.

En même temps, les communistes ont toujours appelé le mouvement ouvrier à défendre sans conditions les droits démocratiques de tous les individus qui refusent de servir dans l'armée ou qui sont des objecteurs de conscience. Nous nous opposons à ce qu'ils soient emprisonnés ou réprimés de quelque manière que ce soit par le gouvernement impérialiste. Pendant la deuxième guerre mondiale, Jim Cannon, Farrell Dobbs et d'autres dirigeants du SWP et anciens dirigeants de la Fraternité des teamsters qui s'opposaient à la guerre se sont retrouvés dans la même prison fédérale que plusieurs membres de groupes religieux, nationalistes ou autres qui refusaient d'accomplir leur service militaire. James P. Cannon en parle dans son livre *Letters from Prison: The Communist Campaign Against Wartime Repression* [Lettres de prison : la campagne communiste contre la répression en temps de guerre], New York, Pathfinder, 1973.

Mais nous ne devons pas confondre notre solidarité humaine avec ces individus et notre appui à leurs droits démocratiques avec un appui politique à leur orientation politique. Leur politique est un obstacle à la lutte pour organiser et défendre les droits des centaines de milliers de travailleurs et d'agriculteurs qui font partie des forces armées et qui combattront et mourront si une guerre est déclenchée.

Ce sont ces travailleurs en uniforme qui ressentent déjà le plus directement les attaques contre les droits démocratiques qui accompagnent toute offensive guerrière impérialiste, tout comme les travailleurs dans les soi-disant « industries de la défense » ne tarderont pas eux aussi à voir leurs droits être limités. Et la lutte pour l'espace politique de l'ensemble de la classe ouvrière dépendra en grande mesure de la capacité de la classe dirigeante à nier aujourd'hui les droits des travailleurs, qu'ils soient en uniforme ou non.

Les soldats vont traverser des expériences déchirantes. Leurs attitudes et points de vue changeront, de même que leur confiance dans ce qu'ils peuvent et doivent faire. Et ce changement sera une composante décisive de la transformation de l'ensemble de la classe ouvrière au cours de la guerre. Il sera un élément clé pour organiser et mobiliser l'opposition ouvrière à la guerre impérialiste.

Des jeunes à l'esprit révolutionnaire

C'est dans une période comme celle-ci qu'une organisation comme la YSA fait face aux plus grands défis mais aussi aux plus grandes ouvertures pour gagner de jeunes travailleurs, des soldats et des étudiants au mouvement communiste. C'est toujours parmi les jeunes qu'on retrouve le plus grand bassin d'énergie, d'engagement et de dévouement pour construire une résistance organisée à la guerre impérialiste.

Ceci n'est pas simplement ou principalement parce que ce sont les jeunes qui doivent faire la guerre. Bien entendu, c'est un facteur. Les jeunes qui sont obligés de faire la guerre discuteront et débattront de la guerre. Et en nombre croissant, ils vont s'impliquer dans l'organisation de l'opposition à la guerre.

Mais il y a un aspect plus important. Les jeunes sont ceux qui sont le moins accablés par les pressions de la société bourgeoise et le moins entravés par les obligations familiales, financières et autres. En règle générale, ils sont moins cyniques, moins ancrés dans leurs habitudes et plus sensibles aux contradictions qu'ils perçoivent entre la réalité et ce qui devrait exister. Indépendamment de leur niveau de compréhension politique, ils réagissent plus facilement aux préjugés répandus dans la société capitaliste, aux inégalités flagrantes, à l'hypocrisie des politiciens bourgeois et de ceux et celles qui les appuient et aux brutalités de l'exploitation, du racisme, de l'agression et des guerres impérialistes.

La classe dirigeante aux États-Unis entraîne le peuple travailleur vers la guerre et la dépression. Mais si elle déclenche cette guerre, elle ne pourra contrôler aucune de ses conséquences. Il y aura une résistance au carnage impérialiste : partout au Moyen-Orient et dans les pays à forte population musulmane ; en Europe de l'Ouest *et* de l'Est, dans plusieurs parties du tiers monde ; et ici même aux États-Unis. La résistance à la guerre qui se développe dans ce pays se conjuguera aux luttes contre l'offensive menée par le patronat ici, une offensive qui ne pourra que s'approfondir pendant la période de récession et de crise économique et sociale croissante dans laquelle nous sommes déjà entrés.

Ce ne sont pas les sentiments contre la guerre, mais la *mobilisation* de ces forces sociales puissantes — le peuple travailleur de ce pays — qui pourra en dernière analyse retenir le bras des fauteurs de guerre impérialistes.

Dans le feu de ces luttes, de plus en plus de travailleurs, de soldats et de jeunes tireront des conclusions révolutionnaires et saisiront la nécessité et les avantages d'être membre d'une organisation communiste et d'adhérer à l'Alliance des jeunes socialistes et au Parti socialiste des travailleurs.

Nous devrions savoir ce qu'un parti ouvrier révolutionnaire a à offrir à celles et ceux qui se joignent à nos rangs alors que l'impérialisme nous entraîne vers la guerre. D'abord et avant tout, notre parti offre à ces combattantes et combattants un moyen de travailler ensemble démocratiquement, collectivement et efficacement à un moment où les événements qui prennent forme dans la politique mondiale sont si importants qu'il devient impensable de disperser ses énergies en travaillant individuellement, aussi engagé soit-on.

Jusqu'à maintenant, ce qui a caractérisé par-dessus tout les combattantes et combattants du mouvement ouvrier, même les plus conscients et les plus dévoués, c'est qu'ils n'ont trouvé aucun moyen de fonctionner de manière soutenue, disciplinée et collective. Ils ont su tenir tête aux patrons lors de luttes très difficiles dans l'industrie des salaisons, chez Eastern Airlines et dans les mines de charbon et dans bien d'autres industries. Ils ont trouvé le moyen de contourner les obstacles mis sur leur chemin par la bureaucratie syndicale. Ils ont d'importantes réussites à leur actif et ils sont devenus des combattantes et combattants meilleurs et plus conscients de leurs intérêts de classe. Mais ils demeurent des combattants individuels.

Ils ont peut-être traversé une, deux ou plusieurs batailles. Mais ils finissent toujours par redevenir des militants individuels, peu importe ce qu'eux et d'autres combattants ont réussi à accomplir dans une bataille contre un patron donné.

Le Parti socialiste des travailleurs a quelque chose d'important à offrir aux ouvriers et aux jeunes qui cherchent les forces sociales qui pourront changer la société. Nous leur offrons un parti de travailleuses et de travailleurs discipliné et démocratique, qui leur permettra de participer aux multiples luttes qui se mènent contre les patrons et contre leurs guerres — les guerres qu'ils livrent ici et ailleurs dans le monde. Nous leur offrons la seule voie qui permette d'avancer vers la construction d'un mouvement social et politique du peuple travailleur qui soit puissant et révolutionnaire — un mouvement qui peut arracher aux capitalistes le pouvoir de nous exploiter et de faire la guerre en établissant un gouvernement des travailleurs et des agriculteurs dans ce pays.

NOTES

1. En décembre 1966, le Conseil de sécurité de l'ONU a imposé des sanctions économiques partielles contre le régime de la minorité blanche au pouvoir en Rhodésie du Sud (aujourd'hui le Zimbabwe). En mai 1968, il a décrété un

blocus commercial contre la Rhodésie. Mais aucune mesure coercitive n'a été prévue et le décret a largement et publiquement été violé, y compris par Washington. En novembre 1977, le Conseil de sécurité a décrété un embargo contre la vente d'armes à l'Afrique du Sud, mais cette mesure a aussi été largement ignorée.

2. Lors de la « crise des missiles », ainsi que l'ont baptisée les médias U.S., le président John F. Kennedy a exigé le retrait des missiles nucléaires soviétiques que le gouvernement révolutionnaire avait fait déployer à Cuba dans le but de défendre l'île contre une attaque éventuelle des États-Unis. Washington a ordonné un blocus total de Cuba, menacé d'envahir l'île et placé en état d'alerte nucléaire l'ensemble des forces armées U.S. à travers le monde. Sans en informer le gouvernement cubain, le premier ministre soviétique Nikita Khrouchtchev a décidé de retirer les missiles après que John Kennedy a promis que Washington n'envahirait pas Cuba. Les télégrammes échangés par le premier ministre cubain Fidel Castro et Nikita Khrouchtchev au cours de ces événements ont été publiés en 1990. Voir l'édition du 2 décembre 1990 du *Résumé hebdomadaire Granma,* publié à La Havane.

3. On trouvera les versions espagnole et anglaise de la réponse de Ricardo Alarcón à cette résolution de guerre et à plusieurs des autres résolutions parrainées par les États-Unis au Conseil de sécurité de l'ONU dans Fidel Castro et Ricardo Alarcón, *¡EE.UU. fuera del Oriente Medio! Cuba habla en Naciones Unidas* et *U.S. Hands Off the Mideast! Cuba Speaks Out at the United Nations,* New York, Pathfinder, 1990. On trouvera dans ce numéro de *Nouvelle Internationale* la version française du discours que Ricardo Alarcón a prononcé le 6 août 1990 au Conseil de sécurité.

4. Pour un examen de la révolution grenadienne et de la contre-révolution qui l'a renversée de l'intérieur, voir Steve Clark, « Le deuxième assassinat de Maurice Bishop » ; Maurice Bishop, « Plutôt que de nous agenouiller, nous garderons toujours la tête haute » et « La lutte des classes à Grenade,

dans les Caraïbes et aux États-Unis », *Nouvelle Internationale* no 3, New York, Pathfinder, 1988.

5. Pour une analyse des circonstances qui ont mené à l'effondrement du gouvernement des travailleurs et des agriculteurs au Nicaragua, voir « Defend Revolutionary Nicaragua: The Eroding Foundations of the Workers and Farmers Government ». Cette résolution a été adoptée par le Comité national du Parti socialiste des travailleurs en juillet 1989. Après son adoption lors d'un congrès du SWP en août 1990, elle a été publiée dans le numéro de la revue *International Socialist Review* publié en supplément à l'édition du 7 septembre 1990 de l'hebdomadaire *The Militant.* Voir aussi Roni McCann, « Nicaragua : derrière la défaite du pouvoir ouvrier et paysan », *Lutte ouvrière* [aujourd'hui *L'internationaliste*], avril-juin 1990.

6. On trouvera un compte-rendu de l'assaut des États-Unis contre le Panama en décembre 1989 dans Cindy Jaquith et al., *Panama: The Truth about the U.S. Invasion,* New York, Pathfinder, 1990.

7. Fidel Castro et Ricardo Alarcón, *U.S. Hands Off the Mideast!,* p. 15 [tirage 2022].

8. Le 24 juillet 1990, au moment où le régime irakien s'apprêtait à envahir le Koweït, la Maison-Blanche, le département d'État et le Pentagone avaient fait des déclarations soulignant le fait que Washington n'avait aucun traité militaire ou de défense formels avec le Koweït.

Le lendemain, l'ambassadeur U.S. en Irak, April Glaspie, a rencontré Saddam Hussein pour lui transmettre directement la position de Washington. Selon le compte-rendu rendu public par le gouvernement irakien, April Glaspie aurait dit à Saddam Hussein : « Nous n'avons pas d'opinion sur les conflits inter-arabes, comme votre désaccord frontalier avec le Koweït. » La version irakienne de cette rencontre n'a pas été démentie avant le 20 mars 1991, presque un mois après le cessez-le-feu, lorsque le département d'État a autorisé April Glaspie à témoigner devant un comité du Sénat pour y dénoncer comme de la « désinformation » la transcription irakienne.

Trois mois avant l'invasion du Koweït, soit le 12 avril 1990, Washington a souligné son rapprochement avec le régime irakien en dépêchant à Bagdad une délégation de six sénateurs dirigée par le dirigeant républicain Robert Dole, qui y a effectué une visite de politesse.

9. En juillet 1948, l'Assemblée nationale imposée deux mois auparavant dans le cadre de l'occupation U.S. a nommé Syngman Rhee président de la Corée du sud. Dans les premières heures de l'invasion du Panama par les États-Unis en décembre 1989, Guillermo Endara a été assermenté comme nouveau président du pays à Fort Clayton, une base militaire U.S. dans la zone du canal.

10. Les régimes fascistes qui ont écrasé le mouvement ouvrier organisé ont pris le pouvoir en Italie en 1922, sous la direction de Benito Mussolini ; et en Allemagne en 1933 sous celle d'Adolf Hitler. Au Japon, des mouvements fascistes étroitement liés au corps des officiers ont appuyé le régime semi-militaire porté au pouvoir en 1932 et qui a écrasé les syndicats et les partis ouvriers.

11. Apparu en période de crise sociale, un régime bonapartiste a tendance à concentrer le pouvoir exécutif dans les mains d'un « homme fort », qui cherche à se présenter comme au-dessus des forces de classe en conflit et à acquérir une certaine indépendance d'action dans le but de maintenir le pouvoir d'une couche sociale dominante. Le cours bonapartiste de Mikhaïl Gorbatchev vise à sauvegarder les privilèges sociaux et le monopole du pouvoir de la caste bureaucratique en URSS.

12. Au début de 1991, le gouvernement soviétique a aussi lancé des attaques militaires contre les républiques baltes. En janvier, des soldats ont ouvert le feu contre des partisans de l'indépendance en Lituanie et en Lettonie, faisant 20 morts et des centaines de blessés.

13. Voir Mary-Alice Waters, « 1945: When the U.S. Troops said *No!* » [Quand les soldats U.S. ont dit « non ! »], *New International* no 7, 1991.

14. À notre connaissance, Thomas Sankara, président du gouvernement révolutionnaire du Burkina Faso de 1983 à 1987, a été le seul à reprendre cette campagne. Voir le discours « Un front uni contre la dette », prononcé par Thomas Sankara le 29 juillet 1987 à Addis-Abeba en Éthiopie, lors d'une rencontre au sommet de l'Organisation de l'unité africaine. Dans Thomas Sankara, *Oser inventer l'avenir,* New York, Pathfinder, 1991.

15. Le texte du discours d'Isidoro Malmierca est publié ailleurs dans ce numéro de *Nouvelle Internationale.*

16. Voir « La guerre, la révolution et la lutte pour un gouvernement des travailleurs et des paysans en Iran » ailleurs dans ce numéro.

17. La grève du *Daily News* a pris fin le 21 mars 1991, lorsque des difficultés financières croissantes ont forcé la Tribune Company à vendre le quotidien à un nouveau propriétaire. La nouvelle convention collective a prévu le congédiement des « travailleurs de remplacement » non syndiqués qui avaient été embauchés par la direction de la Tribune pour essayer de briser la grève. Mais le contrat a aussi éliminé 800 emplois, soit le tiers de la force de travail avant la grève, et imposé aux travailleurs des concessions salariales totalisant 70 millions $ US.

18. Pour un compte-rendu de la grève des travailleurs d'abattoir contre la compagnie Hormel, voir Fred Halstead, *The 1985-86 Hormel Meat-Packers Strike in Austin, Minnesota,* New York, Pathfinder, 1986.

19. En février 1990, le Groupe charbonnier Pittston a signé une nouvelle convention collective avec plus de 1 900 mineurs en Virginie, Virginie occidentale et dans le Kentucky à la suite d'une grève de 11 mois commencée en avril 1989. Au cours de la grève, plus de 40 000 membres du Syndicat des mineurs unis d'Amérique ont débrayé en signe de solidarité dans les bassins houillers de l'est des États-Unis. Plus de 50 000 partisanes et partisans venant des quatre coins des États-Unis et du monde se sont rendus au centre d'organisation de la grève, le Camp solidarité, dans le sud-ouest de la Virginie.

20. La compagnie aérienne Eastern a cessé ses opérations le 18 janvier 1991. Après 22 mois de grève, les machinistes ont repoussé les efforts de la compagnie pour faire d'Eastern un transporteur non syndiqué. Pour un compte-rendu de la grève, voir Ernie Mailhot et al., *The Eastern Airlines Strike: Accomplishments of the Rank-and-File Machinists,* New York, Pathfinder, 1991 ; et Ernie Mailhot, « Les leçons de la grève contre la compagnie Eastern », *L'internationaliste,* juin-août 1991.

21. Pour un compte-rendu de la lutte menée par les communistes aux États-Unis contre la politique d'espionnage et de déstabilisation pratiquée par le gouvernement, voir Larry Seigle, Steve Clark, Farrell Dobbs, *50 Years of Covert Operations in the US,* New York, Pathfinder, 2014; Margaret Jayko, *FBI on Trial,* New York, Pathfinder, 1988 ; et Nelson Blackstock, *Cointelpro: The FBI's Secret War on Political Freedom,* New York, Pathfinder, 1988.

22. Travailleur d'abattoir et membre du Parti socialiste des travailleurs, Mark Curtis purge une peine de 25 ans de prison dans l'État d'Iowa après avoir été faussement accusé de viol et de cambriolage. Sa lutte pour obtenir justice s'est gagnée un large appui à travers le monde. Les faits entourant ce cas sont expliqués en détail dans John Gaige, « Les enjeux de la campagne internationale pour défendre Mark Curtis », *Lutte ouvrière* [aujourd'hui *L'Internationaliste*], juin-juillet 1989.

23. Le 26 janvier 1991, plus de 125 000 personnes ont manifesté à Washington et 80 000 à San Francisco. 30 000 personnes ont participé à des actions de protestation à travers le Canada. Une semaine plus tôt, soit le 19 janvier, plus de 50 000 personnes avaient participé à une manifestation contre la guerre à San Francisco et 25 000 à Washington. Le mois suivant, soit le 21 février, des milliers d'étudiantes et d'étudiants ont participé à des sessions d'étude et à des rassemblements dans plus de 250 collèges, universités et écoles secondaires. Ces initiatives s'inscrivaient dans le cadre d'une journée d'action internationale comprenant des actions de protestation au Canada, en France, au Japon et aux Philippines.

LA CRISE CAPITALISTE ET LA LUTTE POUR LE POUVOIR OUVRIER

Nous sommes les héritiers des révolutions du monde

Discours de la révolution au Burkina Faso, 1983-1987

THOMAS SANKARA

En 1983, les paysans et les travailleurs de ce pays d'Afrique de l'Ouest ont établi un gouvernement révolutionnaire populaire et commencé à lutter contre la faim, l'analphabétisme et l'arriération économique imposés par la domination impérialiste, et contre l'oppression des femmes héritée de millénaires de société de classe. Cinq discours du dirigeant central de cette révolution. 10 $ US. Aussi en anglais, espagnol, farsi.

Le dernier combat de Lénine

Écrits et discours, 1922-1923

V. I. LÉNINE

En 1922 et 1923, V. I. Lénine, le dirigeant central de la première révolution socialiste dans le monde, a livré ce qui allait être son dernier combat politique — un combat qui a été perdu après sa mort. L'enjeu, c'était de savoir si le gouvernement révolutionnaire et le mouvement communiste mondial qu'il dirigeait maintiendraient le cours prolétarien qui avait porté les travailleurs et les paysans au pouvoir en Russie en octobre 1917. 17 $ US. En anglais, espagnol, farsi, grec.

Histoire de la révolution russe

LÉON TROTSKY

Deux volumes. 28 $ US chaque volume. Aussi en anglais et russe.

LA GUERRE ET LE MOUVEMENT COMMUNISTE

Jack Barnes

À L'EXCEPTION des grandes luttes révolutionnaires pour le pouvoir menées par les travailleurs et les paysans, les guerres sont les événements qui ont le plus grand impact politique sur la classe ouvrière, ses couches d'avant-garde et les directions politiques et syndicales qui prétendent parler et agir dans les intérêts du peuple travailleur.

Les guerres concentrent et accélèrent toutes les tendances et tous les développements politiques. Elles accroissent la pression sur chaque point vulnérable et soumettent chaque point fort à l'épreuve la plus extrême. Elles hâtent la défection des faibles et mettent en valeur les capacités insoupçonnées des plus forts d'assumer de nouvelles responsabilités.

Il y a une relation étroite entre la façon dont un parti politique entre dans une guerre et celle dont il en ressort. L'histoire du vingtième siècle prouve qu'il est possible de tourner contre les impérialistes les guerres qu'ils nous infligent alors que s'accroît le nombre des travailleurs qui

---

Cet article est extrait d'un discours prononcé le 1er décembre 1990 à New York.

s'opposent à la guerre. Cela exige que les travailleuses et travailleurs d'avant-garde fassent preuve de détermination, de courage et de clarté politique.

Au cours de ce siècle, le mouvement communiste s'est bâti, plus que sur toute autre question, autour de la lutte pour une orientation politique ouvrière face à la guerre impérialiste :

- Les communistes n'ont pas une politique révolutionnaire en temps de paix et une politique de paix en temps de guerre.
- La classe ouvrière doit s'organiser pour utiliser la lutte contre la guerre impérialiste afin d'approfondir la lutte révolutionnaire visant à renverser le système capitaliste qui est responsable de ces tueries.

Le communisme moderne, le communisme du vingtième siècle, a passé avec succès son premier test important quand les bolcheviks dirigés par Vladimir Lénine ont poursuivi une orientation révolutionnaire tout au long de la première guerre mondiale, ce qui a mené au triomphe de la république soviétique des ouvriers et des paysans en octobre 1917. Cette victoire a rapidement mis fin à la guerre sanglante sur le front russe et a hâté la fin du carnage dans son ensemble.

Les bolcheviks ont appuyé les soulèvements de nations opprimées qui se sont multipliés pendant et après la guerre en Europe, en Asie et au Moyen-Orient. Ils ont fait de l'agitation parmi les soldats, ces paysans et ouvriers conscrits dans l'armée tsariste, et les ont organisés contre la guerre.

Forcés par la répression de fonctionner clandestinement, les bolcheviks n'ont jamais cessé, même dans les pires conditions, de faire un travail révolutionnaire conséquent dans les usines et les mines. Ils n'ont jamais cessé d'appuyer la solidarité avec la lutte des paysans pour la terre. Ils n'ont jamais cessé d'appeler à la défaite des plans de guerre tsaristes et capitalistes, tant à l'étranger que chez eux. Ils ont cherché à transformer la guerre en une lutte révolutionnaire pour renverser la tyrannie impérialiste et porter au pouvoir un gouvernement ouvrier et paysan.

Avec le début de la guerre en août 1914, la grande majorité de ceux qui avaient été vus jusqu'alors comme les dirigeants du mouvement ouvrier révolutionnaire dans les pays impérialistes ont appuyé « leurs » capitalistes et « leurs » gouvernements nationaux — souvent de façon très « critique » et avec « beaucoup de réticence ». Le mouvement marxiste international s'est effondré dans le plus grand désarroi, alors que la plupart de ses anciens dirigeants applaudissaient le massacre des travailleurs qui se trouvaient de « l'autre côté ».

Parmi les millions de membres que comptait le mouvement socialiste international avant août 1914, seule une poignée de militantes et de militants ont continué à faire tout ce qu'ils pouvaient pour assurer la défaite de leur propre classe dirigeante, poursuivant la lutte qu'ils menaient déjà contre les exploiteurs et leurs gouvernements avant la guerre dans chaque grève, chaque soulèvement paysan et chaque bataille politique.

Dans son autobiographie *Ma vie,* le dirigeant révolutionnaire russe Léon Trotsky souligne que les dirigeants de l'Internationale socialiste qui étaient demeurés révolutionnaires et internationalistes ont bien ri lorsqu'ils se sont entassés dans seulement quatre taxis pour se rendre à une conférence contre la guerre, en Suisse, au cours des premières années du conflit[1]. C'était une plaisanterie, mais pas vraiment une exagération.

LES NOTES DE CET ARTICLE COMMENCENT À LA PAGE 325

Les communistes ont cherché par tous les moyens à transformer la guerre sanglante et la résistance croissante offerte par les travailleurs, les paysans et les soldats face à ses effets dévastateurs en une lutte révolutionnaire pour arracher une fois pour toutes *le pouvoir de faire la guerre* des mains des capitalistes et des propriétaires fonciers [2].

AU LENDEMAIN de la révolution qui a renversé le tsar en février 1917, Lénine et les bolcheviks ont provoqué l'un des plus grands éclats de rire de toute l'histoire des soviets. Apparus au cours de la révolution, les soviets étaient des conseils regroupant les représentants de diverses organisations ouvrières et paysannes. Au début, la majorité de ces représentants venait de l'aile du mouvement socialiste d'avant-guerre qui avait rejeté l'orientation révolutionnaire des bolcheviks.

Lors d'un congrès national des soviets en juin, un dirigeant de ces organisations a déclaré qu'en dépit des divergences qui pouvaient exister parmi les délégués, aucun des partis représentés au congrès ne serait assez fou pour se dire prêt à renverser le pouvoir du nouveau gouvernement libéral bourgeois.

Lénine a crié de la salle : « Oui, il y en a un ! »

La plupart des autres délégués ont ri. Mais quatre mois plus tard, les bolcheviks menaient le peuple travailleur à l'établissement de la première république ouvrière et paysanne du monde. Cette victoire révolutionnaire a poussé les travailleurs et agriculteurs dans le reste du monde à suivre l'exemple des bolcheviks et à approfondir la lutte internationale pour la libération nationale et le socialisme.

Dans toutes les guerres qui ont suivi, le mouvement ouvrier a été dominé par des dirigeants qui prétendaient être des communistes mais qui en pratique ont dévoyé la lutte révolutionnaire en la canalisant dans le chemin perdu du pacifisme ou en aidant directement et ouvertement les capitalistes à faire la guerre et à maintenir leur cruel système d'exploitation et d'oppression. Cette désorientation a coûté cher au mouvement ouvrier.

Pendant la deuxième guerre mondiale, les dirigeants des Partis communistes stalinisés de nombreux pays se sont joints à ceux qui s'étaient regroupés dans l'Internationale socialiste pour imposer cette trahison à la vaste majorité des organisations ouvrières et des mouvements de libération nationale. Mais la direction du Parti socialiste des travailleurs (SWP) aux États-Unis et de petits groupes de communistes dans d'autres pays ont refusé d'abandonner l'orientation révolutionnaire prolétarienne défendue par les bolcheviks.

En décembre 1941, la semaine même où Washington a déclaré son entrée dans la deuxième guerre mondiale, 18 dirigeants et cadres du SWP ont été condamnés à la prison fédérale. La plupart d'entre eux avaient été des dirigeants de lutte de classe de la Fraternité des teamsters et de son aile antiguerre dans le centre-ouest des États-Unis. Ils avaient été victimes d'un coup monté visant à réduire au silence la campagne ouvrière contre les préparatifs de guerre qu'ils menaient dans le mouvement ouvrier.

Pendant la première phase de la guerre, le *Militant* a été attaqué par les autorités postales des États-Unis. Cet hebdomadaire communiste faisait campagne semaine après semaine contre la guerre des patrons, contre leur politique raciste et leur répression. Le FBI a augmenté la surveillance du parti, de ses membres et de ses sympathisants. Les membres du SWP qui travaillaient dans l'industrie et qui militaient dans les syndicats ont été la cible de pressions croissantes de la part des patrons, de la police et de ceux qui, dans l'appareil syndical et dans les partis sociaux-démocrates et staliniens, aidaient à construire l'appui à la guerre.

Mais moins de deux ans plus tard, en 1943, les mineurs de charbon syndiqués aux Mineurs unis d'Amérique ont commencé à résister au gel des salaires et à l'engagement à ne pas faire la grève qui leur avaient été imposés au nom de l'unité patriotique. Les travailleurs noirs et d'autres adversaires de la discrimination raciale se sont engagés dans une nouvelle étape de la lutte pour l'égalité dans l'embauche et au travail dans l'industrie de guerre alors florissante et dans les forces armées toujours ségréguées des États-Unis. Dès juin 1942, le mouvement de la Marche sur Washington a organisé des rassemblements de masse en faveur de ces revendications.

Le journal que les autorités postales des États-Unis avaient essayé de bâillonner est revenu à la charge en menant la plus grande campagne d'abonnement de son histoire, se gagnant plus de 30 000 lectrices et lecteurs durant l'été de 1945. Au lendemain de l'armistice, les soldats stationnés dans le Pacifique ont organisé des manifestations de masse pour être immédiatement rapatriés au lieu d'être utilisés, ainsi que voulait le faire Washington, pour contenir les luttes de libération nationale en train d'éclater dans le sillage de la guerre en Chine, au Viêt-nam et ailleurs.

En fait, au cours des dernières années de la guerre et des années qui ont suivi, le SWP a connu le développement le plus rapide de son histoire. Cette croissance explosive a été le produit des situations favorables qui ont existé pendant environ un an et qui auraient pu permettre de relancer le mouvement social qui avait mené dans les années 30 à la construction du CIO, le mouvement des syndicats industriels, et de lancer une nouvelle étape dans la lutte de libération des Noirs. Mais tout ce potentiel ne s'est jamais réalisé, en partie à cause de facteurs économiques et politiques internationaux hors du contrôle du mouvement ouvrier révolutionnaire et à cause de la collaboration de classe et de la trahison des intérêts ouvriers par la bureaucratie syndicale, les staliniens et les sociaux-démocrates aux États-Unis, en Europe et dans le reste du monde. Dans le cadre de notre lutte contre la course à la guerre de l'impérialisme, nous devons étudier comment les travailleuses et travailleurs communistes ont fait campagne contre les guerres précédentes[3].

NOTES

1. Léon Trotsky, *Ma vie,* Paris, Gallimard, 1953.

2. Le livre de John Riddell (rédacteur), *Lenin's Struggle for a Revolutionary International,* New York, Pathfinder, 1986, décrit la lutte menée par les communistes contre la première guerre mondiale. Ce recueil de textes et documents est le premier de la série « L'Internationale communiste du vivant de Lénine ».

3. Les quatre livres suivants documentent la lutte des travailleuses et travailleurs communistes contre la deuxième guerre mondiale : Farrell Dobbs, *Teamster Bureaucracy: The Trade Union Campaign against World War II,* New York, Pathfinder, 1977 ; James P. Cannon, *Letters from Prison: The Communist Campaign against Wartime Repression,* New York, Pathfinder, 1973 ; C. L. R. James et al., *Fighting Racism in World War II,* New York, Pathfinder, 1980 ; et James P. Cannon, *The Socialist Workers Party in World War II,* New York, Pathfinder, 1975.

LA CRISE POLITIQUE DE LA CLASSE DIRIGEANTE DES ÉTATS-UNIS ET LA RÉPONSE DES TRAVAILLEURS

Le creux de la résistance ouvrière est derrière nous

Le Parti socialiste des travailleurs regarde vers l'avant

JACK BARNES, MARY-ALICE WATERS, STEVE CLARK

L'ordre mondial imposé par Washington après sa victoire dans la Deuxième Guerre mondiale vole en éclats. Une longue retraite de la classe ouvrière et des syndicats a pris fin. Les patrons et leur gouvernement multiplient les attaques contre nos salaires, nos conditions de travail et nos libertés démocratiques. Ce livre décrit les ouvertures pour construire un parti prolétarien de masse capable de diriger la lutte pour mettre fin à la domination capitaliste et ouvrir un avenir à l'humanité. 10 $ US. Aussi en anglais, espagnol, grec.

Le visage changeant de la politique aux États-Unis

La politique ouvrière et les syndicats

JACK BARNES

Un guide pour les travailleurs qui cherchent à construire le genre de parti nécessaire pour nous préparer aux batailles de classe qui viennent, dans lesquelles nous nous révolutionnerons, révolutionnerons nos syndicats et révolutionnerons toute la société. 23 $ US. Aussi en anglais, espagnol, farsi, grec.

Rébellion Teamster

FARRELL DOBBS

Les grèves de 1934, qui ont obtenu la reconnaissance du syndicat des camionneurs et des magasiniers à Minneapolis, ont contribué à ouvrir la voie au mouvement social de la classe ouvrière qui a construit les syndicats industriels. Le premier de quatre livres d'un dirigeant central de ces batailles. 16 $ US. Aussi en anglais, espagnol, farsi, grec.

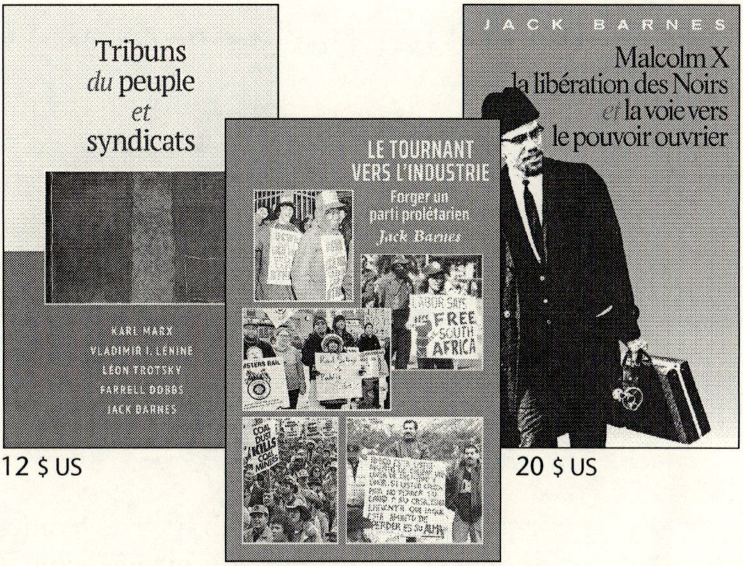

12 $ US

20 $ US

15 $ US

Trois livres qui n'en font qu'un,

sur comment construire un parti qui est ouvrier par son programme, sa composition et ses actions. Un parti qui, dans ce qu'il fait et dit, reconnaît le fait le plus révolutionnaire de notre époque :

que nous, les travailleurs, pouvons créer un monde différent en agissant ensemble pour défendre nos intérêts de classe, pas ceux des classes privilégiées qui nous exploitent ou de ceux qui nous craignent parce qu'ils nous voient comme des « déplorables » ou de simples « déchets ».

En suivant une voie révolutionnaire vers le pouvoir des travailleurs, nous nous transformerons et découvrirons notre propre valeur. Aussi en anglais, espagnol, farsi, grec.

Offre spéciale
Les trois livres pour 30 $ US

Le tournant vers l'industrie et *Tribuns du peuple et syndicats* 20 $ US

Un de ces livres et *Malcolm X, la libération des Noirs et la voie vers le pouvoir ouvrier* 25 $ US

PATHFINDERPRESS.COM

LA TROISIÈME POUSSÉE MILITARISTE DE WASHINGTON

Mary-Alice Waters

LA PROPAGANDE MILITARISTE drapée de banderoles patriotiques est une caractéristique permanente de notre époque. En effet, les puissances impérialistes se préparent constamment à faire la guerre.

Aux États-Unis, le militarisme moderne est né avec la domination du capital industriel et banquier dans la période qui a suivi la défaite de la Reconstruction radicale [1]. Cette période a culminé avec l'assaut de Washington contre Hawaï en 1893 et ensuite contre Cuba, Puerto Rico et les Philippines lors de la guerre hispano-américaine de 1898. C'était la première guerre impérialiste menée par le colosse nord-américain.

D'autres poussées militaristes ont eu lieu à l'époque impérialiste. Nous en traversons une aujourd'hui, en 1985. Pour avoir vécu et lutté contre cette offensive depuis plus de cinq ans, il est facile d'oublier qu'elle a eu un début

---

Cet article est basé sur la première partie d'un rapport adopté par le congrès du Parti socialiste des travailleurs (SWP) en août 1985. Mary-Alice Waters est directrice de la revue New International.

LES NOTES DE CET ARTICLE COMMENCENT À LA PAGE 348

bien marqué. Il faut l'étudier concrètement pour savoir ce que la classe dirigeante a réussi à faire et ce qu'elle n'a pas encore pu accomplir.

La classe dirigeante modifie sa politique

L'offensive militariste actuelle a commencé au début de 1980. Dans son message sur l'état de l'Union en janvier 1980, le président James Carter a annoncé la décision de rétablir l'inscription obligatoire au service militaire. Nous avons souligné à l'époque qu'il s'agissait du « premier véritable discours de guerre de l'administration Carter. »

Cette déclaration du président et l'offensive politique dans laquelle elle s'inscrivait ont été un changement dans la politique de la classe dirigeante. Elles ont signifié la fin de la retraite qui avait suivi la défaite de 1973 au Viêt-nam et les retombées de la crise du Watergate au pays [2]. Il aura fallu presque une décennie après le début du retrait des troupes U.S. du Viêt-nam en 1971 pour que la classe dirigeante U.S. soit capable de mener une nouvelle offensive militariste.

De 1973 à 1980, les masses laborieuses à travers le monde ont infligé de durs coups à l'impérialisme. Il y a eu entre autres le renversement révolutionnaire de la monarchie féodale éthiopienne en 1974 ; la défaite de la domination coloniale portugaise en Afrique en 1974-1975 ; la défaite du régime des propriétaires fonciers capitalistes au Viêt-nam du Sud et la réunification du pays en 1975-1976, ainsi que la chute des forces soutenues par les États-Unis au Kampuchéa [Cambodge] et au Laos ; la défaite de l'invasion sud-africaine de l'Angola par les troupes cubaines et angolaises en 1976 et l'élan que celle-ci a donné à une remontée des luttes dans toute l'Afrique australe, y compris contre le régime d'apartheid en Afrique du Sud même ; la défaite en 1977 de l'invasion appuyée par les États-Unis du territoire éthiopien par la Somalie dans le but de refouler la révolution éthiopienne ; la conquête de l'indépendance du Zimbabwe en 1980 ; la révolution iranienne de 1978-1979 ; les révolutions qui ont mené à l'établissement de gouvernements ouvriers et paysans à Grenade et au Nicaragua en 1979, ainsi que l'important soulèvement qui a eu lieu au Salvador et les progrès réalisés au Guatemala. Tous ces événements ont en retour stimulé l'ardeur révolutionnaire du peuple combattant de Cuba.

Pour prononcer son discours et annoncer le rétablissement de l'inscription obligatoire au service militaire en 1980, le président Carter a profité de deux événements importants : en novembre 1979, des employés de l'ambassade U.S. à Téhéran ont été pris en otage ; et en décembre 1979, les troupes soviétiques sont entrées en Afghanistan au milieu d'une montée rapide de la guerre civile [3]. La classe dirigeante U.S. a profité de ces événements pour entreprendre sa militarisation tambour battant, dans un débordement de patriotisme et de propagande anticommuniste.

Les mesures prises par l'administration Carter faisaient partie d'un effort systématique pour mettre fin à la retraite imposée à Washington par sa défaite au Viêtnam et par l'érosion de la confiance populaire en l'honnêteté des porte-parole des institutions du gouvernement capitaliste qu'on appelle souvent la crise du Watergate. Ces mesures visaient à réduire les obstacles empêchant les dirigeants capitalistes U.S. de déployer leur écrasante puissance militaire afin de maintenir leur domination de classe à l'échelle mondiale. Elles avaient les mêmes objectifs que toutes les mesures capitalistes de militarisation. Elles étaient dirigées contre le peuple travailleur, les nationalités opprimées, les femmes qui luttent pour leurs droits, les jeunes de ce pays — en deux mots, la plupart de ceux qui sont menacés de servir de chair à canon. Cette militarisation était une partie intégrante d'une offensive accrue pour affaiblir nos luttes contre les employeurs, miner nos droits démocratiques, réduire notre espace politique réel et approfondir les divisions parmi nous. Tout cela dans le but d'accroître les profits et d'améliorer la position des capitalistes U.S. face à leurs concurrents des autres pays.

Ce point a été bien résumé dans un rapport présenté par Andrea Morell au nom du Comité politique et qui a été adopté par le Comité national du Parti socialiste des travailleurs en mai 1980.

LE RAPPORT EXPLIQUAIT que la poussée militariste actuelle des impérialistes est une « offensive menée par la bourgeoisie U.S. pour recouvrer la capacité politique d'utiliser sa puissance militaire contre la révolution mondiale, là où elle le juge nécessaire. » C'est exactement ce qui était et est toujours en jeu.

La poussée militariste actuelle est la troisième du genre amorcée par la bourgeoisie U.S. depuis la fin des années 30.

La première poussée a été lancée par le discours sur « la mise en quarantaine de l'agresseur » prononcé en octobre 1937 par le président Franklin Roosevelt. Ce discours visait à préparer l'entrée des États-Unis dans la guerre qui se préparait en Europe. Cette poussée militariste a duré à peu près huit ans, jusqu'à la grande démobilisation qui a suivi la victoire de l'impérialisme U.S. contre le Japon en 1945.

La deuxième campagne a débuté au printemps 1947 lorsque le président Harry Truman a émis le décret exécutif qui a instauré le programme de serment d'allégeance et la chasse aux sorcières. Au niveau international, le programme d'« aide » à la Grèce initié par Truman a marqué l'accélération de l'offensive guerrière menée au son d'une rhétorique anticommuniste [4]. La deuxième poussée militariste s'est poursuivie pendant la guerre de Corée et les dix premières années de la révolution cubaine. Elle n'a pris fin qu'avec la défaite de Washington au Viêt-nam. La première partie de cette période a été appelée, un peu incorrectement, la « guerre froide ».

Une politique communiste en temps de guerre comme en temps de paix

Quand les capitalistes préparent la guerre et décident de l'entreprendre, la classe ouvrière doit avoir sa propre politique pour défendre ses intérêts et faire progresser ses luttes dans les conditions imposées par la bourgeoisie. Il ne suffit pas de dire que nous rejetons le militarisme impérialiste. Tant que les travailleurs n'ont pas la force de sortir de ce cadre, c'est-à-dire de le rejeter *dans la lutte,* nous devons aussi tracer notre propre perspective prolétarienne face à cette réalité.

La réponse communiste au militarisme impérialiste est claire et simple. Elle a été élaborée et mise à l'épreuve dans la lutte pendant des dizaines d'années. En fait, le mouvement communiste du vingtième siècle est né dans la lutte contre ceux qui ont trahi le principe « Pas un sou, pas une personne pour la machine de guerre impérialiste ! » en entraînant des millions de travailleurs dans la première guerre mondiale. Voilà le principe qui nous guide. Sans lui, nous serions perdus à tout jamais.

Mais ce mot d'ordre ne fournit pas toutes les réponses dont nous avons besoin pour affronter la propagande et les actions concrètes de la classe dominante, sa militarisation et sa guerre. Nous sommes contre la conscription impérialiste. Mais si la classe ouvrière n'est pas en mesure d'empêcher la conscription, il nous faut adopter une politique qui réponde à cette situation. Il nous faut une politique sur la formation militaire du peuple travailleur. Il nous faut une politique pour les travailleurs et les agriculteurs qui sont dans les forces armées, une approche qui aide à développer la conscience de classe et à faire progresser la lutte des travailleurs et des agriculteurs pour défendre leurs droits constitutionnels et leurs intérêts de classe dans l'armée face à la brutalité du corps des officiers, au racisme et aux contraintes imposées à la dissidence politique.

Ces politiques doivent favoriser la lutte de notre classe et de ses alliés pour mettre fin à leur soumission politique face à la classe des exploiteurs et à leurs partis jumeaux (démocrate et républicain), à leurs représentants et aux politiciens petits-bourgeois de tout genre. Nos politiques doivent faire avancer notre classe vers la prise du pouvoir politique et l'établissement d'un gouvernement des travailleurs et des agriculteurs. Une politique antiguerre ne se mesure vraiment que du point de vue de son utilité pour faire avancer la lutte dans cette direction.

Voilà ce que le Parti socialiste des travailleurs a toujours appelé une politique militaire prolétarienne. Voilà ce qu'il a toujours appelé une réponse ouvrière aux politiques de militarisation des capitalistes à l'époque impérialiste. Cette politique ne part pas des questions militaires, mais du prolétariat. Elle présente une perspective d'action pour défendre les intérêts de classe des travailleurs et des agriculteurs face aux poussées militaristes et aux guerres impérialistes, deux conséquences inévitables de la domination capitaliste. Elle part des conditions concrètes de la lutte des classes, du niveau de conscience et d'organisation de la classe ouvrière et du rapport de force qui existe entre la classe des exploiteurs et celle des exploités. Elle part du lien qui existe entre l'impérialisme et la guerre, non pas de la guerre dans l'abstrait. Elle part de la réalité de la lutte des classes, pas de la recherche utopique d'une paix entre les classes. Elle part de « nous », les travailleurs et nos alliés parmi les masses laborieuses qu'elle oppose à « eux », les employeurs, leurs représentants politiques et leur agression à l'étranger.

LA SECTION DU PROGRAMME de transition intitulée « Les piquets de grève, les détachements de combat, la milice ouvrière, l'armement du prolétariat » résume cette orientation [5]. Cette section du programme de 1938 du SWP décrit une dynamique inévitable au sein du mouvement ouvrier. Celle-ci commence avec l'organisation de lignes de piquetage pour faire respecter une grève. Elle passe ensuite à la création d'organisations ouvrières d'autodéfense contre les bandes anti-ouvrières, fascistes et racistes auxquelles les employeurs feront appel à mesure que s'intensifiera la confrontation entre les classes. Et elle conduit à la préparation de milices ouvrières, qui seront la « seule garantie sérieuse de l'inviolabilité des organisations, des réunions et de la presse ouvrières », dans les conditions d'une guerre de plus en plus intense entre les classes.

Ce développement aboutit à l'armement des travailleurs et des agriculteurs, pour se défendre contre les attaques contre-révolutionnaires et la terreur fasciste que la bourgeoisie déchaînera pour maintenir sa domination.

Une perspective militaire prolétarienne, c'est celle de la classe ouvrière pour répondre au militarisme impérialiste. C'est une partie intégrale de la stratégie de la classe ouvrière au moment où les travailleurs et les agriculteurs cherchent à établir leur propre gouvernement.

En 1969, les actions contre la guerre du Viêt-nam sont devenues de plus en plus larges et fréquentes. Au moment où nous y jouions un rôle de direction de plus en plus important, le Parti socialiste des travailleurs a adopté en congrès une résolution qui a décrit l'orientation du parti envers ce mouvement et en son sein. La résolution a abordé la question de l'application de la politique militaire prolétarienne avant, pendant et après la deuxième guerre mondiale. Elle a comparé les conditions objectives qui ont prévalu à cette époque à celles que nous confrontions au moment où la guerre du Viêt-nam a éclaté au milieu des années 60. La résolution a souligné le fait que notre orientation politique et notre attitude face aux guerres impérialistes ont peu à voir avec l'antimilitarisme des pacifistes ou avec l'antimilitarisme « socialiste » mis de l'avant par les staliniens et les sociaux-démocrates comme étant la composante « de paix » de leur programme de collaboration de classe.

« À l'époque de l'impérialisme et de la croissance monstrueuse du militarisme capitaliste qui l'accompagne, souligne la résolution de 1969, une politique militaire constitue un élément essentiel du programme de transition du parti révolutionnaire. [...] Le mouvement socialiste à ses débuts ne tenait aucun compte de l'aspect militaire de la lutte des classes. Cette perspective naïve a été surmontée depuis longtemps. Les rapports véritables entre les nations, les peuples et les classes poussent chaque tendance politique à prendre position et à élaborer une politique sur la guerre impérialiste et sur la guerre entre les classes. »

À la veille de l'entrée des États-Unis dans la deuxième guerre mondiale, le SWP a adopté en 1940 une politique militaire concrète qui s'inscrivait dans notre continuité communiste. Cette perspective révolutionnaire visait à favoriser la lutte des travailleurs et des agriculteurs contre les capitalistes dans les conditions de guerre qui prévalaient alors.

La résolution a expliqué que les jeunes travailleurs et agriculteurs appelés à se battre dans l'armée impérialiste U.S. pendant la deuxième guerre mondiale étaient « imprégnés d'un mélange de sentiments anti-hitlériens, antifascistes, « défensistes », démocratiques et patriotiques. » Même si c'est souvent à contrecoeur, les masses ouvrières ont accepté presque unanimement la participation des États-Unis à la deuxième guerre mondiale. Elles s'imaginaient qu'il s'agissait d'une lutte progressiste contre le fascisme. Beaucoup de travailleurs et d'agriculteurs croyaient que la guerre contre le régime nazi en Allemagne et ses alliés pourrait faire progresser la lutte pour leurs droits syndicaux, pour les besoins des agriculteurs, contre la ségrégation de Jim Crow et contre la terreur du lynchage que subissaient les Noirs dans le Sud.

Dans ces conditions, au moment où les États-Unis entraient dans la deuxième guerre mondiale, le parti s'est prononcé inconditionnellement contre la conscription capitaliste entrée en vigueur en 1940. C'était la première conscription en temps de paix de l'histoire des États-Unis. Le SWP réaffirmait ainsi une politique d'opposition à la conscription impérialiste adoptée depuis longtemps par les communistes. Mais nous avons tenu compte aussi du fait que les sentiments antifascistes et patriotiques des travailleurs et des agriculteurs les amenaient à appuyer le service militaire obligatoire. À la conscription capitaliste, le SWP a donc opposé la conscription par les organisations ouvrières. Nous avons défendu l'idée que la formation militaire et la sélection des officiers soient contrôlées par les syndicats et financées par le gouvernement.

Les membres du parti qui ont été appelés se sont enrôlés dans l'armée. Ils y ont reçu une formation militaire et ont cherché à se comporter comme des soldats, de façon à gagner la confiance politique des autres travailleurs et agriculteurs en uniforme. « Si jamais, a dit la résolution de 1969, les événements permettaient de convaincre la majorité de la population de la nécessité de transformer la guerre impérialiste en une lutte pour le pouvoir ouvrier et le socialisme, la présence active de ces socialistes dans la machine militaire deviendrait une condition essentielle à toute action révolutionnaire. »

La deuxième guerre mondiale : plusieurs guerres en une

Contrairement à ce que croyaient et croient encore la plupart des gens, la deuxième guerre mondiale ne visait pas à enrayer le fascisme. Elle était beaucoup plus complexe. C'était au moins « trois guerres en une », comme l'a expliqué le SWP à l'époque.

- C'était une guerre interimpérialiste. La défaite de l'Allemagne et du Japon devant Washington et ses alliés n'a éliminé aucune des racines économiques et sociales du fascisme ni aucune des causes de l'oppression impérialiste. Le fascisme est le moyen le plus virulent de maintenir la domination impérialiste. Il ressurgira au cours de chaque période de grave crise capitaliste et à chaque fois que la polarisation et la lutte entre les classes s'approfondiront.
- C'était une guerre pour renverser la révolution russe et rétablir le capitalisme en Union soviétique. Au prix de sacrifices énormes, les travailleurs et les paysans du

premier et, à l'époque, du seul État ouvrier ont repoussé l'invasion militaire de l'impérialisme allemand. Ils ont empêché les puissances impérialistes de réaliser l'objectif historique auquel aucune d'entre elles n'a jamais renoncé depuis octobre 1917.

• C'était une guerre de libération nationale menée sur plusieurs fronts. Les nations colonisées et opprimées du monde ont profité du conflit entre les puissances impérialistes pour défendre leurs intérêts. Elles l'ont fait en Inde, en Chine, au Viêt-nam, en Indonésie, en Corée, au Moyen-Orient, en Irlande et au Québec.

Une quatrième guerre s'est aussi développée à mesure que se prolongeait la boucherie impérialiste. C'est celle menée dans les pays européens occupés par les forces de la résistance, dont plusieurs étaient organisées par le mouvement ouvrier. Cette guerre a été menée contre les dictatures fascistes imposées par le mouvement national-socialiste d'Hitler. Mais c'était aussi une guerre où les travailleuses et travailleurs pouvaient créer à la faveur du conflit les conditions les plus favorables possibles pour vaincre leurs propres bourgeoisies, fascistes ou « impérialistes démocratiques ».

La guerre froide ou la reconstruction de la machine militaire U.S.

Après la capitulation du Japon en août 1945, la bourgeoisie U.S. s'est retrouvée avec une armée en voie de désintégration, elle qui sortait grande gagnante de la guerre. Les travailleurs et les agriculteurs en uniforme, surtout ceux qui étaient dans la région du Pacifique, ont exigé d'être rapatriés immédiatement. Ils ne voyaient pas pourquoi ils devraient continuer à servir dans l'armée une fois gagnée la guerre qu'*ils* avaient menée, la guerre contre le fascisme.

Mais les capitalistes à Washington voulaient récolter le fruit de la victoire qu'ils avaient remportée contre leurs rivaux en prenant le contrôle de l'Asie. Ils cherchaient surtout à maintenir la Chine sous domination impérialiste. Lorsque les soldats ont commencé à manifester par milliers à travers toute l'Asie, les démocrates et républicains à Washington ont hurlé : « Mais nous sommes en train de perdre la Chine ! »

Les soldats ont répondu : « *Vous* pouvez bien perdre la Chine. *Nous* rentrons chez nous ! » Ils ont simplement refusé de rester sous les drapeaux. La démobilisation s'est accélérée et par millions ils sont rentrés chez eux. Les forces armées U.S. avaient cessé d'être une force de combat efficace pour défendre les intérêts impérialistes.

Voilà comment la période d'après-guerre a commencé aux États-Unis : avec un mouvement de soldats exigeant de rentrer chez eux. C'est un mouvement qu'aucune classe sur la planète n'aurait pu arrêter. Il a coïncidé avec une vague de grèves qui a mobilisé sur les lignes de piquetage près de deux millions de travailleurs, dont un grand nombre de vétérans à peine rentrés au pays. Ces travailleuses et travailleurs exigeaient la levée immédiate du contrôle des salaires imposé dans le cadre de la guerre.

Washington devait maintenant faire face à la victoire de l'Union soviétique au cours de la deuxième guerre mondiale, aux progrès réalisés par la révolution coloniale pendant que les puissances impérialistes se faisaient la guerre et au changement qui s'en est suivi dans le rapport de force international au détriment de l'impérialisme. Le gouvernement U.S. devait reconstituer une force militaire qu'il pourrait utiliser contre les travailleurs et les paysans en lutte à travers le monde. La deuxième guerre mondiale à peine finie, les dirigeants U.S. avaient besoin d'une nouvelle poussée militariste.

Les employeurs n'avaient toujours pas réussi à briser le mouvement syndical né au cours de la seconde moitié des années 30 dans les grandes luttes qui ont marqué la montée du Congrès des organisations industrielles (CIO), le mouvement des syndicats industriels. Ils voulaient aussi éviter que les luttes militantes pour les droits civils qui avaient éclaté pendant la guerre ne mènent à un mouvement de masse pour l'égalité des Noirs. Ce sont ces objectifs que visaient la chasse-aux-sorcières et la réaction anticommuniste de la fin des années 40 et des années 50.

LA LOI DE LA CONSCRIPTION est devenue caduque en 1947. Mais l'appareil servant à la conscription, lui, est resté intact. La Loi du service sélectif a été adoptée en 1948, au moment où débutait la nouvelle offensive militariste. La conscription a été instituée en « temps de paix » pour la première fois de l'histoire des États-Unis. Au moment où les jeunes de la bourgeoisie et ceux de la classe moyenne trouvaient de plus en plus d'échappatoires au service militaire, la proportion de soldats provenant de la classe ouvrière s'est accrue. Les dépenses militaires ont augmenté en flèche lorsque Washington a accéléré sa course aux armes nucléaires en réponse à la production d'une bombe atomique par l'Union soviétique en 1949. À l'époque où les dirigeants U.S. étaient les seuls à posséder des armes atomiques, ils n'ont pas hésité à tuer plus de 200 000 civils en les utilisant à Hiroshima et à Nagasaki au Japon, dans le but de montrer aux masses laborieuses du monde entier que Washington n'hésiterait pas à utiliser cette arme de terreur pour protéger son empire.

La guerre de Corée a été déclenchée au milieu de la chasse aux sorcières, qui a fait rage aux États-Unis pendant la fin des années 40 et au début des années 50. Mais elle a été accueillie avec beaucoup moins de ferveur patriotique que la deuxième guerre mondiale et n'est jamais devenue une guerre populaire. Mais elle n'a pas rencontré d'opposition active non plus, sauf de la part de quelques organisations socialistes et pacifistes dont l'influence et la taille s'effritaient rapidement. De leur côté, les sociaux-démocrates ont ouvertement appuyé la guerre des États-Unis contre la Corée.

Les conditions nouvelles créées par la domestication et la retraite politique du mouvement ouvrier organisé ont amené le SWP à modifier certains aspects de sa réponse aux politiques militaires du gouvernement. Le parti a cessé d'appeler à un entraînement militaire sous contrôle ouvrier en l'opposant au service militaire capitaliste. À cause de l'état du mouvement syndical, les travailleurs d'avant-garde ne voyaient plus cette revendication comme une perspective réaliste pour aller de l'avant. Le parti a bien entendu maintenu son opposition à la conscription capitaliste. Les membres du parti qui ont été appelés ont fait leur service militaire.

Nous avons lutté pour défendre les soldats harcelés à cause de leurs prises de position antifascistes, antiguerres, antiracistes ou socialistes. Nous avons participé aux luttes défensives du mouvement ouvrier contre les tentatives des employeurs et du gouvernement d'utiliser la poussée militariste pour miner la force des syndicats dans les industries de guerre. Nous avons notamment lutté contre l'introduction du système de « contrôle de sécurité[6]. » Ces mesures visaient à exercer des représailles contre les militants syndicaux et les autres ouvriers militants, à affaiblir la force des syndicats et à miner la sécurité au travail. Le parti a aussi continué à défendre le droit des grévistes de se protéger contre les fiers-à-bras patronaux et surtout le droit des Noirs de se défendre contre la violence et la terreur racistes.

Le Viêt-nam, la lutte des Noirs et le mouvement antiguerre

Près de 15 ans après la guerre de Corée, un changement historique s'est produit au moment où s'approfondissait la guerre du Viêt-nam. L'appui de la population à la guerre impérialiste a commencé à faiblir vers la fin des années 60. Cela s'est reflété dans l'état d'esprit des travailleurs et des agriculteurs, y compris au cours des dernières années de la guerre, parmi ceux qui se trouvaient dans les forces armées.

L'opposition au carnage organisé par les États-Unis au Viêt-nam était liée aux changements économiques et sociaux apportés par les 25 années d'expansion économique capitaliste amorcée en 1941. Ces changements ont haussé les aspirations de la population. Ils ont engendré en particulier les puissantes actions de masse du mouvement pour les droits civils qui ont envoyé au tapis le système de ségrégation de Jim Crow au milieu des années 60.

Le gouvernement des États-Unis a commencé à intensifier sa guerre contre le Viêt-nam au moment où prenaient fin les dix années de luttes massives pour les droits civils qui ont détruit le système de ségrégation légale dans le sud du pays. Ce mouvement a commencé en 1955-1956 avec le boycott des autobus à Montgomery. Il a été relancé en 1960 par les occupations organisées par les étudiants et à partir de 1961 par les Voyages de la liberté. Au début des années 60, une campagne croissante de manifestations de masse a fait connaître partout dans le monde des villes comme Selma, Birmingham et Montgomery. Une manifestation de 250 000 personnes à Washington durant l'été de 1963 a été suivie l'année suivante par l'adoption de la loi sur les droits civils qui interdisait la discrimination au travail et dans les restaurants, hôtels et autres lieux publics. En 1965, la loi sur le droit de vote a été adoptée, abolissant la plupart des lois qui avaient été utilisées pendant des décennies par les États du Sud pour priver les Noirs de leur droit de vote.

Pendant que se poursuivaient les actions de masse en faveur des droits électoraux dans le Sud, des soulèvements spontanés ont éclaté dans les ghettos du Nord. Ceux-ci ont coïncidé avec la première escalade de la guerre au Viêt-nam. Harlem a explosé au cours de l'été 1964, quelques semaines seulement avant que soit provoqué l'incident du golfe du Tonkin et que le président Lyndon Johnson ordonne les premiers bombardements du Viêt-nam du Nord [7]. Malcolm X a été assassiné en février 1965. Il y a eu la révolte de Watts en août 1965, puis celles qui ont éclaté dans des dizaines de villes des États-Unis au cours des étés de 1966 et de 1967. Ce mouvement a culminé avec les soulèvements de Newark et Détroit, réprimés par les troupes de la Garde nationale au prix de plus de 60 morts. En avril 1968, la colère provoquée par l'assassinat de Martin Luther King Jr. et la conviction fort répandue que le gouvernement en était responsable ont suscité une série de révoltes qui ont balayé les villes du pays.

Dans la deuxième moitié des années 60, l'opposition à l'escalade militaire au Viêt-nam s'est développée parallèlement à une radicalisation du mouvement des Noirs et en relation avec lui. Le « Pouvoir noir » est devenu le cri de ralliement dans les villes des États-Unis et des Antilles. La lutte pour les droits des Noirs est devenue l'axe central de la politique au sein des forces armées au Viêt-nam, la source de l'énergie de classe qui alimentait la dissidence. Un doute croissant sur la guerre s'est renforcé parmi des dizaines de millions de soldats et de civils. Cette radicalisation a balayé les vestiges de la chasse-aux-sorcières. Elle s'est manifestée dans plusieurs phénomènes de masse comme la montée du mouvement de libération des femmes, les premières manifestations pour les droits des gays, l'appui croissant à l'indépendance de Puerto Rico et le Moratoire chicano[8].

Alarmée par les fissures qui minaient de plus en plus l'ordre social bourgeois, la classe dirigeante aux États-Unis a aussi intensifié l'ampleur et la brutalité de ses opérations policières à l'intérieur du pays. Ces dernières ont systématiquement visé les dirigeants des organisations noires, le mouvement antiguerre et les partis politiques ouvriers. Les détails n'ont été connus que plus tard. Mais beaucoup soupçonnaient le gouvernement de mener des opérations « Cointelpro ». Les soupçons de la population ont accéléré le déclin du prestige des institutions du gouvernement U.S., en particulier des institutions qui prétendaient rendre la justice[9].

Il est important de bien saisir le lien existant entre la lutte pour les droits des Noirs, la radicalisation sociale plus large et l'opposition à la guerre du Viêt-nam, aussi bien parmi la population civile que parmi les soldats envoyés au Viêt-nam pour y combattre et mourir. Il n'est pas possible de comprendre l'ampleur de l'opposition ouvrière à la guerre, la dynamique du mouvement antiguerre et ce qui s'est produit au sein des forces armées U.S. sans saisir ce lien politique.

Ce qui s'est produit pendant la guerre du Viêt-nam ne s'était jamais produit dans l'histoire moderne des États-Unis. Ces événements ont marqué un changement politique durable dans l'attitude de la population face aux guerres impérialistes. Un mouvement antiguerre s'est développé au beau milieu d'une guerre « chaude ». Il était très différent des mouvements pour la paix qui étaient apparus avant les première et deuxième guerres mondiales. Ces mouvements essentiellement pacifistes étaient dominés par des forces petites-bourgeoises. Ils se sont effondrés dès que la guerre a commencé, quand la grande majorité de leurs dirigeants ont fini par appuyer les efforts de guerre impérialistes.

Pendant la guerre du Viêt-nam, la classe ouvrière s'est montrée peu encline à se sacrifier pour l'effort de guerre. Cette attitude était encore plus prononcée au sein de la population noire, chicana, portoricaine et parmi les autres nationalités opprimées. Des sentiments défaitistes se sont développés. Une sympathie non déguisée envers les patriotes vietnamiens est apparue en même temps qu'un rejet très large de la guerre sale, immorale et raciste que menait Washington.

LA CONSCRIPTION est devenue de moins en moins populaire et a fait l'objet d'un nombre croissant d'actions de protestation. Le SWP et l'Alliance des jeunes socialistes (YSA) se sont joints à d'autres forces pour intégrer la lutte contre la conscription dans la lutte contre la guerre. Mais nous avons continué à nous opposer à l'idée de faire de cette revendication le centre de la lutte. Et nous avons continué à rejeter l'orientation politique de plusieurs courants petits-bourgeois au sein du mouvement antiguerre qui préconisaient le refus individuel de la conscription. Cette prise de position sur la conscription constituait un aspect fondamental d'une politique militaire prolétarienne dans les conditions qui prévalaient alors.

Les membres du SWP et de la YSA appelés à faire leur service militaire se sont soumis à la loi comme des millions d'autres jeunes. Ils ont cependant lutté pour faire valoir leur droit constitutionnel et celui des autres citoyens-soldats de s'organiser et de dénoncer la guerre, le racisme et les inégalités. Le SWP et la YSA ont lutté pour gagner tout le mouvement antiguerre à la perspective d'organiser des activités capables d'encourager les soldats à participer activement au mouvement de lutte contre la guerre. Cette orientation prolétarienne a servi d'exemple à tout le mouvement contre la guerre et a contribué à augmenter son influence parmi les travailleurs et les agriculteurs à l'intérieur et hors de l'armée.

Le mouvement ouvrier organisé a été jusqu'à la fin pratiquement absent du mouvement contre la guerre du Viêt-nam. Vers la fin de la guerre, la section locale 1199 du syndicat des travailleurs d'hôpitaux et le district 65 de l'Union des employés de gros, de détail et de magasins à rayons, qui ont tous les deux leur centre d'opération à New York, ont formé d'importants contingents dans les manifestations contre la guerre. Ces contingents comptaient une forte proportion de travailleuses et de travailleurs noirs. Des figures du mouvement ouvrier et des syndicats locaux ont appuyé quelques-unes des dernières actions à avoir lieu. Mais c'était vraiment l'exception. Pour les représentants du mouvement syndical, la règle était plutôt d'appuyer la guerre de la classe dominante U.S.

Le mouvement contre la guerre qui s'est développé dans ces conditions a fourni une aide déterminante au peuple vietnamien. Avec une ténacité et un héroïsme insurpassables, celui-ci a conquis sa libération nationale en infligeant une défaite politique à la puissante intervention impérialiste des États-Unis. Le coup porté à la bourgeoisie U.S. a eu plusieurs résultats. Parmi ceux-ci, une victoire directe pour les travailleurs et les agriculteurs des États-Unis : en 1973, la conscription capitaliste a été interrompue. En 1976, l'inscription obligatoire au service militaire a elle-même pris fin.

La nécessité d'une nouvelle offensive militariste

Les conséquences politiques de la défaite au Viêt-nam ont établi le cadre à l'intérieur duquel la bourgeoisie U.S. a dû fonctionner pendant les années 70. Mais avant la fin de la décennie, la nécessité d'une nouvelle offensive militariste s'est posée avec une urgence accrue.

En énonçant son intention de rétablir l'inscription au service militaire, le président Carter a posé l'un des premiers jalons de cette campagne. Celle-ci s'est accompagnée d'une montée des attaques contre les droits et le niveau de vie du peuple travailleur aux États-Unis. La coïncidence de ces événements a marqué le début d'un déplacement vers la droite de tout le cadre de la politique capitaliste, qui est devenue de plus en plus bipartite en matière de politique intérieure. La politique étrangère avait déjà depuis 1942 un caractère bipartite. Ce virage s'est poursuivi et s'est accéléré quand la bourgeoisie a choisi Ronald Reagan lors des élections présidentielles de novembre 1980.

L'explosion des dépenses militaires n'a pas commencé avec Reagan, mais vers la fin de l'administration Carter. Elle n'a pas cessé depuis. La classe dominante U.S. a fait campagne pour installer des missiles Cruise et Pershing II dans les pays capitalistes européens malgré une vaste opposition populaire. Elle a organisé et financé les contras pour tenter de renverser le gouvernement ouvrier et paysan du Nicaragua [10]. Les manoeuvres militaires dans les Caraïbes et en Amérique centrale ont atteint une ampleur et une fréquence sans précédent. Le gouvernement U.S. a accru son aide militaire aux régimes meurtriers du

Salvador, du Honduras, du Guatemala et du Costa Rica. Cuba est redevenu la cible de menaces croissantes.

Les États-Unis ont envoyé des forces « de maintien de la paix » au Moyen-Orient en 1982[11]. C'était la première fois depuis la guerre du Viêt-nam que des soldats U.S. étaient envoyés au combat à l'étranger. D'une manière bien calculée, le gouvernement des États-Unis a collaboré la même année avec la bourgeoisie britannique et a rendu possible la guerre contre l'Argentine et l'invasion des Malouines[12]. En 1983, l'armée U.S. a envahi Grenade et y a installé un régime pro-impérialiste[13].

Chacun de ces pas s'inscrivait dans une offensive militariste conçue par la classe dominante : une campagne de propagande liée, chaque fois que c'était possible, à une intervention militaire directe ou à d'autres mesures « clandestines ».

Les employeurs ont lancé en même temps une offensive contre le peuple travailleur des États-Unis. Ils ont intensifié leurs attaques contre le niveau de vie, les droits et les organisations de la classe ouvrière et de ses alliés. Parmi les attaques les plus récentes, citons la multiplication de « procès pour espionnage », qui visent à intimider l'opposition politique au sein des forces armées et à miner les droits politiques[14]. Les employeurs et la police se servent de plus en plus des mesures de « contrôle de sécurité » comme une arme contre le mouvement ouvrier dans les industries liées à la production de matériel militaire.

NOTES

1. À la suite de la guerre civile aux États-Unis, des régimes de Reconstruction radicale ont été établis dans les États du Sud avec l'autorisation du Congrès U.S. et l'appui de l'armée de l'Union.

Ces corps législatifs étaient dirigés pour la première fois par des représentants élus noirs et blancs. Ils ont abrogé les lois sur les travaux forcés et établi le suffrage universel pour les hommes. En particulier en Caroline du Sud et au Mississippi, les parlements ont effectué d'importantes réformes sociales. Certains gouvernements locaux dans d'autres États ont aussi effectué des réformes semblables. D'ambitieuses campagnes d'alphabétisation ont eu lieu en plusieurs endroits. Des écoles publiques ont été établies pour la première fois dans le Sud. Des programmes d'apprentissage et de formation ont été mis sur pied.

L'aspiration à la terre et aux moyens de la cultiver chez les esclaves affranchis et les agriculteurs blancs sans terre a été au coeur des conflits de classe qui ont donné leur caractère radical aux régimes de Reconstruction dans la décennie qui a suivi 1867. Pour échapper aux équipes de travail agricole qui avaient remplacé l'économie de plantation basée sur l'esclavage et pour devenir, conjointement avec les blancs pauvres, des agriculteurs libres, les travailleurs agricoles noirs devaient pouvoir acquérir « 40 acres et une mule ».

Mais le Congrès U.S. a refusé d'effectuer une véritable réforme agraire. Les gouvernements de quelques États ont distribué des terres à bas prix, notamment en Caroline du Sud où l'État a aussi offert du crédit à bon marché. Mais les régimes de la Reconstruction radicale n'ont pas exproprié les terres des grands propriétaires de plantation pour les distribuer aux esclaves affranchis ou aux blancs sans terre. C'est avant tout cela qui a permis aux exploiteurs du Sud de reconstruire leur pouvoir de classe et de relancer une campagne de terreur légale et extralégale contre les Noirs et les autres travailleurs et agriculteurs.

À partir de 1877, les capitalistes du Nord ont cherché à briser l'alliance qui se développait dans le Sud entre agriculteurs et travailleurs noirs et blancs. Le Congrès a retiré les soldats de l'Union et laissé libre cours à la réaction armée, ce qui a conduit dans les années qui ont suivi à l'imposition du régime de Jim Crow : un système de ségrégation légale visant à diviser les travailleurs et les agriculteurs sur la base de la couleur de leur peau. Ce système a stimulé le racisme et la réaction anti-ouvrière partout aux États-Unis. La population noire est devenue une nationalité opprimée. Au cours des dernières décennies du siècle, le racisme renaissant a coïncidé avec une montée du militarisme impérialiste. Il a été utilisé en particulier pour justifier l'assaut lancé contre les peuples d'Hawaï et des Philippines.

La défaite de la Reconstruction radicale a constitué le coup le plus sérieux qu'ait reçu la classe ouvrière U.S. dans toute son histoire, aussi bien dans le Nord que dans le Sud du pays. On trouvera une évaluation du rôle de la Reconstruction radicale dans l'histoire de la lutte des classes aux États-Unis dans l'article de Jack Barnes, « The Fight for a Workers' and Farmers' Government in the United States », *New International,* no 4, New York, Pathfinder, 1985, p. 221 à 285 [tirage 2008].

2. Les soldats U.S. ont d'abord été envoyés comme « conseillers » au Viêt-nam à partir de 1950. Par la suite, leur nombre s'est accru pour atteindre un sommet de 536 000 soldats. Après de longues négociations, des accords de paix ont été signés à Paris en janvier 1973. Les dernières troupes U.S. ont quitté le Viêt-nam en mars 1973. La crise du Watergate a commencé quelques mois plus tard avec la publication de rapports montrant que la Maison-Blanche, sous la présidence de Richard Nixon, avait fait cambrioler et espionner des politiciens rivaux, y compris au sein du Parti démocrate, et avait autorisé le FBI à mener des opérations contre eux. De telles méthodes avaient été utilisées depuis longtemps contre les organisations ouvrières et contre le mouvement des Noirs. La crise politique qui a suivi a forcé Richard Nixon à démissionner en 1974. Elle témoignait des profondes divisions provoquées au sein de la classe dominante par la défaite de Washington au Viêt-nam. En 1975-1976, des séances du Congrès très largement couvertes par les médias ont mis à jour d'autres opérations meurtrières du FBI, de la CIA et d'autres agences de la police politique commises aussi bien aux États-Unis qu'à l'étranger.

Ces révélations ont miné encore davantage la confiance que la population avait dans l'honnêteté des porte-parole des institutions gouvernementales U.S.

3. Avec l'appui du gouvernement iranien, des étudiants ont occupé en novembre 1979 l'ambassade des États-Unis à Téhéran pour dénoncer la décision que Washington avait prise d'inviter le shah déchu aux États-Unis. Les troupes soviétiques sont intervenues en Afghanistan à la fin de décembre 1979. À son apogée, leur nombre a atteint plus de 100 000 soldats.

4. L'Ordre exécutif 9835 émis par Harry Truman en mars 1947 a fait de la « déloyauté » une base suffisante pour perdre son emploi dans la fonction publique. La loi a déclaré « déloyale » toute association avec une organisation jugée « subversive » par le procureur général. Toujours en mars 1947, la Maison-Blanche a envoyé des conseillers militaires pour prêter main forte au gouvernement réactionnaire grec impliqué dans une guerre civile contre les partisans dirigés par le Parti communiste. La Maison-Blanche a également annoncé son intention de fournir 300 millions de $ à ce gouvernement sous forme d'armes et d'aide économique.

5. Le Programme de transition est l'un des textes de fondation du Parti socialiste des travailleurs. Il a été écrit par Léon Trotsky à Mexico à la suite de discussions avec des dirigeants du SWP. Il a été adopté par le SWP en 1938 après une discussion approfondie. La partie du texte que nous citons ici se trouve dans : Léon Trotsky, *Programme de transition,* Montréal, Presses socialistes internationales, 1977, p. 38-40.

6. Les « contrôles de sécurité » incluent souvent la « vérification » par la police de l'histoire personnelle du travailleur visé, de ses relations, de ses opinions politiques et de sa vie privée. Aux États-Unis, ces contrôles demeurent une condition d'emploi dans un grand nombre d'usines ayant des contrats avec le gouvernement.

7. Le 2 août 1964, deux destroyers U.S. qui patrouillaient près de la côte du Viêt-nam du Nord ont prétendu avoir été la cible de torpilleurs nord-vietnamiens. Le président Lyndon

Johnson a utilisé cette mise en scène pour ordonner les premiers bombardements aériens du Viêt-nam du Nord et pour presser le Congrès d'adopter l'infâme résolution du golfe du Tonkin, utilisée par la suite pour intensifier considérablement la guerre. Les médias ont révélé par la suite qu'un brouillon de cette résolution avait été préparé quelque deux mois avant l'incident.

8. Le Moratoire chicano était une grande coalition regroupant des organisations de la nationalité opprimée d'origine mexicaine. En 1970, cette coalition a organisé des manifestations contre la guerre du Viêt-nam. Des manifestations locales en Californie, au Texas, au Nouveau-Mexique et au Colorado ont précédé une manifestation nationale de 25 000 personnes appelée par le Moratoire chicano à Los Angeles le 29 août 1970. C'était la manifestation contre la guerre la plus importante à avoir eu lieu à Los Angeles. Elle a démontré le degré de confiance et de conscience politique atteint par un mouvement de libération chicano en plein essor.

9. Dans les années 1970, le Parti socialiste des travailleurs, l'Alliance des jeunes socialistes ainsi que d'autres organisations et individus ont intenté des poursuites judiciaires qui ont forcé le FBI à rendre publiques des centaines de milliers de pages de textes jusque-là demeurés secrets. Ces documents ont révélé les détails d'un programme de harcèlement politique dont le nom de code était « Cointelpro » et qui visait les organisations communistes, les organisations de défense des droits des Noirs, les organisations antiguerre ainsi que leurs membres et partisans. Cette opération de la police politique s'est poursuivie pendant plus de dix ans.

Pour plus d'information sur ce sujet, voir Nelson Blackstock, *Cointelpro: The FBI's Secret War on Political Freedom* [Cointelpro : la guerre secrète du FBI contre la liberté politique], New York, Pathfinder, 1988 ; Margaret Jayko, *FBI on Trial* [Le FBI au banc des accusés], New York, Pathfinder, 1988 ; Larry Seigle, Steve Clark, Farrell Dobbs, *50 Years of Covert Operations in the US,* New York, Pathfinder, 2014 ; et George Breitman, Herman Porter et Baxter Smith, *The Assassination of Malcolm X* [L'assassinat de Malcolm X], New York, Pathfinder, 1991.

10. À la suite du renversement de la dictature de Anastasio Somoza en juillet 1979, Washington a commencé à financer, entraîner et organiser une armée de mercenaires — surnommés les contras — dans le but de faire la guerre au nouveau gouvernement des travailleurs et des agriculteurs dirigé par le Front sandiniste de libération nationale (FSLN) du Nicaragua. Les contras ont été militairement vaincus au cours d'une guerre acharnée et coûteuse qui a pris fin en mars 1988. Mais le recul politique de la direction sandiniste a mené à l'érosion et finalement à la chute du gouvernement des travailleurs et des agriculteurs. En mars 1990, le FSLN a été vaincu par l'Opposition nationale unifiée de Violeta Chamorro lors des élections à la présidence et à l'Assemblée nationale.

11. Washington a envoyé ses soldats à Beyrouth en août 1982 pour aider à surveiller l'expulsion de plus de 7000 partisans de l'Organisation de libération de la Palestine. Les forces armées U.S. comprenaient à leur apogée 3000 soldats au Liban et au large de ses côtes, une flotte de 12 navires et 90 avions.

12. En avril 1982, des troupes du gouvernement britannique se sont appuyées sur les efforts de renseignement militaire et de ravitaillement des États-Unis pour envahir les Malouines, un groupe d'îles au large de l'Argentine sur lesquelles Buenos Aires avait cherché à rétablir sa souveraineté.

13. Les troupes U.S. ont envahi Grenade les 25 et 26 octobre 1983. Plus de 7000 soldats ont participé à cette invasion qui s'est produite une semaine après le meurtre du premier ministre Maurice Bishop et le renversement du gouvernement des travailleurs et des agriculteurs lors d'un coup d'État stalinien dirigé par le vice-premier ministre Bernard Coard.

14. Plus d'une vingtaine de personnes ont été accusées d'espionnage devant les tribunaux des États-Unis au début des années 80, dont neuf en 1984.

Nouvelle Internationale

UNE REVUE DE POLITIQUE ET DE THÉORIE MARXISTES

Notre politique commence avec le monde

JACK BARNES

Les énormes inégalités économiques et culturelles qui existent entre les pays impérialistes et semi-coloniaux et entre les classes dans ces pays sont reproduites par le fonctionnement du capitalisme. Pour que les travailleurs d'avant-garde puissent construire des partis capables de diriger la lutte révolutionnaire pour le pouvoir dans nos propres pays, nous devons guider notre activité avec une stratégie visant à combler cet écart. Dans *Nouvelle Internationale* nº 8. 14 $ US. Aussi en anglais, espagnol, farsi, grec.

Le long hiver chaud du capitalisme a commencé

JACK BARNES

Dans cet article publié alors que s'accumulaient les nuages de ce qui deviendra la crise financière de 2008, Jack Barnes explique que la crise capitaliste d'aujourd'hui est le début de ce qui sera des décennies de convulsions économiques, financières et sociales et de batailles de classe. Les travailleurs qui ont une conscience de classe, dit-il, affrontent avec confiance ce tournant historique de l'impérialisme et tirent satisfaction à projeter avec audace un cours révolutionnaire pour prendre le pouvoir. Dans *Nouvelle Internationale* nº 7. 14 $ US. Aussi en anglais, espagnol, farsi, arabe, grec.

La révolution à venir en Afrique du Sud

JACK BARNES

Dans *Nouvelle Internationale* nº 2. 14 $ US. Aussi en anglais et espagnol.

L'impérialisme U.S. a perdu la guerre froide

JACK BARNES

L'effondrement des régimes prétendant être communistes en Europe de l'Est et en URSS n'a pas signifié que les travailleurs et les agriculteurs y avaient été écrasés. Dans les conflits de classe et les guerres qui s'intensifient aujourd'hui, ces travailleurs se joignent à ceux du monde entier dans la lutte de classe contre l'exploitation capitaliste. Dans *Nouvelle Internationale* nº 6. 14 $ US. Aussi en anglais, espagnol, farsi, grec.

Révolution, internationalisme et socialisme : la dernière année de Malcolm X

JACK BARNES

« Comprendre la dernière année de Malcolm X, c'est voir comment à l'époque impérialiste une direction révolutionnaire du plus haut niveau de capacité, de courage et d'intégrité politiques converge avec le communisme. Cette vérité prend un poids encore plus grand aujourd'hui alors que l'expansion violente du capitalisme mondial précipite des milliards de personnes à travers le monde dans la lutte de classe moderne, de la Chine au Brésil. » — *Jack Barnes*. Dans *Nouvelle Internationale* nº 9. 14 $ US. Aussi en anglais et espagnol.

La marche de l'impérialisme vers le fascisme et la guerre

JACK BARNES

« Il y aura de nouveaux Hitlers et de nouveaux Mussolinis. C'est inévitable. Ce qui n'est pas inévitable, c'est leur victoire. L'avant-garde ouvrière organisera notre classe pour riposter aux conséquences dévastatrices que nous devons payer pour la crise du capitalisme. L'avenir de l'humanité va se décider dans la lutte entre ces forces de classe ennemies. » — *Jack Barnes*. Dans *Nouvelle Internationale* nº 5. 14 $ US. Aussi en anglais, espagnol, farsi, grec.

LA LUTTE DE LA CLASSE OUVRIÈRE ET LA DÉFENSE DES LIBERTÉS CONSTITUTIONNELLES

Le socialisme en procès

Déposition au procès pour sédition de Minneapolis

JAMES P. CANNON

Le programme révolutionnaire de la classe ouvrière, présenté en cour fédérale en 1941, à la veille de l'entrée des États-Unis dans la Deuxième Guerre mondiale. Les accusations de « conspiration séditieuse », fabriquées de toutes pièces, visaient des dirigeants du mouvement syndical de Minneapolis et du Parti socialiste des travailleurs. 15 $ US. Aussi en anglais, espagnol, farsi.

50 années d'opérations secrètes aux États-Unis

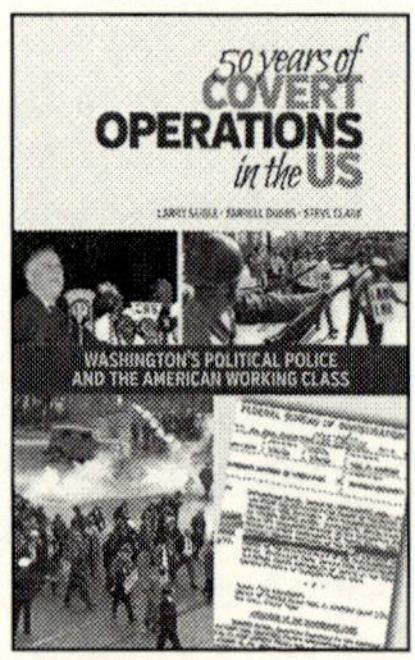

La police politique de Washington et la classe ouvrière américaine

LARRY SEIGLE, FARRELL DOBBS, STEVE CLARK

Comment les travailleurs ayant une conscience de classe ont défendu les libertés constitutionnelles et combattu les efforts des capitalistes pour construire un État de « sécurité nationale », essentiel pour préserver leur domination. 10 $ US. En anglais, espagnol, farsi.

Le FBI en procès

La victoire du Parti socialiste des travailleurs (SWP) dans son procès contre l'espionnage mené par le gouvernement

MARGARET JAYKO

Le compte-rendu d'une victoire historique dans la lutte pour les droits politiques, y compris le jugement de la cour fédérale de 1986 contre l'espionnage gouvernemental et des extraits des témoignages de Farrell Dobbs et de Jack Barnes, dirigeants du SWP. 17 $ US. En anglais.

LE COMMUNISME, LA CLASSE OUVRIÈRE ET LA LUTTE CONTRE L'IMPÉRIALISME

LEÇONS DE LA GUERRE IRAN-IRAK

CINDY JAQUITH / THE MILITANT

En février 1979, les masses en Iran ont renversé une des monarchies les plus brutales de la région, celle du shah d'Iran. Ci-haut, une manifestation paysanne en soutien à la révolution contre l'invasion de l'Iran par l'Irak. Washington et ses alliés impérialistes se sont réjouis des visées expansionnistes de l'Irak et ont espéré que cette invasion inflige un coup mortel à la jeune révolution.

UN EXEMPLE POUR LES RÉVOLUTIONNAIRES ET LES COMMUNISTES

Introduction aux deux textes du HVK

Samad Sharif

QUE DOIVENT FAIRE les communistes des pays opprimés du monde colonial et semi-colonial face à l'agression fomentée par l'impérialisme ? Comment participent-ils à la lutte anti-impérialiste avec la perspective de faire avancer la lutte des travailleurs et des paysans contre ceux qui les exploitent — capitalistes et propriétaires fonciers de leur propre pays ou d'ailleurs ?

Ces questions de stratégie ouvrière révolutionnaire ont de plus en plus été au coeur de la lutte mondiale pour la libération nationale et le socialisme au vingtième siècle. Et les événements du golfe Persique depuis août 1990 les ont posées une fois de plus de façon aiguë. Face à la guerre meurtrière déclenchée par Washington et ses alliés, quel devrait être le cours politique des travailleurs et des paysans révolutionnaires du Moyen-Orient, tout comme ceux de l'Irak ? Comment auraient-ils dû répondre aux visées expansionnistes du régime capitaliste irakien, qui a envahi et occupé le Koweït en août 1990 ?

Il n'existe pas de courant révolutionnaire organisé parmi les travailleurs, les paysans et les jeunes en Irak aujourd'hui. Le mouvement ouvrier y a subi des décennies de répression brutale sous le régime baasiste bourgeois de Saddam Hussein et de ses prédécesseurs. De plus, l'orientation politique des staliniens et de divers courants nationalistes bourgeois et petit-bourgeois ont désorienté de nombreux combattants révolutionnaires en Irak au cours des 50 dernières années.

Au début des années 80, il existait cependant une organisation communiste en Iran, le Parti de l'unité ouvrière (en langue persane, Hezb-e Vahdat-e Kargaran — HVK). Par sa perspective et ses activités politiques, le HVK a été un exemple non seulement pour les organisations révolutionnaires du Moyen-Orient, mais aussi pour les révolutionnaires, les combattants anti-impérialistes et les communistes ailleurs dans le monde.

NOUS REPRODUISONS ICI deux résolutions qui illustrent ce cours communiste. Elles ont été adoptées par le HVK et diffusées en Iran au cours des premières années de la guerre expansionniste que le régime irakien a déclenchée contre l'Iran au début des années 80.

En appliquant cette perspective ouvrière en Iran, le HVK a cherché à enraciner ses cadres dans les usines et dans les comités d'usines (shoras), établis lors du renversement révolutionnaire de la monarchie soutenue par les États-Unis, en 1979. Pour le HVK, ce tournant vers la classe ouvrière industrielle était essentiel pour construire un parti prolétarien, y compris pour gagner à sa perspective les femmes de la classe ouvrière et les travailleuses et travailleurs de diverses nationalités opprimées.

Comme d'autres travailleurs, les membres du HVK ont fait partie des conscrits et des volontaires qui ont lutté et qui sont morts pour défendre la révolution contre l'invasion irakienne. Les autorités ont empêché quelques membres du HVK d'aller au front à cause de leurs idées politiques. Ces travailleurs révolutionnaires ont alors rejoint les brigades volontaires de production mises en place dans les usines pour répondre aux besoins pressants de la guerre.

Comme l'expliquent les deux résolutions qui suivent, pour le HVK, la défense de la révolution exigeait d'intensifier sur deux fronts les luttes des travailleurs, des paysans et des nationalités opprimées. Le premier était celui de la lutte contre Washington et les autres puissances impérialistes, et le deuxième, celui contre les capitalistes et les propriétaires fonciers dont les intérêts étaient protégés par la république islamique, le régime bourgeois en train de consolider son pouvoir depuis le renversement du shah. Les travailleuses et travailleurs communistes en Iran ont expliqué qu'il était nécessaire de faire avancer la lutte sur ces deux fronts dans le but de préparer les travailleurs à établir un gouvernement des ouvriers et des paysans en Iran.

Plusieurs des membres et des dirigeants du HVK avaient été gagnés au mouvement communiste avant la révolution quand ils étaient en exil aux États-Unis. Au milieu des années 70, les opposants révolutionnaires au régime du shah avaient formé une organisation en exil qui s'appelait la Ligue Sattar d'après Sattar Khan, un dirigeant central de la révolution constitutionnelle de 1905-1911 en Iran qui était originaire de l'Azerbaïdjan. La Ligue Sattar a joué un rôle dirigeant aux États-Unis pour organiser la solidarité avec les victimes de la répression du régime capitaliste-foncier iranien et des geôliers, tortionnaires et assassins détestés de la Savak, la police secrète du shah. Elle a traduit en persan et diffusé aussi largement que possible des oeuvres classiques de marxisme comme le *Manifeste communiste* et des textes de V. I. Lénine, de Léon Trotsky et d'autres marxistes. En tant que composante d'un même mouvement mondial que le Parti socialiste des travailleurs des États-Unis et que d'autres révolutionnaires ailleurs dans le monde, la Ligue Sattar a formé un noyau de cadres à la politique communiste et les a préparés à retourner en Iran pour participer à la lutte de classe quand les conditions le rendraient possible.

Cette opportunité s'est présentée avec le développement, parmi les travailleurs, les paysans et les jeunes iraniens, du mouvement de masse qui, pendant la plus grande partie de 1978, a défié le régime du shah et a culminé en février 1979 dans le renversement révolutionnaire de la monarchie. Les cadres de la Ligue Sattar sont retournés en Iran en janvier 1979 et ont formé une organisation communiste avec d'autres exilés de retour d'Europe. À la fin de 1979, cette organisation a pris le nom de Parti révolutionnaire des travailleurs (Hezb-e Kargaran-e Engelab — HKE).

Les dirigeants capitalistes de l'Irak avaient vu dans le renversement du régime du shah et dans l'affaiblissement des anciennes forces armées iraniennes l'opportunité de saisir le Khouzistan, une province riche en pétrole, et la voie navigable et les facilités portuaires du Chatt al-Arab. Celles-ci sont situées de l'autre côté de la longue frontière que l'Irak partage à l'est avec l'Iran. Les dirigeants irakiens craignaient également l'exemple politique que la révolution iranienne donnait aux travailleurs et aux paysans en Irak et son impact déstabilisateur sur les régimes capitalistes-fonciers de la région.

En octobre 1978, au moment où les mobilisations pour renverser le shah avaient atteint des proportions massives en Iran, Bagdad avait expulsé l'ayatollah Ruhollah

Khomeiny. Cet opposant de la monarchie iranienne avait vécu en Irak depuis son exil forcé de l'Iran en 1964. À la suite de la révolution, le régime irakien a ouvert ses portes aux hauts fonctionnaires du régime du shah et aux membres du corps des officiers de la Savak et de l'armée iranienne. Il les a aidés à établir des bases d'où ils ont organisé des opérations armées et des tentatives de coup contre le nouveau gouvernement à Téhéran.

Au cours du printemps et de l'été 1980, en même temps qu'il accueillait ces forces contre-révolutionnaires iraniennes, le régime irakien a expulsé des dizaines de milliers d'Irakiens sous le prétexte qu'ils étaient d'origine iranienne. La plupart des exilés provenaient du sud de l'Irak et ils étaient des disciples de la branche chiite de l'Islam. Les chiites constituent la majorité de la population irakienne. Mais ils ont historiquement été victimes d'une discrimination systématique de la part des capitalistes et des propriétaires fonciers au pouvoir en Irak. Ces derniers sont en majorité des musulmans sunnites. En Iran, la majorité de la population et de la classe dirigeante sont chiites.

LE 22 SEPTEMBRE 1980, Bagdad a commencé à envahir l'Iran. Washington et ses alliés impérialistes se sont déclarés officiellement neutres dans le conflit. En réalité, ils ont encouragé l'agression de l'Irak contre l'Iran. Les dirigeants capitalistes les plus riches et les plus puissants au monde espéraient que l'attaque contre l'Iran porterait un coup mortel à la révolution et permettrait de réimposer un régime directement soumis aux intérêts impérialistes. Quelques mois avant le début de la guerre, le *Wall Street Journal* a très bien décrit l'approche des dirigeants U.S. : « Avec toutes les tensions créées au Moyen-Orient par la révolution iranienne, il est clair que Washington accueillerait favorablement toute initiative des Irakiens pour stabiliser le golfe Persique. »

Tout au long de la guerre, plusieurs gouvernements impérialistes ont fourni des armes à Bagdad : Paris en particulier, mais aussi Rome, Londres et d'autres. À la toute veille de l'invasion, l'Irak a conclu avec les gouvernements français et italien un achat d'armes de 4,5 milliards de dollars U.S.

Les monarchies de l'Arabie saoudite, du Koweït et des autres États du Golfe ont soutenu l'effort de guerre de Bagdad contre l'Iran, ainsi que pratiquement tous les autres gouvernements de la Ligue arabe à l'exception de l'Algérie, la Libye et la Syrie. Plusieurs d'entre eux ont fourni un appui financier considérable à l'Irak pour l'aider à soutenir ses opérations militaires.

Au cours de l'automne 1980, les forces irakiennes ont rapidement occupé plus de 104 000 km² de territoire iranien.

Elles ont pris Khorramchahr, une ville stratégique importante dans le sud du pays, et plusieurs autres villes dont les banlieues d'Abadan, le principal port et centre de raffinage de pétrole de l'Iran. Mais à la fin de l'année, la résistance des travailleurs, des paysans et des jeunes iraniens avait déjà mis fin à l'avance irakienne. Des centaines de milliers d'entre eux s'étaient portés volontaires pour repousser cette attaque appuyée par l'impérialisme et visant à écraser la révolution iranienne et à empêcher les travailleurs et les paysans de l'Iran de défendre et d'étendre leurs gains.

En mai 1982, les forces qui défendaient l'Iran avaient repris Khorramchahr au cours d'une bataille importante et en quelques mois, avaient repoussé l'armée irakienne de l'autre côté de la frontière. Les troupes iraniennes elles-mêmes sont entrées en territoire irakien.

C'est dans ce contexte politique que les deux résolutions qui suivent ont été rédigées et diffusées en Iran. Le premier document date de décembre 1980. Il est le résultat d'une scission dans le HKE qui s'est produite sous les pressions de la guerre. Dès le début de l'invasion irakienne, le HKE avait reconnu que l'agression mettait la révolution en danger et il avait participé aux mobilisations politiques et militaires visant à repousser l'invasion. Comme les travailleurs et les paysans n'avaient pas leur propre armée pour organiser la résistance, les membres du HKE se sont engagés dans les forces armées de la République islamique.

Vers la fin de 1980, une majorité de la direction du HKE a commencé à abandonner la perspective communiste qu'elle avait suivie jusque là. Elle a rejeté la perspective de construire un parti prolétarien révolutionnaire dans la classe ouvrière et dans les shoras mis sur pied par les travailleurs. Elle a de plus en plus renoncé à la lutte pour l'action politique ouvrière indépendante. Ces dirigeants du HKE ont commencé à dépeindre le gouvernement capitaliste de l'Iran comme un régime progressiste qui représentait au moins jusqu'à un certain degré, les intérêts du peuple travailleur opprimé et exploité. Cette trajectoire les a rapidement amenés à abandonner la perspective de remplacer ce régime par un gouvernement des travailleurs et des paysans.

L'abandon d'une perspective révolutionnaire s'est manifesté la première fois de manière importante par le renversement de la position de l'organisation sur la lutte pour l'autodétermination nationale menée par les populations kurdes opprimées du nord-ouest de l'Iran.

Jusqu'alors, le HKE soutenait cette lutte de façon inconditionnelle et s'opposait à la guerre menée par les troupes du gouvernement iranien contre les kurdes. Une couche de dirigeants du HKE a commencé à soutenir que le gouvernement ne faisait que répondre aux provocations militaires des organisations kurdes dans le cadre de sa résistance à l'agression irakienne.

Celles et ceux qui ont maintenu une perspective communiste au sein de la direction du HKE ont répondu que la guerre lancée par Téhéran contre le peuple kurde affaiblissait la résistance à l'invasion de Bagdad au lieu de la renforcer. Les Kurdes ont été longtemps victimes d'une oppression nationale brutale de la part du régime irakien. Ils pouvaient devenir des alliés puissants de chaque côté de la frontière dans la lutte contre l'agression de Bagdad. Le gouvernement iranien détournait plutôt des troupes et du matériel pour faire la guerre contre les Kurdes et nier leurs droits nationaux.

En décembre 1980, tous ceux qui défendaient une perspective communiste avaient été expulsés du HKE. En janvier 1981, ils ont formé une nouvelle organisation, le HVK, avec d'anciens membres du HKE qui s'opposaient à la retraite politique effectuée par la majorité de la direction. La résolution de décembre 1980 a été un des documents de fondation du HVK.

Le deuxième document du HVK date de juillet 1982, peu de temps après la reconquête de Khorramchahr par les troupes iraniennes. Le HVK a appuyé leur entrée en territoire irakien comme une mesure militaire défensive rendue nécessaire par la guerre. En même temps, il a souligné l'importance de faire trois choses : être totalement solidaire avec les travailleurs et les paysans de l'Irak ; affirmer clairement son respect pour la souveraineté nationale de l'Irak ; et accorder la plus grande attention à la perception politique et aux intérêts de classe des travailleurs irakiens avant d'effectuer quelque mouvement militaire que ce soit à l'intérieur de l'Irak. La résolution a également souligné le rôle de plus en plus négatif de la politique du gouvernement iranien pour défendre de façon efficace la révolution contre l'impérialisme et ses alliés dans la région.

APRÈS LA VICTOIRE iranienne de Khorramchahr, la guerre s'est enlisée pendant six ans. Le gouvernement irakien a finalement repris l'avantage sur le plan militaire. Des centaines de milliers de personnes ont perdu la vie dans les deux pays quand Bagdad a lancé des attaques aériennes et des missiles contre les villes iraniennes ; utilisé des armes chimiques, y compris contre la population civile kurde vivant en Irak ; et essayé d'étrangler économiquement l'Iran en attaquant la navigation commerciale dans le golfe Persique. Une flotte navale U.S. a utilisé l'invitation du gouvernement du Koweït pour intervenir dans le Golfe contre les efforts de défense de l'Iran.

De son côté, le régime iranien a riposté en attaquant des centres urbains en Irak et en utilisant des tactiques militaires qui ont abouti au massacre inutile de dizaines de milliers de jeunes travailleurs et paysans iraniens qui s'étaient généreusement portés volontaires pour aller défendre la révolution. Sur le front intérieur, la politique militaire, économique et sociale du régime capitaliste pesait de plus en plus lourdement sur le peuple travailleur. Le gouvernement a intensifié sa répression contre le droit d'expression et d'association politiques. Il a emprisonné et exécute un nombre de plus en plus grand de militantes et militants politiques. Il a frappé et démantelé les shoras dans les usines. Il a accru ses attaques contre les femmes qui luttaient pour une plus grande égalité sociale et économique. Et il a refusé de mettre en oeuvre une réforme agraire répondant aux demandes des paysans qui voulaient des terres et le moyen de les cultiver.

En août 1988, Téhéran a accepté un cessez-le-feu dont les termes favorisaient le régime de Bagdad. La voie d'eau du Chatt al-Arab et d'autres territoires iraniens sont passés sous contrôle irakien. Deux ans plus tard, à la mi-août 1990, le régime de Saddam Hussein a finalement signé un règlement définitif avec l'Iran dans le but de relâcher la pression militaire exercée à la frontière orientale de l'Irak. Le pays était alors confronté aux préparatifs de guerre des États-Unis en Arabie saoudite et dans les mers avoisinantes. Cet accord a rendu à l'Iran tous les territoires conquis par Bagdad pendant les huit ans de guerre. En septembre 1990, les gouvernements irakien et iranien ont rétabli des relations diplomatiques.

LA GUERRE, LA RÉVOLUTION ET LA LUTTE POUR UN GOUVERNEMENT DES TRAVAILLEURS ET DES PAYSANS

De connivence avec l'impérialisme U.S., le gouvernement de l'Irak a attaqué militairement l'Iran dans le but de renverser la République islamique. Les attaques impérialistes contre la révolution iranienne ont ainsi franchi une nouvelle étape. Elles visent à empêcher l'extension de la révolution dans la région, à briser la dynamique anti-impérialiste de la révolution iranienne, à regagner les positions perdues par l'impérialisme et à renverser la marche de la révolution mondiale, qui a été renforcée par la révolution iranienne.

Un mouvement de résistance de masse commence à se dessiner contre cette attaque militaire.

1. L'impérialisme cherche à rétablir en sa faveur le rapport de force mondial, que la révolution iranienne

---

La résolution qui suit a été rédigée en décembre 1980 et adoptée au congrès de l'Hezb e Vahdat e Kargaran (Parti de l'unité ouvrière) qui s'est tenu du 22 au 24 janvier 1981. La traduction française a été faite à partir de la version anglaise du document, originellement publiée dans le numéro du 20 avril 1981 de la revue Intercontinental Press. *Cette dernière a été reproduite dans le septième numéro de la revue* New International *après avoir été comparée à l'original persan.*

a modifié au détriment des intérêts impérialistes. C'est l'effort d'une puissance en déclin qui attaque en position de faiblesse.

Le président irakien Saddam Hussein essaie d'empêcher l'extension de la révolution iranienne. Celle-ci a stimulé l'esprit révolutionnaire des masses travailleuses en Irak, qui commencent à se mobiliser pour renverser son régime. Les masses travailleuses arabes suivent avec intérêt les mobilisations de masse et les actions anti-impérialistes du peuple iranien. C'est le cas en particulier des mobilisations qui ont impliqué des millions de personnes le jour de Jérusalem[1]. L'appui accordé à l'Iran dans la guerre contre l'Irak par les gouvernements de la Libye, de la Syrie et de l'Algérie reflète ce processus. Ces gouvernements subissent eux-mêmes les pressions de l'impérialisme et du gouvernement israélien. Par contre, les gouvernements réactionnaires arabes qui n'ont pas de base parmi les masses de leur propre pays se réfugient dans les bras de l'impérialisme et s'isolent encore davantage de la population de leur pays.

Les espoirs de tous les contre-révolutionnaires de la région reposent sur l'impérialisme U.S. Celui-ci poursuit ses préparatifs militaires en vue d'une attaque contre la révolution. De la Turquie à l'Égypte, la présence militaire U.S. s'est accrue et des navires de guerre des États-Unis se dirigent vers le golfe Persique. La confrontation entre la révolution et l'impérialisme a atteint l'étape décisive de la guerre.

JUSQU'À MAINTENANT, l'Union soviétique et la Chine sont restées « neutres ». Ces deux grands États ouvriers auraient pu et auraient dû fournir une aide militaire,

LES NOTES DE CET ARTICLE COMMENCENT À LA PAGE 387

économique et politique abondante et immédiate pour défendre la révolution contre l'attaque irakienne. En agissant aussi lâchement, les bureaucraties staliniennes qui dominent ces pays ont affaibli la position des États ouvriers face à l'impérialisme.

2. En raison de la guerre, la révolution iranienne est entrée dans une nouvelle phase. Contrairement aux attentes des dirigeants de la contre-révolution, l'armée iranienne a relevé le défi posé par l'attaque irakienne. La République islamique n'a pas été renversée. Le peuple s'est levé pour défendre la révolution.

Les travailleurs urbains et les masses arabes du Khouzistan ont combattu l'envahisseur aux côtés des pasdarans et des soldats[2 et 3]. Ils comprennent que leur libération est liée à la fin du joug impérialiste et à l'unité avec la révolution iranienne.

Partout dans le pays, les jeunes se sont inscrits pour aller au front. En collaboration avec des mosquées de quartier, la Baseej-e Mustazafin a constitué des groupes de 22 personnes et leur a donné une formation militaire[4].

À l'initiative des masses, des centres de résistance armée sont maintenant créés à travers le pays dans les usines, les quartiers, les villages et les écoles. Une armée de 20 millions de soldats est en train de se mettre sur pied à partir de la base de la société[5]. Les masses contrôlent de plus en plus ce qui arrive dans les usines, les quartiers et les villages.

À travers tout le pays, les gens recueillent des produits de première nécessité et les envoient au front par camion. Des shoras [comités] de quartier assurent une distribution équitable des biens. Grâce à l'organisation des masses, la révolution se prépare à un hiver long et froid.

De grandes mobilisations politiques et militaires ont lieu au moment où se constituent des organisations de masse indépendantes. Une fois de plus, des millions de personnes marchent dans les rues pour défendre la révolution et dénoncer l'impérialisme. Les travailleurs, les paysans, les femmes, les nationalités opprimées et les peuples tribaux voient dans cette guerre leur propre guerre. Ils réalisent que seule une victoire dans la guerre leur permettra de préserver les gains qu'ils ont faits et la liberté qu'ils ont acquise.

Le 4 novembre, des étudiants de tout le pays ont participé à des manifestations appelées par les Étudiants musulmans fidèles à la ligne de l'Imam. La jeune génération témoigne ainsi de son esprit révolutionnaire dans la défense de la révolution[6]. La participation des femmes dans les mobilisations nationales et dans les organisations de masse est particulièrement significative. Par sa vigilance et sa ferme volonté de défendre la révolution, le peuple travailleur s'est gagné la sympathie de secteurs de la classe moyenne indécise et a neutralisé les autres couches attirées par la contre-révolution.

La grande manifestation d'hommes armés du 25 octobre à Ispahan et celle de Tabriz pendant le congé religieux d'octobre — la fête de Ghadir — sont un symbole pour le monde entier de la puissance des masses et de leur ferme volonté de défendre la révolution. Le grand esprit combatif des masses répond au besoin absolu d'une victoire dans la guerre. Les masses prennent les armes pour la première fois depuis l'insurrection de février 1979. Maintenant appelés shoras de quartier, les comités formés avant l'insurrection sont reconstitués dans le but de rationner la nourriture et les autres produits de première nécessité.

Les mobilisations impliquant des millions de personnes ont repris. Elles rappellent celles qui ont eu lieu après l'occupation du nid d'espions U.S., qui a gravé dans la conscience des masses le nom du principal ennemi de la révolution. Les expériences des étapes antérieures de la révolution se conjuguent. Les shoras ouvriers demeurent cependant les seules organisations de masse ayant maintenu en leur sein la continuité de la révolution [7].

3. La guerre a accéléré la polarisation de classe. C'est une polarisation qui oppose ceux qui veulent mener jusqu'au bout la guerre contre l'Irak et l'impérialisme et ceux qui veulent faire des compromis. Les travailleurs considèrent cette guerre comme la leur et ils sont prêts à se sacrifier et à mourir. Ils établissent des comités de protection et des centres de résistance dans les usines [8].

Les travailleurs réclament des mobilisations pour l'entraînement militaire. Ils ont déclaré qu'ils sont prêts à aller au front. Ils y vont d'ailleurs de diverses manières, comme par le biais des groupes de 22 organisés par la Baseej-e Mustazafin. Dans de nombreuses usines, les travailleurs ont volontairement donné un ou plusieurs jours de salaire pour participer à l'effort de guerre et pour venir en aide aux réfugiés de guerre. Les shoras ouvriers s'organisent et se consolident dans le feu de cette lutte. La position de la classe ouvrière se renforce ainsi au sein de la révolution.

Immédiatement après le déclenchement de la guerre, la Fédération des shoras islamiques a demandé que des centres de mobilisation et de résistance militaires soient mis sur pied dans les usines, les quartiers et les villages. Elle a aussi exigé l'établissement d'un contrôle total sur les capitalistes, les revendeurs et les spéculateurs qui font des bénéfices excessifs à même la distribution des aliments et autres biens de première nécessité. La fédération a aussi exigé que dans les usines, les shoras ouvriers islamiques exercent un contrôle sur la distribution et la vente de biens de production. Elle a souligné la nécessité de créer partout des coopératives de consommateurs afin d'empêcher la contre-révolution de saboter la distribution.

Les shoras islamiques des travailleurs qui oeuvrent dans les unités industrielles et productives ont déclaré qu'ils doivent eux-mêmes « contrôler fermement les usines et le travail pour empêcher toute conspiration ou perturbation par des agents du régime précédent, par des capitalistes ou la contre-révolution ; favoriser au maximum la production et rester vigilants pour étouffer dans l'oeuf toute forme de conspiration. »

LA FÉDÉRATION des shoras islamiques a créé l'état-major de la Mobilisation idéologique et militaire. Elle exige la formation de centres de résistance et d'état d'alerte dans les usines. Elle a aussi réclamé que les médias iraniens transmettent les nouvelles de la guerre en plusieurs langues pour neutraliser la propagande mensongère des médias impérialistes et informer les travailleurs du monde entier sur la lutte de notre peuple opprimé.

Les travailleurs de l'industrie pétrolière ont lancé un message aux travailleurs du monde entier, les appelant à défendre la révolution iranienne contre l'invasion militaire irakienne. Ils ont demandé aux travailleurs irakiens de l'industrie pétrolière de mettre en pratique les leçons de la lutte pour destituer le shah et de former des comités de grève contre le régime de Saddam Hussein.

Déclarée illégale avant la guerre, la Fédération des shoras de l'Est a repris ses activités[9]. Bien que le Komiteh local ait empêché ces shoras de fonctionner, la fédération se réunit dans les mosquées et a maintenant recommencé à fonctionner avec ses représentants d'origine [10]. Elle a distribué des tracts dans les usines sur la guerre et en défense de la révolution. Les shoras organisent des unités de résistance et des Associations islamiques s'entraînent dans les usines afin d'être envoyées au front.

En temps de guerre, les travailleurs font preuve d'un esprit révolutionnaire entièrement opposé à l'inaction, à la lâcheté et au sabotage caractéristiques des capitalistes et des propriétaires fonciers. Depuis le début de la guerre entre l'Iran et l'Irak, la polarisation de classe s'est approfondie et les antagonismes de classe sont devenus plus clairs.

Contrairement aux masses travailleuses arabes qui défendent la révolution, les cheiks réactionnaires, les chefs de tribus et les féodaux de la ville de Susangerd ont salué l'attaque irakienne [11]. Les capitalistes et les grands propriétaires fonciers ont commencé à accumuler des marchandises et à saboter la production et la distribution. Ils ont quitté les zones de guerre dès le début. Dans l'allocution qu'il a prononcée le premier vendredi après le début de la guerre, l'Imam du vendredi de Téhéran a prévenu les capitalistes qui avaient quitté les zones de guerre qu'ils ne devaient pas espérer retrouver les maisons et les richesses que le peuple travailleur auraient défendues [12]. Cette déclaration reflète bien ce que ressentent les masses à l'endroit des capitalistes.

Utilisant la guerre comme prétexte, les capitalistes et les administrateurs des usines ont attaqué les droits syndicaux des travailleurs. Ils ont émis dans certaines usines des directives qui suppriment les vacances annuelles et les prêts accordés aux travailleurs pour se loger. Prétextant le besoin de nourriture et d'argent pour le front, ils ont éliminé le repas du midi [qui était fourni aux travailleurs]. Les capitalistes appliquent ces mesures en profitant du dévouement des travailleurs. Les patrons continuent de s'opposer aux shoras ouvriers et essaient de les empêcher de fonctionner et de se propager. En même temps, les capitalistes perturbent aussi l'économie nationale en accumulant des stocks et en augmentant les prix.

Les travailleurs ont réagi avec patience et esprit de sacrifice au programme d'austérité économique des capitalistes. Ils ont considéré que ces mesures étaient nécessaires à cause des conditions de guerre. Mais dans son ensemble, le rapport de force s'est déplacé en faveur des travailleurs et à l'encontre des capitalistes. Alors que les capitalistes et les administrateurs perturbent la production, les travailleurs participent activement à la production et au mouvement de résistance.

Les travailleurs dénoncent le fait que les administrateurs et les représentants officiels essaient de nuire aux mobilisations et à l'entraînement militaire. Dans la situation de confrontation directe avec l'impérialisme créée par la guerre, le peuple travailleur prend ces questions très au sérieux. C'est pour cela que les travailleurs sont indulgents sur la question des mesures d'austérité. Mais ils expriment clairement leur désaccord quand les administrateurs refusent de permettre des mobilisations, nuisent à l'entraînement militaire ou créent des obstacles pour solutionner d'autres problèmes liés à la guerre et au dérèglement de l'économie. Les travailleurs ont ainsi commencé à se mobiliser de façon indépendante, ce qui pousse les shoras ouvriers à se transformer en comités exécutifs ouvriers indépendants.

En temps de guerre, les crises et convulsions de l'économie capitaliste accablent les travailleurs. Leur niveau de vie décline. Et les capitalistes tentent de résoudre la crise de leur système en imposant aux travailleurs des programmes d'austérité. Dans ces conditions, la lutte pour les revendications du Programme de transition se poursuit : l'indexation des salaires au coût de la vie, la réduction des heures de travail et l'ajout de nouvelles équipes de travail sans perte de salaire [13]. Pour défendre leur niveau de vie, les travailleurs se servent de leur poids social et politique sans être accusés de perturber la production.

4. Les alliés de la classe ouvrière — les paysans pauvres, les nationalités opprimées, les femmes et les jeunes — se sont aussi dressés contre les attaques du régime irakien. La réaction rapide des masses a montré que la révolution est vivante et que le peuple travailleur est prêt à défendre les réalisations de l'insurrection.

LORS DE LA MANIFESTATION armée du 25 octobre à Ispahan, des paysans venus de villages voisins et outils en mains, sont venus manifester en contingents importants. Les paysans des environs de Meshed ont aussi manifesté contre l'agression irakienne. En luttant avec héroïsme aux côtés de ses frères des pasdarans et de l'armée, la population arabe des villes et des villages a empêché la chute immédiate de Khorramchahr, Abadan, Dezfoul et Ahwaz. Même si les forces irakiennes ont pris des sections d'Abadan et de Khorramchahr, la population de ces villes — particulièrement la population arabe — a joué un rôle décisif dans l'héroïque résistance armée.

Dans sa propagande, Saddam Hussein prétend reconnaître le droit à l'autodétermination des Arabes [du Khouzistan]. Mais il ne s'agit là que d'une tentative d'utiliser le nationalisme bourgeois contre la révolution. La nationalité arabe opprimée du Khouzistan a ignoré ce genre de démagogie. Elle a compris au contraire que pour se libérer, elle devait lutter contre le joug de l'impérialisme en se joignant à l'ensemble de la révolution iranienne. La lutte des masses arabes a désamorcé cette propagande, même dans les pays arabes de la région comme la Syrie et la Libye, ainsi qu'en Palestine.

Au Kurdistan, où le gouvernement poursuit sa guerre fratricide, le peuple kurde a quand même soutenu la République islamique contre l'offensive du régime irakien. Des groupes de travailleurs kurdes ont donné un jour de salaire pour l'effort de guerre. Dans quelques villes kurdes, des manifestations ont eu lieu pour défendre l'Iran et dénoncer le régime de Saddam Hussein. Les Kurdes en Irak, que le gouvernement irakien opprime depuis des années, mènent aujourd'hui une grande lutte contre l'invasion militaire de l'Iran par l'Irak et contre le régime de Saddam Hussein.

À Tabriz, les pertes humaines causées par le bombardement de la raffinerie de pétrole et d'autres centres industriels ont poussé les travailleurs et les paysans de l'Azerbaïdjan à se mobiliser et à résister à l'impérialisme et au régime irakien. Les 30 000 personnes qui ont assisté aux funérailles des martyrs tués dans le bombardement des quartiers urbains et industriels de Tabriz ont exprimé leur haine à l'endroit du gouvernement irakien et de l'impérialisme U.S. C'était la première fois en six mois que le peuple opprimé azéri résistait de façon énergique aux attaques impérialistes. Cela indique que les pressions de la bourgeoisie n'ont pas détourné le mouvement anti-impérialiste en Azerbaïdjan. Les mobilisations du peuple azéri ont même pris de l'ampleur pendant les fêtes [religieuses] de Ghadir, Tasua et Ashura, et la marche des forces en arme des pasdarans et de l'armée.

Des manifestations pour défendre la révolution ont eu lieu au Sistan et au Baluchistan. À Bouchir, 6 000 habitants des zones frontalières et des membres des tribus ont eux aussi participé à des manifestations.

Solidaires les unes des autres et de la révolution iranienne, les nationalités opprimées luttent pour se libérer du joug impérialiste. La possibilité de renforcer leur unité et de faire progresser leur lutte contre l'impérialisme est devenue plus réelle.

NOMBREUX SONT CEUX qui soulignent la solidarité des femmes et leur intention clairement exprimée d'aller au front. Des femmes ont participé à des groupes de premiers soins et à la cueillette de biens et d'argent pour le front. Des femmes ont également exprimé leur désir de recevoir une formation militaire. Dans certaines usines, des travailleuses ont reçu un entraînement militaire et ont pris part à d'autres activités pour aider le front. Des femmes se sont jointes à la manifestation du 25 octobre à Ispahan en brandissant des ustensiles de cuisine, comme des fourchettes et des couteaux, et ont indiqué qu'elles étaient prêtes à aller au front. La guerre a créé des conditions permettant aux femmes de participer plus activement à la vie sociale et de comprendre que leur libération est liée à la victoire du mouvement anti-impérialiste.

Les jeunes qui ont fini leur service militaire en 1977 — ceux que le shah avait entraînés pour combattre au Dhofar — et ceux qui sont maintenant en âge d'être conscrits se disent en majorité prêts à aller au front[14]. Plus de 24 000 jeunes hommes se sont inscrits pour aller au front dès les premiers jours de l'appel au service lancé aux jeunes dont le service militaire avait pris fin en 1977.

Au Khouzistan, notamment à Ahwaz, des jeunes rassemblés autour des casernes ont demandé à recevoir des armes. Dans les tranchées, les jeunes ont commencé à fabriquer des armes, dont des cocktails Molotov. Dans beaucoup de régions frontalières, ils ont joué un rôle clef dans les combats.

Les jeunes jouent un rôle important dans les comités et les shoras de quartier qui ont été reconstitués. Tout comme pendant l'insurrection [de février 1979], ils participent à la défense des quartiers et à la distribution des biens de première nécessité. Les groupes de 22, formés par la Baseej-e Mustazafin avec l'appui de mosquées locales dans le but de fournir un entraînement militaire, sont la plupart du temps composés et organisés par des jeunes.

5. Le gouvernement a pris des mesures militaires et politiques nettement insuffisantes pour protéger la révolution contre l'invasion irakienne, en contraste avec le niveau élevé de dévouement et de sacrifice dont font preuve les masses travailleuses.

Le gouvernement n'apprécie pas le militantisme et la détermination sans précédent dont fait preuve la population pour défendre la République islamique. Il a même parfois ouvertement exprimé son mécontentement. Un décret du ministère d'État a par exemple déclaré illégaux les shoras de quartier qui avaient été formés pendant la révolution. Le ministère de l'Éducation et de la Santé a déclaré que les cours devraient avoir lieu le 4 novembre.

Le gouvernement accueille froidement le mot d'ordre largement répandu « Donnez-nous des armes ». En même temps, dans son discours du vendredi à Qom, l'ayatollah Montazari a reflété la grande inquiétude des masses lorsqu'il a déclaré : « Les commandants de l'armée n'avancent pas et n'agissent pas de façon décisive. » Le gouvernement capitaliste est hanté par le spectre des masses opprimées qui s'arment et se mobilisent dans une guerre contre l'impérialisme.

La politique de division poursuivie par le gouvernement de la République islamique contre des nationalités opprimées a porté un coup à l'unité des bastions anti-impérialistes. Les nationalités opprimées ont adopté une attitude face à la guerre qui témoigne de la profondeur de la révolution et du haut niveau de conscience atteint par les masses travailleuses des nationalités opprimées. Cette solidarité en défense de la révolution iranienne existe en dépit du régime, des coups qu'il a infligés aux nationalités opprimées, de ses attaques constantes et de ses manoeuvres de division. Ceci est particulièrement vrai dans le cas de la guerre civile qui fait rage au Kurdistan, qui a été imposée au peuple kurde par le régime de la République islamique. Les droits nationaux du peuple kurde ne sont toujours pas reconnus. Des dirigeants du gouvernement tiennent absolument à ce que l'armée et les pasdarans demeurent au Kurdistan pour mener la guerre sur le front intérieur. Des unités militaires recueillent les armes et désarment le peuple. Dans une déclaration adressée aux paysans du Kurdistan, l'armée et les pasdarans menacent de punir sévèrement ceux qui coopèrent avec les groupes politiques kurdes en leur donnant de la nourriture.

AU KURDISTAN, comme ailleurs en Iran, les fusils doivent être dirigés contre l'impérialisme et ses associés. La guerre fratricide au Kurdistan doit cesser. Les Kurdes et les forces armées (armée et pasdarans) doivent s'unir militairement pour que toutes les armes soient pointées vers l'impérialisme. Pour faire face à l'impérialisme et à l'offensive militaire irakienne, le peuple kurde doit être armé et non pas désarmé. Et le Kurdistan doit avoir droit à l'autodétermination. C'est seulement en prenant de telles mesures que la ligne de démarcation entre les forces de la révolution et de la contre-révolution sera clairement définie.

Les masses commencent à voir l'incapacité du gouvernement à résoudre les problèmes de la guerre et de la révolution. Le gouvernement n'a fait aucun effort sérieux pour armer le peuple. Il n'a pas réussi à amorcer la planification de l'économie afin de freiner la montée des prix, du chômage et de la spéculation. Ces fléaux ne cessent d'augmenter suite aux hésitations du gouvernement, qui refuse de monopoliser le commerce extérieur. Les Komitehaye Haft Nafare n'ont fait aucun progrès pour distribuer la terre aux paysans pauvres et améliorer les conditions de vie dans les villages [15]. Certaines mesures ont été prises pour limiter le fonctionnement des partis politiques et la diffusion des journaux qui soutiennent la révolution et pour imposer la censure.

LES GENS DEMANDENT : « Pourquoi les pasdarans n'ont-ils pas d'armes lourdes ? » Au Kurdistan, les pasdarans demandent : « Que faisons-nous au Kurdistan alors que la révolution est attaquée par le gouvernement de l'Irak ? » C'est dans ce contexte qu'ont surgi les questions sur les points obscurs entourant les négociations pour libérer les otages [16]. Faute d'une diplomatie transparente et à cause des négociations secrètes du gouvernement avec des représentants étrangers, la population se méfie des actions du gouvernement. Les travailleurs et les paysans demandent : « Puisque c'est nous qui faisons les frais de la guerre, pourquoi la pauvreté et la pénurie sont-elles réparties de façon si inégale ? Pourquoi sommes-nous les seuls à en souffrir, alors que les capitalistes et les grands propriétaires fonciers continuent de nous exploiter et de vivre dans le confort ? »

À cette nouvelle étape de la révolution, les masses comptent de moins en moins sur les dirigeants. Elles cherchent de plus en plus leurs propres solutions aux problèmes en organisant leurs propres mobilisations et en construisant leurs propres organisations. Soucieuses de gagner la guerre, les masses sont plus ouvertes aux solutions ouvrières et anti-impérialistes. Les possibilités sont énormes pour un parti ouvrier révolutionnaire.

Le peuple pense que dans la guerre, le gouvernement de la République islamique est avec lui dans les tranchées. Aussi longtemps que la classe ouvrière n'est pas prête à prendre la direction de la guerre, elle défend la révolution sous le commandement militaire de ce gouvernement.

Il est aujourd'hui possible de se préparer politiquement en vue d'établir un gouvernement des travailleurs et des paysans. Cette préparation exige de préserver l'indépendance politique de la classe ouvrière ; de présenter un programme prolétarien opposé à la politique de division et de démoralisation du gouvernement capitaliste ; de lutter pour la mobilisation militaire et politique des masses ; de lutter pour unifier et élargir les shoras ouvriers ; de lutter pour le droit à l'autodétermination des nationalités opprimées, essentiel au renforcement des barricades anti-impérialistes ; de lutter pour que les paysans pauvres aient droit à la terre et à de meilleures conditions de vie ; et de lutter contre la pauvreté.

6. L'offensive militaire menée par l'Irak et l'impérialisme pour décapiter la révolution iranienne a suscité une vaste résistance. Celle-ci a en retour créé d'immenses possibilités pour mettre en application le programme de notre parti, renforcer nos liens avec la classe ouvrière et recruter des combattants de la classe ouvrière et de la jeunesse. Notre analyse politique de l'étape de la révolution

inaugurée par la guerre et le programme que nous mettons de l'avant en tant que socialistes révolutionnaires pour gagner la guerre seraient incomplets sans une description des prochains pas pour construire le parti.

Au stade actuel de la lutte des classes, la guerre et la révolution sont étroitement liées et ont un destin commun. La classe ouvrière participe à la guerre pour faire triompher sa propre révolution, pour satisfaire ses propres revendications et pour conquérir la direction des masses. La classe ouvrière voit cette guerre comme sa propre guerre et lutte pour la faire triompher. C'est au milieu de cette guerre et en participant à ces luttes que la classe ouvrière se prépare politiquement à établir un gouvernement des travailleurs et des paysans.

Tout cela signifie que notre parti aussi doit se mobiliser avec notre classe. Nous devons participer de façon consciente et active au vaste mouvement de résistance et à la lutte, avec pour objectif d'obtenir la direction politique de ce combat à mort. Les cadres de notre parti et les militants de l'Organisation des jeunes socialistes doivent donc plus que jamais participer à toutes les activités et luttes de masse. Ils doivent participer aux mobilisations militaires, économiques et politiques et à l'organisation de l'effort de guerre. Ils doivent se retrouver sur les premières lignes de combat. Notre parti et notre organisation de jeunesse doivent prendre cette décision de sang froid en tenant compte des possibilités qui s'offrent à nous. C'est ainsi que notre parti pourra attirer les éléments les plus militants de notre classe et proposer notre programme à toute la classe.

Dans cette conjoncture, notre parti doit plus que jamais se tourner vers les centres industriels et les quartiers ouvriers et participer au mouvement de résistance à travers les shoras et les organisations ouvrières. Nos camarades doivent se trouver au coeur de la classe ouvrière, dans les usines et aux premiers rangs de ses luttes. Notre lien révolutionnaire avec la classe ouvrière devient ainsi une réalité. Fondé sur le programme de la révolution socialiste, c'est un lien qui crée les conditions pour construire un parti de masse. De la mise en application confiante de cette perspective dépend le succès et le futur du parti.

Dans le contexte de la guerre avec l'Irak et pour favoriser une victoire contre l'impérialisme, les tâches les plus importantes du prolétariat sont concrètement les suivantes :

• Défense matérielle inconditionnelle de la République islamique contre l'intervention militaire impérialiste, contre l'offensive militaire du régime irakien et contre les complots de ses alliés à l'intérieur ou à l'extérieur du pays. Mobilisation militaire immédiate et entraînement au combat par la Baseej-e Mustazafin de tous ceux qui sont prêts à aller au front. Le gouvernement doit pourvoir à tout le nécessaire. Construction d'une armée de libération de 20 millions de soldats. Armement des shoras des travailleurs et des paysans et des shoras de quartier. Création et développement de centres de résistance ouvriers. Fourniture d'armes aux centres industriels pour organiser la défense. Armement des pasdarans avec de l'équipement lourd. Pour la démocratie et la création de shoras dans l'armée et les pasdarans.

• Confiscation des richesses des capitalistes et des propriétaires fonciers qui, dans les conditions critiques de la guerre, sabotent l'économie par la spéculation, l'escroquerie ou la fraude. Châtiment immédiat des spéculateurs et confiscation de leurs biens, selon les exigences des conditions de guerre. Adoption et application d'un système d'impôt progressif. Monopole complet du commerce extérieur. Subordination de la production à l'effort de guerre. Nationalisation des banques et des compagnies d'assurance sous le contrôle des shoras des travailleurs et des employés. Production, distribution et contrôle des prix sous la supervision des shoras des ouvriers et des paysans et des shoras de quartier. Rationnement des produits de base ainsi que du pétrole, dont la distribution devrait être contrôlée par les shoras de quartier afin de donner priorité aux travailleurs. Logement gratuit et aide financière gouvernementale aux réfugiés de guerre. Entraînement militaire et armement des réfugiés.

• Unité et développement des shoras d'usine. Contre la dissolution des shoras. Pour la reconnaissance des shoras par le gouvernement. Indépendance et démocratie des shoras. Augmentation de la production en ajoutant de nouvelles équipes de travail et en fournissant du travail aux chômeurs. Semaine de travail de 40 heures. Indexation des salaires au coût de la vie. Contre le congédiement des militants politiques. Toutes les purges [des contre-révolutionnaires et des saboteurs] devraient être effectuées par les shoras ouvriers. Abolition de l'article 33 du code du travail qui permet les congédiements sans raison. Les lois du travail devraient être établies par les shoras ouvriers.

• Augmentation de la production agricole. Application de la section C de la Loi de la réforme agraire qui stipule que les terres des grands propriétaires fonciers doivent être partagées entre les paysans. Octroi de terre et de ressources suffisantes aux paysans pauvres.

• Droit à l'autodétermination pour les nationalités opprimées. Autodétermination pour le Kurdistan. Fin immédiate de la guerre civile imposée au peuple kurde.

Alliance militaire avec les nationalités opprimées contre l'impérialisme et l'offensive militaire irakienne.

• Droits égaux pour les femmes. Entraînement militaire et armement des femmes.

• Liberté pour les prisonniers politiques ouvriers et anti-imperialistes.

• Mobilisation et utilisation de toutes les ressources pour gagner la guerre. Développement et unification des shoras des travailleurs, des paysans, des soldats et des pasdarans.

• Pour un gouvernement des travailleurs et des paysans.

NOTES

1. Le jour de Jérusalem est le dernier vendredi du mois du ramadan. Depuis le renversement révolutionnaire du shah, cette journée constitue un événement annuel de solidarité avec la révolution palestinienne et la lutte contre le gouvernement israélien.

2. Le Khouzistan, une province du sud-ouest de l'Iran riche en pétrole, a une importante population arabe. Il est situé au nord du golfe Arabo-persique, à la frontière avec l'Irak.

3. Les pasdarans, ou Gardiens de la révolution, font partie d'une milice formée par la République islamique après la révolution. À mesure que le régime bourgeois en Iran a consolidé son pouvoir et a fait reculer la révolution, les pasdarans se sont de plus en plus intégrés volontairement aux forces armées iraniennes.

4. La Baseej-e Mustazafin (la Mobilisation des opprimés) est une organisation qui a été mise sur pied pour convaincre les étudiants ainsi que les jeunes paysans et travailleurs de se porter volontaires pour aller au front. Elle était dirigée par les pasdarans.

5. « L'armée des 20 millions » a été un slogan populaire pour armer la population dans la guerre.

6. Le 4 novembre 1980 a marqué le premier anniversaire de l'occupation de l'ambassade des États-Unis à Téhéran. À l'automne 1979, le gouvernement U.S. a invité le shah déchu aux États-Unis. Le peuple travailleur et la jeunesse révolutionnaire en Iran ont vu cela comme une nouvelle étape dans l'organisation d'une contre-révolution. Lorsque le shah avait fui le pays 26 ans plus tôt, a-t-on rappelé, la CIA avait fomenté un coup d'État par le biais de l'ambassade des États-Unis pour remettre en place son régime brutal. Le 4 novembre 1979, les étudiants de Téhéran ont occupé l'ambassade, populairement appelée le « nid d'espions », témoignant ainsi de la volonté populaire de défendre la révolution. Des mobilisations massives ont eu lieu dans les villes et villages iraniens.

7. Des comités de grève sont apparus dans les usines avant la grève générale qui a commencé à l'automne 1978 et qui a paralysé le régime du shah pendant ses derniers mois d'existence. Lorsque les usines ont été rouvertes après le renversement du shah en février 1979, les travailleurs ont établi des comités, appelés shoras, qui ont rempli plusieurs fonctions syndicales et lutté pour développer le contrôle ouvrier dans les usines.

8. Ces comités de protection ont été établis par les travailleurs dans les usines pour défendre les moyens de production contre le sabotage et les attentats à la bombe de la contre-révolution.

9. La Fédération des shoras de l'Est a regroupé les shoras de certaines usines situées dans l'est de Téhéran.

10. Les Komitehs étaient des organisations de quartier apparues au cours de la lutte révolutionnaire contre le régime du shah. Sous la République islamique, la participation populaire s'est érodée et ces comités sont devenus de plus en plus des instruments de la police.

11. Susangerd est une ville du Khouzistan près de la frontière irakienne. La majorité de la population de cette région est arabe.

12. L'Imam du vendredi est le religieux qui prononce le sermon avant la prière collective qui a lieu le vendredi dans la République islamique. Ces sermons font souvent le bilan des événements politiques de la semaine.

13. Le Programme de transition est l'un des textes de fondation du Parti socialiste des travailleurs (SWP). Il a été écrit par Léon Trotsky et adopté en 1938 par le SWP après des discussions approfondies. Il a été intégré plus tard au programme de la Quatrième Internationale, l'organisation communiste mondiale dont le SWP faisait alors partie.

14. Le Dhofar est une province de l'Oman, au sud de l'Iran. En 1975, le shah y a envoyé des troupes pour aider la monarchie de ce pays à écraser un mouvement de guérilla qui s'était insurgé.

15. En réponse aux demandes des paysans, le régime islamique a mis sur pied les Komitehaye Haft Nafare (Comités des sept) pour étudier l'octroi de titres de propriété aux paysans qui occupaient déjà une terre et pour mettre en oeuvre une réforme agraire limitée. Ces comités ont été attaqués parce qu'ils transgressaient supposément les lois islamiques garantissant la propriété privée. Petit à petit leur champ d'activité a été limité.

16. Après une série de négociations avec Washington, le gouvernement iranien a relâché les otages de l'ambassade au cours de l'été 1981. Les conditions exactes de l'accord n'ont jamais été révélées.

LES DIRIGEANTS RÉVOLUTIONNAIRES DANS LEURS PROPRES MOTS

Quel chemin, nous esclaves, avons-nous parcouru !

L'Afrique du Sud et Cuba dans le monde d'aujourd'hui

NELSON MANDELA, FIDEL CASTRO

Sur la même tribune à Cuba en 1991, Mandela et Castro discutent de l'importance pour l'Afrique de la victoire de Cuba et de l'Angola en 1988 contre l'invasion de l'armée d'Afrique du Sud appuyée par les États-Unis et l'accélération de la lutte pour renverser le système raciste d'apartheid qui en a résulté. 7 $ US. En anglais, espagnol, farsi.

La continuité révolutionnaire

La direction marxiste aux États-Unis

Les premières années, 1848-1917

Naissance du mouvement communiste, 1918-1922

FARRELL DOBBS

« Des générations successives de révolutionnaires prolétariens ont participé aux mouvements de la classe ouvrière et de ses alliés. Les marxistes d'aujourd'hui ne doivent pas seulement leur rendre hommage pour leurs actes. Nous devons également apprendre de ce qu'ils ont fait de mal et de bien pour ne pas répéter leurs erreurs. » — *Farrell Dobbs.* Deux tomes en anglais, 17 $ US chaque volume.

Le fascisme : Ce que c'est et comment le combattre

LÉON TROTSKY

5 $ US. Aussi en farsi.

LES TRAVAILLEURS ET LES PAYSANS EN IRAN ET EN IRAK ONT LES MÊMES INTÉRÊTS

LES FORCES DE LA RÉPUBLIQUE islamique sont entrées en territoire irakien le 13 juillet. Selon divers rapports, elles sont entrées environ à 20 km en sol irakien. Les combats se poursuivent toujours. Cette avance reflète une nouvelle étape dans la guerre imposée par le régime irakien.

L'agression contre-révolutionnaire du président irakien Saddam Hussein s'est poursuivie même après que l'Iran ait remporté une grande victoire révolutionnaire en reprenant Khorramchahr [1]. Au cours des dernières semaines, les avions et les canons à longue portée du régime irakien ont sauvagement bombardé les villes iraniennes situées en zone de guerre — dont Abadan, Ahwaz et Khorramabad. Ces bombardements ont causé

Cette déclaration a été adoptée le 23 juillet 1982 par le comité national du Parti de l'unité ouvrière de l'Iran. La traduction a été faite à partir de la version anglaise révisée parue dans le septième numéro de la revue New International. *La première traduction en anglais est originellement parue dans le numéro du 4 octobre 1982 de la revue* Intercontinental Press.

LES NOTES DE CET ARTICLE COMMENCENT À LA PAGE 397

des centaines de morts et de blessés. Selon des rapports officiels, certaines régions de l'Iran sont encore sous contrôle militaire irakien.

Le 14 juillet, un communiqué conjoint de l'armée et des Gardiens de la révolution a décrit les objectifs de cette offensive, appelée « Opération ramadan » : « Cette opération a été amorcée avec la bénédiction et les directives du douzième Imam, sous la direction de son digne successeur l'Imam Khomeiny. Elle vise à compléter la défense de la République islamique, à empêcher toute nouvelle agression de la part de Saddam Hussein et des autres mercenaires américains, à protéger du feu ennemi les villes de la République islamique et à atteindre les buts que nous nous étions fixés. Cette opération se poursuit maintenant de façon intensive contre l'ennemi trompé et contre l'agression de Saddam Hussein. »

Face à ces progrès, les impérialistes ont intensifié leur propagande contre-révolutionnaire. La presse et les représentants de l'impérialisme ont été unanimes jusqu'à maintenant pour condamner l'Opération ramadan lancée par la République islamique. Les impérialistes sont manifestement très préoccupés par ces récentes avances.

En dépit de sa prétendue neutralité dans la guerre, la Maison-Blanche a déclaré que « dans la guerre Iran-Irak, les États-Unis sont prêts à aider les pays de la région qui se sentent menacés. » Des rapports de la presse étrangère indiquent que les États-Unis planifient de nouvelles manoeuvres militaires dans la région.

Le premier ministre israélien [Menahem] Begin a déclaré que « si les forces iraniennes entreprennent d'avancer vers Jérusalem, nous les écraserons à mi-chemin. » Lorsqu'ils ont fait part de leurs appréhensions concernant l'Opération ramadan, des représentants officiels des gouvernements européens ont déclaré que la progression des forces iraniennes menaçait sérieusement les intérêts économiques de l'Europe capitaliste en Irak et au Moyen-Orient.

Radio Cologne a rapporté : « Selon le ministre des Finances de la République fédérale allemande, la nouvelle opération iranienne menace sérieusement le marché d'exportation de l'Allemagne au Moyen-Orient. » Le journal britannique *Financial Times* a déclaré : « La victoire iranienne a changé l'équilibre des forces dans la région. »

Le *New York Times* a dit : « De façon messianique, l'Iran de l'ayatollah Khomeiny a clamé la libération du joug étranger et a projeté d'établir une vaste république basée sur les principes de l'islam. » Et la presse aux États-Unis a cité le président Reagan : « L'agression des forces iraniennes contre l'Irak peut menacer toute la région du golfe Persique. »

LE CONSEIL DE SÉCURITÉ de l'Organisation des nations unies a récemment adopté une résolution en faveur d'un cessez-le-feu entre l'Iran et l'Irak. La résolution propose aussi la mise en place d'une soi-disant force de paix dans la zone de guerre et l'ouverture de négociations entre l'Iran et l'Irak. Cela montre que les victoires remportées par la révolution iranienne contre Saddam Hussein inquiètent non seulement les gouvernements impérialistes, mais aussi la bureaucratie de Moscou.

Dans de telles circonstances, les gouvernements fantoches de l'impérialisme dans la région, comme ceux de l'Égypte, de l'Arabie saoudite et de la Jordanie, continuent de fournir une aide financière et militaire au gouvernement irakien. Le président égyptien Hosni Moubarak a demandé une réunion d'urgence des dirigeants arabes pour discuter de la guerre Iran-Irak.

Les dirigeants des groupes contre-révolutionnaires pro-impérialistes à l'extérieur du pays, tels qu'Ali Amini et Chapour Bakhtiar[2], ainsi que les dirigeants de l'organisation des Moudjahidins du peuple, qui évolue de plus en plus vers les politiques des impérialistes[3], ont tous condamné l'avance iranienne en territoire irakien.

SUR LA QUESTION des progrès récents enregistrés par les forces de la République islamique et sur celle de la nouvelle étape de la guerre contre l'agression de Saddam Hussein, les socialistes révolutionnaires ont des positions opposées à toutes les déclarations, menaces propagandistes et activités contre-révolutionnaires des impérialistes, des régimes réactionnaires de la région, des royalistes contre-révolutionnaires, des groupes réactionnaires et des courants réformistes. Ces positions peuvent être résumées de la façon suivante :

1. La guerre imposée à l'Iran par le régime irakien demeure la question qui sépare les forces de la révolution de celles de la contre-révolution dans la région.

On retrouve d'un côté de cette guerre, les pays impérialistes et les régimes réactionnaires de la région qui utilisent l'agression contre-révolutionnaire de Saddam Hussein pour essayer de décapiter la révolution iranienne.

On retrouve de l'autre côté les masses dépossédées et opprimées de l'Iran : les ouvriers, les paysans et le reste du peuple travailleur. Depuis le renversement du régime du shah, ceux-ci luttent pour mettre définitivement fin à la domination et à l'exploitation impérialistes, ainsi qu'à l'exploitation par les capitalistes et les grands propriétaires fonciers. Ces derniers sont la principale base d'appui de l'impérialisme en Iran.

2. Les récents progrès des forces de la République islamique en territoire irakien s'inscrivent dans le cadre de la défense de la révolution. Ils constituent une action justifiée que doivent appuyer les travailleurs, les paysans et leurs organisations, en particulier les shoras ouvriers.

La poursuite de la guerre en territoire irakien ne change pas le caractère de la guerre. Pour défendre sa révolution, le prolétariat va combattre comme il le faisait avant l'agression de l'armée du régime irakien sous la direction militaire de la République islamique. Mais il va le faire maintenant en territoire irakien. L'ampleur de la progression en sol irakien sera déterminée à partir de considérations militaires.

3. À ce stade de la guerre, pour mettre fin au joug de l'impérialisme, il est de la plus haute importance de gagner les travailleurs et les paysans irakiens à la perspective de l'unité avec la révolution iranienne. Dans la situation actuelle, il est impossible de gagner la guerre et de faire progresser la révolution sans gagner l'appui des travailleurs et des paysans irakiens à la révolution iranienne. Compte tenu du progrès des forces de la République islamique — composées en majorité de volontaires issus des masses travailleuses anti-impérialistes, la Baseej-e Mustazafin — le prolétariat devra lutter pour les droits des travailleurs et paysans irakiens à tous les niveaux.

À ce stade de la guerre, il est crucial de gagner les travailleurs irakiens. C'est une tâche fondamentale. Il faut éviter que les ouvriers et les travailleurs irakiens en arrivent à voir les forces de la République islamique en Irak comme une armée d'invasion étrangère et qu'ils se mobilisent et luttent contre ces forces. Si pour une raison quelconque cela se produisait, la seule réponse politique appropriée serait de stopper la progression en territoire irakien et de prendre les décisions politiques nécessaires.

La guerre contre l'agression de Saddam Hussein a objectivement un caractère de classe : les ouvriers et les paysans en Iran et en Irak ont des intérêts identiques et font partie d'un front commun contre le régime baathiste irakien.

4. Le régime de Saddam Hussein, qui a été dans la dernière période le principal instrument de l'intervention impérialiste contre la révolution iranienne, constitue toujours un grand danger pour les luttes des ouvriers et des travailleurs iraniens et par conséquent pour les travailleurs irakiens. Il doit être renversé.

LA LUTTE POUR RENVERSER ce régime est d'abord et avant tout celle des travailleurs et des paysans de l'Irak. Et le peuple opprimé irakien a aussi le droit de choisir librement son gouvernement. Mais l'entrée des forces de la République islamique en Irak peut considérablement favoriser la lutte révolutionnaire des travailleurs et paysans irakiens pour renverser le joug de Saddam Hussein et des impérialistes qui le soutiennent.

5. La République islamique est un régime capitaliste qui ne défend pas les intérêts des travailleurs et des paysans. Elle crée continuellement des obstacles à la défense de la révolution et à son extension. Tout en luttant énergiquement sous la direction militaire du gouvernement de la République islamique contre l'agression de l'armée de Saddam Hussein, le prolétariat continue de maintenir son indépendance politique à cette étape de la guerre. Il met de l'avant son propre programme révolutionnaire contre le gouvernement et les politiciens capitalistes.

Comme il le faisait déjà, le prolétariat condamne à chaque étape les obstacles et le sabotage créés par la République islamique contre la défense de la révolution. En luttant pour ses revendications et celles de ses alliés, il se prépare à établir un gouvernement des travailleurs et des paysans.

À cette étape de la guerre, pour consolider les remparts de la révolution contre le régime irakien et l'impérialisme et convaincre les travailleurs irakiens de s'unir à la révolution iranienne, le prolétariat réclame aussi des mesures révolutionnaires profondes pour mettre fin au joug de l'impérialisme et éliminer son principal point d'appui : les saboteurs capitalistes et les grands propriétaires fonciers.

Le prolétariat met l'accent sur des revendications telles que la réforme agraire, le monopole d'État sur le commerce extérieur, le contrôle de la production par les travailleurs, l'octroi de leurs droits aux nationalités opprimées, y compris aux nationalités arabes opprimées, la fin de la guerre fratricide au Kurdistan, la fin des restrictions imposées à la Baseej-e et de plus grandes libertés politiques. Le prolétariat exige également que les shoras des travailleurs et des paysans soient étendus à tous les domaines de la révolution.

NOTES

1. À partir de septembre 1980, les forces irakiennes ont occupé des sections de la partie occidentale de l'Iran. La ville de Khorramchahr a été leur dernier bastion important en sol iranien. Elle a été libérée par les troupes iraniennes le 24 mai 1982.

2. Ali Amini et Chapour Bakhtiar ont été premiers ministres sous le régime du shah.

3. Les Moudjahidins du peuple ont été constitués dans les années 60 comme un mouvement de guérilla urbaine contre le shah. Ils ont annoncé en juin 1981 qu'ils « déclaraient la guerre » à la République islamique. Ils ont commencé dès lors à s'aligner de plus en plus sur la campagne orchestrée par l'impérialisme contre la révolution iranienne. Pendant la guerre Iran-Irak, l'organisation a utilisé le territoire irakien pour organiser des attaques armées contre l'Iran.

LA CLASSE OUVRIÈRE ET LA LUTTE CONTRE LA HAINE DES JUIFS

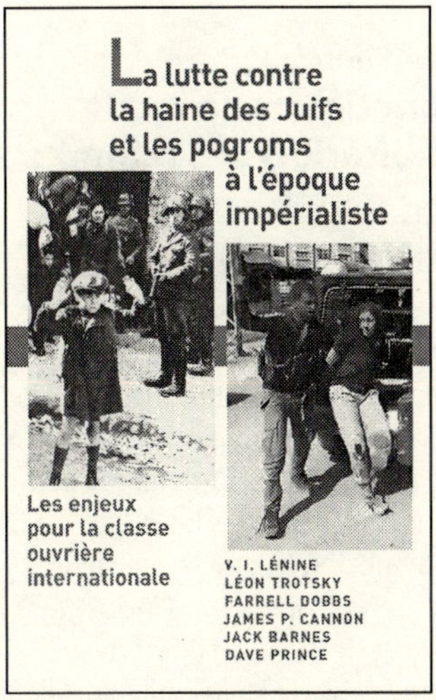

La lutte contre la haine des Juifs et les pogroms à l'époque impérialiste

Les enjeux pour la classe ouvrière internationale

V. I. LÉNINE, LÉON TROTSKY, FARRELL DOBBS, JAMES P. CANNON, JACK BARNES, DAVE PRINCE

La haine des Juifs et les pogroms, comme celui commis par le Hamas le 7 octobre 2023, font désormais partie des convulsions sociales permanentes et des guerres de l'époque impérialiste. Les auteurs expliquent pourquoi la lutte contre la haine des Juifs est essentielle pour la classe ouvrière et les nations opprimées du monde entier. Et ils répondent à la question : *que faut-il faire pour y mettre fin*, une fois pour toutes. 10 $ US. Aussi en anglais, espagnol, grec.

La question juive

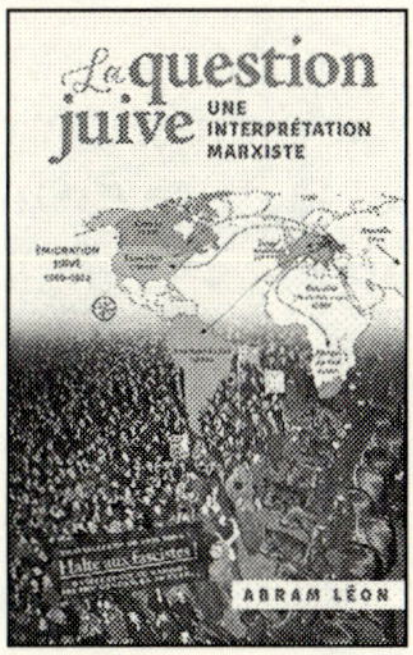

Une interprétation marxiste

ABRAM LÉON

La lutte contre les forces réactionnaires visant à exterminer les Juifs reste au coeur de la politique mondiale, comme le montre le pogrom génocidaire d'octobre 2023 en Israël. Pourquoi la haine des Juifs montre-t-elle toujours son visage hideux ? Quelles en sont les racines de classe ? Abram Léon explique pourquoi il n'y a pas de solution « hors de la révolution prolétarienne mondiale ». Nouvelle introduction et 40 pages d'illustrations et de cartes. 17 $ US. Aussi en anglais, espagnol, grec.

La fondation du Parti socialiste des travailleurs

Procès-verbaux et résolutions, 1938-1939

23 $ US. En anglais.

LA CLASSE OUVRIÈRE ET LA LUTTE POUR L'ÉMANCIPATION DES FEMMES

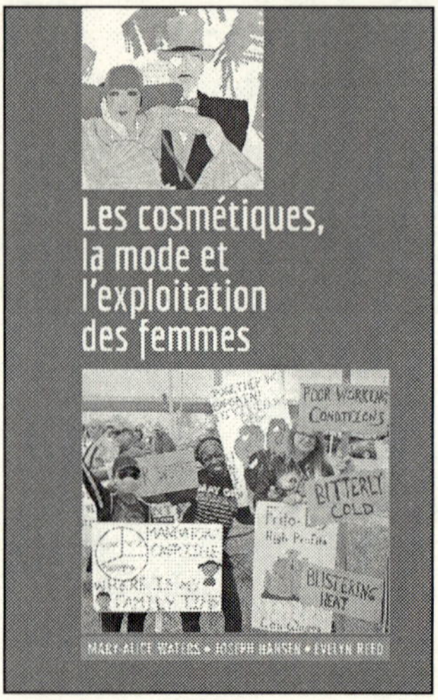

Nouvelle édition !

Les cosmétiques, la mode et l'exploitation des femmes

MARY-ALICE WATERS, JOSEPH HANSEN, EVELYN REED

« Les normes de la beauté et de la mode sont inséparables de la lutte des classes », est le nouveau chapitre qui ouvre cette édition élargie et très actuelle consacrée à un débat animé qui eut lieu dans les années 1950 dans les pages du *Militant*, un hebdomadaire socialiste. Comment les monopoles de l'industrie cosmétique et de la mode tirent des profits faramineux de l'insécurité sociale des femmes et des adolescents. Pourquoi l'intégration des femmes dans le monde du travail et dans les syndicats constitue une avancée majeure dans la lutte pour leur émancipation. Un classique du marxisme sur l'origine de l'oppression des femmes et la voie à suivre pour la classe ouvrière. 15 $ US. Aussi en anglais, espagnol, farsi, grec.

L'émancipation des femmes et la lutte de libération de l'Afrique

THOMAS SANKARA

« Il n'y a pas de véritable révolution sociale sans la libération des femmes, » explique le dirigeant de la révolution de 1983-1987 au Burkina Faso. 5 $ US. Aussi en anglais, espagnol, farsi.

Sur l'émancipation des femmes

V. I. LÉNINE

L'émancipation des femmes, a écrit Lénine, ne commence « que là et au moment où s'engage la lutte de masse, (dirigée par le prolétariat, maître du pouvoir) », pour attirer les femmes en tant qu'égales dans le travail social productif. Et quand la cuisson, la garde des enfants et d'autres tâches ménagères sont transformées en tâches sociales d'une « grande économie socialiste ». 7 $ US. En anglais.

CUBA S'OPPOSE À LA GUERRE DE WASHINGTON CONTRE L'IRAK

CUBA AUX NATIONS UNIES

CHRIS CARTTER / IMPACT VISUALS

Des réfugiés originaires de plusieurs pays du tiers monde fuient le Koweït et l'Irak et font la queue dans le désert en attente de nourriture. Ce sont les victimes de l'attaque meurtrière de Washington contre l'Irak et des sanctions toujours en vigueur qui touchent profondément les masses irakiennes.

LES ÉTATS-UNIS VONT UTILISER CETTE RÉSOLUTION POUR ACCROÎTRE LEUR INTERVENTION

Ricardo Alarcón

MONSIEUR LE PRÉSIDENT,

Je tiens avant tout à vous féliciter de la manière dont vous assumez la présidence de notre conseil et à exprimer notre reconnaissance à votre prédécesseur, le représentant de la Malaisie, pour la façon dont il s'est également acquitté de ses fonctions le mois dernier [1].

Pour Cuba, les principes de non-intervention dans les affaires intérieures des États, quel qu'en soit le motif ; de non-recours à la force dans les relations internationales ; de solution pacifique des différends entre États ; et du respect de l'indépendance, de la souveraineté et de l'intégrité territoriale de toutes les nations sont indispensables à l'ordre international. C'est pour défendre ces principes que nous avons exprimé notre désaccord et condamné l'entrée des troupes irakiennes en territoire koweïtien il

---

Ce discours a été prononcé le 6 août 1990 pendant la discussion sur la Résolution 661 du Conseil de sécurité des Nations unies (ONU) par Ricardo Alarcón, l'ambassadeur de Cuba à l'ONU. Il provient d'une transcription de la traduction simultanée fournie par l'ONU [2].

LES NOTES DE CET ARTICLE COMMENCENT À LA PAGE 412

y a quelques jours et que nous avons jugé qu'il était indispensable de mettre fin à cette situation par le retrait des troupes irakiennes du territoire du Koweït et par le plein rétablissement de la souveraineté du Koweït.

Il s'agit pour nous de deux États et de deux gouvernements avec qui nous avons entretenu et entretenons des relations d'amitié, ce qui rend encore plus préoccupante la situation qui s'est instaurée entre les deux. C'est pourquoi ma délégation a voté pour la résolution 660 (1990) adoptée par le conseil[3].

Toutefois, ma délégation tient à expliquer pourquoi elle n'est pas en mesure d'approuver le projet de résolution dont le conseil est saisi à présent.

AVANT TOUT, il nous semble que loin de contribuer à faire avancer la solution au conflit, ce texte et l'imposition des sanctions que l'on propose maintenant tendent à compliquer encore davantage la situation au moment où l'Irak a commencé à retirer ses troupes, comme l'a réaffirmé ici l'ambassadeur de ce pays. Ce projet faciliterait les actes interventionnistes qui se déroulent dans la région et qui sont ouvertement encouragés et annoncés par le gouvernement des États-Unis d'Amérique. Ce projet rendrait également plus difficiles les démarches et les efforts actuellement entrepris par les États arabes pour en arriver à une solution. Le projet a d'autres caractéristiques que ma délégation ne saurait ignorer.

Avant tout, on nous demande d'approuver des sanctions qui ont déjà été imposées unilatéralement par les principaux pays développés de ce monde. On nous met par ailleurs devant une situation où apparemment certains États — et en particulier le promoteur principal du projet de résolution, les États-Unis d'Amérique — auraient subitement découvert la valeur de ces principes fondamentaux auxquels je faisais allusion il y a un instant.

On entend souvent parler dans le cadre de nos délibérations des changements qui interviennent sur la scène internationale. Je me demande si quiconque peut véritablement penser que nous nous trouvons là aussi devant un changement de situation, devant un fait nouveau sur la scène internationale. Est-ce vraiment la défense des droits des États faibles, des petits pays, qui motive les États-Unis d'Amérique ? Ou est-ce la défense du principe de non-intervention ? Ou la défense du principe de non-recours à la force dans les relations internationales ? Est-ce réellement la volonté de promouvoir le respect de l'indépendance, de la souveraineté et de l'intégrité territoriale des États qui incite les États-Unis d'Amérique à proposer ces sanctions contre l'Irak ? En est-il bien ainsi ?

Est-ce réellement la défense des intérêts légitimes du Koweït qui pousse la délégation des États-Unis à agir comme elle le fait ? Ou ne s'agirait-il pas plutôt des visées hégémonistes et interventionnistes des États-Unis au Moyen-Orient ?

Ma délégation n'a aucun doute quant à la réponse à ces questions. Le conseil et la communauté internationale n'ont aucune raison d'avoir le moindre doute non plus.

Le projet de résolution dont nous sommes saisis est un texte presque identique à celui que nous avons reçu par télécopieur de la mission des États-Unis le vendredi 3 août à 17 h 48.

On tente maintenant ici de justifier ce texte en alléguant que l'Irak n'aurait pas terminé le retrait de ses troupes du territoire koweïtien ou en interprétant d'une manière ou d'une autre les déclarations faites à Bagdad dimanche ou celles formulées ici par le représentant permanent de ce pays. Mais ce n'est pas vrai.

Le projet d'imposer des sanctions contre l'Irak existait véritablement avant que le Conseil de sécurité ne s'engage dans cette nouvelle étape de ses délibérations, quand personne ne connaissait la déclaration faite le 3 août par le gouvernement irakien annonçant qu'il allait commencer à retirer ses troupes du Koweït. De plus, pendant que nous discutions, que nous négociions et que nous effectuions des consultations sur ce projet de résolution, le gouvernement des États-Unis envoyait un contingent d'infanterie de marine vers le territoire du Libéria [4]. Je ne me rappelle pas qu'il y ait eu des consultations à cet égard.

À ma connaissance, aucune résolution de ce conseil ou requête émanant d'un groupe d'États n'a invité l'infanterie de marine des États-Unis à entrer sans aucune autorisation sur le territoire libérien. Et cependant, les États-Unis nous disent que ces troupes resteront là aussi longtemps qu'ils le jugeront nécessaire.

Pour tenter de justifier ce projet de résolution, on parle des positions qui ont été adoptées par divers États ou groupes d'États à l'égard de ce conflit si lamentable entre l'Irak et le Koweït.

Mais il est impossible de ne pas mentionner le fait que durant 23 ans les États de la région (l'Irak, le Koweït et tous les autres États), tous les États non alignés et l'Assemblée générale ont condamné à la quasi-unanimité l'occupation par Israël des territoires qu'il est convenu par tradition diplomatique d'appeler les territoires occupés. Apparemment, ces territoires peuvent être occupés pour toujours. Il semble que l'on ne puisse imposer de sanctions à l'encontre de l'occupant lorsque c'est Israël. A-t-on pris en compte l'opinion des pays non alignés, des pays du Moyen-Orient pour proposer des actions plus efficaces qui pourraient obliger Israël à retirer ses troupes des territoires occupés et à reconnaître les droits qui existent aussi pour cet autre peuple arabe qu'est le peuple palestinien ?

Et nous savons tous qu'il y a six mois, le même Conseil de sécurité a examiné de façon informelle dans le cadre de consultations non officielles un projet de résolution sur les derniers événements concernant les territoires occupés. Qu'a fait le conseil ? A-t-il pu agir ? Pourquoi n'a-t-il pas pu agir ? Quelqu'un en ignore-t-il la raison ? Ne savons-nous pas tous que c'est en raison de l'opposition de la délégation des États-Unis d'Amérique, qui s'oppose même à ce que l'on déclare illégale cette occupation — pour ne rien dire des sanctions, pour ne rien dire de mesures plus efficaces contre l'occupant ?

Le territoire de l'Angola a été occupé pendant 15 ans par les troupes du régime sud-africain [5]. Ma délégation ne se rappelle pas un seul moment où l'ont ait découvert la validité du principe de la non-ingérence, du respect de l'intégrité territoriale — et encore moins un seul moment où l'on aurait essayé d'imposer des sanctions efficaces contre l'Afrique du Sud pour l'obliger à quitter le territoire angolais.

LE TERRITOIRE DU LIBAN est occupé en partie depuis 12 ans par Israël [6]. Nous savons tous qu'à la veille même du début de ce conflit si déplorable entre l'Irak et le Koweït, le conseil a dû examiner une fois de plus la situation concernant l'intervention des forces des Nations unies dans le sud du Liban. Il a fallu nous limiter à renouveler le mandat de ces forces et émettre une déclaration présidentielle concise et prudente. On n'y parlait pas de sanctions fermes à l'encontre d'Israël, en dépit du fait qu'Israël — comme il est indiqué dans le rapport du secrétaire général que nous avions examiné à l'époque — ne tient pas compte de la résolution pertinente du conseil, ne collabore pas avec les forces des Nations unies qui s'y trouvent et, pire encore, les attaque.

Pire, nous avons pu constater dans ce rapport que deux soldats népalais avaient perdu la vie au cours d'incidents non provoqués où ils ont été victimes des armes israéliennes. Sans adopter des sanctions, avons-nous même condamné l'attitude d'Israël dans cette situation ? Avons-nous même dit que nous déplorions le fait qu'après 12 ans d'occupation du Sud-Liban, Israël ne s'était pas montré disposé à abandonner ce territoire ? Avons-nous même exprimé la moindre préoccupation ? Y a-t-il eu une initiative quelconque envoyée par télécopieur à nos missions pour nous demander de nous réunir immédiatement et de prendre ce genre de décision ? Manifestement, cela n'a pas été le cas.

Il y a sept mois également, le territoire d'un autre pays petit et faible [le Panama] a été envahi par la force militaire d'une grande puissance. En quelques heures, cette grande puissance — les États-Unis d'Amérique — a pris possession de ce pays. Il y eut une nouveauté, qui est peut-être un cas sans précédent. On a installé un nouveau gouvernement, peut-être le premier au monde, où un président, un chef de gouvernement a pris possession de ses pouvoirs dans une base militaire des États-Unis, supposément en présence du général en chef des forces occupantes [7].

Ceci s'est passé il y a sept mois. Bien sûr, il n'y a pas eu de résolution des États-Unis demandant que l'on impose des sanctions contre les États-Unis. Mais il n'y a pas eu non plus de véritable réceptivité — c'est lamentable, mais il faut le dire — de la part des autres membres du conseil. Et il n'a pas été possible au conseil de se prononcer sur cette question. L'Assemblée générale s'est prononcée. Elle a voté à cette occasion une résolution. Et quatre des pays qui parrainent aujourd'hui le projet de résolution dont nous sommes saisis ont voté contre la résolution de l'Assemblée générale concernant l'invasion illégale du territoire panaméen par les États-Unis[8].

Certains ont dit au cours de nos consultations que le fait de ne pas avoir pu adopter de positions conséquentes et cohérentes pour défendre ces principes dans d'autres cas ne devait nous empêcher de le faire à présent. En d'autres mots, on laisserait les États-Unis choisir comment, où et quand appliquer ces principes.

Mais ici, nous parlons de l'histoire au passé. S'il le veut, le conseil peut prendre des mesures efficaces contre la puissance qui continue d'occuper les « territoires occupés ». Le conseil peut prendre des mesures efficaces contre la puissance qui continue d'occuper illégalement le Sud-Liban et, bien sûr, contre la puissance qui continue d'occuper le Panama sept mois après son invasion. Donc, s'il y avait la moindre intention d'être conséquent, on pourrait encore ici et maintenant commencer à rectifier cette contradiction qui nous saute aux yeux quand on essaie de manière sélective d'appliquer pour la deuxième fois, comme l'a rappelé l'ambassadeur [U.S. Thomas R.] Pickering, des sanctions si sévères contre quelqu'un.

Je me souviens d'une autre occasion, qui est peut-être celle à laquelle faisait référence le représentant des États-Unis. Il s'agit de la décision prise par le Conseil de sécurité au sujet du régime illégal en Rhodésie. Comme tout le monde s'en souvient, ce régime avait déclaré unilatéralement l'indépendance de ce territoire dans le but d'empêcher le peuple du Zimbabwe de réaliser son indépendance authentique. Heureusement, ce peuple vit aujourd'hui dans un pays indépendant et souverain.

Mais les autorités de ce régime raciste minoritaire en Rhodésie ont pris cette décision unilatérale en 1965. L'Assemblée générale a immédiatement adopté une résolution, avec l'appui profond de la majorité écrasante de ses membres, pour demander que des mesures efficaces soient prises contre ce régime pour rétablir la légalité et mettre en oeuvre un processus authentique de décolonisation qui conduirait à l'indépendance, comme cela s'est finalement produit.

Mais quand le Conseil de sécurité a-t-il agi ? En octobre, en novembre ou en décembre 1965 ? A-t-il agi en moins de 48 heures ? Ou a-t-il attendu des jours, des semaines, des mois ? Malgré le fait que tous les États de la région, tous les pays africains, tous les pays non alignés et l'immense majorité de l'Assemblée générale demandaient au Conseil de sécurité de s'acquitter de sa tâche et d'adopter des mesures efficaces contre la Rhodésie, celui-ci a attendu 1967 pour agir, deux ans après la tentative de priver le peuple du Zimbabwe de ses droits nationaux inaliénables.

Ma délégation est convaincue que l'adoption de ce projet de résolution, au lieu de contribuer à une solution rapide du conflit — solution qui doit se concrétiser par le retrait des forces irakiennes et la restauration intégrale de la souveraineté du Koweït — sera utilisée dans le cadre du dessein des États-Unis d'accroître leur intervention dans une partie du monde qu'ils considèrent comme leur bien.

Je suis reconnaissant à M. l'ambassadeur Pickering d'une chose qui m'a semblé fort éclairante. J'ai écouté sa déclaration très attentivement, comme j'en ai l'habitude.

En même temps, je suivais le texte du communiqué de presse que la mission des États-Unis a fait circuler et qui contient le texte de sa déclaration. Il a inséré un certain nombre de paragraphes, d'idées supplémentaires, pendant son intervention. Mais M. Pickering a omis une phrase qui figure dans le communiqué de presse. Je peux comprendre la raison de cette omission et je lui suis reconnaissant d'avoir parlé comme il l'a fait.

Au paragraphe 2 de la page 2 du texte distribué par la mission des États-Unis figure une référence à la résolution 660 (1990) du Conseil de sécurité. On y dit ensuite : « Le Conseil de sécurité doit déclarer clairement aujourd'hui que la famille des nations civilisées ne tolérera pas ce comportement. » Il s'agit là du comportement d'un État qui, selon le texte de la déclaration, ne se conforme pas à une décision du conseil. Il y a ensuite une phrase qui est disparue de la déclaration faite par le représentant des États-Unis. Elle est très courte, trois mots. Je vais la citer : « Pas ici, jamais. »

CETTE PHRASE ne pouvait pas être dite de peur de mettre en évidence cette contradiction et cette partialité inacceptables des États-Unis en ce qui concerne ce projet de résolution. Les États-Unis ne sont pas en mesure de faire appliquer ces principes. Pas seulement ici, mais partout. Pas seulement aujourd'hui, mais toujours. La raison pour cela est, je pense, plus qu'évidente et il n'est pas nécessaire d'insister.

Le projet de résolution présenté ici ne contribue pas au règlement du conflit. Nous croyons que c'est une étape dans une démarche qui ne devrait pas être appuyée par la communauté internationale. C'est une démarche qui n'est pas conforme à la volonté de rétablir la légitimité.

Elle n'est pas suscitée par un désir de préserver les droits légitimes du gouvernement du Koweït, mais par un désir de préserver les intérêts stratégiques d'une grande puissance qui se considère comme le maître du Moyen-Orient. Voilà pourquoi ma délégation ne peut appuyer ce projet de résolution.

NOTES

1. La présidence du Conseil de sécurité s'exerce pour une période d'un mois. En août 1990, c'est l'ambassadeur de la Roumanie aux Nations unies Aurel Manteanu qui en avait la responsabilité.

2. La résolution 661 adoptée le 6 août 1990 par le Conseil de sécurité imposait des sanctions obligatoires contre l'Irak et constituait un comité chargé de tâches liées à l'application de la résolution. La résolution a été adoptée par 13 voix contre aucune. Seuls Cuba et le Yémen se sont abstenus.

3. La résolution 660 adoptée le 2 août 1990 par le Conseil de sécurité condamnait l'invasion du Koweït par l'Irak. Elle a été adoptée à l'unanimité. Le Yémen n'a pas participé au vote.

4. Le 5 août 1990, la veille de la déclaration de Ricardo Alarcón, Washington a envoyé un contingent de 255 fantassins de marine à Monrovia, la capitale du Libéria alors dévastée par une guerre civile. Le gouvernement des États-Unis a déclaré que ses troupes demeureraient au Libéria « le temps nécessaire pour assurer la sécurité » des citoyens des États-Unis. Le Libéria se trouve en Afrique de l'Ouest.

5. Appuyées par Washington, les troupes du régime d'apartheid en Afrique du Sud ont envahi l'Angola en 1975 juste après que ce pays ait accédé à l'indépendance. Mais les troupes sud-africaines n'ont pas réussi à renverser le gouvernement angolais qui a profité de l'aide de troupes formées de volontaires cubains. Le gouvernement sud-africain a poursuivi sa guerre

contre l'Angola jusqu'en 1988. Son armée a alors subi une défaite décisive aux mains des troupes cubaines, angolaises et namibiennes lors de la bataille de Cuito Cuanavale.

6. À la suite de leur invasion du Liban en mars 1978, les troupes israéliennes ont occupé le sud de ce pays et effectué d'innombrables opérations militaires sur le territoire libanais. Peu après l'invasion une mission d'observation de l'ONU a été établie dans le sud du Liban.

7. Les troupes U.S. ont envahi le Panama le 20 décembre 1989. Le même jour, elles ont institué Guillermo Endara président du pays. Celui-ci a été assermenté au Fort Clayton, une base militaire U.S. dans la zone du canal.

8. Il s'agit du Canada, de la France, de la Grande-Bretagne et des États-Unis.

THE MILITANT

Un journal socialiste publié dans les intérêts du peuple travailleur

THE MILITANT

A SOCIALIST NEWSWEEKLY PUBLISHED IN THE INTERESTS OF WORKING PEOPLE

BOOK LAUNCH IN HAVANA 'Che Guevara's revolutionary course is needed in the world today' —PAGES 8-10

Unions join to fight gov't call for workers to 'self-deport'

ALL OUT FOR MAY DAY! UNIFY THE WORKING CLASS!

Socialist Workers Party 2025 campaign

No deportations! Amnesty for all immigrant workers in US!

'More workers see SWP as party they're seeking'

17 days: 2,213 sign to put SWP on NJ ballot

Israeli victory over Hamas is in the interest of all workers

EDITORIAL

- Le journal rend compte des attaques de la classe dirigeante américaine contre les libertés constitutionnelles et de ses tentatives de redorer l'image du FBI.
- Il couvre les luttes syndicales pour des hausses de salaire face à l'inflation, pour le contrôle de la production par les travailleurs, contre les conditions qui empêchent des travailleurs de fonder et de soutenir une famille.
- Il explique les racines de la crise capitaliste mondiale et la menace croissante de guerres entre puissances capitalistes, alors que l'ordre mondial impérialiste se dégrade. Troupes de Moscou hors de toute l'Ukraine !
- Il fait état d'activités contre la haine des Juifs et le racisme, pour l'émancipation des femmes et pour l'amnistie des travailleurs immigrés sans papiers, afin d'unir la classe ouvrière.
- Il défend la révolution socialiste à Cuba, soutient la lutte pour mettre fin à la guerre économique des États-Unis contre Cuba et pour chasser les États-Unis de Guantánamo. Contre la domination coloniale de Porto Rico par Washington.
- Il couvre les expériences des membres du Parti socialiste des travailleurs, qui font du porte-à-porte pour discuter avec d'autres travailleurs pourquoi nous devons construire un parti des travailleurs basé sur les syndicats et bâtir une alliance des travailleurs et des petits agriculteurs afin d'arracher le pouvoir des mains des dirigeants capitalistes.

THE MILITANT • 306 West 37th Street, 13th floor • New York, NY 10018

Abonnez-vous aujourd'hui !

Nouveaux lecteurs : 5 $ US pour 12 semaines

6 mois : 20 $ 1 an 35 $ 2 ans 65 $

THEMILITANT.COM

UNE VÉRITABLE DÉCLARATION DE GUERRE

Isidoro Malmierca

MONSIEUR LE PRÉSIDENT,

Je tiens à vous adresser mes salutations puisqu'il vous est donné d'assumer la présidence de cette importante réunion du Conseil de sécurité [1].

Nous espérons que sous votre direction le conseil travaillera de manière efficace et saura sauver l'humanité du fléau de la guerre.

Nous voulons saluer aussi les ministres des Affaires étrangères des États membres du Conseil de sécurité qui se sont déplacés jusqu'à New York, montrant ainsi qu'il faut redoubler d'efforts pour tenter d'en arriver à la juste solution à laquelle nous aspirons tous.

On nous a dit, monsieur le président, que cette réunion ministérielle et la résolution qui en découlerait auraient pour objectif « d'augmenter les perspectives de trouver

---

Ce discours a été prononcé par le ministre des Relations extérieures de Cuba Isidoro Malmierca durant la session du 29 novembre 1990 du Conseil de sécurité des Nations unies. La version française de ce discours est parue dans le numéro du 9 décembre 1990 du Résumé hebdomadaire Granma.

LES NOTES DE CET ARTICLE COMMENCENT À LA PAGE 422

une solution pacifique à cette crise[2]. » C'est pour cette raison que nous avons accepté avec plaisir l'invitation d'y prendre part.

Au cours de ces dernières semaines, les représentants de Cuba devant ce conseil, en collaboration avec ceux de la Malaisie et du Yémen, ont travaillé à l'initiative de la Colombie dans le but non pas de parvenir à un projet de résolution pour un règlement pacifique du conflit, mais d'établir les bases d'un tel règlement. Vous n'ignorez pas les nombreuses consultations que nos quatre pays ont réalisées à l'intérieur et hors du conseil dans l'espoir tenace de trouver cette solution nécessaire. Nous allons poursuivre nos efforts dans cette voie.

DÈS LE DÉBUT du conflit, notre gouvernement avait entrepris des consultations auprès du président de l'Irak, des chefs de tous les États arabes, des chefs d'État d'autres pays, du président du Mouvement des pays non alignés et de cette organisation-ci dans le but de trouver une solution rapide au conflit. Et, il y a à peine deux semaines, notre gouvernement a envoyé en Irak un des vice-présidents du conseil des ministres de la République de Cuba. Il a chargé ce représentant spécial de transmettre au président Saddam Hussein un message qui avait aussi pour objectif de contribuer à un règlement politique du conflit.

Auparavant notre pays avait réalisé discrètement de nombreuses démarches pour essayer d'amener l'Irak à rectifier et à assouplir ses positions. À tout moment depuis le début de la crise, nous avons parié sur la paix et non pas sur la guerre. Nous sommes convaincus que plus d'une fois ce conseil s'est laissé entraîner à prendre des décisions précipitées n'aplanissant pas le chemin de la paix.

L'invasion et l'annexion du Koweït par l'Irak sont des actions condamnables et inacceptables. Pour les pays non alignés et pour tous les pays du tiers monde, elles constituent également une action regrettable et néfaste. Elles brisent l'unité et la solidarité dont nous avons tant besoin pour relever le défi du sous-développement et assurer une place digne aux deux tiers de l'humanité de cette planète qui a tant besoin des ressources gaspillées dans la course aux armements et dans les guerres fratricides.

L'utilisation de personnes innocentes comme otages est également condamnable. Nous l'avons condamnée énergiquement devant ce conseil. Il n'en est pas moins vrai que le Conseil de sécurité, en adoptant une résolution de blocus total qui inclut aliments et médicaments, a transformé en otages de la faim et de la mort des millions de personnes âgées, de femmes et d'enfants non moins innocents. Déjà, des enfants et des malades au sein de la population civile irakienne sont morts faute de médicaments dans les hôpitaux. La présence de plus de 200 infirmières et médecins cubains, qui apportent leur aide gratuitement dans ce pays depuis plus de 12 ans, nous permet de témoigner de cette réalité. De telles mesures, entre autres, ne contribuent pas à résoudre la situation. Au contraire, elles engendrent plus d'intransigeance et d'inflexibilité.

À chaque résolution, nous avons adopté une position de principe très claire qui ne laisse place à aucun doute. Nous avons soutenu les résolutions qui étaient justes à nos yeux, et ne pouvaient être remises en question. Nous nous sommes abstenus ou nous avons voté contre toutes celles qui selon nous constituaient un obstacle à une solution pacifique ou conduisaient inexorablement à la guerre.

Nous avons également manifesté ici notre préoccupation devant la concentration énorme et croissante des forces militaires des États-Unis et de leurs alliés dans la zone du Golfe et devant le danger d'une guerre qui, même limitée à un conflit conventionnel, provoquerait d'énormes destructions dans les pays de la région, à commencer par le Koweït, l'Irak et leurs voisins, sans compter les pertes qu'elle impliquerait pour les forces attaquantes. La destruction de puits et d'installations pétrolières concentrés dans la zone, la pénurie de brut et l'augmentation des prix qu'elle engendrerait affecteraient les pays industrialisés qui le consomment, mais bien plus les pays du tiers monde non producteurs de pétrole. À la dette extérieure qui les étouffe déjà et à l'échange cruellement inégal, ces pays devraient ajouter des sommes astronomiques pour acheter du combustible dont le prix est déjà très élevé.

Du haut de cette tribune, monsieur le président, nous avons souligné en de nombreuses occasions le contraste existant entre l'attitude que le conseil a adoptée face à l'invasion du Koweït par l'Irak et celle qu'il a adoptée face à la récente invasion du Panama par les États-Unis ou à la situation de la Palestine et des territoires occupés depuis près de 23 ans, pour ne citer que deux exemples. On nous a répondu dans cette salle que ce sont des choses qui appartiennent au passé, à l'époque déjà révolue de la guerre froide. On nous a dit que nous nous trouvons aujourd'hui dans une nouvelle étape, une étape où tout le monde respectera la charte des Nations unies. On nous a dit que l'action menée par l'Irak est une atteinte à ce nouvel ordre mondial né du meilleur esprit de l'après-guerre.

En réalité, cet organisme n'a même pas été capable d'envoyer un représentant du secrétaire général [Javier Pérez de Cuéllar] dans les territoires occupés, ni de fournir les moindres garanties aux jeunes et aux adolescents palestiniens qui sont assassinés jour après jour sur la terre dont on les a si cruellement dépouillés.

Indépendamment de son fondement moral, légal et historique, Cuba n'a pas essayé et ne considère d'ailleurs pas réaliste dans la situation créée actuelle, d'établir un « linkage » [lien] entre le retrait irakien du Koweït et les territoires arabes occupés par Israël. Mais n'est-il pas scandaleusement incongru d'invoquer pour certains des normes que nous ignorons pour d'autres ? Ce même conseil n'a-t-il pas justement débattu ces jours-ci un autre projet de résolution minimum, modéré, uniquement humanitaire sur la Palestine, également élaboré par la Colombie, la Malaisie, le Yémen et Cuba ? Cependant, le président du conseil a ignoré la demande de réunir cet organisme et a passé outre aux normes et aux procédures établies. Serait-ce qu'en cette nouvelle ère postérieure à la guerre froide le malheureux peuple palestinien n'a pas le droit aujourd'hui à la reconnaissance dont jouissent d'autres peuples ? Serait-ce qu'on peut utiliser contre lui, contre les Libanais, toute la terreur et toute la brutalité de la puissance sophistiquée d'un allié stratégique des États-Unis sans que frémissent ceux qui se disent émus par d'autres actions qui violent les lois et les normes internationales ?

SI VRAIMENT NOUS SOMMES au début d'une ère nouvelle, si nous avons l'intention de faire prévaloir le droit international et non pas des raisons stratégiques et géopolitiques, si ce qui nous intéresse, c'est la justice et non l'hégémonie ou le contrôle des plus grandes richesses pétrolières de la planète, le moment est venu d'oeuvrer ensemble pour instaurer un nouvel ordre mondial, conformément aux principes de la Charte des Nations unies auxquels nous avons adhéré en toute souveraineté. Il nous faut agir de manière à ce que l'égalité et la justice existent réellement pour tous. Cet ordre serait encore bien meilleur si les Nations unies elles-mêmes se démocratisaient et si nous laissions de côté des normes et des pratiques de privilèges adoptées il y a près d'un demi-siècle, des normes et des pratiques qui ne correspondent plus au monde d'aujourd'hui et qui nient leurs pleines prérogatives et facultés à l'immense majorité des États membres de la communauté internationale [3].

Nous comprenons que les divers problèmes auxquels est confrontée l'humanité contemporaine ne peuvent être résolus simultanément. Mais lorsqu'une volonté sincère existe, des solutions adéquates sont possibles. Le dialogue et la négociation se sont révélés le meilleur instrument dont disposent les Nations unies et les États qui la forment pour régler des conflits. La Namibie est un exemple stimulant de la façon dont les difficultés peuvent être surmontées lorsque les parties concernées se réunissent autour d'une table de négociations. Dans le cas de la Corée par contre, l'usage de la force sous la bannière des Nations unies a abouti après trois ans de guerre à des centaines de milliers de victimes, à des dommages matériels considérables et à une armistice qui maintient aujourd'hui encore ce pays divisé comme avant l'éclatement du conflit, avec des dizaines de milliers de soldats et de bases militaires étrangères dans la partie sud du territoire.

MONSIEUR LE PRÉSIDENT,

Cuba pense qu'il ne serait pas indiqué d'adopter une résolution qui constitue une virtuelle déclaration de guerre, un ultimatum à échéance fixe pour engager les hostilités et qui équivaut à une autorisation sans réserve permettant aux États-Unis et à leurs alliés d'employer leur potentiel militaire énorme et sophistiqué.

Si c'est ainsi que l'on va résoudre la crise, on ne peut pas nier qu'il s'agisse d'un procédé assez peu civilisé qui provoquera une énorme frustration au sein de la communauté internationale et mettra en évidence l'incapacité des Nations unies et des principaux chefs d'États du monde d'aujourd'hui à trouver des solutions politiques et pacifiques aux problèmes. Cette résolution viole en outre la Charte des Nations unies en autorisant certains États à recourir à la force militaire, ignorant complètement les procédures établies par cette même charte.

Nous aurions été partisans d'une résolution ferme qui aurait eu pour objectif de faire respecter et exécuter la volonté de la communauté internationale, et d'une résolution en même temps généreuse et magnanime qui aurait corrigé la décision d'interdire l'envoi d'aliments et de médicaments pour les enfants, les femmes et les personnes âgées en Irak. Une telle décision ne pourrait qu'investir les Nations unies d'une plus grande autorité morale pour exiger avec plus de fermeté le retrait des troupes irakiennes du Koweït, le rétablissement des droits souverains de cet État et la libération immédiate de tous les otages. Au lieu de cela, on nous demande d'appuyer la guerre à échéance fixe, on prétend opposer à l'inflexibilité et à l'intransigeance du gouvernement de l'Irak l'inflexibilité, l'intransigeance et les mesures les plus extrêmes du Conseil de sécurité.

Au lieu de vouer un culte fanatique à l'usage de la force, le devoir des Nations unies est de répondre avec sagesse à toute manifestation de manque de respect et d'extrémisme.

Il a été démontré que les mesures de force ne nous ont pas rapprochés de la solution et qu'au contraire elles ont durci les positions de l'Irak. Les pas qui ont été faits sur les terrains politique, commercial et financier sont plus que suffisants. L'Irak ne peut aujourd'hui recevoir ni par air, ni par mer, ni par terre des produits qui, en plus des aliments et des médicaments, sont essentiels pour la vie de la nation.

Il est évident qu'aucun État ne pourrait supporter longtemps l'isolement politique et économique dans lequel se trouve aujourd'hui ce pays. Il n'est pas nécessaire de faire mourir des femmes, des personnes âgées et des enfants en utilisant la faim ou une guerre sanglante et destructrice. Fait insolite dans l'histoire : avec cette résolution, pendant plus de six semaines le monde sera comme le public dans un stade gigantesque attendant l'éclatement de la guerre. On peut emprunter à Gabriel Garcia Marquez le titre d'un de ses célèbres romans et définir cette résolution que l'on propose comme la « chronique d'une guerre annoncée ». C'est la seule interprétation que l'on puisse faire du texte qui nous a été présenté.

Il ne peut échapper à personne que le déclenchement d'un conflit indésirable, aujourd'hui et avec l'autorisation de ce Conseil de sécurité, serait la pire expression du rôle équivoque que l'avenir pourrait assigner sur ce chemin à l'Organisation des nations unies.

Cuba n'est pas disposé à assumer cette responsabilité historique.

Merci beaucoup.

NOTES

1. Ce sont les États-Unis qui avaient la responsabilité de la présidence du Conseil de sécurité en novembre 1990. La session du 29 novembre a été présidée par James Baker, secrétaire d'État des États-Unis.

2. La session du Conseil de sécurité des Nations unies, au cours de laquelle ce discours a été prononcé, a adopté lors d'un vote de 12 pour, 2 contre et 1 abstention, la résolution 678 autorisant le gouvernement des États-Unis à entreprendre la guerre contre l'Irak. Seuls les gouvernements de Cuba et du Yémen ont voté contre la résolution. Quatre des cinq membres permanents du Conseil de sécurité, les États-Unis, la France, la Grande-Bretagne et l'Union soviétique, ont appuyé la résolution ; le cinquième, la Chine, s'est abstenu.

3. Dans son discours du 4 janvier 1989, le président cubain Fidel Castro a dénoncé le fait que « l'ensemble des pays du tiers monde, qui compte non moins de quatre milliards d'habitants, peut voir ses intérêts les plus sacrés, ses aspirations, ses espoirs annulés par le veto d'un des cinq membres permanents du Conseil de sécurité. »

LA RÉVOLUTION CUBAINE ET LA POLITIQUE MONDIALE

La révolution et la voie vers la paix en Colombie

L'exemple de la révolution cubaine

FIDEL CASTRO

« Aucun crime ne saurait être commis au nom de la révolution », déclare Fidel Castro, s'inspirant de l'exemple donné par les travailleurs cubains lorsqu'ils ont arraché le pouvoir d'État des mains des dirigeants capitalistes. En 2008, dans le cadre des efforts visant à mettre fin à six décennies de conflit armé en Colombie, il a partagé cette expérience avec les Forces armées révolutionnaires de Colombie (FARC) et le monde entier. 5 $ US. En anglais et espagnol.

Les femmes à Cuba : une révolution dans la révolution

VILMA ESPÍN, ASELA DE LOS SANTOS, YOLANDA FERRER

L'intégration des femmes dans les rangs et la direction de la Révolution cubaine était étroitement liée au cours prolétarien dirigé dès le début par Fidel Castro. Voici l'histoire de cette révolution et comment elle a transformé les femmes et les hommes qui l'ont accomplie. 17 $ US. En anglais, espagnol, farsi, grec.

Les Première et Deuxième Déclarations de La Havane

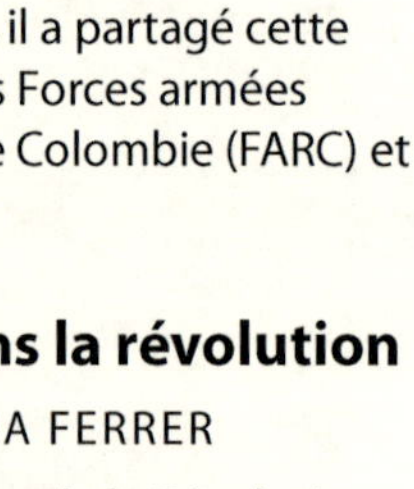

Manifestes de la lutte révolutionnaire dans les Amériques adoptés par le peuple de Cuba

Deux documents adoptés par des assemblées de millions de Cubains en 1960 et 1962. Ces mises en accusation sans compromis du pillage impérialiste et de « l'exploitation de l'homme par l'homme » continuent de servir de manifestes de la lutte révolutionnaire des travailleurs dans le monde entier. 10 $ US. Aussi en anglais, espagnol, farsi, arabe, grec.

Cuba et la révolution américaine à venir

JACK BARNES

Ce livre porte sur l'exemple donné par le peuple cubain que la révolution socialiste n'est pas seulement nécessaire, mais qu'elle est possible. Il porte sur les luttes des travailleurs et autres producteurs exploités au coeur de l'impérialisme et sur les jeunes qu'elles attirent. Il porte sur la lutte des classes aux États-Unis, où les dirigeants au pouvoir sous-estiment les capacités révolutionnaires des travailleurs et des agriculteurs comme ils ont totalement sous-estimé celles des travailleurs et paysans cubains. Et tout autant à tort. 10 $ US. Aussi en anglais, espagnol, farsi.

Che Guevara sur l'économie et la politique dans la transition au socialisme

CARLOS TABLADA

Il est essentiel que les travailleurs s'emparent du pouvoir d'État, a dit Ernesto Che Guevara. « Ensuite, il y a la deuxième étape, peut-être plus difficile que la première » : la transition du capitalisme, fondé sur la loi de la jungle, au socialisme. Comprend le discours de Fidel Castro de 1987, « Les idées du Che sont d'une actualité absolue et totale ». Cette nouvelle édition comprend une sélection accrue d'écrits de Che Guevara. 17 $ US. En anglais et espagnol.

Zone rouge

L'expérience cubaine contre l'Ébola

ENRIQUE UBIETA GÓMEZ

Pour combattre l'Ébola en 2014-2015, Cuba a envoyé plus de 250 travailleurs de la santé, dont des médecins et infirmiers. Tous volontaires, c'étaient des êtres humains comme seule une révolution socialiste peut en produire. 17 $ US. Aussi en anglais et espagnol.

LES CLASSIQUES DU MARXISME

Le Capital

KARL MARX

Marx explique comment fonctionne le système capitaliste et comment il produit les contradictions insolubles qui alimentent la lutte de classe. Il démontre le caractère inévitable de la lutte pour la transformation révolutionnaire de la société, qui sera pour la première fois dirigée par la majorité productrice : la classe ouvrière. Livre 1, 50 $ US. Livres 2 et 3 sont disponibles en anglais et espagnol.

La révolution trahie

Qu'est-ce que l'Union soviétique et où va-t-elle ?

LÉON TROTSKY

En 1917, la classe ouvrière et les paysans de Russie sont la force motrice d'une des plus profondes révolutions de l'histoire. Mais en dix ans se consolide une contre-révolution menée par une couche sociale privilégiée et dont le principal porte-parole est Joseph Staline. L'étude classique de l'État ouvrier soviétique et de la dégénérescence de la révolution. 17 $ US. En anglais, espagnol, farsi, grec.

Le salariat

FRIEDRICH ENGELS

Est-il possible d'obtenir un « salaire équitable pour une journée de travail équitable ? » Pourquoi les syndicats se développent-ils inévitablement à partir des conditions de la classe ouvrière ? Les travailleurs devraient-ils construire leur propre parti politique ? Une série d'articles écrits pour la presse ouvrière en Grande-Bretagne. En anglais. 5 $ US